AF369799

LES

CODES ANNOTÉS

DE SIREY.

IMPRIMERIE DE COSSE ET J. DUMAINE, RUE CHRISTINE, 2

LES

CODES ANNOTÉS DE SIREY

CONTENANT TOUTE LA JURISPRUDENCE JUSQU'A CE JOUR, ET LA DOCTRINE DES AUTEURS.

ÉDITION ENTIÈREMENT REFONDUE

PAR P. GILBERT,

L'UN DES PRINCIPAUX RÉDACTEURS DU RECUEIL GÉNÉRAL DES LOIS ET DES ARRÊTS,

Avec le Concours, pour la Partie criminelle,

DE **M. FAUSTIN HÉLIE,**

Conseiller à la Cour de cassation, l'un des auteurs de la *Théorie du Code pénal.*

IIe VOL.

Ire PARTIE. — CODE DE PROCÉDURE CIVILE.

PARIS

IMPRIMERIE ET LIBRAIRIE GÉNÉRALE DE JURISPRUDENCE

DE COSSE, SUCCESSEUR DE COSSE ET N. DELAMOTTE,

Libraire de l'Ordre des Avocats au Conseil d'État et à la Cour de cassation, Directeur du Journal spécial des Justices de paix, des Journaux des Avoués, des Huissiers, du Corps du Droit français, par Galisset; éditeur des œuvres de Troplong, Carré, Pothier-Bugnet, etc., etc.

PLACE DAUPHINE, 27.

1851

1850

CODE DE PROCÉDURE CIVILE.

PREMIÈRE PARTIE.

PROCÉDURE DEVANT LES TRIBUNAUX.

LIVRE Ier.

DE LA JUSTICE DE PAIX (a).

(Décret du 14 avril 1806, promulgué le 24 du même mois.)

(a) [illegible]

LOI SUR LES JUSTICES DE PAIX.

(Du 25 mai 1838, promulguée le 6 juin.)

Indication alphabétique

[illegible]

[illegible]

ART. 1. Les juges de paix connaissent de toutes actions purement personnelles ou mobilières, en dernier ressort, jusqu'à la valeur de cent francs, et, à charge d'appel, jusqu'à la valeur de deux cents francs.

[illegible]

[illegible]

ART. 2. Les juges de paix prononcent, sans appel, jusqu'à la valeur de cent francs, et, à charge d'appel, jusqu'au taux de la compétence en dernier ressort des tribunaux de première instance (1) :

Sur les contestations entre les hôteliers, aubergistes ou logeurs, et les voyageurs ou locataires en garni, pour dépenses d'hôtellerie et perte ou avarie d'effets déposés dans l'auberge ou dans l'hôtel ;

Entre les voyageurs et les voituriers ou bateliers, pour retards, frais de route et perte ou avarie d'effets accompagnant les voyageurs ;

Entre les voyageurs et les carrossiers ou autres ouvriers, pour fournitures, salaires et réparations faites aux voitures de voyage.

§ 1er. — Hôteliers. — Aubergistes. — Logeurs.

[illegible]

§ 2. — Voyageurs. — Voituriers.

[illegible]

§ 3. — Voyageurs. — Carrossiers.

[illegible]

§ 4. — Compétence territoriale.

[illegible]

ART. 3. Les juges de paix connaissent, sans appel, jusqu'à la valeur de cent francs, et, à charge d'appel, à quelque valeur que la demande puisse s'élever :

Des actions en paiement de loyers ou fermages, des congés, des demandes en résiliation de baux fondées sur le seul défaut de paiement des loyers ou fermages, des expulsions de lieux et des demandes en validité de saisie-gagerie ; le tout lorsque les locations verbales ou par écrit n'excèdent pas annuellement, à Paris, quatre cents francs, et deux cents francs partout ailleurs.

(1) C'est-à-dire 1500 fr. ; voy. l'art. 1er de la loi du 11 avril 1838.

Si le prix principal du bail consiste en denrées ou prestations en nature, appréciables d'après les mercuriales, l'évaluation sera faite sur celles du jour de l'échéance, lorsqu'il s'agira du paiement des fermages. Dans tous les autres cas, elle aura lieu suivant les mercuriales du mois qui aura précédé la demande. Si le prix principal du bail consiste en prestations non appréciables d'après les mercuriales, ou s'il s'agit de baux à colons partiaires, le juge de paix déterminera la compétence, en prenant pour base du revenu de la propriété le principal de la contribution foncière de l'année courante, multiplié par cinq.

§ 1er. — Baux. — Loyers. — Résiliation, etc.

[illegible]

§ 2. — Saisie-gagerie.

[illegible]

§ 3. — Compétence territoriale.

[illegible]

ART. 4. Les juges de paix connaissent, sans appel, jusqu'à la valeur de cent francs, et, à charge d'appel, jusqu'au taux de la compétence en dernier ressort des tribunaux de première instance :

1° Des indemnités réclamées par le locataire ou fermier pour non-jouissance provenant du fait du propriétaire, lorsque le droit à une indemnité n'est pas contesté ;

2° Des dégradations et pertes, dans les cas prévus par les art. 1732 et 1735 du Code civil.

Néanmoins le juge de paix ne connaît des pertes causées par incendie ou inondation que dans les limites posées par l'art. 1er de la présente loi.

§ 1er. — Non-jouissance.

[illegible]

§ 2. — Dégradations et pertes.

[illegible]

[illegible]

§ 3. — Compétence territoriale.

[illegible]

ART. 5. Les juges de paix connaissent également, sans appel, jusqu'à la valeur de cent francs, et, à charge d'appel, à quelque valeur que la demande puisse s'élever :

1° Des actions pour dommages faits aux champs, fruits et récoltes, soit par l'homme, soit par les animaux, et de celles relatives à l'élagage des arbres ou haies, et au curage, soit des fossés, soit des canaux servant à l'irrigation des propriétés ou au mouvement des usines, lorsque les droits de propriété ou de servitude ne sont pas contestés;

2° Des réparations locatives des maisons ou fermes, mises par la loi à la charge du locataire;

3° Des contestations relatives aux engagements respectifs des gens de travail au jour, au mois et à l'année, et de ceux qui les emploient; des maîtres et des domestiques ou gens de service à gages; des maîtres et de leurs ouvriers ou apprentis, sans néanmoins qu'il soit dérogé aux lois et règlements relatifs à la juridiction des prud'hommes;

4° Des contestations relatives au paiement des nourrices, sauf ce qui est prescrit par les lois et règlements d'administration publique à l'égard des bureaux de nourrices de la ville de Paris et de toutes les autres villes;

5° Des actions civiles pour diffamation verbale et pour injures publiques ou non publiques, verbales ou par écrit, autrement que par la voie de la presse; des mêmes actions pour rixes ou voies de fait; le tout lorsque les parties ne se sont pas pourvues par la voie criminelle.

§ 1er. — Dommages aux champs — Élagage — Curage.

DOMMAGES AUX CHAMPS. — 104. Le juge de paix est compétent pour connaître des dommages causés aux champs, fruits et récoltes, par le fait de l'homme, [illegible]

[illegible]

§ 2. — Réparations locatives.

125. La disposition qui attribue aux juges de paix [illegible]

§ 3. — Gens de travail. — Domestiques ou gens de service. — Ouvriers et apprentis.

§ 4. — Nourrices.

§ 5. — Voies de fait. — Injures.

[illegible]

§ 6. — Compétence territoriale.

[illegible]

ART. 6. Les juges de paix connaissent, en outre, à charge d'appel :

1° Des entreprises commises, dans l'année, sur les cours d'eau servant à l'irrigation des propriétés et au mouvement des usines et moulins, sans préjudice des attributions de l'autorité administrative dans les cas déterminés par les lois et par les règlements ; des dénonciations de nouvel œuvre, complaintes, actions en réintégrande et autres actions possessoires fondées sur des faits également commis dans l'année ;

2° Des actions en bornage et de celles relatives à la distance prescrite par la loi, les règlements particuliers et l'usage des lieux, pour les plantations d'arbres ou de haies, lorsque la propriété ou les titres qui l'établissent ne sont pas contestés ;

3° Des actions relatives aux constructions et travaux énoncés dans l'art. 674 du Code civil, lorsque la propriété ou la mitoyenneté du mur ne sont pas contestées ;

4° Des demandes en pension alimentaire n'excédant pas cinquante francs par an, et seulement lorsqu'elles seront formées en vertu des art. 205, 206 et 207 du Code civil.

§ 1er. — Actions possessoires. — Cours d'eau.

[illegible]

§ 2. — Bornage. — Plantations.

BORNAGE. — 175. Sur le point de savoir quand le bornage peut être demandé, par qui et contre qui il doit l'être, comment il doit être fait, etc., voy. nos annotations de l'art. 646, Cod. civ.

[illegible]

[illegible]

§ 3. — Constructions.

[illegible]

§ 4. — Pensions alimentaires.

[illegible]

§ 5. — Compétence territoriale.

[illegible]

ART. 7. Les juges de paix connaissent de toutes les demandes reconventionnelles ou en compensation qui, par leur nature ou leur valeur, sont dans les limites de leur compétence, alors même que, dans les cas prévus par l'art. 1er, ces demandes, réunies à la demande principale, s'élèveraient au-dessus de deux cents francs. Ils connaissent, en outre, à quelques sommes qu'elles puissent monter, des demandes reconventionnelles en dommages-intérêts fondées exclusivement sur la demande principale elle-même.

ART. 8. Lorsque chacune des demandes principales, reconventionnelles ou en compensation, sera dans les limites de la compétence du juge de paix en dernier ressort, il prononcera sans qu'il y ait lieu à appel.

Si l'une de ces demandes n'est susceptible d'être jugée qu'à charge d'appel, le juge de paix ne prononcera sur toutes qu'en premier ressort.

Si la demande reconventionnelle ou en compensation excède les limites de sa compétence, il pourra, soit retenir le jugement de la demande principale, soit renvoyer, sur le tout, les parties à se pourvoir devant le tribunal de première instance, sans préliminaire de conciliation.

[illegible]

rasson, p. 538; Carou, n° 567; Toussaint sur Levasseur, p. 47; Bodiers, t. 1er, p. 130; Gaillard, *Journ. des Just. de paix*, ann. 1840, p. 58; Brocke, v° *Juge de paix*, n° 238.

230. La demande reconventionnelle pourrait être disjointe, si elle devait entraîner des longueurs.—Henrion de Pansey, *Aut. jud.*, ch. 21; Toullier, t. 7, nos 369 à 415; Carou, n° 374.

231. Mais le juge n'en resterait pas moins saisi de la reconvention.—Carou, *loc. cit.*—*Contra*, Henrion, *ibid.*

232. Si la demande en compensation était claire et non contestée, le juge de paix ne devrait pas renvoyer devant le tribunal, quoique elle excédât les bornes de sa compétence : la disposition de l'art. 8 suppose que des difficultés sont élevées par le demandeur principal sur la compensation opposée.—Curasson, p. 338.

233. Quand les deux demandes sont renvoyées devant le tribunal civil, les juges en sont valablement saisis par l'action du demandeur.—Carou, n° 569.

ART. 9. Lorsque plusieurs demandes formées par la même partie seront réunies dans une même instance, le juge de paix ne prononcera qu'en premier ressort, si leur valeur totale s'élève au-dessus de cent francs, lors même que quelqu'une de ces demandes serait inférieure à cette somme. Il sera incompétent sur le tout, si ces demandes excèdent, par leur réunion, les limites de sa juridiction.

234-235. Pour l'application de cet article, il n'est pas indispensable que la demande soit dirigée contre un seul défendeur.—Foucher, n° 383.—V. cependant Gaillard, sur notre article.

236. Si chacune des demandes appartient à une attribution diverse du juge de paix, c'est à l'attribution la plus considérable qu'il faut s'attacher pour savoir si ce magistrat doit retenir la cause ou la renvoyer devant le tribunal.—Curasson, p. 343.

237. Ainsi, par exemple, au cas d'une demande de 200 fr. pour prêt, et d'une demande de 300 fr. pour dépenses d'hôtellerie, formées par un hôtelier, le juge de paix serait compétent pour connaître des deux demandes, la plus élevée rentrant dans sa compétence aux termes de l'art. 2.—Curasson, *ibid.*

ART. 10. Dans les cas où la saisie-gagerie ne peut avoir lieu qu'en vertu de permission de justice, cette permission sera accordée par le juge de paix du lieu où la saisie devra être faite, toutes les fois que les causes rentreront dans sa compétence.

S'il y a opposition de la part des tiers, pour des causes et pour des sommes qui, réunies, excéderaient cette compétence, le jugement en sera déféré aux tribunaux de première instance.

238. Le juge de paix, compétent pour autoriser une saisie sur débiteur forain (C. p., 822), serait-il compétent pour connaître de la demande en validité de cette saisie, dans les limites établies par l'art. 1er? — Oui, selon Curasson, t. 2, p. 548, et Brossard, p. 139. —Mais la doctrine contraire, qui nous paraît résulter de la combinaison des art. 3 et 10, est enseignée par tous les autres auteurs; voy. *supra*, n° 17.

239. Il serait compétent pour connaître de la saisie-gagerie formée par un aubergiste sur les effets du voyageur, dans les limites de l'art. 2.—Curasson et Brossard, *ubi supra*.

240. La compétence dont veut parler le second paragraphe de l'art. 10, est seulement la compétence déterminée par l'art. 1er, et non celle extraordinaire fixée par l'art. 3.—Dalloz, p. 126; Curasson, p. 552.—*Contra*, Foucher, n° 397; Benech, p. 141.

241. V. les notes 73 et s. ci-dessus; et l'art. 819, C. pr.

ART. 11. L'exécution provisoire des jugements sera ordonnée dans tous les cas où il y a titre authentique, promesse reconnue, ou condamnation précédente dont il n'y a point eu d'appel.

Dans tous les autres cas, le juge pourra ordonner l'exécution provisoire, nonobstant appel, sans caution, lorsqu'il s'agira de pension alimentaire, ou lorsque la somme n'excédera pas trois cents francs, et avec caution, au-dessus de cette somme.

La caution sera reçue par le juge de paix.

242. Sur ce que l'on doit entendre par titre authentique, promesse reconnue et condamnation précédente, voy. nos annotations de l'art. 135, C. pr., et celles des art. 1317 et 1322, C. civ.

243. V. aussi sous le même art. 135, C. pr., et sous les art. 136, 137, 439 et s., nombre de solutions relatives à l'exécution provisoire, concernant des principes applicables aux justices de paix, aussi bien qu'aux tribunaux ordinaires.

244. L'exécution provisoire ne peut être ordonnée pour les dépens : la disposition de l'art. 137, C. pr., est applicable aux justices de paix.—Curasson, p. 571.

244 *bis*. Elle doit du reste être demandée pour pouvoir être ordonnée.—Carou, n° 624; Curasson, p. 587; V. aussi Exposé des motifs (*Monit.* 12 mai 1837, p. 1157.)

245. On peut, sur l'appel, faire ordonner l'exécution provisoire du jugement attaqué, ou obtenir des défenses à cette exécution : les dispositions des art. 458 et s. sont applicables. — Pigeau, t. 1er, p. 58; Benech, p. 368; Carou, n° 635; Chauveau sur Carré, q. 80 *bis*; Curasson, p. 569; Foucher, n° 417; Biret, p. 39.

246. Dans le cas du premier paragraphe de l'art. 11, l'exécution provisoire doit être ordonnée *sans caution*, quoique ces derniers mots ne se trouvent pas dans la loi.—Benech, p. 363; Foucher, n° 411; Curasson, p. 563.

246 *bis*. Lorsqu'en vertu du second paragraphe, le juge de paix a ordonné l'exécution provisoire pour une condamnation n'excédant pas 300 fr., sans spécifier si elle aura lieu avec ou sans caution, il y a de plein droit dispense de caution. — Chauveau, *Journ. des av.*, 1857, p. 457.

247. Le juge de paix ne peut ordonner l'exécution provisoire de ses jugements, nonobstant opposition. — Carré, *Just. de paix*, n° 2789; Thomine, t. 1er, n° 58; Chauveau, q. 76; Curasson, p. 570; Augier, p. 39; Biret, p. 39; Brossard, p. 151.—*Contra*, Carou, n° 652.

248. La caution doit être reçue à l'audience, sans les formalités des art. 518 et s., C. pr.—Foucher, nos 413 et 414; Benech, p. 378; Brossard, p. 92; Dalloz, p. 129; Carou, n° 628; Curasson, p. 573 (qui exige toutefois certaines formalités).—Cela a été formellement déclaré dans le cours de la discussion de la loi (*Moniteur*, 24 avril 1838, p. 1028). Cependant Masson, n° 512, enseigne une doctrine contraire, dans l'ignorance sans doute de ce qui s'était passé lors des débats de la loi.

ART. 12. S'il y a péril en la demeure, l'exécution provisoire pourra être ordonnée sur la minute du jugement avec ou sans caution, conformément aux dispositions de l'article précédent.

249. La simple crainte, le danger probable, suffisent pour l'application de cet article : une absolue nécessité n'est pas exigée à cet égard.—Curasson, p. 566; Foucher, nos 430 et s., qui rappelle sur ce point l'opinion du garde des sceaux.

250. La condition que le jugement soit en dernier ressort ou exécutoire par provision, est sous-entendue dans notre article.—Foucher, *ibid.*

250 *bis*. L'exécution sur minute a lieu sans signification préalable du jugement, et même avant tout enregistrement.—Curasson, p. 567, qui cite sur le dernier point une décision ministérielle du 15 juin 1860.

250 *ter*. Il est, du reste, de principe certain que le juge de paix ne peut connaître de l'exécution de ses jugements. (Rapport de M. Amilhau, *Monit.* 8 avril 1838, p. 832.) (Voy. *inf.*, la note 3 de l'art. 17, C. pr.

ART. 13. L'appel des jugements des juges de paix ne sera recevable ni avant les trois jours qui suivront celui de la prononciation des jugements, à moins qu'il n'y ait lieu à exécution provisoire, ni après les trente jours qui suivront la signification à l'égard des personnes domiciliées dans le canton.

Les personnes domiciliées hors du canton auront, pour interjeter appel, outre le délai de trente jours, le délai réglé par les art. 73 et 1033 du Code de procédure civile.

251. En ce qui touche les délais, les formes et les effets de l'appel, il faut recourir aux annotations des art. 443 et s., C. pr., dont les règles sont, pour la plupart, applicables aux jugements des juges de paix. Nous nous bornons à rappeler ici les principes suivants :

252. L'exécution du jugement est suspendue pendant les trois jours qui suivent sa prononciation. — Foucher, n° 452; Curasson, p. 520; Benech, p. 389; Carou, n° 672; Masson, n° 514; Chauveau sur Carré, q. 77 *bis*. — Cette règle est écrite formellement dans l'art. 450, C. pr., pour les jugements des tribunaux civils.

253. Encore que si l'exécution était poursuivie prématurément, alors le droit d'appel pourrait être exercé. — Curasson, p. 580 — V. conf., Cass. 19 avril 1848. (S.23.1.199; C.N.6.-D.P.26.1.331.), et 21 mai 1847. (S.V.47.1.810.-D.P.47.1.252.)

253 *bis*. Du reste, l'appel interjeté avant les trois jours pourrait être réitéré ultérieurement, pourvu qu'il le fût dans le délai légal. (V. l'art. 449, C. pr.) — Curasson, p. 580; Rivoire, *de l'Appel*, n° 222.

253 *ter*. Et la nullité de l'appel prématuré n'a même rien d'absolu : elle serait couverte par la défense de l'intimé au fond.—Curasson, *ibid.*

254. Le délai de trois jours pendant lequel on ne peut appeler est franc. Ainsi, un jugement rendu le 5 ne peut être frappé d'appel que le 9.—Dalloz, p. 131; Foucher, n° 455.

255. Pour faire *courir le délai de l'appel*, il n'est pas nécessaire que la signification du jugement ait été faite par un huissier commis : la disposition de l'art. 16, C. pr., sur ce point, est abrogée.—Curasson, p. 584; Foucher, n° 451; Rivoire, n° 227.—*Secus*, en ce qui touche le délai de l'opposition : voy. *inf.*, n° 274.

256. Les jugements par défaut ne sont pas susceptibles d'appel pendant les délais de l'opposition : l'art. 455, C. pr., est applicable aux justices de paix.—Curasson, p. 590; Carou, n° 677.

257. Mais l'appel des jugements par défaut est recevable après l'expiration de ces délais.—8 août 1815, Cass. (S.15.1.306; C.N.5.-D.A.1.449.) — *Id.* 7 nov. 1820, Cass. (S.21.1.89; C.N.6.-D.A.1.442.) — *Sic*, Merlin, *Quest.*, v° *Appel*, § 1er, n° 11; Carré, *Lois de la proc.*, q. 74; Favard, v° *Appel*, sect. 1re, § 2, n° 10; Berriat, p. 412; Pigeau, *Comm.*, t. 1er, p. 168; Thomine-Desmazures, t. 1er, p. 73; Boitard, *Leçons de proc.*, t. 2, p. 462; Chauveau sur Carré, *loc. cit.*; Curasson, p. 590.

258. Et le délai de l'appel, en ce cas, ne court que du jour où l'opposition n'est plus recevable, conformément à l'art. 443, C. pr.—Curasson, *loc. cit.*; Carou, n° 677.

259. L'appel formé le 31e jour serait tardif.—Masson, n° 518; Foucher, n° 453; Brossard, p. 159. V. aussi Biret, p. 42.—*Contra*, Curasson, p. 595; Rivoire, n° 223.

260. L'augmentation de délai accordée par l'art. 446, C. pr., dans le cas où la partie condamnée est absente de France pour un service public, est applicable en justice de paix. — Carou, n° 676; Curasson, p. 595.—Cela résulte de la discussion de la loi nouvelle. (V. *Moniteur*, 25 avril 1838, p. 1013.)

260 *bis*. La nullité de l'appel interjeté tardivement doit être prononcée d'office par les juges.—Curasson, p. 595.

261. La disposition de l'art. 443, C. pr., sur l'appel incident, est applicable en justice de paix. — Carou, n° 681; Curasson, p. 600.

262. Il en est de même de la disposition de l'art. 464, prohibitive de toute demande nouvelle en appel. —Curasson, *ibid.*

ART. 14. Ne sera pas recevable l'appel des jugements mal à propos qualifiés en premier ressort, ou qui, étant en dernier ressort, n'auraient point été qualifiés.

Seront sujets à l'appel les jugements qualifiés en dernier ressort, s'ils ont statué, soit sur des questions de compétence, soit sur des matières dont le juge de paix ne pouvait connaître qu'en premier ressort.

Néanmoins, si le juge de paix s'est déclaré compétent, l'appel ne pourra être interjeté qu'après le jugement définitif.

[illegible]

ART. 15. Les jugements rendus par les juges de paix ne pourront être attaqués par la voie du recours en cassation que pour excès de pouvoir.

[illegible]

268. Outre la voie extraordinaire du recours en cassation, ouverte contre les jugements des juges de paix, il existe aussi celle de la tierce opposition ; voy. les notes de l'art. 474. C. pr. — En est-il de même de la requête civile ? La question est controversée ; voy. les notes de l'art. 480.

ART. 16. Tous les huissiers d'un même canton auront le droit de donner toutes les citations et de faire tous les actes devant la justice de paix. Dans les villes où il y a plusieurs justices de paix, les huissiers exploiteront concurremment dans le ressort de la juridiction assignée à leur résidence. Tous les huissiers du même canton seront tenus de faire le service des audiences et d'assister le juge de paix toutes les fois qu'ils en seront requis ; les juges de paix choisiront leurs huissiers audienciers.

[illegible]

ART. 17. Dans toutes les causes, excepté celles où il y aurait péril en la demeure et celles dans lesquelles le défendeur serait domicilié hors du canton ou des cantons de la même ville, le juge de paix pourra interdire aux huissiers de sa résidence de donner aucune citation en justice, sans qu'au préalable il n'ait appelé, sans frais, les parties devant lui.

274. La disposition de cet article n'est pas applicable aux citations en conciliation. — Foucher, n° 477 ; Curasson, p. 650 ; Brossard, n° 391. — *Contrà*, Bonech, p. 434.

275. ...Ni aux citations en matière de police. — Curasson, p. 610.

[illegible]

ART. 18. Dans les causes portées devant la justice de paix, aucun huissier ne pourra ni assister comme conseil ni représenter les parties en qualité de procureur fondé, à peine d'une amende de vingt-cinq à cinquante francs, qui sera prononcée sans appel par le juge de paix.

Ces dispositions ne seront pas applicables aux huissiers qui se trouveront dans l'un des cas prévus par l'art. 86 du Code de procédure civile.

[illegible]

282. V. *inf.*, les notes sur l'art. 8, C. pr.

ART. 19. En cas d'infraction aux dispositions des art. 16, 17 et 18, le juge de paix pourra défendre aux huissiers du canton de citer devant lui, pendant un délai de quinze jours à trois mois, sans appel et sans préjudice de l'action disciplinaire des tribunaux et des dommages-intérêts des parties, s'il y a lieu.

[illegible]

287. V. le décret du 30 mars 1808, art. 102 ; celui du 14 juin 1813, art. 73, 74 et 75, et l'art. 1030, 2e alinéa, Cod. proc.

ART. 20. Les actions concernant les brevets d'invention seront portées, s'il s'agit de nullité ou de déchéance des brevets, devant les tribunaux civils de première instance ; s'il s'agit de contrefaçon, devant les tribunaux correctionnels.

[illegible]

ART. 21. Toutes les dispositions des lois antérieures contraires à la présente loi sont abrogées.

ART. 22. Les dispositions de la présente loi ne s'appliqueront pas aux demandes introduites avant sa promulgation.

FIN DE LA LOI SUR LES JUSTICES DE PAIX.

TITRE Ier.

Des Citations.

1. Toute citation devant les juges de paix contiendra la date des jour, mois et an, les noms, profession et domicile du demandeur, les noms, demeure et immatricule de l'huissier, les noms et demeure du défendeur : elle énoncera sommairement l'objet et les moyens de la demande, et indiquera le juge de paix qui doit connaître de la demande, et le jour et l'heure de la comparution. [L. 18-26 oct. 1790, tit. 1er, art. 1, 2, 3. — C. c. 102; C. pr. 4, 61.]

2. En matière purement personnelle ou mobilière, la citation sera donnée devant le juge du domicile du défendeur ; s'il n'a pas de domicile, devant le juge de sa résidence. [L. 18 oct. 1790, tit. 1er, art. 2. — C. c. 102 et s.; C. pr. 59, 50, 69 et s., 393.]

3. Elle le sera devant le juge de la situation de l'objet litigieux, lorsqu'il s'agira,

1° Des actions pour dommages aux champs, fruits et récoltes ;

2° Des déplacements de bornes, des usurpations de terres, arbres, haies, fossés et autres clôtures, commis dans l'année ; des entreprises sur les cours d'eau, commises pareillement dans l'année, et de toutes autres actions possessoires ;

3° Des réparations locatives ;

4° Des indemnités prétendues par le fermier ou locataire pour non-jouissance, lorsque le droit ne sera pas contesté, et des dégradations alléguées par le propriétaire. [L. 18 oct. 1790, tit. 1er, art. 4. — C. c. 646, 663, 1720, 1754, 2228, 2243; C. pr. 23, 38; C. pén. 389, 444, 456.]

4. La citation sera notifiée par l'huissier de la justice de paix du domicile du défendeur ; en cas d'empêchement, par celui qui sera commis par le juge : copie en sera laissée à la partie ; s'il ne se trouve personne en son domicile, la copie sera laissée au maire ou adjoint de la commune, qui visera l'original sans frais.

L'huissier de la justice de paix ne pourra instrumenter pour ses parents en ligne directe, ni pour ses frères, sœurs, et alliés au même degré. [L. 18 oct. 1790, tit. 1er, art. 5. — C. pr. 52, 60, 68, 1039; Tar. 7.]

5. Il y aura un jour au moins entre celui de la citation et le jour indiqué pour la comparution, si la partie citée est domiciliée dans la distance de trois myriamètres.

Si elle est domiciliée au delà de cette distance, il sera ajouté un jour par trois myriamètres.

Dans le cas où les délais n'auront point été observés, si le défendeur ne comparaît pas, le juge ordonnera qu'il sera réassigné, et les frais de la première citation seront à la charge du demandeur. [L. 18 oct. 1790, tit. 1er, art. 7. — C. pr. 19, 61, 72, 1033.]

6. Dans les cas urgents, le juge donnera une cédule pour abréger les délais, et pourra permettre de citer, même dans le jour et à l'heure indiquée. [L. 18 oct. 1790, tit. 1er, art. 8. — C. pr. 29, 793, C. I. cr. 146; Tar. 7.]

---

[1] — 1. L'omission des formalités prescrites pour les citations en justice de paix emporte-t-elle nullité? [illegible]

[2] — 1. [illegible]

[3] — [illegible]

[4] — 1. [illegible]

[5] — 1. [illegible]

[6] — 1. [illegible]

7. Les parties pourront toujours se présenter volontairement devant un juge de paix; auquel cas il jugera leur différend, soit en dernier ressort, si les lois ou les parties l'y autorisent, soit à la charge de l'appel, encore qu'il ne fût le juge naturel des parties, ni à raison du domicile du défendeur, ni à raison de la situation de l'objet litigieux.

La déclaration des parties qui demanderont jugement sera signée par elles, ou mention sera faite si elles ne peuvent signer. [L. 18 oct. 1790, tit. 1er, art. 11; Tar. 11.]

TITRE II.

Des Audiences du juge de paix et de la comparution des parties.

8. Les juges de paix indiqueront au moins

---

2. La cédule est valablement signifiée aux héritiers du défendeur.—Carré et Chauveau, q. 24.—V. en ce sens, Paris, 27 août 1807. [S.7.2.224; C.n.2.-D.A. 7.261.]

3. Dans les citations à bref délai devant les juges de paix, il n'est pas nécessaire de laisser copie au défendeur de l'ordonnance qui permet de citer à bref délai.—De reste, il lui est suffisamment donné connaissance de l'existence de cette ordonnance, lorsque la citation est pour comparaître sur les lieux contentieux et qu'il est dit que le juge de paix se trouvera sur ces lieux à l'heure indiquée. — 4 fév. 1829, Rej. [S.29.1.137; C.n.9.-D.P.29.1.127.]

4. Les cédules sont exemptes de la formalité de l'enregistrement. [L. 22 frim. an 7, art. 68, § 1er, n° 46; L. 18 therm. an 7.]

[7] — 1. La prorogation de juridiction étant une espèce de transaction, ne peut être consentie que par des personnes ayant la libre disposition de leurs droits et la capacité d'ester en justice. — Carré, *Compét.*, art. 260; Curasson, t. 1er, p. 46; Biret, n° 455.

2. De là il suit que des tuteurs et des administrateurs ne peuvent proroger la juridiction dans les affaires qui intéressent leurs pupilles ou administrés.— Carré, *Compét.*, art. 261, et *Lois de la pr.*, q. 30; Thomine-Desmazures, t. 1er, n° 30; Chauveau sur Carré, *loc. cit.*; Curasson et Biret, *ubi sup.*

3. La juridiction des juges de paix ne peut être prorogée à l'égard d'affaires qui, de leur nature, sont hors de leur compétence; mais elle peut l'être quand la contestation excède seulement par sa valeur les limites de leur compétence; en d'autres termes, la prorogation n'est pas autorisée *de re ad rem*, mais elle l'est *de quantitate ad quantitatem*. — Henrion de Pansey, *Aut. jud.*, ch. 14, et *Compét. des juges de paix*, ch. 7; Merlin, *Rép.*, v° *Prorog. de jur.*, et *Quest.*, *eod. verb.*; Favard, *Rép.*, v° *Just. de paix*, § 1er, n° 4; Carré, *Compét.*, art. 257, et *Just. de paix*, t. 1er, p. 121; Berriat-Saint-Prix, p. 37; Pigeau, *Comm.*, t. 1er, p. 17; Thomine-Desmazures, t. 1er, n° 28; Rodier, p. 112; Benech, *Tr. des just. de paix*, p. 314 et 330; Foucher, *Comm. de la loi du 25 mai 1838*, n°s 58 et 59; Curasson, *Compét. des just. de paix*, p. 40 et 43; Chauveau, q. 26; Boitard, t. 2, n° 86 (4e édit.); Rodière, p. 103; Bioche, v° *Prorog. de jur.*, n° 15.—Le principe ci-dessus n'est contesté que par un seul auteur, par Caron, *Juridict. des jug. de paix*, t. 1er, n°s 45 et s. — Notons ici que Demiau, p. 18, allant à un extrême opposé, admettait la prorogation même à l'égard des matières sortant, par leur nature, de la compétence du juge de paix.

4. Jugé en ce sens que la compétence du juge de paix peut être étendue ou prorogée à un objet qui ne sort de sa compétence que par le degré de sa valeur.— 3 frim. an 9, Rej. [S.1.2.641; C.n.1.-D.A.3.277.]— *Id.* 10 janv. 1809, Rej. [S.9.1.170; C.n.3.-D.A.3.278.]

5. Et la prorogation en ce cas peut même être *tacite*. Ainsi, il y a prorogation de juridiction lorsque, sur une demande d'une valeur indéterminée, mais d'ailleurs personnelle et mobilière, les parties ont plaidé au fond sans proposer de déclinatoire.— 3 frim. an 9, Rej. [S.1.2.641; C.n.1.-D.A.3.277.]— *Id.* 12 mars 1820, Rej. [S.20.1.410; C.n.6.-D.P. 22.1.584.] — *Id.* 5 août 1809, Paris. [S.10.2.190; C.n.3.-D.A.3.279.] — *Id.* 6 juill. 1837, Pau. [D.P. 38.2.88.-P.40.2.321.] — *Sic*, Chauveau, q. 26; Pigeau, p. 18.

6. Jugé en sens contraire.—30 mai 1829, Cass. [S. 28.1.353; C.n.9.-D.P.29.1.247.] — V. aussi 25 juin 1808, Cass. [S.8.1.352; C.n.2.-D.A.3.280.] — *Id.* 21 juill. 1824, Riom. [S.25.2.175; C.n.7.] — *Sic*, Benech, p. 346; Curasson, p. 44; Carré, q. 27; Biret, n° 435.

7. La prorogation ne produit d'effet qu'entre les personnes qui l'ont consentie, et non à l'égard de celles ultérieurement appelées en cause, telles que les garants.—Carré, *Compét.*, art. 268; Bioche, v° *Pror. de jur.*, n° 31.

8. Le juge de paix ne peut se refuser de juger les parties qui se présentent devant lui. — Carré, *Lois de la pr.*, q. 32, et *Just. de paix*, t. 1er, n° 230; Demiau, p. 17; Favard, v° *Just. de paix*, § 1er, n° 3; Biret, n° 428; Chauveau sur Carré, *loc. cit.*; Boitard, t. 2, p. 390; Caron, n° 48; Foucher, n° 39; Benech, t. 3, p. 254; Rodière, p. 106. — *Contrà*, Thomine, t. 1er, n° 28; Pigeau, *Comm.*, t. 1er, p. 17; Curasson, p. 47; Augier, *Encycl. des juges de paix*, v° *Dént de justice*, n° 6. — Cette dernière doctrine a été consacrée, quant aux tribunaux ordinaires, par un arrêt de rejet du 11 mars 1807 [S.7.2.73; C.n.2], ainsi que par un arrêt de Rennes, du 22 mars 1838 [S.V.38.2.510]; et par un arrêt de Lyon, du 17 mai 1853. [S.V.53.2.412.]—Mais, à leur égard, il n'existe pas de disposition semblable à l'art. 7, C. pr.

9. La déclaration des parties qui demandent à être jugées par le juge de paix doit être insérée dans le jugement: et elle ne donne lieu à aucun droit en faveur du greffier. [Tarif du 16 fév. 1807, art. 11.]

10. Lorsque les parties conviennent à l'audience de dispenser le juge d'observer une formalité d'instruction, il n'est pas nécessaire que le procès-verbal d'une telle convention soit signé des parties, comme pour la prorogation de juridiction.—2 oct. 1808, Cass. [S.8.1. 538; C.n.2.-D.A.1.96.]—*Sic*, Carré et Chauveau, q. 32.

11. Pareillement, les consentements judiciaires donnés dans le cours d'une instance, dont le juge de paix est saisi dans les formes ordinaires, sont valablement constatés par le juge, sans procès-verbal signé des parties; il n'en est pas comme lorsque les parties se présentent volontairement devant le juge de paix, pour demander jugement. —27 mars 1832, Rej. [S.V.32.1.508.-D.P.32.1.149.]

12-13. La prorogation de juridiction du juge de paix peut être valablement faite par les parties, sous une désignation précise de l'objet du litige dans l'acte même de prorogation, si cette désignation est suppléée par les conclusions prises immédiatement par les parties et par la sentence rendue à la suite par le juge de paix. Ici, ne s'appliquent pas les règles de l'art. 1006, C. pr., relatives au compromis.—2 août 1851, Cass. [S.V.51.1.557.-D.P.51.1.251.] — V. l'arrêt contraire (cassé) de la Cour de Colmar du 15 août 1849. [S.49.2.237.-D.P.49.2.86.]

14. La juridiction du juge de paix est prorogeable par le consentement des parties, pour la conciliation comme pour le jugement. [V. l'art. 54, C. pr.] — 29 vent. an 12, Turin. [S.4.2.616.-D.A.3.277.]

15. Cependant un procès-verbal, dressé par un juge de paix, de conventions intervenues entre deux parties qui se sont présentées devant lui, mais qui n'ont pas signé ce procès-verbal, n'a pas d'effet obligatoire: un tel acte est nul, soit comme acte public ou privé, soit comme acte de la juridiction du juge de paix.— 21 fév. 1815, Bourges. [S.V.44.2.611.-D.P.44.2. 131.-P.44.1.140.]

16. Jugé encore que le juge de paix, saisi d'un litige, est sans qualité pour constater l'arrangement intervenu entre les parties comparaissant devant lui; en sorte que l'on doit considérer comme nul et sans effet l'acte dressé à ce sujet par le juge de paix, si cet acte n'est pas revêtu de la signature des parties.—1er juin 1847, Limoges. [S.V.47.2.502.]—Cette doctrine nous a paru rentrer dans le véritable esprit de la loi. V. nos observations en note de l'arrêt, *loc. cit.* V. aussi conf., Caron, n° 447, qui cite une circulaire du ministre de la justice du 20 brum. an 5.

17. Décidé même qu'un juge de paix ne peut, en l'absence de tout litige, et sur la demande de deux parties qui se présentent volontairement devant lui, donner à l'une d'elles, sous la forme d'un jugement, un titre d'obligation vis-à-vis de l'autre: la faculté de proroger la juridiction du juge de paix n'est applicable qu'au cas où il s'agit de statuer sur une contestation réelle.—10 août 1841, Paris. [S.V.42.2.251. -D.P.42.2.202.-P.41.2.524.]—Cassé par l'arrêt (de 1843) suivant.

18. Mais jugé, au contraire, que l'acte sous forme de jugement, par lequel le juge de paix, même en l'absence de tout litige et du consentement des parties qui prorogent sa juridiction, condamne l'une des parties à payer à l'autre, dans un délai convenu, le montant d'une dette reconnue, a le caractère et l'autorité d'un véritable jugement, s'il n'a pas été l'objet d'un recours en temps utile devant le juge compétent.—13 nov. 1843, Rej. [S.V.43.1.961.] — *Id.* 8 janv. 1845, Cass. [S.V.45.1.188.-D.P.45.1.86.-P.45.1.147.] — *Id.* 30 août 1844, Toulouse. [S.V.45.2.543.]

19. De même lorsque, sur le consentement des deux parties, un juge de paix a rendu, dans la forme ordinaire, un jugement portant condamnation de l'une d'elles au paiement d'une somme qui excède le taux de la compétence de ce magistrat, ce jugement ne peut être considéré comme une simple décision arbitrale qui ait besoin de l'ordonnance d'*exequatur*; il est exécutoire par lui-même. — 12 janv. 1800, Rouen. [C. n.2.]

20. D'après le même principe que les décisions, rendues par les juges de paix sur prorogation de juridiction, ne peuvent être considérées comme ayant le caractère de sentences arbitrales, et sont de véritables jugements, ces décisions ne sont pas soumises à l'action directe en nullité ouverte contre les sentences arbitrales par l'art. 1028, C. pr. — 6 fév. 1828, Colmar. [S.28.2.246; C.n.9.-D.P.28.2.14.]

[8] — 1. Le juge de paix ne pourrait pas indiquer un jour de dimanche ou de fête pour son audience ordinaire. — Carré, t. 1er, q. 33; Biret, n° 437. — Nous ne pensons pas néanmoins qu'il y aurait nullité des jugements rendus à une audience ainsi fixée.

2. Ce magistrat ne peut non plus indiquer sa demeure pour lieu de ses audiences ordinaires, lorsqu'elle n'est pas située au chef-lieu du canton. — Carré, t. 1er, q. 37; Biret, n° 455; Foulan, *Journ. des Just. de paix*, t. 8, p. 90; Chauveau sur Carré, *loc. cit.*; Rodière, t. 2, p. 297. — *Contrà*, Levasseur, p. 14. — La première opinion est plus conforme, sans doute, à ce qu'exige l'intérêt des justiciables, et, d'ailleurs, elle se trouve justifiée par l'art. 9 de la loi du 29 vent. an 9, portant que le juge de paix sera tenu de donner ses audiences au chef-lieu du canton, mais il, encore, il n'y aurait pas nullité des décisions rendues par le juge de paix; ce serait au gouvernement à prescrire les mesures qu'il croirait utiles à la bonne administration de la justice.

3. Le juge de paix qui tient l'audience en sa demeure, n'est pas obligé d'énoncer qu'il a tenu les portes ouvertes.—10 juill. an 11, Paris. [S.3.2.353; C.n.1.-D.A.9.581.] — *Sic*, Thomine, t. 1er, n° 28; Pigeau, *Comm.*, t. 1er, p. 20; Augier, v° *Audience*, n° 2; Chauveau, q. 38. — Suivant Rodière, p. 297, cette mention doit avoir lieu en termes *par équipollents*.—On sait que, quant aux jugements des tribunaux ordinaires, la constatation de la publicité est impérieusement exigée.

4. Du reste, le huis clos peut être ordonné par le juge de paix, comme par les tribunaux ordinaires, dans les cas prévus par l'art. 87, *Cod. proc.*, et par l'art. 81 de la Constitution.—Demiau, p. 19; Pigeau, t. 1er, p. 20; Carré et Chauveau, q. 41 et 41 *bis*; Biret, n° 438; Rodière, p. 297.—Cela a été ainsi jugé quant aux tribunaux de police: *voy.* Cass. 3 juill. 1825. [S. 25.1.388; C.n.8.-D.P.25.1.433.]

5. Ce magistrat peut procéder chez lui à une enquête, bien que ce ne soit pas le lieu ordinaire de ses séances.—Carré et Chauveau, q. 39.

6. Les juges de paix n'ont la faculté de rendre leurs jugements, ailleurs qu'en l'audience ordinaire, que dans les cas où ils prononcent au civil, et non dans ceux où ils statuent comme juges de police.— 1er prair. an 7, Cass. [C.n.1.] — *Id.* 6 therm. an 9. [C.n.1.]—*Sic*, Lonchampt, *Inst. des juges de paix*, v° *Audience*; Dieudonné et Lavalle, *Collect. nouv.*, t. 1, 201. — *Contrà*, Augier, v° *Audience*.

7. La loi n'ayant pas institué de ministère public

deux audiences par semaine : ils pourront juger tous les jours, même ceux de dimanches et fêtes, le matin et l'après-midi.

Ils pourront donner audience chez eux, en tenant les portes ouvertes. [L. 18 oct. 1790, tit. 7, art. 1er et 2.—C. proc., 87 ; Tar. 9.]

9. Au jour fixé par la citation, ou convenu entre les parties, elles comparaîtront en personne ou par leurs fondés de pouvoir, sans qu'elles puissent faire signifier aucune défense. [L. 18 oct. 1790, tit. 3, art. 1er.—C. pr. 55.]

10. Les parties seront tenues de s'expliquer avec modération devant le juge, et de garder en tout le respect qui est dû à la justice : si elles y manquent, le juge les y rappellera d'abord par un avertissement ; en cas de récidive, elles pourront être condamnées à une amende qui n'excédera pas la somme de dix francs, avec affiches du jugement, dont le nombre n'excédera pas celui des communes du canton. [L. 18 oct. 1790, tit. 7, art. 5.—C. pr. 88 ; C. inst. cr. 181, 504 ; C. pén. 222.]

11. Dans le cas d'insulte ou irrévérence grave envers le juge, il en dressera procès-verbal, et pourra condamner à un emprisonnement de trois jours au plus. [L. 18 oct. 1790, tit. 7, art. 4.—C. i. cr. 181, 267, 504, 505 ; C. pén. 222.]

12. Les jugements, dans les cas prévus par les précédents articles, seront exécutoires par provision.

13. Les parties ou leurs fondés de pouvoir seront entendus contradictoirement. La cause sera jugée sur-le-champ, ou à la première audience ; le juge, s'il le croit nécessaire, se fera remettre les pièces. [L. 18 oct. 1790, tit. 3, art. 9.—C. pr. 95.]

14. Lorsqu'une des parties déclarera vouloir s'inscrire en faux, déniera l'écriture, ou déclarera ne pas la reconnaître, le juge lui en donnera acte : il paraphera la pièce, et renverra la cause devant les juges qui doivent en connaître. [C. pr. 193, 214, 427 ; Tar. 7.]

15. Dans les cas où un interlocutoire aurait été ordonné, la cause sera jugée définitivement, au plus tard, dans le délai de quatre mois du jour du jugement interlocutoire : après ce délai, l'instance sera périmée de droit ; le jugement qui serait rendu sur le fond sera sujet à l'appel, même dans les matières dont le juge de paix connaît en dernier ressort, et sera annulé, sur la réquisition de la partie intéressée.

Si l'instance est périmée par la faute du juge, il sera passible des dommages et intérêts. [L. 18 oct. 1790, tit. 7, art. 7.—C. pr. 31, 397, 505.]

---

pas les juges de paix siégeant au civil, tout jugement rendu par eux, en présence du maire faisant fonctions du ministère public, est nul, comme émanant d'un tribunal illégalement composé.—1er juin 1836, Cass. (S.V.36.1.470.—D.P.36.1.329.)

8. Le greffier, qui a déposé comme témoin dans une enquête ordonnée par le juge de paix auquel il est attaché, peut ensuite assister le juge lors du jugement définitif.—21 mars 1843, Rej. (S.V.43.1.408.—D.P.43.1.151.—P.43.2.317.)

[9]—1. Toute partie devant un juge de paix a le droit de se faire assister d'un défenseur ou conseil (homme de loi ou autre) ; la disposition de l'art. 1er du titre 3 de la loi du 18-26 oct. 1790, qui défendait aux parties de se faire assister ou représenter par aucune des personnes qui, à quelque titre que ce fût, étaient attachées à des fonctions judiciaires, a été abrogée par l'art. 9 du C. pr.—25 mai 1832, Trib. de Chinon. (S.V.32.2.286.—D.P.32.3.85.) — Sic, Henrion de Pansey, ch. 37 ; Carré et Chauveau, q. 42 bis ; Rodière, p. 224 ; Toussaint sur Levasseur, p. 143 ; Biret, no 432. — Mais voy. toutefois, sur ce point, l'art. 18 de la loi du 25 mai 1838, qui défend aux huissiers d'assister les parties comme conseils, ou de les représenter comme fondés de pouvoirs.

2. Cela a été également ainsi jugé quant à la comparution devant le tribunal de police : 20 nov. 1823, Cass. (S.14.1.86 ; C.N.7.—D.A.4.360.) — Et quant à celle au bureau de conciliation : 2 fév. 1825, Bourges. (S.V.26.2.32 ; C.N.8.—D.P.25.2.147.)

3. La procuration pour comparaître devant le juge de paix doit être spéciale, et la simple remise de l'exploit de citation ne vaut pas procuration. — *Le Praticien*, t. 1er, p. 151 ; Carré, q. 43 ; Thomine, t. 1er, p. 65 ; Pigeau, *Comm.* t. 1er, p. 21 ; Chauveau, q. 43 ; Rodière, p. 226.

4. Mais il n'est pas nécessaire que la procuration soit authentique ; une procuration sous seing privé est suffisante.—28 av. 1817, Colmar. (S.N.5.—D.A. 12.757.) — *Sic*, Biret, no 143 ; Chauveau, q. 43. — Suivant Carré, *ibid.*, et Pigeau, p. 81, la partie adverse pourrait exiger que le pouvoir fût authentique. — V. aussi Rodière, p. 226 et Toussaint sur Levasseur, p. 143.

5. Du reste, le juge de paix a toute faculté, dans le cas où la partie se fait représenter par un fondé de pouvoir, d'ordonner, selon les circonstances, qu'elle comparaîtra en personne. — Thomine, p. 64 ; Carré et Chauveau, q. 44 bis.—V. Discussion de la loi du 25 mai 1838, *Monit.* 26 avril 1838, et *inf.* art. 35, no 1er.

6. Et même, l'interrogatoire sur faits et articles peut être ordonné par le juge de paix. — Chauveau et Carré, q. 44 quat.

7. L'intervention a lieu en justice de paix, comme devant les tribunaux civils ; elle se fait par un simple acte. — Carré, t. 1er, nos 398 et 399.

[10 et 11]—1. Le juge de paix ne peut prononcer les peines portées par ces articles, qu'autant que les faits se passent à l'audience. — Carré, q. 50. —V. cependant, Chauveau, *ibid.*, et *Journ. des av.*, t. 16, p. 372.

2. Les insultes ou irrévérences, qui ont eu lieu pendant que le juge de paix accordait à une partie un sursis relatif à un jugement qu'il avait rendu précédemment, sont punissables comme outrages dans l'exercice des fonctions du juge de paix. — 16 août 1810, Rej. (S.17.1.342 ; C.N.3.—D.A.11.63.)

3. Lorsque le juge de paix n'use pas de la faculté à lui donnée de punir sur-le-champ les insultes et irrévérences commises envers lui, ce délit peut être poursuivi par les voies ordinaires. —Même arrêt.

4. Et si les infractions étaient d'une nature plus grave, il faudrait appliquer, suivant les cas, les art. 504 et s., Cod. inst. crim. — Pigeau, p. 82 ; Chauveau sur l'art. 10 ; Biret, nos 438 et s., Toussaint sur Levasseur, p. 144.

[12] . . . .

[13]—1. Lorsque toutes les causes ne peuvent être discutées dans la même audience, elles ne sont pas renvoyées de plein droit à la prochaine, mais le renvoi doit en être successivement prononcé.—Carré et Chauveau, q. 51 ; Thomine, p. 68.

2. Le jugement rendu sur délibéré, à une autre audience que celle où les parties ont pris leurs conclusions et plaidé, doit être réputé contradictoire, quand même les parties n'auraient pas assisté à sa prononciation ; peu importe d'ailleurs que le juge l'ait qualifié de jugement par défaut. — 22 mars 1826, Cass. (S. 26.1.198 ; C.N.8.—D.P.26.1.251.) — *Sic*, Carré et Chauveau, q. 51 ; Rodière, p. 229.

[14]—1. Le renvoi ordonné par cet article est seulement l'incident en inscription de faux ou vérification d'écriture, mais non le fond, dont le juge de paix doit rester saisi pour y statuer après qu'il aura été prononcé sur l'incident. — Carré, q. 55 ; Pigeau, *Comm.*, t. 1er, p. 23 ; Chauveau, *loc. cit.* ; Biret, no 154 ; Augier, vo *Acte sous seing privé*, sect. 2, § 1er, no 3 ; Curasson, no 344. — *Contra*, Lepage, p. 74 ; Thomine, p. 70 ; Rodière, p. 230.

2. La sommation à la partie qui produit la pièce de s'expliquer sur le point de savoir si elle entend ou non se servir de cette pièce, peut se faire à l'audience de vive voix si les parties sont en présence. — Pigeau, p. 26 ; Carré et Chauveau, q. 55 bis.

3. En matière de douanes, le juge de paix est-il compétent pour connaître du faux incident ? — *Rés. nég.*, pour le cas où les auteurs du faux pourraient être encore poursuivis criminellement ; 5 nov. 1833, Rej. (S.V.33.1.[illegible]) ; V. *infrà*, 9 août 1822, Cass. (S.23.1.151 ; C.N.7.—D.A.8.[illegible].) — *Sic*, Merlin, *Rép.*, vo *Inscript. de faux*, § 7.

4. Jugé en sens contraire, mais antérieurement à la promulgation du *Code de procédure* (art. 259), et du *Code d'instruction criminelle* (art. 460) — 13 frim. et 4 pluv. an 12, Cass. (S.4.2.93 ; C.N.1.)—19 niv. an 13, Cass. (C.N.2.—D.A.8.446.)

5. Peut-on assigner en reconnaissance d'écriture devant le juge de paix ? V. *suprà*, le no 34 de l'art. 1er de la loi du 25 mai 1838.

[15]—1. Le délai de quatre mois n'emporte péremption qu'autant qu'il a couru depuis un jugement interlocutoire rendu dans l'instance. Un simple jugement préparatoire (par exemple celui qui ordonne la remise des pièces) ne fait point courir le délai de la péremption. — 12 fév. 1829, Cass. (S. 23.1.326 ; C.N.7.—D.A.11.219.)—*Sic*, Henrion, ch. 38 ; Merlin, *Rép.*, vo *Perempt.*, sect. 1re, § 2, no 1 ; Favard, vo *Jug.*, sect. 1re, § 2, no 24 ; Pigeau, *Comm.*, t. 1er, p. 30 ; Carré, q. 61 ; Thomine, no 56 ; Reynaud, *Perempt.*, no 151 ; Chauveau sur Carré, *loc. cit.* — *Contra*, Rodière, t. 2, p. 318.

1 *bis.* L'opinion de ce dernier auteur, quoique isolée, ne laisse pas que de présenter quelque chose de plausible ; non pas par le motif qu'il donne, que le sens du mot *interlocutoire* n'avait pas encore été précisé lorsque le livre 1er du Code de procédure fut promulgué, et que l'on attribuait autrefois ce nom à toutes les sentences non définitives ; car l'art. 14 de la loi du 3 brum. an 4, notamment, viendrait protester contre cette assertion, mais parce que si le législateur a voulu qu'un interlocutoire, dont l'exécution peut exiger une instruction plus ou moins longue, fût cependant suivi du jugement dans les quatre mois, il semble qu'à plus forte raison il en doit être ainsi au cas de simple préparatoire, qui peut toujours être exécuté avec plus de rapidité que l'interlocutoire.

2. Sur la distinction des jugements interlocutoires et de ceux simplement préparatoires, voy. nos annotations des art. 451 et 452, C. pr.

3. Pour faire courir le délai de la péremption, il faut que l'interlocutoire ait été rendu sur le fond du procès, et non sur un simple incident. - 31 août 1813, Cass. (S.14.1.81 ; C.N.4.—D.A.11.208.)—*Sic*, Merlin, *Rép.*, t. 17, p. 350 ; Carré, q. 59 ; Curasson, t. 1er, p. 199 ; Biret, no 373 ; Toussaint sur Levasseur, p. 147.

3 *bis.* Lorsque, dans une même cause, il a été rendu plusieurs jugements interlocutoires, le délai de la péremption ne commence à courir que du jour du dernier de ces jugements.—17 avr. 1833, C. de cass. de Belgique. (D.P.34.2.150.) — *Sic*, Levasseur, no 95 ; Delaporte, t. 1er, p. 13 ; Augier, vo *Perempt.*, no 11 ; Reynaud, *Perempt.*, no 133 ; Toussaint sur Levasseur, p. 147. — *Contra*, Carré, q. 63 ; Thomine, p. 172 ; Biret, no 361 ; Curasson, p. 199 ; Chauveau, *loc. cit.*

4. La péremption court alors même que le jugement interlocutoire est par défaut.—Pigeau, p. 31 ; Carré et Chauveau, q. 61 *bis*.

5. Mais elle n'aurait pas lieu, si l'interlocutoire avait été rendu par un juge incompétent.—Carré, q. 60.

6. ... Ni dans le cas où le jugement définitif viendrait à être déclaré nul, alors du moins que cette nullité proviendrait du fait du juge.—13 brum. an 10, Cass. (S.7.2.1161 ; C.N.1.—D.A.1.490.)

7. Lorsque l'instance a été suspendue par le décès d'une partie, le délai de la péremption reprend son cours par la reprise de l'instance, ou après le délai de six mois à dater du jour du décès.—Carré, q. 64 ; Thomine, p. 73 ; Reynaud, no 134.

8. Si ce délai a été suspendu ou interrompu par l'appel, il ne reprend cours qu'à compter du jour de la signification du jugement d'appel et non de plein droit du jour de ce jugement. — 11 juin 1834, Rej. (S.V.34.1.390.—D.P.34.1.274.)—*Sic*, Thomine, p. 73 ; Chauveau, q. 65 *bis*.

8 *bis.* Décidé qu'il y aurait péremption si le jugement d'appel n'avait pas été signifié et le juge de paix ressaisi dans les quatre mois.—13 mars 1833, Trib. de Falaise. (D.P.34.3.173.)

9. Il n'y a pas péremption si l'instruction a été retardée par le fait ou la faute de la partie demanderesse en péremption. — 4 fév. 1807, Cass. (S.8.1.40 ; C.N.2.—D.A.11.239.)—*Sic*, Thomine, p. 73 ; Pigeau, p. 32 ; Carré, q. 62 ; Reynaud, no 135 ; Toussaint sur Levasseur, p. 147.

16. L'appel des jugements de la justice de paix ne sera pas recevable après les trois mois, à dater du jour de la signification faite par l'huissier de la justice de paix, ou tel autre, commis par le juge. [L. 16-24 août 1790, tit. 3, art. 12, 14. —C. pr. 1, 443; Tar. 21, 27.]

17. Les jugements des justices de paix, jusqu'à concurrence de trois cents francs, seront exécutoires par provision, nonobstant l'appel, et sans qu'il soit besoin de fournir caution : les juges de paix pourront, dans les autres cas, ordonner l'exécution provisoire de leurs jugements, mais à la charge de donner caution. [L. 16 août 1790, tit. 3, art. 9.—C. pr. 135, 155, 439; Tar. 21.]

18. Les minutes de tout jugement seront portées par le greffier sur la feuille d'audience, et signées par le juge qui aura tenu l'audience et par le greffier. [L. 18 oct. 1790, tit. 8, art. 1er, 5, 7. —C. pr. 5, 159.]

TITRE III.

Des jugements par défaut, et des oppositions à ces jugements.

19. Si, au jour indiqué par la citation, l'une des parties ne comparaît pas, la cause sera jugée par défaut, sauf la réassignation dans le cas prévu dans le dernier alinéa de l'article 5. [L. 18 oct.

[illegible]

1790, tit. 3, art. 2. — C. pr. 149 et s., 434; C. inst. cr., 149, 186; Tar. 21.]

20. La partie condamnée par défaut pourra former opposition, dans les trois jours de la signification faite par l'huissier du juge de paix, ou autre qu'il aura commis.

L'opposition contiendra sommairement les moyens de la partie, et assignation au prochain jour d'audience, en observant toutefois les délais prescrits pour les citations : elle indiquera les jour et heure de la comparution, et sera notifiée ainsi qu'il est dit ci-dessus. [L. 18 oct. 1790, tit. 3, art. 3. — C. pr. 4, 5, 155; Tar. 21.]

21. Si le juge de paix sait par lui-même, ou par les représentations qui lui seraient faites à l'audience par les proches, voisins ou amis du défendeur, que celui-ci n'a pu être instruit de la procédure, il pourra, en adjugeant le défaut, fixer, pour le délai de l'opposition, le temps qui lui paraîtra convenable; et, dans le cas où la prorogation n'aurait été ni accordée d'office ni demandée, le défaillant pourra être relevé de la rigueur du délai, et admis à opposition, en justifiant qu'à raison d'absence ou de maladie grave, il n'a pu être instruit de la procédure. [L. 18 oct. 1790, tit. 3, art. 5.]

22. La partie opposante qui se laisserait juger une seconde fois par défaut, ne sera plus reçue à former une nouvelle opposition. [L. 18 oct. 1790, tit. 3, art. 4. — C. pr. 165.]

TITRE IV.

Des jugements sur les actions possessoires (1).

23. Les actions possessoires ne seront recevables qu'autant qu'elles auront été formées dans l'année du trouble, par ceux qui, depuis une année au moins, étaient en possession paisible par eux ou les leurs, à titre non précaire. [Ord. 1667, tit. 18, art. 1er. — C. c. 1428, 2060, 2228, 2243; C. pr. 3.]

[illegible]

[20] [illegible]

[21] [illegible]

[22] [illegible]

[23] Indication alphabétique.

§ 1er. — *Choses susceptibles ou non de l'action possessoire. — Biens imprescriptibles; Droits divers, mobiliers ou immobiliers, etc.*

[illegible]

(1) V. sur les actions possessoires, un travail fort remarquable de M. [illegible], publié en divers articles dans la *Revue du dr. fr.*, année [illegible], p. 54, 187, [illegible], 466, 543. — [illegible] *Tr. des actions en droit romain* de M. Bonjean, t. 2, liv. 2, ch. 4, p. 344.

§ 2. — *Servitudes*. — *Droit de passage, etc.*

§ 3. — ...*Cours d'eau.* — *Eaux pluviales, etc.*

§ 4.—Par qui et contre qui peut être intentée l'action possessoire.

§ 5. *Possession utile pour intenter l'action. — Délai d'un an.*

§ 7. — Délai pour intenter l'action.

§ 8. — Dénonciation de nouvel œuvre.

§ 9. — Réintégrande.

possession annale, ne peut plus soutenir ensuite, lorsque cette possession a été déclarée ne pas exister ou n'être que précaire, qu'il n'avait entendu qu'une action en réintégrande, pour laquelle la possession annale n'est pas nécessaire. — 9 fév. 1857, Rej. (S.V.57.1.609.-D.P.57.1.209.-P.57.2.257.)

254. Décidé cependant que, de ce que le demandeur en réintégrande a, dans son exploit de citation ou dans les actes ultérieurs du procès, allégué la possession annale où il se prétendait être l'objet en litige, et même demandé à prouver cette possession, il ne s'ensuit pas que son action doive être considérée comme une action en complainte, et qu'elle puisse être rejetée sous prétexte qu'il n'aurait pas prouvé sa possession annale; elle n'en doit pas moins être jugée comme action en réintégrande, si les voies de fait sur lesquelles elle repose lui donnent ce caractère. — 10 août 1850, Cass. (S.V.50.1.[illegible]-D.P.55.1.334.-P.[illegible])

255. L'action, par laquelle le demandeur conclut à la suppression de travaux sur un ruisseau, comme nuisant à la possession où il est de ce ruisseau, doit, ou peut, quand même ces travaux seraient qualifiés *voies de fait*, et que la suppression en aurait été demandée *avec contrainte*, être considérée comme une action en complainte, recevable seulement de la part de celui qui a la possession annale, plutôt que comme une action en réintégrande, qui appartiendrait au possesseur actuel. — 15 nov. 1858, Rej. (S.V.59.1.[illegible]-D.P.59.1.214.)

256. L'action en dommages-intérêts réclamés pour voies de fait commises dans l'année et résultant de la suppression ou destruction de clôtures et haies, est une action en réintégrande, dont le juge de paix peut seul connaître. — 16 mars 1841, Cass. (S.V.41.1.[illegible]-D.P.41.1.179.-P.41.1.[illegible])

257. *Id.* de l'action de celui qui a été dépouillé par voie de fait, et qui demande sa réintégration avec dommages-intérêts: ce n'est pas là une simple action mobilière en dommages-intérêts, alors surtout que, depuis l'introduction de l'instance, le demandeur a renoncé aux dommages-intérêts. — 11 mai 1841, Rej. (S.V.41.1.728.-D.P.41.1.242.-P.41.2.[illegible])

258. Le juge de paix saisi d'une action en réintégrande, peut connaître accessoirement d'une action en garantie contre celui qui a occasionné la voie de fait pour raison de laquelle il y a action en réintégrande. — 11 janv. 1839, Rej. (S.9.1.93; C.N.3.-D.A.4.[illegible]) — *Sic*, Foucher sur Levasseur, p. 184; Garnier, p. 383.

259. L'action en réintégrande peut-elle être portée devant les tribunaux de répression? — *Arg. nég.* — 11 août 1837, Rej. (S.V.40.1.[illegible]-D.P.38.1.[illegible]-P.37.2.[illegible]) — *Sic*, Merlin, *Quest.*, v° *Voie de fait*; Favard, v° *Complainte*, sect. 2, n° 5; Toullier, t. 11, n° 141; Carré, *Comp. civ.*, n° 200; Garnier, p. 346; Belime, n° 392. — *Contra*, Poncet, n° 60, p. 96; Levasseur, n° 49; Pigeau, *Proc. civ.*, liv. 2, v° *Pétitoire et possessoire*, § 2; Demiau, p. 31; Guichard, p. 307; Bioche et Goujet, v° *Act. possess.*, n° 38.

§ 10. — *Récréance.*

260. La récréance (action ayant pour objet d'obtenir la possession provisionnelle d'une chose litigieuse entre deux parties) est-elle autorisée sous notre nouvelle législation comme elle l'était sous l'ancienne? — Oui, suivant Henrion de Pansey, ch. 48; Poncet, n° 59 (qui ne l'admet qu'en matière possessoire); Troplong, *Prescript.*, t. 1er, n° 339; Garnier, *Suppl.* à son traité, p. 8 (qui rétracte l'opinion par lui d'abord émise); Boitard, p. 111; Curasson, p. 381. — Non, selon Chauveau sur Carré, q. 111, et *Journ. des av.*, t. 2, p. 330; *le Juge de paix*, v° *Act. possess.*, sect. 1re, n° 4; Bugnet sur Pothier, t. 7, p. 299; Belime, n° 393 et s.; Jacotton, n° 163; Carou, n° 631 et s.; Allain, *Journ. des just. de paix*, p. 129: ces auteurs varient toutefois sur les conséquences de leur doctrine.

261. Lorsque les deux parties plaident au possessoire justifient qu'elles sont simultanément en possession de l'objet litigieux, le juge peut accorder la récréance ou possession provisoire à l'une ou à l'autre des parties: il est laissé à la prudence du juge de se déterminer à cet égard par les circonstances de la cause. Le juge n'est nullement obligé d'ordonner dans ce cas le séquestre de l'objet litigieux: c'est là une une pure faculté dont il est maître de ne pas user. — 14 nov. 1838, Rej. (S.V.39.1.816.-D.P.39.1.[illegible])

262. Ou bien, dans ce même cas où les deux parties sont reconnues avoir exercé cumulativement des actes de possession sur l'immeuble, le juge peut maintenir provisoirement chaque partie en possession: il n'est pas obligé d'ordonner le séquestre. — 28 avr. 1813, Rej. (S.13.1.399; C.N.4.-D.A.1.[illegible])

263. Dans le cas inverse où le demandeur et le défendeur ont également échoué dans la preuve de possession annale qu'ils avaient entreprise, le juge peut ordonner le séquestre de l'objet litigieux, jusqu'au jugement de la question de propriété: il n'y a pas nécessairement lieu à l'application de la maxime *actore non probante, reus absolvitur*. — 31 juill. 1838, Rej. (S.V.38.1.674.-D.P.38.1.341.-P.41.1.504.)

264. ... Ou bien même ordonner le séquestre ou la récréance. — 16 nov. 1842, Rej. (S.V.43.1.307.-P.45.1.113.)

265. Mais aussi, le juge qui se trouve dans l'impossibilité de reconnaître laquelle des deux parties est le véritable possesseur, peut les renvoyer à se pourvoir au pétitoire. — 17 mars 1810, Rej. (S.10.1.302; C.N.3.-D.A.1.276.)

§ 11. — *Compétence du juge de paix. — Mesures qu'il peut ordonner. — Procédure. — Retours, etc.*

266. Les actions possessoires sont de la compétence exclusive des juges de paix, même à l'égard des biens nationaux vendus par voie administrative. — 24 mars 1806, Décr. (S.V.2.792; C.N.2.-D.A.5.256.) — *Id.* 23 janv. 1807, Décr. (C.N.2.-D.A.5.221.) — *Id.* 20 août 1810, Cass. (S.11.1.69; C.N.3.-D.A.1.150.) — *Id.* 18 août 1818, Ord. (C.N.5.-D.A.5.[illegible]) — *Id.* 31 juill. 1822, Ord. (C.N.7.) — *Id.* 15 nov. 1822, Ord. (C.N.7.) — *Id.* 26 juill. 1826, Ord. (C.N.8.) — *Id.* 11 nov. 1831, Cass. (S.V.31.1.[illegible]-D.P.31.1.[illegible]) — *Sic*, Henrion de Pansey, ch. 40; Merlin, *Rép.*, v° *Complainte*, § 6, n° 4; Garnier, p. 314; Cormenin, *Quest. de dr. adm.*, t. 2, p. 307; Solon, *Rép. adm. et jud.*, t. 4, p. 53.

267. Il en est de même des actions possessoires relatives aux biens communaux. — *Id.* 1er avril 1806, Cass. (S.6.1.275; C.N.2.-D.A.1.250.) — *Id.* 10 nov. 1812, Cass. (S.13.1.119; C.N.4.-D.A.5.9.) — *Id.* 19 janv. 1831, Rej. (S.V.31.1.[illegible]-D.P.31.1.[illegible]) — *Sic*, Garnier, p. 300; Solon, *ubi sup.*, p. 54.

268-269. *Id.*, d'une action intentée à l'occasion d'ouvrages établis par un particulier sur un cours d'eau, et tendante à la destruction de ces ouvrages; ce n'est pas à l'autorité administrative qu'il appartient en ce cas de statuer. — 28 janv. 1843, Rej. (S.V.43.1.[illegible]) — *Sic*, Garnier, p. 341; Jacotton, n° 235; Belime, n° 245 et 250. — *Secus*, Proudhon, *Dom. pub.*, t. 4, n° 1183. — V. encore, *suprà*, n° 77, 78, 149, et *infrà*, n° 279 et s.

270. *Id.*, dans le cas où le litige étant relatif à la possession d'un terrain, le défendeur oppose que ce terrain est une rue ou voie publique, si d'ailleurs la commune n'est point en cause, en telle sorte qu'il s'agisse uniquement d'un procès entre simples particuliers et dans leur intérêt privé. — 12 déc. 1856, Rej. (S.V.57.1.346.-D.P.57.1.65.-P.57.1.395.)

271. *Id.*, alors même que le terrain litigieux serait un chemin vicinal: la vicinalité d'un chemin ne change rien à la compétence des tribunaux pour connaître des questions de possession ou de propriété qui s'y rattachent. — 26 fév. 1833, Cass. (S.V.33.1.[illegible]-D.P.33.1.114.) — *Id.* 4 déc. 1833, Cass. (S.V.34.1.58.) — Ce point a été consacré par un grand nombre d'autres arrêts, voy. *suprà*, n° 22 et s.

272. Pareillement, l'action possessoire intentée par une commune contre un particulier, à l'effet de faire cesser le trouble apporté par lui à la possession annale que la commune prétend avoir d'un [illegible] voisin de la mer, est de la compétence des tribunaux, sans que ceux-ci soient tenus de renvoyer au préalable devant l'autorité administrative, pour faire déclarer si, comme le prétend le défendeur, l'étang fait partie du domaine public. — 14 avril 1842, Cons. d'Ét. (S.V.42.2.[illegible])

273. De même, l'action intentée par le syndic d'une association de propriétaires pour le desséchement de leurs marais, contre l'un des propriétaires qui prétend au droit de couper, dans son intérêt personnel, une digue établie pour retenir les eaux dans l'intérêt commun, est une action possessoire de la compétence du juge de paix: la répression de cette entreprise n'est pas de la compétence de l'autorité administrative. — 4 avril 1842, Rej. (S.V.42.1.686.-D.P.42.1.210.-P.42.2.35.)

274. De même encore, l'action formée par le riverain d'un chemin vicinal pour trouble apporté à sa possession d'un terrain limitrophe, par la plantation de bornes en dehors de la largeur du chemin fixée par l'administration, et la plantation d'arbres à une distance plus rapprochée que celle voulue par l'art. 671, C. civ., constitue une action possessoire, de la compétence du juge de paix, et non une demande de la compétence de l'autorité administrative. — 3 juin 1845, Cass. (S.V.45.1.[illegible]-D.P.45.1.339.)

275. Le juge de paix n'est pas compétent pour connaître de l'action possessoire intentée à raison de l'exécution de travaux, si ces travaux sont l'exécution d'un acte émané de l'autorité administrative. — 22 mai 1826, Ord. (S.27.2.[illegible]; C.N.8.) — V. cependant, 6 déc. 1826, Ord. (S.[illegible]; C.N.8.) — *Sic*, Solon, t. 4, p. 51.

276. Jugé, au contraire, qu'il est compétent pour connaître d'une action possessoire, alors même que le trouble, sur lequel elle est fondée, provient de l'exécution d'un acte administratif, notamment de travaux ordonnés par l'administration pour opérer la délimitation d'un terrain concédé par l'État à un particulier. — 21 août 1845, Ord. (S.V.46.2.[illegible]) — V. toutefois l'arrêt de la Cour de cassation du 10 août 1845, *suprà*, n° 79.

277. Le juge de paix doit, avant faire droit, ordonner la réintégration du demandeur dont la possession n'est pas contestée, encore bien que, s'agissant d'un cours d'eau, le défendeur excipe d'un règlement administratif et demande qu'il soit sursis jusqu'à l'interprétation de ce règlement par l'autorité compétente. — 11 mai 1841, Rej. (S.V.41.1.728.-D.P.41.1.242.-P.41.2.358.)

278. Mais ce magistrat est incompétent pour ordonner la suppression de travaux qui, exécutés par ordre du maire sur la voie publique, afin d'en assurer la salubrité, causent préjudice aux propriétés riveraines. — 3 déc. 1842, Rej. (S.V.43.1.23.-D.P.43.1.36.-P.43.1.207.)

279. Il ne peut non plus ordonner l'abaissement de la chaussée d'un moulin que le préfet a approuvée comme avantageuse [illegible] aux propriétés riveraines. — 15 mars 1840, Cass. (S.10.1.213; C.N.3.-D.A.5.255.)

280. ... Ni ordonner la destruction de travaux sur les cours d'eau, autorisés par l'administration. — 22 juin 1824, Ord. (S.21.2.295; C.N.7.) — *Sic*, Bérenck, p. 263.

281. Lorsque, avant de statuer sur une action en complainte, il est nécessaire de faire juger une question préjudicielle par l'autorité administrative, le tribunal saisi légalement de cette action ne doit pas pour cela se déclarer incompétent; il doit seulement surseoir au jugement, jusqu'à ce qu'il ait été statué par l'administration sur la question préjudicielle. — 11 mai 1831, Cass. (S.V.31.1.242.-D.P.31.1.192.) — Décisions dans le même sens: 3 nov. 1824, Cass. (S.25.1.62; C.N.7.-D.A.11.241.) — 31 juill. 1831, Cass. (S.V.32.1.742.)

282. Et, quand une commune, actionnée pour trouble apporté à la possession d'un terrain, prétend que ce terrain est une dépendance d'un chemin vicinal, le juge est compétent pour statuer sur cette exception, et reconnaître que le terrain n'est point un chemin, sans être nécessairement obligé de renvoyer devant l'autorité administrative pour faire statuer sur la nature du terrain. — 2 fév. 1842, Rej. (S.V.42.1.116.)

283. Le juge de paix est-il compétent pour connaître de l'action possessoire intentée pendant une instance au pétitoire déjà existante entre les parties? — V. à cet égard, *suprà*, n° 100 et s.

284. Le juge de paix peut consulter les titres pour éclairer le possessoire. — Pardessus, *Servit.*, n° 324; Henrion de Pansey, ch. 21; Aulanier, n° 110; Favard, *Rép.*, t. 1er, p. 502; Solon, *Servit.*, n° 367, et *Rép. adm.*, t. 4, p. 46; Carré, t. 2, n° 1411; Berriat Saint-Prix, p. 109; Pardessus, *Comm.*, t. 1er, p. 33; Chauveau sur Carré, q. 161 *bis*; Garnier, p. 392; Curasson, t. 2, p. 342; Carou, n° 685; Jacotton, n° 118 et s.; Belime, n° 449 et s. — Ce point a été consacré par de nombreux arrêts dont les décisions sont rapportées plus loin sous l'art. 25, n° 48; voy. aussi, *suprà*, n° 58 et s.

285. Le juge du possessoire peut, sans par là statuer sur autre chose que ce qui est demandé, maintenir celui qui réclame la possession pleine et entière d'un cho-

24. Si la possession ou le trouble sont déniés, l'enquête qui sera *ordonnée* ne pourra porter sur le fond du droit. [Ord. 1667, tit. 18, art. 3. — C. pr. 4.]

25. Le possessoire et le pétitoire ne seront jamais cumulés. [Ord. 1667, tit. 18, art. 43.]

[illegible]

299. Les juges de paix ne peuvent statuer qu'en premier ressort sur les actions possessoires à eux soumises : telle est la disposition expresse de l'art. 6 de la loi du 25 mai 1838. [illegible]

[illegible]

[24] — 1. L'enquête ne peut porter que sur les faits de possession ou de trouble [illegible]

[illegible]

[25] — 1. La question de savoir quand il y a cumul du possessoire et du pétitoire est une question autant de *fait* que de *droit*. Nous donnons ici, dans l'ordre alphabétique des matières, les solutions principales qu'offre la jurisprudence sur ce point.

[illegible]

26. Le demandeur au pétitoire ne sera plus recevable à agir au possessoire.

27. Le défendeur au possessoire ne pourra se pourvoir au pétitoire qu'après que l'instance sur le possessoire aura été terminée : il ne pourra, s'il a succombé, se pourvoir qu'après qu'il aura pleinement satisfait aux condamnations prononcées contre lui.

Si néanmoins la partie qui les a obtenues était en retard de les faire liquider, le juge du pétitoire pourra fixer, pour cette liquidation, un délai, après lequel l'action au pétitoire sera reçue. [Ord. 1667, tit. 18, art. 4. — C. c. 2204 ; C. pr. 477.]

TITRE V.

Des Jugements qui ne sont pas définitifs, et de leur exécution.

28. Les jugements qui ne seront pas définitifs ne seront point expédiés, quand ils auront été rendus contradictoirement et prononcés en présence des parties. Dans le cas où le jugement ordonnerait une opération à laquelle les parties devraient assister, il indiquera le lieu, le jour et l'heure, et la prononciation vaudra citation. [L. 18 oct. 1790, tit. 3, art. 1. — C. pr. 54, 61.]

29. Si le jugement ordonne une opération par les gens de l'art, le juge délivrera à la partie requérante, cédule de citation pour appeler les ex-

[illegible]

perts; elle fera mention du lieu, du jour, de l'heure, et contiendra le fait, les motifs et la disposition du jugement relatif à l'opération ordonnée.

Si le jugement ordonne une enquête, la cédule de citation fera mention de la date du jugement, du lieu, du jour et de l'heure. [Ord. 1667, tit. 21, art. 8; L. 18 oct. 1790, tit. 6, art. 3, 4. — C. pr. 6, 34, 41; C. i. cr. 146; Tar. 7, 24, 25.]

30. Toutes les fois que le juge de paix se transportera sur le lieu contentieux, soit pour en faire la visite, soit pour entendre les témoins, il sera accompagné du greffier, qui apportera la minute du jugement préparatoire. [L. 18 oct. 1790, tit. 6, art. 6. — C. pr. 18; Tar. 12.]

31. Il n'y aura lieu à l'appel des jugements préparatoires qu'après le jugement définitif et conjointement avec l'appel de ce jugement; mais l'exécution des jugements préparatoires ne portera aucun préjudice aux droits des parties sur l'appel, sans qu'elles soient obligées de faire à cet égard aucune protestation ni réserve.

L'appel des jugements interlocutoires est permis avant que le jugement définitif ait été rendu.

Dans ce cas, il sera donné expédition du jugement interlocutoire. [L. 16 août 1790, tit. 3, art. 12; L. 18 oct. 1790, tit. 6, art. 7. — C. pr. 15, 393, 404, 451, 452.]

TITRE VI.

De la mise en cause des garants.

32. Si, au jour de la première comparution, le défendeur demande à mettre garant en cause, le juge accordera délai suffisant en raison de la distance du domicile du garant : la citation donnée au garant sera libellée, sans qu'il soit besoin de lui notifier le jugement qui ordonne sa mise en cause. [L. 18 oct. 1790, tit. 4, art. 9. — C. pr. 59, 175. — Tar. 21.]

33. Si la mise en cause n'a pas été demandée à la première comparution, ou si la citation n'a pas été faite dans le délai fixé, il sera procédé, sans délai, au jugement de l'action principale, sauf à statuer séparément sur la demande en garantie. [L. 18 oct. 1790, tit. 4, art. 10. — C. pr. 178.]

TITRE VII.

Des Enquêtes.

34. Si les parties sont contraires en faits de nature à être constatés par témoins, et dont le juge de paix trouve la vérification utile et admissible, il ordonnera la preuve et en fixera précisément l'objet. [L. 18 oct. 1790, tit. 4, art. 1 et 2. — C. pr. 28, 29, 252, 407; Tar. 21, 24.]

35. Au jour indiqué, les témoins, après avoir dit leurs noms, profession, âge et demeure, feront le serment de dire la vérité, et déclareront s'ils sont parents ou alliés des parties et à quel degré, et s'ils sont leurs serviteurs ou domestiques. — [Ord. 1667, tit. 22, art. 14. — C. pr. 262 et s.]

36. Ils seront entendus séparément, en présence des parties, si elles comparaissent; elles seront tenues de fournir leurs reproches avant la déposition, et de les signer, si elles le savent ou le peuvent. Il en sera fait mention : les reproches ne pourront être reçus après la déposition commencée, qu'autant qu'ils seront justifiés par écrit. [L. 18 oct. 1790, tit. 4, art. 5. — C. pr. 270, 282.]

37. Les parties n'interrompront point les témoins : après la déposition, le juge pourra, sur la réquisition des parties, et même d'office, faire aux témoins les interpellations convenables. [C. pr. 273, 276.]

38. Dans tous les cas où la vue du lieu peut être utile pour l'intelligence des dépositions, et spécialement dans les actions pour déplacement de bornes, usurpations de terres, arbres, haies, fossés ou autres clôtures, et pour entreprises sur les cours d'eau, le juge de paix se transportera, s'il le croit nécessaire, sur le lieu, et ordonnera que les témoins y seront entendus. [L. 18 oct. 1790, tit. 4, art. 5. — C. pr. 3, 41, 295; Tar. 8.]

39. Dans les causes sujettes à l'appel, le greffier dressera procès-verbal de l'audition des té-

---

[30] . . . .

[31] — V. *suprà*, la note 265 sous l'art. 14 de la loi du 25 mai 1838. — V. aussi *infrà*, les notes de l'art. 451, dont les dispositions relatives à l'appel des jugements des tribunaux de première instance sont semblables à celles de l'art. 31 ci-dessus.

[32] — 1. Le juge de paix ne peut refuser le délai qui lui est demandé pour mettre garant en cause. — Carré et Chauveau, q. 143 *ter*; Biret, t. 1er, no 494. — *Contrà*, Pigeau, *Comm.*, p. 94.

2. Le jugement qui accorde délai pour citer un garant, n'est pas susceptible d'appel. — Carré et Chauveau, q. 142. — *Contrà*, Delaporte, p. 52.

3. L'art. 32 s'applique au garant qui aurait à en appeler un autre en sous-garantie. — Demiau, p. 52; Pigeau, p. 91; Thomine, p. 102; Carré et Chauveau, q. 144; Carou, no 613.

4. On ne doit pas notifier au garant copie de la demande principale et des pièces justificatives de l'action en garantie. — Pigeau, p. 91; Carré et Chauveau, sur l'art. 32; Biret, no 494; Toussaint sur Levasseur, no 149.

5. V. au reste, sur la mise en cause des garants devant les tribunaux, les art. 175 et s., et les notes qui les accompagnent. — V. aussi ci-dessus, les nos 258 et 293 *bis* de l'art. 23.

[33] — La demande en garantie, qui ne peut être jugée en même temps que la demande principale, reste de la compétence du juge saisi, quand même il ne serait pas le juge naturel du garant. — Carou, t. 1er, no 615; Chauveau, q. 145; Toussaint sur Levasseur, no 150. — *Contrà*, Carré, q. 145. — V. aussi Biret, no 497.

[34] — 1. Le juge de paix peut ordonner une enquête, alors même que les parties ne sont pas contraires en fait. — Carré et Chauveau, no 150; Pigeau, p. 93; Curasson, p. 125. — *Secùs*, Biret, no 509.

2. Il ne peut pas ordonner d'enquête dans le cas où il serait saisi, par suite du consentement des parties, d'une demande excédant 150 fr. — Carré et Chauveau, q. 149; Thomine, p. 93.

3. Le défendeur a, de plein droit, la faculté de faire contre-enquête. — Carré, t. 1er, no 151; Toussaint sur Levasseur, no 122; Biret, no 561.

4. Et s'il n'a pas fait de contre-enquête, il peut être admis à y procéder en appel..., surtout si le juge de paix n'avait indiqué jour que pour l'audition des témoins du demandeur, et s'il a prononcé de suite son jugement, sans que le défendeur ait renoncé à faire entendre les siens. — En tout cas, on ne peut appliquer en cette matière, les délais, prorogations et déchéances établis pour les enquêtes ordinaires. — 15 janv. 1836, Rej. (S.V.36.1.96.)

5. La partie qui, sommée d'assister aux opérations d'un bornage, ne comparaît pas, n'est pas recevable à se plaindre de ce que, lors de cette opération, on a entendu en son absence des témoins, dont l'audition a été jugée nécessaire. — 18 nov. 1845, Rej. (S.V.46.1.437. — D.P. 46.1.130. — P.46.2.68.)

6. Parmi les formalités prescrites pour les enquêtes devant le juge de paix, en est-il dont l'inobservation entraîne nullité? Arg. nég. — 19 juin 1852, Rej. (S.V. 52.1.788. — D.P.52.1.338.) — V. *infrà*, art. 35, no 5, et art. 39, nos 1er et s.

7. Décidé encore (implicitement) que les enquêtes en justice de paix ne sont pas soumises aux formalités prescrites pour les tribunaux ordinaires par le tit. 12, liv. 2, C. proc. — 2 juill. 1835, Rej. (S.V.35.1.611. — D.P.35.1.339.)

8. Ainsi, il n'est pas nécessaire, comme devant les tribunaux ordinaires, que la liste des témoins soit notifiée à la partie adverse avant le jour de l'enquête. — 2 juill. 1835, Rej. (S.V.35.1.611. — D.P.35.1.339. — *Sic*, Chauveau, q. 152 *ter*; Biret, *Notes sur les just. de paix*, p. 108; Toussaint sur Levasseur, no 153. — *Contrà*, Pigeau, p. 95.

[35] — 1. La disposition d'un jugement portant indication du jour de l'ouverture d'une enquête ordonnée par ce jugement, n'ayant qu'un caractère purement interlocutoire, peut être révoquée et changée par le juge de paix, sans qu'en cela il y ait violation de la chose jugée. — 19 juin 1852, Rej. (S.V.52.1.788. — D.P.52.1.338.)

2. Il peut être procédé à l'enquête dans le domicile du juge de paix, bien que ce ne soit pas le lieu ordinaire de ses audiences. — 18 pluv. an 11, Paris. (S.3.2.283; C.N.1. — D.A.6.881.)

3. Si, au jour indiqué pour l'enquête, aucune des parties ne se présente, le juge de paix peut néanmoins procéder à l'audition des témoins; du moins, alors qu'il a la certitude qu'elles n'ont pas transigé. — Thomine, no 37; Biret, no 503; Lepage, p. 87; Carré et Chauveau, q. 155. — V. cependant Dumoulin, *Bibl. du Barreau*, ann. 1810, p. 238, et Toussaint sur Levasseur, no 131.

4. Les parents au degré désigné par l'art. 268, C. pr., ne peuvent être entendus comme témoins. — Chauveau, q. 153. — V. art. 36, no 1er.

5. L'enquête n'est pas nulle par cela seul que les témoins, au lieu de serment, ont fait promesse de dire la vérité. — 19 avril 1810, Rej. (S.10.1.228; C.N. 3. — D.A.6.881.) — *Sic*, Favard, t. 2, p. 372. — Carré et Chauveau, q. 156; Berriat, p. 375; Toussaint, no 134.

[36] — 1. Les causes, pour lesquelles un témoin peut être reproché en justice de paix, sont les mêmes que celles exprimées dans l'art. 283. — Carré et Chauveau, q. 160; Biret, no 310; Pigeau, p. 97; Toussaint sur Levasseur, no 136. — V. art. 35, no 4.

2. Les reproches proposés contre les témoins, dans une affaire susceptible d'être jugée en dernier ressort, n'ont pas besoin d'être signés par les parties. — Lepage, p. 86; Dumoulin, *Bibl. du barr.*, 1810, p. 255; Carré et Chauveau, q. 158. — *Contrà*, Delaporte, t. 1er, p. 33; Pigeau, p. 97; Biret, no 511.

3. Le juge de paix doit ordonner qu'un témoin reproché ne sera pas entendu, s'il juge le reproche bien fondé. Ici ne s'applique pas l'art. 284, C. proc. — Carré et Chauveau, q. 159; Levasseur, t. 1er, p. 37; Toussaint, no 135; Biret, no 512. — *Contrà*, Commaille, t. 1er, p. 91.

4. Jugé qu'il n'est pas nécessaire, au cas d'admission de reproches contre un témoin, d'entendre dans sa déposition le témoin reproché, quoique la cause soit sujette à l'appel, sauf aux juges d'appel à ordonner l'audition du témoin, s'ils jugent, au contraire, le reproche mal fondé. — 2 juill. 1835, Rej. (S.V.35.1.611. — D.P.35.1.339.)

5. Il ne saurait résulter nullité de ce que les témoins ont été entendus devant le juge de paix, les uns en présence des autres. — Carré et Chauveau, q. 157; Thomine, p. 160.

6. Si l'une des parties ne termine pas son enquête dans le jour fixé, le juge de paix peut, sur sa demande, lui accorder une prorogation. — Carré et Chauveau, q. 169; Biret, no 516; Toussaint, no 140.

[37] . . . .

[38] — 1. Le transport du juge sur le terrain contentieux est purement facultatif, et ne doit avoir lieu qu'autant que les juges le croient nécessaire. — 26 avril 1825, Rej. (S.26.1.155; C.N.8. — D.P.25.1.280.) — *Sic*, Curasson, p. 152.

2. Le juge ne peut se transporter sur les lieux et y entendre les témoins, qu'autant qu'il en a été expressément requis par les parties. — Carré et Chauveau, q. 170; Pigeau, p. 101. — Cela nous paraît douteux : on se fonde, pour le décider ainsi, sur l'art. 8 du tarif; mais tout ce que l'on peut induire de cet article, c'est que le juge ne pouvait (avant la loi du 21 juin 1845) prétendre aux vacations qu'il allouait, que lorsque le transport avait été requis. Il ne saurait être défendu à un juge de prendre d'office les mesures qu'il juge nécessaires pour s'éclairer. *Sic*, Curasson, p. 152.

3. V. art. 34, no 5.

[39] — 1. L'inobservation de la disposition qui prescrit un procès-verbal de l'audition des témoins peut entraîner la nullité du jugement rendu sur l'enquête,

moins ; cet acte contiendra leurs noms, âge, profession et demeure, leur serment de dire vérité, leur déclaration s'ils sont parents, alliés, serviteurs ou domestiques des parties, et les reproches qui auraient été fournis contre eux. Lecture de ce procès-verbal sera faite à chaque témoin pour la partie qui le concerne ; il signera sa déposition, ou mention sera faite qu'il ne sait ou ne peut signer. Le procès-verbal sera, en outre, signé par le juge et le greffier. Il sera procédé immédiatement au jugement, ou au plus tard à la première audience. [L. 18 oct. 1790, tit. 4, art. 4.—C. pr. 15, 31, 42, 274, 411.]

40. Dans les causes de nature à être jugées en dernier ressort, il ne sera point dressé de procès-verbal ; mais le jugement énoncera les noms, âge, profession et demeure des témoins, leur serment, leur déclaration s'ils sont parents, alliés, serviteurs ou domestiques des parties, les reproches, et le résultat des dépositions. [C. pr. 43, 410, 453.]

TITRE VIII.

Des visites des lieux, et des appréciations.

41. Lorsqu'il s'agira, soit de constater l'état des lieux, soit d'apprécier la valeur des indemnités et dédommagements demandés, le juge de paix ordonnera que le lieu contentieux sera visité par lui, en présence des parties. [L. 18 oct. 1790, tit. 3, art. 1. — C. pr. 28, 29, 58, 275; Tar. 8.]

42. Si l'objet de la visite ou de l'appréciation exige des connaissances qui soient étrangères au juge, il ordonnera que les gens de l'art, qu'il nommera par le même jugement, feront la visite avec lui, et donneront leur avis ; il pourra juger sur le lieu même, sans désemparer. Dans les causes sujettes à l'appel, procès-verbal de la visite sera dressé par le greffier, qui constatera le serment prêté par les experts. Le procès-verbal sera signé par le juge, par le greffier et par les experts; et si les experts ne savent ou ne peuvent signer, il en sera fait mention. [L. 18 oct. 1790, tit. 5, art. 2.—C. pr. 31, 39, 302; Tar. 21, 23.]

43. Dans les causes non sujettes à l'appel, il ne sera point dressé de procès-verbal; mais le jugement énoncera les noms des experts, la prestation de leur serment, et le résultat de leur avis. [L. 18 oct. 1790, tit. 5, art. 4.—C. pr. 40.]

TITRE IX.

De la Récusation des Juges de paix.

44. Les juges de paix pourront être récusés, 1° quand ils auront intérêt personnel à la contestation; 2° quand ils seront parents ou alliés d'une des parties, jusqu'au degré de cousin germain inclusivement; 3° si, dans l'année qui a précédé la récusation, il y a eu procès criminel entre eux et l'une des parties ou son conjoint, ou ses parents et alliés en ligne directe; 4° s'il y a procès civil existant entre eux et l'une des parties, ou son conjoint; 5° s'ils ont donné un avis écrit dans l'affaire. [L. 18 oct. 1790, tit. 2, art. 1.—C. pr. 378.]

45. La partie qui voudra récuser un juge de paix sera tenue de former la récusation et d'en exposer les motifs par un acte qu'elle fera signifier, par le premier huissier requis, au greffier de la justice de paix, qui visera l'original. L'exploit sera signé, sur l'original et la copie, par la partie ou son fondé de pouvoir spécial. La copie sera déposée au greffe, et communiquée immédiatement au juge par le greffier. [L. 18 oct. 1790, tit. 2, art. 2.—C. pr. 382; Tar. 14, 30.]

46. Le juge sera tenu de donner au bas de cet acte, dans le délai de deux jours, sa déclaration par écrit, portant, ou son acquiescement à la récusation, ou son refus de s'abstenir, avec ses réponses aux moyens de récusation. [L. 18 oct. 1790, tit. 2, art. 3.—C. pr. 386, 388.]

47. Dans les trois jours de la réponse du juge qui refuse de s'abstenir, ou faute par lui de répondre, expédition de l'acte de récusation, et de la déclaration du juge, s'il y en a, sera envoyée par le greffier, sur la réquisition de la partie la plus diligente, au procureur du roi près le tribunal de première instance dans le ressort duquel la justice de paix est située ; la récusation y sera jugée en dernier ressort dans la huitaine, sur les conclusions du procureur du roi, sans qu'il soit besoin d'appeler les parties. [L. 18 oct. 1790, tit. 2, art. 6.—C. pr. 385; Tar. 14.]

[illegible]

[40] — Lorsque la cause est de nature à être jugée en dernier ressort, il n'est pas nécessaire que le jugement contienne le résultat de chacune des dépositions des témoins ; il suffit qu'il contienne le résultat général de toutes les dépositions.—Carré, q. 171; [illegible]

[41] — 1. Les mots *en présence des parties* [illegible]

[42] — 1. Le juge de paix peut, discrétionnairement, nommer un seul expert [illegible]

[43]. . . . .

[44] — 1. Les dispositions de l'art. 44 sont limitatives [illegible]

[45] — 1. [illegible]

[46]. . . . .

[47] — 1. Le juge de paix récusé doit surseoir à tout jugement, jusqu'à ce que le tribunal de première instance ait statué sur la récusation [illegible]

LIVRE II.

DES TRIBUNAUX INFÉRIEURS.

[illegible]

TITRE Ier.

De la Conciliation.

48. Aucune demande principale introductive d'instance entre parties capables de transiger, et sur des objets qui peuvent être la matière d'une transaction, ne sera reçue dans les tribunaux de première instance, que le défendeur n'ait été préalablement appelé en conciliation devant le juge de paix, ou que les parties n'y aient volontairement comparu. [L. 16-24 août 1790, tit. 10, art. 2.]

49. Sont dispensées du préliminaire de la conciliation.

1° Les demandes qui intéressent l'État et le domaine, les communes, les établissements publics, les mineurs, les interdits, les curateurs aux successions vacantes;

2° Les demandes qui requièrent célérité;

3° Les demandes en intervention ou en garantie;

4° Les demandes en matière de commerce;

5° Les demandes de mise en liberté; celles en mainlevée de saisie ou opposition, en paiement de loyers, fermages ou arrérages de rentes ou pensions, celles des avoués en paiement de frais;

6° Les demandes formées contre plus de deux parties, encore qu'elles aient le même intérêt;

7° Les demandes en vérification d'écritures, en désaveu, en règlement de juges, en renvoi, en prise à partie; les demandes contre un tiers saisi, et en général sur les saisies, sur les offres réelles, sur la remise des titres, sur leur communication, sur les séparations de biens, sur les tutelles et curatelles, et enfin toutes les causes exceptées par les lois. [L. 6-27 mars 1791, art. 18. — C. pr. [illegible]]

[illegible]

[48 et 49] **Indication alphabétique**

[illegible]

§ 1er. — *Règles générales.*

[illegible]

§ 2. — *Demandes principales ou introductives d'instance.*

[illegible]

50. Le défendeur sera cité en conciliation,

1° En matière personnelle et réelle, devant le juge de paix de son domicile; s'il y a deux défendeurs, devant le juge de l'un d'eux, au choix du demandeur;

2° En matière de société autre que celle de commerce, tant qu'elle existe, devant le juge du lieu où elle est établie;

3° En matière de succession, sur les demandes

---

la décision ne peut être regardée comme étant de pur droit. Cette observation s'applique à plusieurs des solutions qui vont suivre.

65. Doit être considérée comme requérant célérité... La demande en main levée d'opposition à mariage. — 21 prair. an XI, Angers. (S.7.2.848; C.N.1.-D.A.10.[illegible]) — Id. 29 avril 1819, Douai. (S.20.2.115; C.N.6.-D.A.10.32.) — Sic, Pigeau, Proc., t. 1er, p. 107, et Comm., p. 143; Chauveau, q. 200 bis. — Deux décisions contraires avaient été rendues, l'une par la Cour d'Amiens, le 30 vent. an XI, l'autre par la Cour de Bordeaux, le 12 fruct. an XIII. Mais, en présence de l'art. 177, C. civ., on ne saurait hésiter à se ranger à la doctrine des Cours d'Angers et de Douai.

66. ...Celle tendant à réintégrer dans des lieux dont on a été expulsé arbitrairement. — 13 avril 1831, Bruxelles. (J. av. 41. 701.)

67. ...Celle ayant pour objet des détériorations d'instruments aratoires, le défaut d'exploitation des terres louées, et, par suite, la résolution du bail. — 20 avril 1809, Orléans. (J. av. 7. 240.)

68. ...Celle en dommages-intérêts formée au civil contre son dénonciateur, par un accusé absous. — 19 juin 1819, Nîmes. (C.N.6.)

69. ...Celle en rescision pour cause de lésion d'une vente d'immeubles, surtout quand la prescription de l'action est sur le point d'être acquise. — 10 juin 1842, Riom. (S.V.43.2.121.-D.P.43.2.102.)

70. ...Celle en main levée d'inscriptions hypothécaires qui font obstacle au paiement de deniers exigibles. — 28 avril 1845, Limoges. (J. des just. de paix, 1846, p. 361.)

71. Jugé au contraire qu'en soi, une demande en mainlevée d'inscriptions ne requiert pas célérité. — 15 nov. 1839, Caen. (S.V.40.2.25.-D.P.41.2.35.-P.40.1.664.)

72. De même, l'opposition formée par le tiers détenteur d'un immeuble au commandement de payer à lui adressé par un créancier hypothécaire, porteur d'un bordereau de collocation sur le prix de cet immeuble, n'est pas une demande requérant célérité. — 18 nov. 1836, Orléans. (S.V.37.2.144.-D.P.37.2.106.-P.37.1.354.)

73. La demande formée sur une permission d'assigner à bref délai doit être considérée comme requérant célérité, dans le sens de notre article. — 29 janv. 1838, Cass. (S.V.38.1.642.-D.P.38.1.92.-P.38.1.362.) — Sic, Carou, n° 767; Carré et Chauveau, q. 209; Thomine, p. 132; Rodière, p. 315.

74. Et le président du tribunal a un pouvoir discrétionnaire pour décider qu'une cause requiert célérité, et, par suite, pour dispenser du préliminaire de conciliation : sa décision, à cet égard, est inattaquable. — 8 déc. 1856, Douai. (S.V.58.1.374.-D.P.58.1.24.-P.58.1.529.) — Id. 17 avril 1817, Colmar. (C.N.5.) — Sic, Carré et Chauveau, q. 208; Rodière, p. 315.

75. Jugé, au contraire, que le président n'est pas juge souverain de l'urgence autorisant l'assignation à bref délai, et surtout de la question de savoir si la dispense de la tentative de conciliation est justement réclamée : l'ordonnance qui permet d'assigner à bref délai peut être attaquée par la partie assignée. — 29 mai 1849, Caen. (S.V.49.1.669.-D.P.49.1.325.-P.49.2.581.) — Id. 25 juin 1847, Bordeaux. (S.V.47.2.661.)

76. Mais par quelle voie, dans ce cas, doit se pourvoir la partie qui veut attaquer l'ordonnance? V. sur ce point, les notes de l'art. 72.

§ 5. — *Intervention. — Garantie. — Matière commerciale.*

77. L'intervention, même en cause d'appel, est dispensée de la tentative de conciliation. — 14 mars 1831, Bordeaux. (S.V.31.2.317.-D.P.31.2.245.) — On ne voit pas de raison pour qu'il n'en soit pas de l'intervention en cause d'appel, comme de l'intervention en première instance.

78. La demande en garantie formée après le jugement définitif de la demande originaire, ne jouit pas de la dispense de conciliation; elle doit alors être considérée comme demande principale. — Favard, t. 1er, p. 634; Thomine, p. 132; Carré, q. 200, *in fine*; Lepage, p. 90; Dalloz, t. 3, p. 707, n° 15; Boitard, t. 1er, p. 193; Boncenne, t. 2, p. 9. — *Contrà*, Pigeau, *Proc.*, et *Comm.*, p. 142; Chauveau, q. 200 *quinq.*; Rodière, p. 240. — V. les arrêts antérieurs au Code de procédure cités dans la *Tabl. tricenn.* de Devilleneuve, v° *Concil.*, n°s 21 et s.

78 *bis*. Est sujette au préliminaire de conciliation la demande en garantie formée dans le cours d'une instance par celui qui a intenté l'action originaire; la dispense ne concerne que la demande en garantie formée par le défendeur. — 17 fév. 1849, Douai. (J. av., 74, 300.) — Il nous semble, comme à Chauveau, que c'est là une distinction que n'autorise pas la loi.

79. La demande en paiement d'un billet à ordre est dispensée de l'essai de conciliation, même dans le cas où le signataire n'est pas négociant. — Carré et Chauveau, q. 209; Pigeau, t. 1er, p. 53. — *Contrà*, Biret, n° 614. — Comme le fait remarquer Bioche, v° *Concil.*, n° 8 (3e éd.), l'usage est contraire à cette décision.

§ 6. — *Saisies ou oppositions. — Officiers ministériels.*

80. La demande à fin de condamnation formée conjointement avec une demande en validité de saisie-arrêt, est, de même que cette demande en validité, dispensée du préliminaire de conciliation : les expressions de l'art. 566, C. proc., « *en aucun cas* il ne sera nécessaire de faire précéder la demande en validité par une citation en conciliation, » ne comportent aucune distinction. — 17 juill. 1834, Rej. (S.V.34.1.419.-D.P.34.1.302.)

81. Les demandes en mainlevée, ou nullité d'inscription, ne peuvent être assimilées aux demandes en mainlevée de saisie ou opposition. — 15 nov. 1839, Caen. (S.V.40.2.25.-D.P.41.2.35.-P.40.1.664.) — *Id.* 3 fév. 1816, Montpellier. (J. av. 4.191.)

82. *Id.* de l'opposition formée par le tiers détenteur d'un immeuble, au commandement de payer à lui adressé par un créancier hypothécaire, porteur d'un bordereau de collocation sur le prix de cet immeuble. — 18 nov. 1836, Orléans. (S.V.37.2.144.-D.P.37.2.106.-P.37.1.354.) — *Sic*, Chauveau, q. 211 *bis*.

83. Les demandes de frais dus aux procureurs, pour affaires de l'ancien régime, étaient sujettes au préliminaire de la conciliation. — 27 frim. an 7, Cass. (S.1.1.245; C.N.1.-D.A.3.716.)

84. Les demandes des notaires en paiement des frais et honoraires à eux dus sont dispensées du préliminaire de la conciliation : les notaires sont des officiers ministériels, dans le sens de l'art. 9 du décret du 16 fév. 1807. — 17 janv. 1843, trib. de Libourne. (S.V.43.2.239.) — *Sic*, Favard, v° *Off. minist.*, n° 2; Augan, *Cours de not.*, p. 208; Rolland de Villargues, v° *Honoraires*, n° 243. — V. art. 60, n°s 1er et s.

85. *Contrà*, des demandes des avocats en paiement de leurs honoraires. — Chauveau, q. 211; Rodière, p. 241. — Arg. d'un arrêt de rejet, du 6 avril 1850, qui déclare expressément que les avocats ne sont pas compris sous la dénomination d'*officiers ministériels*.

§ 7. — *Demandes contre plus de deux parties.*

86. Les demandes dirigées contre plus de deux personnes, qui ne forment ensemble qu'un seul être moral ou représentant un intérêt collectif, comme des associés ou des créanciers unis, n'en sont pas moins dispensées de l'essai de conciliation. — Carré, q. 213; Boncenne, t. 2, p. 19; Pigeau, *Proc.*, t. 1er, p. 57; Boitard, p. 93; Chauveau, *loc. cit.*; Arm. Dalloz, v° *Concil.*, n° 60; Bioche et Goujet, v° *Prélim. de concil.*, n° 27; Rodière, p. 243; Carou, n° 777. — *Contrà*, Delaporte, p. 43; Dalloz, t. 3, p. 707, n° 15.

87. Il en est autrement d'une demande formée contre deux maris et leurs femmes, si les époux sont mariés sous le régime de la communauté. — Boncenne, t. 2, p. 19; Toullier, t. 6, n° 718; Dalloz, t. 3, p. 707, note 12; Carré et Chauveau, q. 212 *ter*. — *Contrà*, Rodière, p. 242. V. aussi Carou, n° 779.

88. En principe, pour savoir si l'on a pu se dispenser du préliminaire de conciliation, en ce que la demande aurait été formée contre plus de deux parties, il faut compter les parties réellement assignées, sans examiner si le demandeur a eu tort ou raison de les comprendre dans son assignation. — 20 fév. 1810, Cass. (S.10.1.188; C.N.3.-D.A.3.713.) — *Id.* 15 déc. 1813, Besançon. (J. av. 7. 271.) — *Sic*, Favard, p. 634; Berriat, p. 188, note 15; Carré, q. 213; Boncenne, p. 7; Carou, n° 781 (pourvu qu'il y ait bonne foi de la part du demandeur). — *Contrà*, Chauveau, *loc. cit.*

89. Jugé de même que, pour qu'une demande soit dispensée du préliminaire de conciliation, il suffit qu'elle soit formée contre plus de deux parties; il n'y a point à examiner le plus ou le moins d'intérêt que chacune d'elles peut avoir dans la contestation. — 15 août 1829, Bordeaux. (S.30.2.6; C.N.9.)

90. Mais une demande formée contre plus de deux parties n'est pas dispensée du préliminaire de conciliation, lorsque l'intérêt de chacune de ces personnes au procès est tout à fait distinct et indépendant de celui de ses codéfendeurs. — 19 fév. 1824, Agen. (S.25.2.168; C.N.7.-D.A.12.731.) — *Id.* 23 mai 1827, Besançon. (S.27.2.246; C.N.8.) — *Id.* 21 juill. 1838, Bourges. (S.V.38.2.512.-D.P.39.2.15.-P.38.2.555.) — *Id.* 15 nov. 1839, Caen. (S.V.40.2.25.-D.P.41.2.35.-P.40.1.664.) — *Sic*, Favard, v° *Concil.*, § 2, n° 3; Boncenne, t. 2, p. 14; Biret, n° 618; Chauveau sur Carré, q. 214 *bis*; Bioche et Goujet, v° *Prélim. de concil.*, n° 26; Rodière, p. 242.

91. Telle est, par exemple, la demande intentée contre plusieurs acquéreurs en résolution de leurs contrats d'acquisition, lorsque chacun a un contrat particulier et distinct. — 27 mars 1817, Riom. (S.18.2.229; C.N.5.-D.A.3.711.) — *Id.* 23 mai 1827, Besançon. (S.27.2.246; C.N.8.)

92. *Id.* de celle en expulsion de lieux formée contre plusieurs individus ayant pris à bail, par un même acte, chacun un héritage spécial et déterminé pour un prix particulier, et sans stipulation de solidarité entre eux. — 21 juill. 1838, Bourges. (S.V.38.2.512.-D.P.39.2.15.-P.38.2.552.)

93. *Id.* de celle intentée contre plusieurs créanciers hypothécaires en mainlevée de leurs inscriptions, lorsque chacun a un titre particulier et distinct. — 15 nov. 1839, Caen. (S.V.40.2.25.-D.P.41.2.35.-P.40.1.664.)

§ 8. *Remise de titres.*

94. La disposition du § 7 de l'art. 49 s'applique à la demande en remise de l'expédition d'un acte de vente formée par le vendeur contre l'acquéreur, comme à toute autre demande en remise de titres : la disposition n'est pas restreinte aux demandes dirigées contre les mandataires, dépositaires et officiers ministériels. — 11 juill. 1828, Bourges. (S.29.2.13; C.N.9.-D.P.30.2.281.) — *Sic*, Bioche et Goujet, v° *Prélim. de concil.*, n°s 10 et 58; Chauveau, q. 212 *bis*.

§ 9. — *Demandes dispensées par une disposition spéciale de l'essai de conciliation.*

95. Sont exceptées de la nécessité du préliminaire de conciliation, les demandes dont il est parlé aux articles suivants du Code de procédure; savoir : — art. 320 (dépôt de rapports d'experts); — 345 (changement d'état ou décès du demandeur); — 353 (désaveu d'officiers ministériels); — 566 (validité de saisie-arrêt); — 574 (assignation au tiers saisi); — 718 (incident sur saisie immobilière); — 839 (délivrance d'expéditions); — 856 (Rectification d'actes de l'état civil); — 871 (intervention des créanciers sur la demande en séparation de biens); — 878 (demande en séparation de corps); — 883 (Attaque des délibérations du conseil de famille).

96. L'art. 9 du décret du 16 fév. 1807 dispense de la citation en conciliation les demandes de tous les officiers ministériels en paiement de leurs frais. (V. sur l'application de cette disposition, *suprà*, n° 84.)

97. L'art. 6 de la loi du 20 mai 1838 dispense aussi de cette formalité les demandes en matière de vices rédhibitoires dans les ventes et échanges d'animaux domestiques.

98. Enfin, l'art. 8 de la loi du 25 mai 1838 renferme une pareille dispense pour la demande intentée à la suite du renvoi prononcé par le juge de paix d'une demande reconventionnelle ou en compensation formée devant lui.

[50] — 1. Le défendeur doit toujours être cité en conciliation devant le juge de paix de son domicile réel,

entre héritiers, jusqu'au partage inclusivement; sur les demandes qui seraient intentées par les créanciers du défunt, avant le partage; sur les demandes relatives à l'exécution des dispositions à cause de mort, jusqu'au jugement définitif, devant le juge de paix du lieu où la succession est ouverte. [L. 18 oct. 1790, tit. 1, art. 3; L. 26 vent. an 4, art. 1 et s.—C.c. 102, 1832; C.pr. 2,50,69.]

51. Le délai de la citation sera de trois jours au moins. [L. 26 vent. an 4, art. 6. C.pr. 5,72,1033.]

52. La citation sera donnée par un huissier de la justice de paix du défendeur; elle énoncera sommairement l'objet de la conciliation. [C.pr. 1, 4, 61; Tar. 21.]

53. Les parties comparaîtront en personne; en cas d'empêchement, par un fondé de pouvoir. [L. 6-27 mars 1791, art. 16.—C.pr. 9; Tar. 69.]

54. Lors de la comparution, le demandeur pourra expliquer, même augmenter sa demande, et le défendeur former celles qu'il jugera convenables; le procès-verbal qui en sera dressé contiendra les conditions de l'arrangement, s'il y en a; dans le cas contraire, il fera sommairement mention que les parties n'ont pu s'accorder.

Les conventions des parties, insérées au procès-verbal, ont force d'obligation privée. [L. 16 août 1790, tit. 10, art. 3.—C.c. 1322; C.pr. 65; Tar. 10.]

[illegible]

55. Si l'une des parties défère le serment à l'autre, le juge de paix le recevra, ou fera mention du refus de le prêter. [L. 6-27 mars 1791, art. 25. —C. c. 1357.]

56. Celle des parties qui ne comparaîtra pas, sera condamnée à une amende de dix francs; et toute audience lui sera refusée jusqu'à ce qu'elle ait justifié de la quittance. [L. 6-27 mars 1791, art. 22; L. 26 vent. an 4, art. 8, 9.]

57. La citation en conciliation interrompra la prescription, et fera courir les intérêts; le tout, pourvu que la demande soit formée dans le mois, à dater du jour de la non-comparution ou de la non-conciliation. [L. 16 août 1790, tit. 10, art. 6. —C. c. 1153, 2245, 2274.]

58. En cas de non-comparution de l'une des parties, il en sera fait mention sur le registre du greffe de la justice de paix, et sur l'original ou la copie de la citation, sans qu'il soit besoin de dresser procès-verbal. [C. pr. 63; Tar. 15.]

TITRE II.

Des Ajournements.

59. En matière personnelle, le défendeur sera assigné devant le tribunal de son domicile; s'il n'a pas de domicile, devant le tribunal de sa résidence;

S'il y a plusieurs défendeurs, devant le tribunal du domicile de l'un d'eux, au choix du demandeur;

En matière réelle, devant le tribunal de la situation de l'objet litigieux;

En matière mixte, devant le juge de la situation, ou devant le juge du domicile du défendeur;

En matière de société, tant qu'elle existe, devant le juge du lieu où elle est établie;

En matière de succession, 1° sur les demandes entre héritiers, jusqu'au partage inclusivement; 2° sur les demandes qui seraient intentées par

---

[illegible]

[55] — [illegible]

[56] — [illegible]

[57] — [illegible]

[58] — [illegible]

[59] Indication alphabétique. [illegible]

des créanciers du défunt, avant le partage; — 3° sur les demandes relatives à l'exécution des dispositions à cause de mort, jusqu'au jugement définitif, devant le tribunal du lieu où la succession est ouverte;

En matière de faillite, devant le juge du domicile du failli;

En matière de garantie, devant le juge où la demande originaire sera pendante;

Enfin, en cas d'élection de domicile pour l'exécution d'un acte, devant le tribunal du domicile élu, ou devant le tribunal du domicile réel du défendeur, conformément à l'article 111 du Code civil. [C. c. 13, [illegible], 111; C. proc. [illegible]; Tar. 27, 68.]

[illegible]

§ 1er. — Actions personnelles, réelles et mixtes.

[illegible]

tion en partage de la compétence exclusive du tribunal du lieu où la succession s'est ouverte. — 11 mai 1807, Cass. [S.7.1.267; C.N.2.-D.A.3.501.] — Id. 22 nov. 1850, Paris. [S.V.50.2.219.-D.P.50.2.1.-P.51.1.70.] — Sic, Merlin, Rép., vº Licitation, § 2, nº 2; Toullier, t. 4, nº 413; Chabot, Succ., art. 822, nº 3; Vazeille, ibid., nº 7; Duranton, t. 7, nº 137; Carré, q. 262; Joccotton, nº 330; Rodière, t. 1er, p. 117.

26. Est personnelle et non mixte, l'action en délaissement de fonds, ou en pétition d'hérédité, intentée par un collatéral contre le légataire universel, en tant qu'elle se trouve subordonnée à l'action en nullité ou révocation du testament du défunt. — 18 janv. 1820, Cass. [S.20.1.127; C.N.6.-D.A.3.358.] — Contrà, Joccotton, nº 341, in fin.

27. Est purement personnelle, l'action en passation d'un titre nouvel. — 18 janv. 1825, Paris. [S.25.2.115; C.N.7.-D.A.11.362.] — Sic, Favard et Henrion, Rentes fonc., p. 215 et 221; Troplong, Prescript., t. 2, nº 843.

28. Est aussi personnelle et non mixte, l'action intentée par un vendeur en résiliation de la vente d'un immeuble par lui allégué, et, par suite, en paiement du prix de cette vente. — 22 juill. 1848, Paris. [S.V.48.2.537.]

29. Au contraire, est mixte et non personnelle, l'action intentée par l'acquéreur en réalisation pardevant notaire d'une vente immobilière sous seing privé. — 26 août 1835, Paris. [S.V.36.2.147.-D.P.36.2.78.], et 31 mai 1837, Rej. [S.V.37.1.651.-P.37.2.283.] — Contrà, Joccotton, nº 376.

30. Id. de l'action en délivrance de l'immeuble vendu. — 2 fév. 1809, Cass. [S.9.1.129; C.N.3.-D.A.1.228.] — Sic, Merlin, Rép., vº Vente, § 2, nº 7; Troplong, Vente, t. 1er, nº 262; Duranton, t. 16, nº 265 bis. — Contrà, Poncet, nº 125; Carré, nº 235; Duvergier, Vente, t. 1er, nº 258; Joccotton, nº 375.

31. Id. de l'action qui appartient au vendeur avec pacte de réméré pour rentrer dans la propriété de l'immeuble. — Joccotton, nº 361. — Contrà, Poncet, nº 116.

32. Est personnelle et non mixte, la demande en nullité d'une vente d'immeubles formée par l'acquéreur. — 30 déc. 1825, Riom. [S.27.2.31; C.N.8.-D.P.27.2.11.]

33. Id. de l'action en nullité intentée par le vendeur, alors que celui-ci se trouvant encore en possession des immeubles vendus, l'action ne tend pas au délaissement de ces immeubles. — 27 août 1847, Nîmes. [S.V.47.2.633.]

34. Quel est le caractère de l'action en résolution d'une vente? Selon Duvergier, Vente, t. 1er, nº 467, l'action résolutoire contre l'acquéreur direct est pure personnelle. Adde, Carré, nº 219; Poncet, nºs 119 et s. — Suivant Troplong, Vente, t. 2, nºs 624 et s., et Joccotton, nº 366, elle est mixte.

35. Quant à l'action résolutoire dirigée contre le tiers détenteur, Troplong, t. 2, nºs 636, 650, 654, et Duvergier, t. 1er, nº 467, sont d'accord pour enseigner qu'elle est réelle. — Carré, nº 220, et Joccotton, ubi sup., pensent qu'elle est mixte. — Et Poncet, ibid., qu'elle est personnelle.

36. Si l'acquéreur et le tiers détenteur sont actionnés tous les deux, le vendeur, disent Duvergier, loc. cit., et Troplong, nº 637, peut, à son choix, saisir ou le tribunal du domicile de l'acquéreur, ou le tribunal de la situation de l'immeuble.

37. Jugé que l'action en résolution d'une vente est une action réelle, alors du moins qu'elle est dirigée tant contre des tiers détenteurs que contre l'acquéreur. — 25 mai 1851, Toulouse. [S.V.52.2.118.]

37 bis. Et cette action doit, par suite, être portée devant le tribunal de la situation de l'immeuble, quand même elle ne serait que la suite ou conséquence de poursuites exercées par un créancier que l'acquéreur s'était obligé de payer; il ne suit pas de là qu'elle doive être ou puisse être portée devant le tribunal saisi de l'opposition aux poursuites du créancier. — Même arrêt.

38. Quant à l'action en rescision d'une vente pour cause de lésion, elle est mixte. — 5 nov. 1806, Rej. [S.6.1.512; C.N.2.-D.A.1.227.] — Id. 15 mars 1817, Paris. [S.18.2.98; C.N.5.-D.A.1.228.] — Id. 13 fév. 1852, Cass. [S.V.52.1.691.-D.P.52.1.100.]

39. Jugé, au contraire, que l'action est purement personnelle. — 1er décembre 1808, Riom. [S.12.2.197; C.N.2.-D.A.1.226.]

40. Du moins en est-il ainsi, lorsque le vendeur, se trouvant encore en possession des immeubles vendus, l'action ne tend pas au délaissement de ces immeubles. — 27 août 1847, Nîmes. [S.V.47.2.633.]

41. Selon Poncet, nº 119, l'action est personnelle, même à l'égard des tiers détenteurs. — Selon Duvergier, t. 2, nºs 93 et 94, et Pigeau, Comm., t. 1er, p. 185, elle est personnelle à l'égard de l'acquéreur, et réelle à l'égard des tiers détenteurs. — Selon Duranton, t. 16, nº 452; Troplong, nºs 865 et s.; Boncenne, t. 1er, p. 75; Bautier, Cours de proc., nº 55, et Joccotton, nºs 304 et 305, l'action est mixte à l'égard de l'acquéreur, et réelle à l'égard des tiers détenteurs. — Enfin, selon Carré, nºs 224 et 225, l'action est personnelle à l'égard de l'acquéreur, et mixte à l'égard des tiers détenteurs. — La troisième opinion, celle de Duranton et Troplong, nous semble être celle qui doit être préférée.

42. Est mixte, l'action de l'acquéreur qui, ayant été évincé par surenchère, réclame contre l'adjudicataire le remboursement de ses frais et loyaux coûts, ou des améliorations qu'il aurait faites sur la chose, et cela, par privilége et préférence sur l'immeuble adjugé. — Joccotton, nº 377.

43. L'action en révocation d'une donation, pour ingratitude, est personnelle. — Poncet, nº 122; Joccotton, nº 310.

44. Il en est de même quand l'action a pour cause l'inexécution des conditions. — Poncet, ibid. (L'auteur exprime toutefois quelques doutes.) — Contrà, Joccotton, nº 309 bis, suivant lequel l'action en ce cas est mixte.

45. Si la révocation a pour cause une survenance d'enfants, alors l'action est réelle. — Poncet, ibid. — Suivant Joccotton, nº 311, elle est mixte.

46. Est réelle et non mixte, la demande formée par un créancier en nullité, pour cause de fraude, d'une donation d'immeubles faite par son débiteur à un tiers. — 14 mars 1839, Amiens. [S.V.40.2.16.-D.P.40.2.40.-P.40.1.656.]

47. Jugé en sens contraire que l'action intentée par les créanciers d'un donateur d'immeubles contre le donataire à fin de nullité de la donation, comme faite en fraude de leurs droits, est une action personnelle, ou tout au moins une action mixte. — 27 déc. 1842, Paris. [S.V.44.1.192.-P.43.1.406.]

48. Est mixte, la demande tendant à faire cesser l'administration d'un curateur à une succession vacante, en partie immobilière, et à faire nommer un séquestre. — 5 août 1826, Bourges. [D.P.31.2.173.]

49. Est personnelle, l'action civile pour dommages causés à tout immeuble autre qu'un champ (arg. de l'art. 5 de la loi du 25 mai 1838 et l'art. 3, C. pr.). — Joccotton, nº 105. — Contrà, Caron, Jurid. des juges de paix, t. 1er, nº 528.

50. Id. de l'action en dommages-intérêts formée par les propriétaires habitants d'une commune, contre des individus auxquels ils contestent le droit de parcours et de pacage sur cette commune. — 4 mai 1858, Rej. [S.V.58.1.809.-D.P.58.1.255.-P.58.2.295.]

51. Est réelle ou mixte, l'action civile en dommages-intérêts formée par le propriétaire inférieur d'un cours d'eau contre le propriétaire supérieur, pour fait de prise d'eau en un temps prohibé, lorsque surtout le défendeur prétend avoir un droit et un titre particuliers. — 8 avr. 1829, Rej. [S.29.1.191; C.N.9.-D.P.29.1.214.]

52. Est réelle et non mixte, l'action en reconnaissance de droits d'usage dans une forêt. — 29 avr. 1855, Cass. [S.V.55.1.498.-D.P.55.1.376.] — Sic, Proudhon, nºs 2747 et 2797.

53. Les contestations relatives à des servitudes, quelle que soit la partie qui forme la demande, constituent des actions réelles qui doivent, par conséquent, être portées devant le juge de la situation du fonds sur lequel la servitude est due. — Pardessus, Servit., nº 323; Solon, ibid., nº 543; Joccotton, nº 88.

54. Jugé en ce sens que le droit appartenant au propriétaire d'un mur, dont la mitoyenneté a été acquise par le voisin, de reprendre la propriété exclusive du mur, s'il n'est pas payé de la valeur de la mitoyenneté, donne lieu à une action réelle, qui peut être exercée contre tout tiers-détenteur de l'héritage voisin. — 22 janv. 1834, Paris. [S.V.34.2.94.] — Sic, Joccotton, nº 108.

55. De même, le propriétaire qui a fait l'avance de tous les frais d'un mur mitoyen construit d'accord avec le voisin, a, pour le remboursement de ces frais, une action réelle, ou tout au moins mixte, qu'il peut exercer contre l'acquéreur, tiers détenteur de la propriété voisine. — 5 avr. 1841, Paris. [S.V.41.2.246.-D.P.41.2.181.-P.41.2.230.] — Id. 21 mars 1843, Rej. [S.V.43.1.350.-D.P.43.1.104.-P.43.1.637.] — Contrà, Joccotton, nº 109.

56. Une action personnelle ne devient pas réelle, par l'effet de conclusions additionnelles tendant à obtenir une affectation hypothécaire sur les biens du défendeur. — 2 avril 1833, Rej. [S.V.33.1.435.-D.P.33.1.239.]

57. La demande en nullité d'un acte est personnelle, encore qu'elle n'ait pour but que de parvenir à la radiation d'inscriptions hypothécaires, et que l'on conclue formellement à cette radiation. — Carré, Comp. civ., nº 190; Grenier, Hypoth., t. 1er, nº 94; Dalloz, vº Hypoth., p. 449. — Suivant Troplong, Hypoth., t. 3, nº 752, elle est mixte. — Selon d'autres auteurs, l'action est réelle: Tarrible, Rép., vº Radiation, nº 10; Pigeau, t. 2, nº 2, p. 495.

58. On sait qu'en principe, la demande en radiation d'inscription formée directement doit être portée devant le tribunal dans le ressort duquel l'inscription a été prise: c'est la disposition formelle de l'art. 2159, C. civ. — Voy., sur l'application de ce principe et les distinctions rappelées au nº précédent, les arrêts classés sous l'art. 2159, C. civ., nºs 1er et s.

59. Est matière réelle, l'ordre pour la distribution du prix d'un immeuble vendu soit volontairement, soit par expropriation forcée. — 13 juin 1809, Cass. [S.9.1.262; C.N.3.-D.A.10.815.] — V. sur ce point, les annotations des art. 749-779.

60. Est personnelle, l'action qui naît du contrat de louage. — C'est du moins en ce sens que se prononçait la généralité des auteurs; mais le principe a été contesté dans ces derniers temps par plusieurs jurisconsultes, notamment par Troplong, du Louage, t. 1er, nºs 5 et s., et t. 2, nºs 473 et s., qui soutient vivement que le droit du preneur est réel. — V. à cet égard, les nombreuses autorités que nous avons rappelées dans notre Code civil annoté, sous l'art. 1709, nºs 24 et 24 bis.

61. Jugé que l'exécution du bail entre le bailleur et le preneur, ne peut donner lieu qu'à une action personnelle, et non à une action mixte. Telle est, par exemple, l'action alternative en paiement de loyers ou en déguerpissement. — 14 nov. 1832, Rej. [S.V.33.1.52.]

62. Il en est de même de l'action formée par le fermier contre le propriétaire, en paiement du prix d'estimation de constructions ou plantations qu'il a faites sur l'immeuble donné à bail. — 17 nov. 1846, Douai. [S.V.47.2.276.-P.47.1.745.]

63. Décidé, au contraire, que l'action en validité de congé et en déguerpissement est une action mixte. — 16 fév. 1808, Paris. [S.7.2.771; C.N.2.-D.A.1.230.]

64. C'est le tribunal de la situation des biens et du domicile d'une femme séparée de biens, qui est compétent pour connaître d'une demande relative à la propriété d'immeubles que cette femme prétend faire rentrer dans ses reprises. La compétence, dans ce cas, ne peut être attribuée au tribunal qui a prononcé la séparation de biens, alors surtout qu'il n'est celui du domicile d'aucune des parties. — 15 mars 1842, Cass. [S.V.42.1.404.-D.P.42.1.231.-P.42.2.105.]

65. Lorsqu'en matière mixte, deux demandes sont formées par deux parties distinctes, devant deux tribunaux différents également compétents, c'est le premier saisi qui doit juger le différend. — 2 fév. 1809, Cass. [S.9.1.138; C.N.3.-D.A.1.228.]

66. Quand plusieurs immeubles, situés dans différents arrondissements, sont l'objet d'une seule action, cette action doit être portée devant le juge du chef-lieu de l'exploitation; à défaut, l'action doit être portée devant le tribunal du lieu où se trouve la partie des biens qui présente le plus grand revenu, d'après la matrice du rôle. (Arg. de l'art. 2210, C. civ., et de la loi du 14 nov. 1808.) — Solon, Rép. adm. et jud., t. 2, p. 293.

67. L'individu qui a son domicile de fait dans un lieu, et y paie sa contribution personnelle, est justiciable du tribunal de ce lieu à raison des objets de consommation qui lui sont fournis, encore qu'il ait, ailleurs, le siége de ses affaires et de ses propriétés. — 23 mai 1826, Paris. [S.27.2.134; C.N.8.-D.P.27.2.134.]

68. Un marchand colporteur peut être traduit devant le tribunal d'une ville où il se trouve momentanément en tournée, à raison de faits relatifs à l'exercice de son industrie dans cette ville; il est censé transporté

§ 3. — Actions en matière de succession.

§ 3. — Actions en matière de faillite.

60. Les demandes formées pour frais par les officiers ministériels, seront portées au tribunal où les frais ont été faits. [L. 29 janv. 1791, art. 14.— C. c. 2272; C. pr. 49.]

d'un compte courant ouvert entre le failli et un tiers. —V. l'arrêt de Douai du 14 fév. 1844.

466. ...Au cas d'action en revendication de sommes payées par le failli dans les dix jours qui ont précédé la faillite. — V. l'arrêt de la Cour de cassation du 13 juill. 1818.

467. ...Au cas d'action en nullité d'un nantissement fourni à un tiers par le négociant depuis failli. — V. l'arrêt de Lyon du 3 juill. 1846, et l'arrêt de la Cour de cassation du 3 août 1847.

468. ...Au cas d'action intentée par un commissionnaire en reconnaissance d'un privilége sur les marchandises qui lui avaient été adressées par le failli. — V. l'arrêt de Lyon du 3 juin 1844.

469. Lorsqu'au contraire, la contestation est relative à des opérations *postérieures* à la faillite ou à la cessation de paiement, et se rattache à cette faillite, l'action des syndics doit être portée devant le tribunal du lieu de l'ouverture de la faillite, et non devant le tribunal du domicile du défendeur : il y a, en ce cas, exception à la règle *actor sequitur forum rei.*—25 juin 1817, Rej. [S.17.1.270; C.n.5.-D.A.5.313.] — *Id.* 8 mars 1851, Rej. [S.V.51.1.384.-D.P.51.1.397.]—26 juin 1852, Colmar. [S.V.53.2.149.-D.P.52.2.259.] —*Id.* 9 fév. 1842, Paris. [D.P.45.2.182.]

470. Il en est ainsi notamment d'une contestation relative à des opérations de commerce faites depuis la faillite, entre un failli et quelques-uns de ses créanciers, au préjudice des autres. — 26 juin 1817, Rej. [S.17.1.270.-C.n.5.-D.A.5.313.]

471. *Id.* de l'action en nullité d'un paiement fait par le failli depuis sa cessation de paiements.—9 fév. 1842, Paris. [D.P.42.2.182.]— *Id.* 18 mars 1843, Bourges. [S.V.44.2.152.-D.P.44.2.18.-P.44.1.354.] — *Id.* 5 juin 1848, Rej. [S.V.48.1.456.]

472. *Id.* de l'action en rapport de sommes indûment touchées par un créancier depuis la faillite et contrairement à un concordat.—13 janv. 1845, Cass. [S.V.45.1.203.]

473. *Id.* de la demande en nullité d'un transport de créance hypothécaire, fait par le failli depuis sa faillite ou dans les dix jours qui l'ont précédée.—5 juin 1848, Rej. [S.V.48.1.456.]

474. *Id.* de l'action en nullité d'une vente, ou d'une dation en paiement de marchandises, faite par le failli dans les dix jours qui ont précédé l'ouverture de la faillite.—14 avril 1825, Cass. [S.25.1.13; C.n.8.-D.P.25.1.271.]

475. *Id.* de l'action en nullité d'une quittance ou décharge.—17 juill. 1828, Cass. [S.28.1.283; C.n.9.-D.P.28.1.338.]

476. *Id.* de l'action ayant pour but de faire décider que certains objets déclarés par un failli sont la propriété non du failli, mais d'une société dont il faisait partie.—1er avr. 1840, Cass. [S.V.40.1.447.-D.P.40.1.192.-P.40.1.634.]

477. *Id.* de l'action en dommages-intérêts à raison d'un détournement de meubles appartenant à un failli, au préjudice de la masse des créanciers.—10 fév. 1831, Paris. [S.V.31.2.93.-D.P.31.2.55.]

478. Le principe de compétence établi par notre disposition est applicable aux actions intéressant la faillite, intentées *même* après le concordat. — 6 mars 1842, Douai. [S.V.43.2.12.-P.43.1.325.]

479. Ainsi, l'action de paiement en marchandises intentée contre un failli, postérieurement au concordat qu'il a obtenu, par un créancier dont la créance n'a été ni vérifiée, ni affirmée, doit être portée devant le tribunal de la faillite, et non devant le tribunal du lieu du paiement.—6 fév. 1847, Rouen. [S.V.48.2.671.]

480. De même, c'est au tribunal de la faillite qu'il appartient de statuer sur la demande en nullité, pour fraude, d'une obligation contractée par le failli après l'obtention de son concordat, depuis annulé, et dont l'annulation a été suivie de la réouverture de la faillite. — 7 nov. 1848, Rej. [S.V.49.1.303.]—V. les observations de Carette sur cette question, *loc. cit.*

481. Une contestation, née à la suite d'une saisie-revendication faite sur un failli, ne doit pas nécessairement être portée devant le juge du domicile du failli, si le failli et la masse sont sans intérêt dans le litige, par exemple, si c'est une contestation de *préférence* entre le vendeur, qui saisit-revendique, et un commissionnaire qui a fait des avances sur les marchandises vendues.—4 avril 1821, Rej. [S.21.1.359; C.n.6-D.A.8.286.]

482. Le syndic définitif d'une faillite ne peut être poursuivi, pour la reddition du compte des valeurs dont il est dépositaire, que devant le tribunal où la faillite s'est ouverte, et non devant celui de son domicile personnel.—25 fév. 1830, Bordeaux. [D.P.34.2.170.]

483. Mais les syndics assignés pour des dettes résultant, non d'une obligation du failli, mais à raison des faits qui leur sont personnels, ne peuvent se prévaloir de ce qu'ils ont agi en qualité de syndics pour demander leur renvoi devant les juges de l'ouverture de la faillite. — 31 déc. 1807, Bruxelles. [S.7.2.985; C.n.2.-D.A.8.234.]

484. V. encore sur la compétence en matière de faillite, l'art. 635, Cod. comm., et les annotations dont il est accompagné.—V. aussi celles placées sous l'art. 420, Cod. proc., et *suprà*, nos 84 et 111.

§ 6.—*Actions en garantie.*

485. Sur la compétence en cette matière, voy. nos annotations de l'art. 181, C. pr., qui renferme le même principe que la disposition de notre art. 59.

§ 7.—*Actions au cas d'élection de domicile.*

486. Sur la compétence au cas de domicile élu, voy. les annotations dont nous avons accompagné l'art. 111, C. civ., auquel se réfère l'art. 59, C. pr., dans sa disposition finale.

487. V. aussi sous l'art. 177, nos 2 et s., plusieurs décisions relatives à l'effet, quant à la compétence, de l'élection de domicile au cas d'opposition à mariage.

[60] — 1. L'art. 60 est applicable aux notaires : ce sont des *officiers ministériels* dans le sens de cet article. Dès lors, ils peuvent porter devant le tribunal de leur domicile les demandes en paiement des frais et honoraires à eux dus.—7 août 1819, Toulouse. [C.n.6.2.126.]—*Id.* 13 mars 1853, Orléans. [S.V.52.2.671.-D.P.53.2.131.]—*Sic*, Carré, q. 276; Thomine, no 83, p. 132; Pigeau, *Comm.*, t. 1er, p. 175; Rolland de Villargues, *Rép. du not.*, vo *Honoraires*, no 112, 1re éd., et no 241, 2e éd.; Augan, *Cours de notariat*, t. 1er, p. 207; Boncenne, t. 2, p. 223; Boitard, t. 1er, p. 234, 1re éd., et p. 163, 2e éd.; Chauveau sur Carré, q. 276; Rodière, t. 1er, p. 125; Bioche, *Diction. de proc.*, vo *Taxe des notaires*, no 41; Arm. Dalloz, *Code des not.*, no 1243; Rivoire, *Dict. du tarif*, vo *Notaire*, no 5 (qui s'appuie exclusivement sur l'art. 173 du tarif). —Il est remarquable que Carré et Chauveau, le premier, dans son *Analyse raisonnée*, et le second, dans son *Comment. du tarif*, p. 127 de l'introduction, s'étaient d'abord prononcés pour l'opinion contraire, opinion qu'enseigne Lepage, *Quest.*, p. 107. — V. *sup.*, art. 49, no 81.

2. *Id.*... Et ces demandes sont compétemment portées devant le tribunal civil, à l'exclusion du juge de paix, alors même que la créance est au-dessous de 200 fr.—21 avril 1844, Rej. [S.V.45.1.357.-D.P.45.1.257.-P.45.1.576.]—*Id.* 7 déc. 1847, Cass. [S.V.48.1.109.-D.P.47.1.360.] — *Id.* 27 janv. 1846, Poitiers. [S.V.46.2.481.-D.P.46.2.183.-P.46.2.891.]—V. ci-dessous les notes 29 et s. de l'art. 1er de la loi du 25 mai 1838.

3. Dans l'application de la règle de compétence dont il s'agit, on ne doit même faire aucune distinction entre les frais dus aux notaires à raison d'actes dressés par suite d'un renvoi ou d'une commission du tribunal, et les frais d'actes dressés en vertu du choix libre des parties.—13 mars 1852, Orléans. [S.V.52.2.671.-D.P.53.2.131.] — *Sic*, Rolland de Villargues, *loc. cit.*, no 244.

4. *Jugé* au contraire que cette règle ne pourrait recevoir d'application que pour les frais dus à raison d'actes faits par suite d'un renvoi ou d'une commission du tribunal ; et que si les frais sont dus pour des actes étrangers à de semblables opérations, les débiteurs doivent, selon la règle générale, être assignés devant le tribunal de leur domicile.—7 déc. 1850, Poitiers. [S.V.51.2.79; C.n.9.-D.P.51.2.52.]

5. Solution dans le même sens : les demandes en paiement d'honoraires formées par un notaire à raison d'actes qui ne rentrent pas essentiellement dans ses attributions officielles, doivent être portées, comme les demandes ordinaires, devant le tribunal du domicile du défendeur.—29 fév. 1842, Bourges. [S.V.42.2.140.-D.P.44.2.15.]

6. A cet égard, ne doit point être considérée comme rentrant dans les attributions officielles des notaires, la rédaction d'un acte de vente sous signatures privées, alors surtout que cet acte n'est pas de nature à recevoir ultérieurement un caractère authentique ; par exemple, lorsqu'à raison de l'état des parties, la vente ne pourrait être effectuée que sous l'autorité de la justice. — Même arrêt que le précédent.

7. En principe, en effet, d'après les auteurs, la compétence déterminée par notre art. 60, ne s'étend pas aux demandes que les officiers ministériels pourraient former en paiement d'honoraires dus pour des soins en l'exécution d'un mandat ne rentrant pas dans leurs attributions officielles.—*Sic*, Demiau, t. 1er, p. 6 ; Lepage, p. 107; Pigeau, *Comm.*, t. 1er, p. 172; Chauveau, q. 277 *ter* ; *Jugé*, arrêt de Rennes, 24 juill. 1813. [J.P.32.89.]

8. Les commissaires priseurs sont compris dans l'expression *officiers ministériels*, pour les frais de justice à eux dus.—Boncenne, p. 223; Chauveau, q. 276, Rodière, p. 125; Rivoire, vo *Dépens*, no 43.

9. Les avoués peuvent-ils, pour leurs honoraires de plaidoirie, porter, en vertu de l'art. 60, leur action en paiement devant le tribunal qui a connu de l'affaire, quoique ce ne soit pas celui du domicile du défendeur ? —Non, suivant Chauveau, q. 277 *quat.*, qui cite cependant comme ayant admis la doctrine contraire, deux arrêts de Grenoble, 30 juill. 1821. [S.22.2.145 ; C.n.6.-D.A.4.603.] et de Bruxelles, 3 avr. 1823 [*Journ. de Brux.*, t. 2, p. 111.] ; V. ci-après, no 13.

10. Les agréés près les tribunaux de commerce ne sont pas des officiers ministériels dans le sens de l'art. 60 ; ils ne peuvent, par conséquent, porter au tribunal de commerce, près lequel ils postulent, les demandes formées pour frais contre leurs clients. — 3 sept. 1814, Cass. [S.14.1.266; C.n.4.-D.A.3.362.]—V. aussi Colmar, 5 août 1826. [S.28.2.47; C.n.8.-D.P.27.2.130.] —*Sic*, Thomine, no 83; Pardessus, t. 2, p. 15; Favard, t. 1er, p. 124, no 11; Rodière, p. 123; Chauveau, q. 277 *bis*. — Ce dernier auteur cite comme contraire un arrêt de Paris du 15 juin 1835. [S.V.35.2.356.-D.P.35.2.207.] — Toutefois, il faut remarquer que la décision de cet arrêt porte, non sur l'application de l'art. 60, C. pr., mais sur l'application des art. 631 et s., C. comm.

11. De même, des arbitres nommés par un tribunal ne peuvent, pour leurs honoraires, porter leur action devant le tribunal qui les a nommés, si ce n'est pas celui du domicile du défendeur. — 30 août 1828, Lyon. [S.29.2.145; C.n.9.-D.P.29.2.11.]—*Sic*, Carré et Chauveau, q. 277 *bis*.

12. Jugé en sens contraire.—12 juill. 1826, Paris. [S.27.2.139 ; C.n.8.-D.P.27.2.130.]

13. L'action de l'avoué contre son client, en remboursement des honoraires payés par cet avoué à l'avocat, est de la compétence du tribunal ou de la Cour où il exerce ses fonctions.—26 déc. 1840, Caen. [S.V.41.2.271.-D.P.41.2.136.]—*Id.* 4 juin 1828, Pau. [S.29.2.45; C.n.9.-D.P.29.2.183.]—*Id.* 11 mai 1831, Toulouse. [S.V.32.2.382.-D.P.32.2.27.] — *Id.* 12 mars 1833, Montpellier. [S.V.33.2.128.-D.P.34.2.143.]

14. Décidé en sens contraire, à l'égard d'un avoué d'appel, par le motif que cet avoué n'a pu payer les honoraires de l'avocat qu'en vertu d'un mandat spécial, dont la justification ne peut être faite sans avoir subi le premier degré de juridiction.—16 fév. 1843, Orléans et non Douai. [S.V.43.2.128.-D.P.45.2.264.-P.43.1.342.] — *Sic*, Boucher d'Argis, *Dict. de la taxe*, vo *Frais*, p. 177.

15. Lorsqu'un officier ministériel a fait, en vertu d'un seul et même mandat, des actes de son ministère dans son arrondissement, et s'est fait, à ses frais, d'autres actes en dehors de son ministère, la juridiction privilégiée, établie en sa faveur par l'art. 60, à raison des actes de son ministère, peut être étendue en presque aux frais et avances qui lui sont dus pour ces autres actes qu'il a ordonnés et payés. — 16 déc. 1823, Bourges. [S.23.2.303; C.n.7.-D.A.9.686.] —La décision n'est qu'implicite.

61. L'exploit d'ajournement contiendra, 1° la date des jour, mois et an, les noms, profession et domicile du demandeur, la constitution de l'avoué qui occupera pour lui, et chez lequel l'élection de domicile sera de droit, à moins d'une élection contraire par le même exploit ;

2° Les noms, demeure et immatricule de l'huissier, les noms et demeure du défendeur, et mention de la personne à laquelle copie de l'exploit sera laissée ;

3° L'objet de la demande, l'exposé sommaire des moyens ;

4° L'indication du tribunal qui doit connaître de la demande, et du délai pour comparaître : le tout à peine de nullité. [Ord. 1667, tit. 2, art. 1, 2, 16.—C. pr. 1, 52, 68, 1029 ; Tar. 21, 68.]

[61] Indication alphabétique.

§ 1er. — *Règles diverses sur les exploits.*

§ 5. — Noms, demeure et immatricule de l'huissier.

§ 6. — Noms et demeure du défendeur.

62. Dans le cas du transport d'un huissier, il ne lui sera payé pour tout frais de déplacement qu'une journée au plus. [Ord. 1667, tit. 3, art. [illegible]; Tar. [illegible].]

63. Aucun exploit ne sera donné un jour de fête légale, si ce n'est en vertu de permission du président du tribunal. [Ord. 1667, tit. 3, art. 7. — C. pr. 8, 781, 828, 1037; C. [illegible] 131, 162; C. pén. 25.]

64. En matière réelle ou mixte, les exploits énonceront la nature de l'héritage, la commune, et, autant qu'il est possible, la partie de la commune où il est situé, et deux au moins des tenants et aboutissants : s'il s'agit d'un domaine, corps de ferme ou métairie, il suffira d'en désigner le nom et la situation : le tout à peine de nullité. [Ord. 1667, tit. 9, art. 3 et 4. — C. pr. 637, [illegible].]

65. Il sera donné, avec l'exploit, copie du procès-verbal de non-conciliation, ou copie de la mention de non-comparution, à peine de nullité; sera aussi donnée copie des pièces ou de la partie des pièces sur lesquelles la demande est fondée: à défaut de ces copies, celles que le demandeur sera tenu de donner dans le cours de l'instance n'entreront point en taxe. [Ord. 1667, tit. 2, art. 6; L. 24 août 1790, tit. 10, art. 5. — C. pr. 54, 58, 1029.]

66. L'huissier ne pourra instrumenter pour ses parents et alliés, et ceux de sa femme, en ligne directe à l'infini, ni pour ses parents et alliés collatéraux, jusqu'au degré de cousin issu de germain inclusivement; le tout à peine de nullité. [Ord. 1667, tit. 2, art. 2. — C. pr. 4, 1029, 1031.]

---

3. ... Ou, si ces indications se trouvent consignées dans un acte dont il est donné copie. — 21 juill. 1821, Metz. [J. pr. 15.282.] — Id. 18 juin 1828, Bordeaux. [J. pr. 30.15.] — Id. 11 juill. 1829, Nîmes. [D. P. 32. 2.159.] — V. comme analogue, le n° 202 de l'art. 61.

4. ... Alors surtout que l'exploit se réfère à ces actes d'une manière expresse. — 9 fév. 1828, Toulouse. [S. 28.2.169; C. N. 9. — D. P. 28.2.95.]

5. ... Ou encore s'il résulte des circonstances du procès que les parties sont fixées sur l'objet du litige. — 8 déc. 1830, Liége. [D. A. 7.748.]

6. Cependant, l'exploit est nul, s'il n'indique pas la commune où se trouvent les immeubles réclamés, encore qu'il soit accompagné de la copie d'un bail énonçant leurs tenants et aboutissants, mais non la commune dans laquelle ils sont situés. — 8 avril 1830, [illegible]. [D. P. 33.2.73.]

7. De même, l'exploit est nul, bien qu'il se réfère à des actes qui contiennent cette désignation, si ces actes, [illegible] leur ancienneté, peuvent ne plus convenir à l'état actuel des immeubles. — 31 janv. 1844, Req. [S. V. 44.1.321. — D. P. 44.1.209. — P. 44.2.7.]

8. Il n'est nécessaire de désigner les propriétaires ou les fermiers des propriétés auxquelles l'héritage aboutit, qu'autant que les tenants ou aboutissants n'auraient pas une dénomination propre ou une situation telle que leur nom suffise pour les désigner d'une manière certaine. — Carré et Chauveau, q. 284 bis; Pigeau, Comm., t. 1er, p. 167.

[illegible]

[65] — 1. La copie du procès-verbal de non-conciliation ne pourrait être donnée séparément de l'exploit d'ajournement, suivant le Praticien, t. 1er, p. 316; Carré, q. 352, et Favard, t. 1er, p. 139. — Mais, comme le fait observer Thomine, p. 164; Chauveau, loc. cit., et Boitard, p. 269, si une signification du procès-verbal avait été faite antérieurement, il ne serait pas nécessaire de la renouveler lors de l'ajournement.

[illegible]

[66] — 1. L'huissier peut instrumenter pour l'alliée [illegible]

[illegible]

67. Les huissiers seront tenus de mettre, à la fin de l'original et de la copie de l'exploit, le coût d'icelui, à peine de cinq francs d'amende, payables à l'instant de l'enregistrement. [Ord. 1667, tit. 2, art. 5. — C. pr. 104, 657, 1029 ; Tar. 66.]

68. Tous exploits seront faits à personne ou domicile ; mais si l'huissier ne trouve au domicile ni la partie, ni aucun de ses parents ou serviteurs, il remettra de suite la copie à un voisin, qui signera l'original ; si ce voisin ne peut ou ne veut signer, l'huissier remettra la copie au maire ou adjoint de la commune, lequel visera l'original sans frais. L'huissier fera mention du tout, tant sur l'original que sur la copie. [Ord. 1667, tit. 2, art. 3, 4. — C. c. 102 ; C. pr. 4, 61-1°, 419, 1030 ; C. comm. 173.]

[68] Indication alphabétique.

§ 1er. — *Signification à personne ou domicile.*

69. Seront assignés,

1° L'État, lorsqu'il s'agit de domaines et droits domaniaux, en la personne ou au domicile du préfet du département où siége le tribunal devant lequel doit être portée la demande en première instance ;

2° Le trésor royal, en la personne ou au bureau de l'agent ;

3° Les administrations ou établissements publics, en leurs bureaux, dans le lieu où réside le siége de l'administration ; dans les autres lieux, en la personne et au bureau de leur préposé ;

4° Le Roi, pour ses domaines, en la personne du procureur du roi de l'arrondissement ;

5° Les communes, en la personne ou au domicile du maire ; et à Paris, en la personne ou au domicile du préfet ;

Dans les cas ci-dessus, l'original sera visé de celui à qui copie de l'exploit sera laissée ; en cas d'absence ou de refus, le visa sera donné, soit par le juge de paix, soit par le procureur du roi près le tribunal de première instance, auquel, en ce cas, la copie sera laissée ;

6° Les sociétés de commerce, tant qu'elles existent, en leur maison sociale ; et s'il n'y en a pas, en la personne ou au domicile de l'un des associés ;

7° Les unions et directions de créanciers, en la personne ou au domicile de l'un des syndics ou directeurs ;

8° Ceux qui n'ont aucun domicile connu en France, au lieu de leur résidence actuelle : si le lieu n'est pas connu, l'exploit sera affiché à la principale porte de l'auditoire du tribunal où la demande est portée ; une seconde copie sera donnée au procureur du roi, lequel visera l'original ;

9° Ceux qui habitent le territoire français hors du continent, et ceux qui sont établis chez l'étranger, au domicile du procureur du roi près le tribunal où sera portée la demande, lequel visera l'original, et enverra la copie, pour les premiers, au ministre de la marine, et pour les seconds, à celui des affaires étrangères. [Ord. 1667, tit. 2, art. 7, 8, 9. — C. pr. 49, 56, 59, 560, 1039 ; C. comm. 201 ; Tar. 27.]

[illegible]

[69] — § 1. *Assignation à l'État, aux Établissements publics, et aux Communes. — Visa de l'exploit.*

[illegible]

§ 2. — Des Sociétés.

§ 3. — *Union de créanciers.*

§ 4. — *De ceux qui n'ont aucun domicile connu en France.*

§ 5. — *De ceux qui habitent le territoire français hors du continent, et de ceux qui sont établis chez l'étranger.*

70. Ce qui est prescrit par les deux articles précédents, sera observé à peine de nullité. [Ord. 1667, tit. 2, art. 5, 7. — C. pr. 1030.]

71. Si un exploit est déclaré nul par le fait de l'huissier, il pourra être condamné aux frais de l'exploit et de la procédure annulée, sans préjudice des dommages et intérêts de la partie, suivant les circonstances. [C. pr. 132, 173, 362, 360, 1029, 1031.]

72. Le délai ordinaire des ajournements, pour ceux qui sont domiciliés en France, sera de huitaine.

Dans les cas qui requerront célérité, le président pourra, par ordonnance rendue sur requête, permettre d'assigner à bref délai. [Ord. 1667, tit. 3, art. 1, 2, 3. — C. pr. 49, 51, 76, 345, 404, 417, 458, 705, 808, 853, 1033; Tar. 77.]

73. Si celui qui est assigné demeure hors de la France continentale, le délai sera,

1° Pour ceux demeurant en Corse, dans l'île d'Elbe ou de Capraja, en Angleterre et dans les États limitrophes de la France, de deux mois;

2° Pour ceux demeurant dans les autres États de l'Europe, de quatre mois;

3° Pour ceux demeurant hors d'Europe, en-deçà du Cap de Bonne-Espérance, de six mois;

Et pour ceux demeurant au delà, d'un an. [Ord. 1667, tit. 11, art. 1er.]

74. Lorsqu'une assignation à une partie domiciliée hors de la France sera donnée à sa personne en France, elle n'emportera que les délais ordinaires, sauf au tribunal à les prolonger s'il y a lieu.

[illegible]

TITRE III.

Constitution d'avoués, et défenses.

75. Le défendeur sera tenu, dans les délais de l'ajournement, de constituer avoué; ce qui se fera par acte signifié d'avoué à avoué. Le défendeur ni le demandeur ne pourront révoquer leur avoué sans en constituer un autre. Les procédures faites et jugements obtenus contre l'avoué révoqué et non remplacé, seront valables. [Ord. 1667, tit. 5, art. 1er, tit. 2, art. 11.—C. pr. 61, 148, 1[illegible], 342, 320, 761, 1038; Tar. 70.]

76. Si la demande a été formée à bref délai, le défendeur pourra, au jour de l'échéance, faire présenter à l'audience un avoué, auquel il sera donné acte de sa constitution; ce jugement ne sera point levé: l'avoué sera tenu de réitérer, dans le jour, sa constitution par acte; faute par lui de le faire, le jugement sera levé à ses frais. [Ord. 1667, tit. 11, art. 5, 6. — C. pr. 72; Tar. 80, 81.]

77. Dans la quinzaine du jour de la constitution, le défendeur fera signifier ses défenses signées de son avoué; elles contiendront offre de communiquer les pièces à l'appui ou à l'amiable, d'avoué à avoué, ou par la voie du greffe. [Ord. 1667, tit. 5, art. 1er et 3, tit. 11, art. 2 et s.—C. pr. 97, 188, 405, 319; Tar. 72, 91.]

78. Dans la huitaine suivante, le demandeur fera signifier sa réponse aux défenses. [Ord. 1667, tit. 14, art. 2.]

79. Si le défendeur n'a point fourni ses défenses dans le délai de quinzaine, le demandeur poursuivra l'audience sur un simple acte d'avoué à avoué. [Ord. 1667, tit. 5, art. 5, 6, tit. 11, art. 1. —C. pr. 405; Tar. 70.]

80. Après l'expiration du délai accordé au demandeur pour faire signifier sa réponse, la partie la plus diligente pourra poursuivre l'audience sur un simple acte d'avoué à avoué; pourra même le demandeur poursuivre l'audience, après la signification des défenses, et sans y répondre. [Ord. 1667, tit. 11, art. 8. — C. pr. 134.]

81. Aucunes autres écritures ni significations n'entreront en taxe. [Ord. 1667, tit. 14, art. 3.—C. pr. 1031.]

82. Dans tous les cas où l'audience peut être poursuivie sur un acte d'avoué à avoué, il n'en sera admis en taxe qu'un seul pour chaque partie. [C. pr. 154, 1031; Tar. 70.]

---

[75] — 1. Sur la constitution d'avoué par les préfets plaidant au nom de l'État, voy. les notes 335 et s. de l'art. 61. [illegible]

2. L'administration des domaines est dispensée d'employer le ministère des avoués. [illegible]

3. [illegible]

4. L'administration de l'enregistrement est aussi dispensée de constituer avoué. [illegible]

[illegible]

[76] — 1. [illegible]

[illegible]

[77 à 82] — 1. [illegible]

[illegible]

TITRE IV.

De la Communication au Ministère public.

83. Seront communiquées au procureur du Roi les causes suivantes :

1° Celles qui concernent l'ordre public, l'État, le domaine, les communes, les établissements publics, les dons et legs au profit des pauvres ;

2° Celles qui concernent l'état des personnes et les tutelles ;

3° Les déclinatoires sur incompétence ;

4° Les règlements de juges, les récusations et renvois pour parenté et alliance ;

5° Les prises à partie ;

6° Les causes des femmes non autorisées par leurs maris, ou même autorisées, lorsqu'il s'agit de leur dot, et qu'elles sont mariées sous le régime dotal ; les causes des mineurs, et généralement toutes celles où l'une des parties est défendue par un curateur ;

7° Les causes concernant ou intéressant les personnes présumées absentes.

Le procureur du Roi pourra néanmoins prendre communication de toutes les autres causes dans lesquelles il croira son ministère nécessaire ; le tribunal pourra même l'ordonner d'office. [L. 16 août 1790, tit. 8, art. 3. — C. c. 114, 326, 359, 515 ; C. pr. 251, 311, 359, 498, 668, 762, 879, 891, 900 ; Tar. 90.]

---

[83] — § 1er. — *Règles générales sur le ministère public.*

§ 2. — *Droit d'action du ministère public.*

§ 3.—*Communication au ministère public.—Causes dans lesquelles il doit ou non être entendu.*

84. En cas d'absence ou empêchement des procureurs du Roi et de leurs substituts, ils seront remplacés par l'un des juges ou suppléants. [C. pr. 118.]

TITRE V.

Des Audiences[1], de leur Publicité et de leur Police.

85. Pourront les parties, assistées de leurs avoués, se défendre elles-mêmes : le tribunal cependant aura la faculté de leur interdire ce droit, s'il reconnaît que la passion, ou l'inexpérience, les empêche de discuter leur cause avec la décence convenable ou la clarté nécessaire pour l'instruction des juges. [L. 16 août 1790, tit. 2, art. 14.]

[illegible]

86. Les parties ne pourront charger de leur défense, soit verbale, soit par écrit, même à titre de consultation, les juges en activité de service, procureurs généraux, avocats généraux, procureurs du roi, substituts des procureurs généraux et du roi, même dans les tribunaux autres que ceux près desquels ils exercent leurs fonctions : pourront néanmoins les juges, procureurs généraux, avocats généraux, procureurs du roi, et substituts des procureurs généraux et du roi, plaider, dans tous les tribunaux, leurs causes personnelles, et celles de leurs femmes, parents ou alliés en ligne directe, et de leurs pupilles. [C. pr. 378, 470, 1040; C. com. 627.]

87. Les plaidoiries seront publiques, excepté dans le cas où la loi ordonne qu'elles seront secrètes. Pourra cependant le tribunal ordonner qu'elles se feront à huis clos, si la discussion publique devait entraîner ou scandale ou des inconvénients graves; mais, dans ce cas, le tribunal sera tenu d'en délibérer, et de rendre compte de sa délibération au procureur général près la Cour royale; et si la cause est pendante dans une Cour royale, au ministre de la justice. [L. 16 août 1790, tit. 2, art. 14.—Ch. 35; Const. de 1848, 81; C. c. 240, 241, 242; C. pr. 8, 111; C. i. cr. 153, 171, 190, 210; Tar. 85.]

88. Ceux qui assisteront aux audiences, se tiendront découverts, dans le respect et le silence : tout ce que le président ordonnera pour le maintien de l'ordre, sera exécuté ponctuellement et à l'instant.

La même disposition sera observée dans les lieux où, soit les juges, soit les procureurs du roi, exerceront des fonctions de leur état. [C. pr. 10, 376, 1036; C. i. cr. 34, 181, 267, 504 et s.; C. pén. 222.]

89. Si un ou plusieurs individus, quels qu'ils soient, interrompent le silence, donnent des signes d'approbation ou d'improbation, soit à la défense des parties, soit aux discours des juges ou du ministère public, soit aux interpellations, avertissements ou ordres des président, juge-commissaire ou procureur du roi, soit aux jugements ou ordonnances, causent ou excitent du tumulte de quelque manière que ce soit, et si, après l'avertissement des huissiers, ils ne rentrent pas dans l'ordre sur-le-champ, il leur sera enjoint de se retirer, et les résistants seront saisis et déposés à l'instant dans la maison d'arrêt pour vingt-quatre heures : ils y seront reçus sur l'exhibition de l'ordre du président, qui sera mentionné au procès-verbal de l'audience. [C. pr. 10; C. i. cr. 34, 267, 504 et s.]

90. Si le trouble est causé par un individu remplissant une fonction près le tribunal, il pourra, outre la peine ci-dessus, être suspendu de ses fonctions; la suspension, pour la première fois, ne pourra excéder le terme de trois mois. Le jugement sera exécutoire par provision, ainsi que dans le cas de l'article précédent. [C. pr. 1036.]

91. Ceux qui outrageraient ou menaceraient les juges ou les officiers de justice dans l'exercice de leurs fonctions, seront, de l'ordonnance du président, du juge-commissaire ou du procureur du roi, chacun dans le lieu dont la police lui appartient, saisis et déposés à l'instant dans la maison d'arrêt, interrogés dans les vingt-quatre heures, et condamnés par le tribunal, sur le vu du procès-verbal qui constatera le délit, à une détention qui ne pourra excéder le mois, et à une amende qui ne pourra être moindre de vingt-cinq francs, ni excéder trois cents francs.

Si le délinquant ne peut être saisi à l'instant, le tribunal prononcera contre lui, dans les vingt-quatre heures, les peines ci-dessus, sauf l'opposition que le condamné pourra former dans les dix jours du jugement, en se mettant en état de détention. [C. i. cr. 321, 505, 508; C. pén. 222 et suiv.]

---

le juge doit lui désigner un avocat d'office, conformément à l'art. 41 du décret du 14 déc. 1810.

5. Jugé qu'en matière civile (à la différence de ce qui existe en matière criminelle), les avocats peuvent refuser de prêter leur ministère, même dans les causes qu'ils ont conseillées. On ne peut, du reste, leur demander compte des motifs de leur refus; ce serait gêner la liberté et l'indépendance inhérentes à la profession d'avocat. — 11 juill. 1828, Riom. [S.28.2.255; C.N.9.-D.28.2.204.]—Sic, Chauveau, q. 421, qui fait observer que le décret de 1810 a été abrogé par l'art. 43 de l'ordonn. du 20 nov. 1822.

[**86**] — 1. Les juges des tribunaux de commerce peuvent être chargés de la défense d'une partie. L'interdiction portée en l'art. 86 ne leur est point applicable. — 16 juill. 1820, Rennes. [P.16.20.]—V. Cadrès, Cod. de proc. comm., p. 63.

2. Un jugement n'est point nul par cela seul qu'il est intervenu sur la plaidoirie d'un juge qui ne se trouvait pas dans le cas d'exception prévu par la loi. — 31 août 1810, Rennes. [J.av.13.224.] — Sic, Carré, Organ. jud., n° 82.

[**87**] — 1. La durée des plaidoiries est, par sa nature, abandonnée au pouvoir discrétionnaire des magistrats. En conséquence, un arrêt ne peut être attaqué sous le prétexte qu'il a été rendu sur des plaidoiries que les magistrats n'ont pas permis d'étendre au delà de certaines bornes. — 22 avril 1807, Rej. [S.7.2.880; C.N.2.-D.A.2.655.]—V. Merlin, Rép., v° Chose jugée, § 15.

2. Lorsqu'un arrêt porte que les avoués des parties ont été entendus et qu'ils ont pris des conclusions, la cassation de cet arrêt ne peut être demandée sous le prétexte qu'il ne mentionne pas que les avocats aient plaidé, surtout si les parties n'ont demandé aucune remise pour les faire entendre : en un tel cas, il y a présomption qu'elles se sont bornées à l'exhibition de leurs avoués. — 31 déc. 1834, Rej. [J.av.48.238.]—V. Chauveau, q. 418 bis.

2 *bis*. La distribution de billets pour entrer de préférence à l'audience d'une cause, n'est pas une contravention à la loi qui ordonne la publicité, et des lors ne peut offrir ouverture à cassation. — 4 fév. 1812, Rej. [S.12.1.198; C.N.4.-D.A.12.619.]

3. En ce qui touche la publicité des audiences et la constatation de cette formalité dans les jugements, voy. *infra* les notes 23 et s. de l'art. 116.

4. Les tribunaux de commerce peuvent appliquer l'art. 87, Cod. procéd., relatif au huis clos des plaidoiries. — Carré, q. 423; Locré, *Espr. du Cod. de commerce*, t. 7, p. 87.

5. Il en est de même des juges de paix.—Chauveau, *loc. cit.* — V. Cass., 9 juill. 1825 [S.25.1.388; C.N.8.-D.P.25.1.325].

6. Les plaidoiries peuvent aussi être faites à huis clos, lorsqu'il s'agit de mesures de discipline à prendre sur les plaintes des particuliers ou sur les réquisitions du ministère public, pour cause de faits qui ne se seraient point passés ou qui n'auraient pas été découverts à l'audience. — Décr. du 30 mars 1808, art. 103.

7. Le huis clos n'est pas incompatible avec l'audience solennelle. Ainsi, les chambres réunies en audience solennelle pour le jugement d'une question d'état, peuvent ordonner le huis clos si la discussion publique leur paraît devoir entraîner du scandale ou des inconvénients graves, sans que l'audience cesse d'avoir le caractère de solennité requis pour statuer sur la question d'état. — 11 juin 1839, Rej. [S.V.39.1.500.-D.P.39.1.243.]

8. Jugé cependant que la nécessité de porter certaines affaires en audiences solennelles cesse au cas où le huis clos a été ordonné. Le huis clos est une *forme particulière*, dans le sens du décret du 30 mars 1808, qui exclut la solennité, puisque la publicité est un des éléments constitutifs des audiences solennelles. — 16 nov. 1825, Rej. [S.26.1.153; C.N.8.-D.P.26.1.56.]

9. Au surplus, le huis clos ne peut avoir lieu dans une affaire, qu'autant que le tribunal a déclaré, par jugement, que la publicité serait dangereuse pour l'ordre ou les mœurs. La violation de la règle emporte nullité. — 17 mars 1827, Cass. [S.27.1.479; C.N.8.-D.P.27.1.375.] — *Id.* 17 avr. 1834, Rej. [S.V.34.1.338.-D.P.34.1.380.]

10. Lorsque, dans une cause en séparation de corps, le tribunal ordonne que l'instruction se fera à huis clos, cette disposition s'étend de plein droit à une demande incidente en suppression d'état, si l'incident repose sur une partie des faits qui servent de base à l'action principale. — 16 nov. 1825, Rej. [S.26.1.153; C.N.8.-D.P.26.1.56.]

11. Mais la faculté accordée aux juges d'ordonner que les plaidoiries se feront à huis clos, ne les dispense pas de prononcer le jugement en présence du public, fût-ce même sur un incident. — 13 oct. 1832, Cass. [S.V.33.1.519.-D.P.33.1.85.] — *Id.* 31 mars 1837, Cass. [S.V.37.1.381.-D.P.37.1.318.-P.37.1.553.] — *Id.* 12 fév. 1839, Cass. [S.V.39.1.212.-D.P.39.1.416.-P.39.2.99.] — Ces divers arrêts et plusieurs autres conformes, quoique rendus en matière criminelle, sont également applicables en matière civile : le principe étant le même. Sic, Carré, q. 424. — V. du reste, sur le huis clos, les Tables décenn. et décenn. de Devilleneuve, v° *Huis clos*.

[**88**] . . . .

[**89**] — 1. Le juge n'est pas autorisé à prononcer une amende, et il ne peut prononcer la peine de la prison qu'après l'avoir fait précéder d'une injonction au délinquant de se retirer. — (Ainsi décidé avant le Code de procédure.) — 24 brum. an 14, Cass. [S.7.2.1014; C.N.2.-D.A.11.156.]

2. L'art. 504, C. inst. crim., a dérogé à l'art. 89, C. proc., en ce que ce dernier article ordonne un avertissement préalable, même dans le cas de tumulte, tandis que l'art. 504 autorise de suite l'expulsion. — Carré, q. 428; Chassan, *Délits de la parole*, t. 2, n° 2058. — V. Legraverend, *Législ. crim.*, t. 1er, p. 466, note.

3. Lorsque le fait, qui donne lieu au dépôt d'un individu dans une maison d'arrêt, s'est passé dans un lieu où la police appartenait à un juge-commissaire ou au procureur de la République, c'est à ces magistrats, et non au président du tribunal, à donner l'ordre du dépôt. — Carré, q. 427; Favard, t. 1er, p. 250, n° 3. — L'art. 504, C. inst. crim., ne laisse aucun doute sur ce point.

[**90**] — 1. Les dispositions de cet article s'appliquent aux avocats. — Favard, t. 1er, p. 250, n° 3; Carré, q. 429.

2. Et la juridiction de discipline qui appartient aux conseils de discipline de l'ordre des avocats, n'étant pas exclusive de la juridiction des tribunaux, les avocats sont, comme les avoués, passibles de peines de discipline de la part des tribunaux, au cas d'inconvenances dans leurs plaidoiries. — 28 avr. 1820, Rej. [S.20.1.297; C.N.6.-D.A.4.550.]

3. Dans le cas prévu par l'art. 90, les juges ont toute faculté de ne pas cumuler l'emprisonnement et la suspension. — Et ils peuvent même n'appliquer que la suspension. — 25 fév. 1828, Orléans. [S.28.2.227; C.N.9.-D.P.29.2.209.] — Sic, Bioche et Goujet, v° *Audience*, n° 54.

[**91**] — 1. Dans la catégorie des *officiers de justice*, dont parle l'art. 91, il faut ranger : 1° les membres du ministère public; 2° les greffiers; 3° les huissiers de l'audience; 4° les officiers ministériels; 5° et même les avocats. — Carré et Chauveau, q. 430; Chassan, *Délits de la parole*, t. 2, n° 2078.

2. La pénalité portée par cet article doit être appliquée quand l'outrage n'est pas de nature à inculper l'honneur ou la délicatesse des magistrats; ce n'est que dans cette dernière hypothèse qu'il y a lieu d'appliquer les art. 222 et 223, C. pén. — Chassan, t. 1er, n° 573; Chauveau et Hélie, *Th. du Cod. pén.*, t. 4, p. 548. — *Contra*, Carré, q. 433. — Suivant de Grattier, *Comm. des lois de la presse*, t. 2, p. 50, l'outrage pourrait, dans le cas ci-dessus, être puni, non-seulement par l'art. 91, mais encore par l'art. 6 de la loi du 25 mars 1822.

3. L'avocat déjà condamné par le tribunal, exerçant son droit de police, à raison d'outrages envers le tribunal, peut être poursuivi pour le même fait devant le même tribunal, agissant comme conseil de discipline. Il n'y a pas là violation de la maxime *non bis in idem*. — 26 déc. 1828, Grenoble. [S.29.2.212; C.N.9.-D.P.29.1.100.] — Sic, Chassan, t. 1er, n° 124, Merlin,

92. Si les délits commis méritaient peine afflictive ou infamante, le prévenu sera envoyé en état de mandat de dépôt devant le tribunal compétent, pour être poursuivi et puni suivant les règles établies par le Code d'instruction criminelle. [C. I. cr. 506 et s.; C. pén. 222 et s.]

TITRE VI.

Des Délibérés et Instructions par écrit.

93. Le tribunal pourra ordonner que les pièces seront mises sur le bureau, pour en être délibéré au rapport d'un juge nommé par le jugement, avec indication du jour auquel le rapport sera fait. [C. pr. 110; Tar. 31.]

94. Les parties et leurs défenseurs seront tenus d'exécuter le jugement qui ordonnera le délibéré, sans qu'il soit besoin de le lever ni signifier, et sans sommation : si l'une des parties ne remet point ses pièces, la cause sera jugée sur les pièces de l'autre. [C. p. 570; Tar. 90.]

95. Si une affaire ne paraît pas susceptible d'être jugée sur plaidoirie ou délibéré, le tribunal ordonnera qu'elle sera instruite par écrit, pour en être fait rapport par l'un des juges nommés par le jugement.

Aucune cause ne peut être mise en rapport qu'à l'audience et à la pluralité des voix. [Ord. 1667, tit. 11, art. 9. — C. pr. 530, 531, [illegible]; Tar. 94.]

96. Dans la quinzaine de la signification du jugement, le demandeur fera signifier une requête contenant ses moyens; elle sera terminée par un état des pièces produites au soutien.

Le demandeur sera tenu, dans les vingt-quatre heures qui suivent cette signification, de produire au greffe et de faire signifier l'acte de produit. [Tar. 70, 75, 91.]

97. Dans la quinzaine de la production du demandeur au greffe, le défendeur en prendra communication, et fera signifier sa réponse avec état au bas des pièces au soutien; dans les vingt-quatre heures de cette signification, il rétablira au greffe la production par lui prise en communication, fera la sienne, et en signifiera l'acte.

Dans le cas où il y aurait plusieurs défendeurs, s'ils ont tout à la fois des avoués et des intérêts différents, ils auront chacun les délais ci-dessus fixés, pour prendre communication, répondre et produire; la communication leur sera donnée successivement, à commencer par le plus diligent. [C. pr. 77, 189, 324; Tar. 70, 73, 91.]

98. Si le demandeur n'avait pas produit dans le délai ci-dessus fixé, le défendeur mettra sa production au greffe, ainsi qu'il a été dit ci-dessus; le demandeur n'aura que huitaine pour en prendre communication et contredire; ce délai passé, il sera procédé au jugement, sur la production du défendeur. [Ord. 1667, tit. 11, art. 17. — C. pr. 534.]

99. Si c'est le défendeur qui ne produit pas dans le délai qui lui est accordé, il sera procédé au jugement, sur la production du demandeur. [Ord. 1667, tit. 11, art. 17.]

100. Si l'un des délais fixés expire sans qu'aucun des défendeurs ait pris communication, il sera procédé au jugement sur ce qui aura été produit. [Ord. 1667, tit. 11, art. 17.]

101. Faute par le demandeur de produire, le défendeur le plus diligent mettra sa production au greffe; et l'instruction sera continuée ainsi qu'il est dit ci-dessus. [Ord. 1667, tit. 11, art. 19.]

102. Si l'une des parties veut produire de nouvelles pièces, elle le fera au greffe, avec acte de produit contenant état desdites pièces, lequel sera signifié à avoué, sans requête de production nouvelle ni écritures, à peine de rejet de la taxe, lors même que l'état des pièces contiendrait de nouvelles conclusions. [C. pr. 1031; Tar. 71, 90.]

103. L'autre partie aura huitaine pour prendre communication, et fournir sa réponse, qui ne pourra excéder six rôles. [Tar. 75, 90.]

104. Les avoués déclareront, au bas des originaux et des copies de toutes leurs requêtes et écritures, le nombre des rôles, qui sera aussi énoncé dans l'acte de produit, à peine de rejet lors de la taxe. [C. pr. 67, 133; Tar. 70, 74.]

105. Il ne sera passé en taxe que les écritures et significations énoncées au présent titre. [C. pr. 1031.]

106. Les communications seront prises au greffe sur les récépissés des avoués, qui en contiendront la date. [Ord. 1667, tit. 14, art. 10. — C. pr. 189.]

107. Si les avoués ne rétablissent, dans les délais ci-dessus fixés, les productions par eux prises en communication, il sera, sur le certificat du greffier, et sur un simple acte pour venir plaider, rendu jugement à l'audience, qui les condamnera personnellement, et sans appel, à ladite remise, aux frais du jugement, sans répétition, et en dix francs au moins de dommages-intérêts par chaque jour de retard.

Si les avoués ne rétablissent les productions dans la huitaine de la signification dudit jugement, le tribunal pourra prononcer, sans appel, de plus forts dommages-intérêts, même condamner l'avoué par corps, et l'interdire pour tel temps qu'il estimera convenable.

Lesdites condamnations pourront être prononcées sur la demande des parties, sans qu'elles aient besoin d'avoués, et sur un simple mémoire qu'elles remettront ou au président, ou au rapporteur, ou au procureur du roi. [Ord. 1667, tit. 14, art. 10. — C. c. 2060-7°; C. pr. 126, 191, 536; Tar. 90.]

108. Il sera tenu au greffe un registre sur lequel seront portées toutes les productions, suivant leur ordre de dates; ce registre, divisé en colonnes, contiendra la date de la production, les noms des parties, de leurs avoués et du rapporteur; il sera laissé une colonne en blanc.

109. Lorsque toutes les parties auront produit, ou après l'expiration des délais ci-dessus fixés, le greffier, sur la réquisition de la partie la plus diligente, remettra les pièces au rapporteur, qui s'en chargera, en signant sur la colonne laissée en blanc au registre des productions. [Tar. 90.]

110. Si le rapporteur décède, se démet, ou ne peut faire le rapport, il en sera commis un autre, sur requête, par ordonnance du président, signifiée à partie ou à son avoué trois jours au moins avant le rapport. [Tar. 29, 76.]

111. Tous rapports, même sur délibérés, seront faits à l'audience; le rapporteur résumera le fait et les moyens sans ouvrir son avis; les défenseurs n'auront, sous aucun prétexte, la parole après le rapport; ils pourront seulement remettre sur-le-champ au président de simples notes énonciatives des faits sur lesquels ils prétendraient que le rapport a été incomplet ou inexact. [C. pr. 97.]

[illegible]

[97] — 1. [illegible]

2. [illegible]

3. [illegible]

[98] — 1. [illegible]

2. [illegible]

[99 à 103]. . . . .

[104] — [illegible]

[105]. . . . .

[106] — [illegible]

[illegible]

[107] — 1. [illegible]

2. [illegible]

3. [illegible]

4. [illegible]

[108 à 110]. . . . .

[111] — 1. [illegible]

2. [illegible]

3. [illegible]

[illegible]

4. [illegible]

5. [illegible]

6. [illegible]

7. [illegible]

8. [illegible]

112. Si la cause est susceptible de communication, le procureur du roi sera entendu en ses conclusions à l'audience. [C. pr. 83, 983, 1006.]

113. Les jugements rendus sur les pièces de l'une des parties, faute par l'autre d'avoir produit, ne seront point susceptibles d'opposition. [Ord. 1667, tit. 11, art. 19; tit. 35, art. 3; Tar. 88.]

114. Après le jugement, le rapporteur remettra les pièces au greffe, et il en sera déchargé par la seule radiation de sa signature sur le registre des productions.

115. Les avoués, en retirant leurs pièces, émargeront le registre; cet émargement servira de décharge au greffier. [Tar. 70, 90, 91.]

TITRE VII.

Des Jugements.

116. Les jugements seront rendus à la pluralité des voix, et prononcés sur-le-champ; néanmoins les juges pourront se retirer dans la chambre du conseil pour y recueillir les avis; ils pourront aussi continuer la cause à une des prochaines audiences, pour prononcer le jugement. [C. pr. 95; C. I. cr. 369; Tar. 90.]

[illegible]

117. S'il se forme plus de deux opinions, les juges plus faibles en nombre seront tenus de se réunir à l'une des deux opinions qui auront été émises par le plus grand nombre ; toutefois ils ne seront tenus de s'y réunir qu'après que les voix auront été recueillies une seconde fois. [C. pr. 467.]

118. En cas de partage, on appellera, pour le vider, un juge ; à défaut du juge, un suppléant ; à son défaut, un avocat attaché au barreau, et à son défaut, un avoué ; tous appelés selon l'ordre du tableau ; l'affaire sera de nouveau plaidée. [C. pr. 84, 468.]

---

prononcé à l'audience. — 26 juin 1817, Req. [illegible] — Id. 23 août 1826, Req. [illegible] — Id. 18 août 1829, Req. [illegible] — Id. 2 janv. 1839, Req. [illegible] — Id. 7 mai 1839, Req. [illegible] — Id. 24 nov. 1836, Req. [illegible]

28. Et, à plus forte raison, quand l'arrêt dit qu'il a été rendu à l'audience, les avoués pris dans leurs conclusions et les avocats dans leurs plaidoiries. — 20 déc. 1825, Req. [illegible]

29. Id. lorsqu'il est dit : *fait et jugé à ... en la salle d'audience, audience civile tenante.* — 27 mai 1818, Req. [illegible]

30. ... Ou *donné au Palais de Justice, séance tenante.* — 1er fév. 1826, Req. [illegible]

31. ... Ou *donné à ... en Cour royale, audience du ...* — 14 janv. 1824, Req. [illegible]

32. ... Ou *fait et prononcé les portes ouvertes.* — 11 fév. 1838, Cass. [illegible]

33. ... Ou *fait et prononcé à l'audience publique de la chambre du conseil.* — 6 janv. 1836, Req. [illegible]

34. Mais un jugement rendu à la chambre du conseil est nul, s'il ne constate pas que les portes de la chambre étaient ouvertes. — 12 mai 1813, Cass. [illegible] — Id. 4 août 1824, Bordeaux. [illegible]

35. Il n'y a pas lieu d'admettre l'inscription de faux contre un jugement ou arrêt qui constate qu'il a été rendu publiquement, et que l'on prétend avoir été rendu dans la chambre du conseil, alors qu'on n'articule pas que le public ait été empêché d'entrer dans le lieu où l'arrêt a été rendu. — 13 juill. 1840, Req. [illegible]

36. De ce qu'un jugement ou arrêt rendu sur le rapport d'un juge, est dit avoir été prononcé à la chambre des rapports, il n'en résulte pas qu'il ait été rendu sans publicité. — 5 juill. 1841, Req. [illegible]

37. Du reste, la mention placée en tête d'un jugement ou arrêt qu'il a été rendu *en audience publique*, n'est pas détruite par cette autre mention placée à la fin : *ainsi jugé en arrêt par la Cour et prononcé publiquement.* — 15 mars 1842, Req. [illegible]

38. De même, un jugement doit être réputé constater suffisamment la publicité, bien que la mention qu'il a été rendu en audience publique se trouve placée après la fin du jugement, et après la formule du mandement de justice : aucune loi n'ayant déterminé la place que doit occuper cette mention. — 8 nov. 1826, Req. [illegible]

39. De même aussi, la preuve qu'un jugement a été rendu publiquement résulte suffisamment de la mention insérée dans la grosse du jugement, peu importe que la mention ait été omise dans la copie signifiée. — 12 mars 1823, Req. [illegible]

39 *bis.* Un jugement rendu un jour férié ne serait pas nul, selon Chauveau, *Journ. des av.* 1847, p. 333. — *Contrà*, Merlin, *Discipl. jud.*, t. 2, no 614. — V. les notes de l'art. 1036.

§ 3. — *Mise en délibéré.*

40. Les juges, en ordonnant la remise des pièces sur le bureau, pour en être délibéré en la chambre du conseil, ne sont pas tenus, à peine de nullité, de fixer le jour où ils rendront leur jugement. — 24 juin 1818, Req. [illegible] — Id. 31 juill. 1809, Rennes. [illegible] — V. sur ce point, Favard, t. 3, p. 149, no 1er ; Dalloz, t. 9, p. 612, no 1er ; Thomine, t. 1er, p. 230 ; Boitard, t. 1er, p. 353 ; Carré et Chauveau, q. 485 et 486.

41. Le tribunal qui a indiqué un jour pour prononcer son jugement, et qui, au jour dit, ne le prononce pas, n'est même point tenu, à peine de nullité, d'indiquer le nouveau jour auquel il a remis cette prononciation. — 12 nov. 1851, Req. [illegible]

42. Décidé aussi qu'il n'est pas nécessaire, pour la validité d'un jugement rendu sur délibéré, que ce jugement fasse mention du jugement précédent qui avait mis la cause en délibéré. — 14 nov. 1852, Req. [illegible]

[117] — L'application du principe écrit dans l'art. 117 a donné lieu, de la part des auteurs, à la supposition de plusieurs hypothèses qu'ils ne résolvent pas toujours d'une manière uniforme. On peut voir, sur ce point très-peu pratique, Locré, *Esp. du Cod. de proc.*, art. 117 ; Pigeau, *Proc.*, t. 1er, p. 490, et *Comm.*, t. 1er, p. 276 ; Favard, vo *Jugement*, sect. 1re, § 1er, no 6 ; le *Praticien fr.*, t. 2, p. 183 ; Carré, q. 490 ; Thomine, no 120 ; Poncet, *Jug.*, t. 1er, p. 190 ; Rauter, *Cours de proc.*, p. 247 ; Boncenne, p. 378 ; Boitard, p. 412 ; Chauveau, q. 486 ; Boché, vo *Jug.*, nos 132 et s. ; Rodière, p. 347.

[118] — 1. Sous l'art. 118 relatif au partage d'opinions dans les Cours d'appel, se trouvent les décisions relatives à ce partage d'opinions ; il est bon de les consulter. Plusieurs posent des principes qui peuvent recevoir application dans les partages déclarés devant les tribunaux de 1re instance, dont s'occupe l'art. 118 ci-dessus.

2. Il n'y a de vrai partage que lorsqu'il existe une égalité parfaite dans les suffrages. Ainsi, il ne peut y avoir partage dans un tribunal composé d'un nombre impair de juges, tels que les tribunaux formés de trois juges, et, dès lors, il n'y a pas lieu à l'application de l'art. 118, C. proc. — 23 nov. 1825, Air. [illegible]

3. *Id.* S'il arrive que plus de deux avis se forment entre les juges, il y a nécessité pour eux d'user du tempérament et de recourir à des concessions. — 20 nov. 1835, Toulouse. [illegible] — *Sic*, Commaille, t. 1er, p. 177. — *Contrà*, Demiau, p. 101 ; Pigeau, *Proc. civ.*, liv. 2, part. 3, tit. 1er, art. 4, no 1er, et *Comm.*, t. 1er, p. 277 ; Favard, t. 3, p. 159, no 6 ; Boncenne, t. 2, p. 378 et 416 ; Boitard, t. 1er, p. 417 ; Chauveau, q. 485.

4. Le tribunal qui, composé de quatre juges, a déclaré un partage d'opinions, et appelé un cinquième membre pour le vider, est astreint à exécuter ce jugement. Il ne peut se soustraire à cette obligation, parce que l'un des premiers opinants s'étant absenté, et se trouvant pas à l'audience fixée pour vider le partage, les trois autres peuvent former à eux seuls la majorité voulue par la loi. — 30 juill. 1811, Paris. [illegible] — *Sic*, Thomine, no 131.

5. Mais l'arrêt qui, après partage, ordonne une instruction par écrit, ne lie pas les juges ; si donc, plus tard, et attendu l'empêchement de quelques-uns des magistrats qui ont pris part à cet arrêt, il y a nécessité d'en appeler de nouveaux, l'affaire peut alors être jugée sur simples plaidoiries, sans qu'il soit nécessaire de procéder à l'instruction par écrit. — 12 juin 1838, Req. [illegible]

6. Dans un procès criminel civilisé, le partage d'opinions ne fait pas nécessairement passer l'avis le plus favorable au défendeur. — 25 brum. an 13, Req. [illegible]

7. Les juges n'étant point, en général, tenus de juger les exceptions ou fins de non-recevoir en même temps que le fond, peuvent, après avoir rendu jugement sur les exceptions ou fins de non-recevoir, déclarer qu'il y a partage sur le fond. — Dans ce cas, les juges départiteurs appelés à vider le partage n'ont point à connaître des exceptions, qui restent irrévocablement jugées ; les plaidoiries ne doivent donc pas être recommencées devant eux, et ils n'ont, par suite, à se prononcer que sur les questions du fond. — 23 nov. 1855, Cass. [illegible]

8. Mais les juges qui se trouvent partagés sur l'un des chefs de la contestation, ne peuvent statuer dès à présent sur les autres chefs, lorsque la solution dépend, en fait ou en droit, du même point sur lequel le partage d'opinions est déclaré. Ils doivent renvoyer la cause entière à une autre audience pour être statué sur le tout après appel de juges départiteurs. — 15 fév. 1837, Cass. [illegible]

9. Jugé de même que lorsque deux ou plusieurs moyens étant présentés à l'appui d'un chef de demande, les juges sont d'accord pour le rejet de l'un, et partagés sur l'admission de l'autre, ils ne peuvent, en déclarant ce partage, rendre un arrêt qui prononce le rejet du premier moyen. Ils doivent renvoyer la cause entière à une autre audience, pour être statué sur tous les moyens, après appel de nouveaux juges et nouvelles plaidoiries. — 15 mars 1834, Cass. [illegible] — *Sic*, Chauveau, q. 493 *bis* ; Rodière, p. 348.

10. Les juges ne sont pas, d'ailleurs, tenus de déclarer publiquement le partage. — Pigeau, *Comm.*, t. 1er, p. 279. — *Contrà*, Chauveau, q. 493 *ter*.

11. Ils ne sont pas obligés, non plus, d'exprimer les diverses opinions, ni de les motiver. — Chauveau, *ibid.* ; Rodière, p. 350. — *Contrà*, Pigeau, *Proc.*, liv. 2, part. 3, tit. 1er, art. 4, no 3.

12. Les juges départiteurs doivent concourir au jugement de tous les incidents qui surviennent par suite de la question sur laquelle le partage s'est ouvert, et même de toutes les questions qui y seraient connexes. — Merlin, *Quest.*, vo *Trib. d'appel*, § 2 ; Carré, q. 498 ; Pigeau, *Comm.*, t. 1er, p. 281 ; Favard, t. 3, p. 155, no 7 ; Boncenne, t. 2, p. 417 ; Chauveau, *loc. cit.*

13. Décidé en ce sens que les juges départiteurs sont investis, relativement à l'affaire, du même pouvoir que les autres juges ; en sorte qu'ils peuvent connaître d'une récusation proposée incidemment contre l'un des juges dont les opinions étaient partagées. — 12 mars an 11, Req. [illegible]

14. Mais, dans le cas où la capacité d'un juge départiteur est contestée, le tribunal doit statuer sur l'incident sans changer sa composition, et le juge départiteur ne peut concourir à cette décision préjudicielle. — 8 mars 1844, Riom. [illegible]

15. Le jugement ou arrêt portant déclaration de partage, n'a point pour effet de fixer définitivement l'état de la cause ; il ne peut être, lors de la reprise des plaidoiries, formé ultérieurement aucune conclusion nouvelle. — 22 fév. 1812, Nîmes. [illegible] — *Id.* 22 août 1839, Angers. [illegible] — *Sic*, Pigeau, *Comm.*, p. 281 ; Chauveau, q. 495, *quat.* ; Rodière, p. 352.

16. Spécialement, lorsque, dans une instance en séparation de corps, les juges ont rendu un jugement de partage, l'époux défendeur ne peut, pour la première fois, former reconventionnellement une demande en séparation de corps. — Arrêt d'Angers ci-dessus.

17. Il ne peut même être fait de nouveaux actes d'instruction. — Arrêt de Nîmes et auteurs cités au no 15.

18. Par suite, l'interrogatoire sur faits et articles ne peut être demandé. — 11 avril 1809, Rouen. [illegible]

19. Jugé au contraire que les parties peuvent présenter des moyens nouveaux entre le jugement ou l'arrêt déclarant un partage d'opinions et celui qui doit vider ce partage. — 28 juill. 1848, Paris. [illegible] — *Sic*, Bourbeau, 76, *de la proc.*, t. 5, p. 36, et *Journ. av.*, 1847, p. 187 ; cet auteur pense même qu'il peut être formé des demandes incidentes.

20. Les juges qui ont émis leur opinion dans une délibération où il y a eu partage, ne sont aucunement liés ; ils peuvent en embrasser une autre après les nouvelles plaidoiries et lors du jugement. — 25 mai 1810, Lettre du grand juge. [illegible] — *Sic*, Merlin, *Quest.*, t. 4, p. 346 ; Favard, t. 3, p. 152, no 7 ; Carré, q. 496 ; Lepage, p. 132 ; Pigeau, *Proc.*, t. 1er, p. 467, et *Comm.*, t. 1er, p. 282 ; Thomine, no 132 ; Boncenne, p. 417 ; Rodière, p. 352 ; Chauveau, *ubi sup.* — C'est à tort que l'on cite, comme résolvant la question, un arrêt de la Cour de cassation du 12 avril 1810 [illegible] ; la question était soumise à la Cour, mais ne fut pas jugée.

21. Quand un juge qui a concouru au partage ne peut coopérer ultérieurement au jugement de l'affaire, on doit, pour vider le partage, appeler des juges en nombre pair, afin qu'il ne puisse y avoir lieu à nouveau

119. Si le jugement ordonne la comparution des parties, il indiquera le jour de la comparution. [C. pr. 9.]

120. Tout jugement qui ordonnera un serment, énoncera les faits sur lesquels il sera reçu. [C. c. 1357 et s.; C. pr. 55; C. pén. 366.]

121. Le serment sera fait par la partie en personne, et à l'audience. Dans le cas d'un empêchement légitime et dûment constaté, le serment pourra être prêté devant le juge que le tribunal aura commis, et qui se transportera chez la partie, assisté du greffier.

Si la partie à laquelle le serment est déféré, est trop éloignée, le tribunal pourra ordonner qu'elle prêtera le serment devant le tribunal du lieu de sa résidence.

Dans tous les cas, le serment sera fait en présence de l'autre partie, ou elle dûment appelée par acte d'avoué à avoué, et, s'il n'y a pas d'avoué constitué, par exploit contenant l'indication du jour de la prestation. [C. c. 1358 et s.; C. pr. 1035; C. pén. 366; Tar. 29, 70.]

[illegible]

122. Dans les cas où les tribunaux peuvent accorder des délais pour l'exécution de leurs jugements, ils le feront par le jugement même qui statuera sur la contestation, et qui énoncera les motifs du délai. [C. c. 1244, 1900, 1901; C. pr. 172, 530; C. com. 157.]

123. Le délai courra du jour du jugement, s'il est contradictoire, et de celui de la signification, s'il est par défaut. [C. pr. 1033.]

124. Le débiteur ne pourra obtenir un délai, ni jouir du délai qui lui aura été accordé, si ses biens sont vendus à la requête d'autres créanciers, s'il est en état de faillite, de contumace, ou s'il est constitué prisonnier, ni enfin lorsque, par son fait, il aura diminué les sûretés qu'il avait données par le contrat à son créancier. [C. c. 1188, 1613, 1900, 1901, 1913.]

125. Les actes conservatoires seront valables, nonobstant le délai accordé. [C. c. 1180.]

126. La contrainte par corps ne sera prononcée que dans les cas prévus par la loi : il est néanmoins laissé à la prudence des juges de la prononcer,

1° Pour dommages et intérêts en matière civile, au-dessus de la somme de trois cents francs;

2° Pour reliquats de comptes de tutelle, curatelle, d'administration de corps et communautés, établissements publics, ou de toute administration confiée par justice, et pour toutes restitutions à faire par suite desdits comptes. [Ord. 1667, tit. 34, art. 2, 3; tit. 29, art. 8, 9. — C. c. 471, 1110, 2060, 2063; C. pr. 107, 191, 213, 521, 711, 712, 744, 780.]

[illegible]

[122] [illegible]

[123] [illegible]

[124] [illegible]

[125] [illegible]

[126] § 1er. — Dommages-intérêts.

[illegible]

127. Pourront les juges, dans les cas énoncés en l'article précédent, ordonner qu'il sera sursis à l'exécution de la contrainte par corps, pendant le temps qu'ils fixeront; après lequel elle sera exercée sans nouveau jugement. Ce sursis ne pourra être accordé que par le jugement qui statuera sur la contestation, et qui énoncera les motifs du délai. [C. pr. 478.]

128. Tous jugements qui condamneront en des dommages et intérêts, en contiendront la liquidation, ou ordonneront qu'ils seront donnés par état. [Ord. 1667, tit. 26, art. 5. — C. c. 1149. C. pr. 183, 523 et s.]

129. Les jugements qui condamneront à une restitution de fruits, ordonneront qu'elle sera faite en nature pour la dernière année; et pour les années précédentes, suivant les mercuriales du marché le plus voisin, eu égard aux saisons et aux prix communs de l'année; sinon à dire d'experts, à défaut de mercuriales. Si la restitution en nature pour la dernière année est impossible, elle se fera comme pour les années précédentes. [Ord. 1667, tit. 31, art. 1er. — C. c. 2000; C. pr. 526.]

130. Toute partie qui succombera sera condamnée aux dépens. [Ord. 1667, tit. 31, art. 1er. — C. pr. 185, 192, 193, 358, 401, 495, 523, 815 et s., 992, 716, 1031. C. i. cr. 162, 171, 194, 368.]

[illegible]

§ 4. — *Reliquats de comptes.*

[illegible]

[127]

[128] [illegible]

[129] [illegible]

[130] **Indication alphabétique.**

§ 1er. — *Condamnation de la partie qui succombe aux dépens.*

[illegible]

131. Pourront néanmoins les dépens être compensés en tout ou en partie, entre conjoints, ascendants, descendants, frères et sœurs, ou alliés au même degré : les juges pourront aussi compenser les dépens en tout ou en partie, si les parties succombent respectivement sur quelques chefs.

132. Les avoués et huissiers qui auront excédé les bornes de leur ministère, les tuteurs, curateurs, héritiers bénéficiaires ou autres administrateurs qui auront compromis les intérêts de leur administration, pourront être condamnés aux dépens, en leur nom et sans répétition, même aux dommages et intérêts, s'il y a lieu ; sans préjudice de l'interdiction contre les avoués et huissiers, et de la destitution contre les tuteurs et autres, suivant la gravité des circonstances. [C. pr. 71, 360, 444, 1031.]

133. Les avoués pourront demander la distraction des dépens à leur profit, en affirmant, lors de la prononciation du jugement, qu'ils ont fait la plus grande partie des avances. La distraction des dépens ne pourra être prononcée que par le jugement qui en portera la condamnation : dans ce cas, la taxe sera poursuivie et l'exécutoire délivré au nom de l'avoué, sans préjudice de l'action contre sa partie. [C. pr. 107, 791.]

134. S'il a été formé une demande provisoire, et que la cause soit en état sur le provisoire et sur le fond, les juges seront tenus de prononcer sur le tout par un seul jugement. [Ord. 1667, tit. 17, art. 17.—C. pr. 288, 538.]

135. L'exécution provisoire sans caution sera ordonnée, s'il y a titre authentique, promesse reconnue, ou condamnation précédente par jugement dont il n'y ait point d'appel.

L'exécution provisoire pourra être ordonnée, avec ou sans caution, lorsqu'il s'agira,

1° D'apposition et levée de scellés, ou confection d'inventaire;

2° De réparations urgentes;

3° D'expulsion des lieux, lorsqu'il n'y a pas de bail, ou que le bail est expiré;

4° De séquestres, commissaires et gardiens;

5° De réceptions de caution et certificateurs;

6° De nomination de tuteurs, curateurs, et autres administrateurs, et de reddition de compte;

7° De pensions ou provisions alimentaires. [Ord. 1667, tit. 17, art. 15. — C. c. 1319, 1724, 1751. C. p. 17, 155, 439, 457, 478, 521, 809, 840, 922, 1024.]

[illegible]

136. Si les juges ont omis de prononcer l'exécution provisoire, ils ne pourront l'ordonner par un second jugement, sauf aux parties à la demander sur l'appel. [C. pr. 458.]

137. L'exécution provisoire ne pourra être ordonnée pour les dépens, quand même ils se-

§ 3. — Demande d'exécution provisoire. — Exécution sur minute.

raient adjugés pour tenir lieu de dommages et intérêts. [C. pr. 139.]

138. Le président et le greffier signeront la minute de chaque jugement aussitôt qu'il sera rendu : il sera fait mention, en marge de la feuille d'audience, des juges et du procureur du Roi qui y auront assisté ; cette mention sera également signée par le président et le greffier. [Ord. 1667, art. 5, tit. 26.—C. pr. 18.]

139. Les greffiers qui délivreront expédition d'un jugement avant qu'il ait été signé, seront poursuivis comme faussaires. [C. pr. 1029; C. i. cr. 196, 448 et s.]

140. Les procureurs du Roi et généraux se feront représenter tous les mois les minutes des jugements, et vérifieront s'il a été satisfait aux dispositions ci-dessus : en cas de contravention, ils en dresseront procès-verbal, pour être procédé ainsi qu'il appartiendra. [C. i. cr. 196.]

141. La rédaction des jugements contiendra les noms des juges, du procureur du Roi, s'il a été entendu, ainsi que des avoués; les noms, professions et demeures des parties, leurs conclusions, l'exposition sommaire des points de fait et de droit, les motifs et le dispositif des jugements. [L. 16-24 août 1790, tit. 5, art. 15 ; L. 20 avril 1810, art. 7.]

[illegible]

[138] [illegible]

[139] [illegible]

[140].

[141] [illegible]

§ 3. — Conclusions des parties.

§ 4. — Points de fait et de droit.

§ 2. — Noms, professions et demeures des parties.

§ 5.—*Motifs des jugemens.*

142. La rédaction sera faite sur les qualités signifiées entre les parties ; en conséquence, celle qui voudra lever un jugement contradictoire, sera tenue de signifier à l'avoué de son adversaire, les qualités contenant les noms, professions et demeures des parties, les conclusions et les points de fait et de droit. [Tar. 87, 88.]

143. L'original de cette signification restera pendant vingt-quatre heures entre les mains des huissiers-audienciers.

144. L'avoué qui voudra s'opposer, soit aux qualités, soit à l'exposé des points de fait et de droit, le déclarera à l'huissier, qui sera tenu d'en faire mention. [Tar. 90.]

145. Sur un simple acte d'avoué à avoué, les parties seront réglées sur cette opposition par le juge qui aura présidé; en cas d'empêchement, par le plus ancien, suivant l'ordre du tableau. [Tar. 70, 90.]

146. Les expéditions des jugements seront intitulées et terminées au nom du Roi, conformément à l'article 57 de la Charte constitutionnelle. [C. [illegible] 1317 et s.; C. pr. 133, 545 et s.]

147. S'il y a avoué en cause, le jugement ne pourra être exécuté qu'après avoir été signifié à avoué, à peine de nullité; les jugements provisoires et définitifs qui prononceront des condamnations seront en outre signifiés à la partie, à personne ou domicile, et il sera fait mention de la signification à l'avoué. [Ord. 1667, tit. 27, art. 2, [illegible] — C. pr. 122, 157, 435, 548, 763, 1029; Tar. [illegible]]

148. Si l'avoué est décédé ou a cessé de postuler, la signification à partie suffira; mais il sera fait mention du décès ou de la cessation des fonctions de l'avoué. [C. pr. 75, 162, 342, 1038.]

TITRE VIII.

Des Jugements par défaut, et Oppositions.

149. Si le défendeur ne constitue pas avoué, ou si l'avoué constitué ne se présente pas au jour indiqué pour l'audience, il sera donné défaut. [Ord. 1667, tit. 5, art. 3; tit. 11, art. [illegible] — C. pr. 19, [illegible], 342, 343, 349, 434 et s.; Tar. 29, [illegible]]

[illegible]

150. Le défaut sera prononcé à l'audience, sur l'appel de la cause; et les conclusions de la partie qui le requiert, seront adjugées, si elles se trouvent justes et bien vérifiées; pourront néanmoins les juges faire mettre les pièces sur le bureau, pour prononcer le jugement à l'audience suivante. [Ord. 1667, tit. 5, art. 3, tit. 11, art. 5, tit. 14, art. 1. — C. pr. 19. 434.]

151. Lorsque plusieurs parties auront été citées pour le même objet à différents délais, il ne sera pris défaut contre aucune d'elles qu'après l'échéance du plus long délai. [Ord. 1667, tit. 5, art. 5. — C. pr. 72, 1033; Tar. 168.]

152. Toutes les parties appelées et défaillantes seront comprises dans le même défaut, et s'il en est pris contre chacune d'elles séparément, les frais desdits défauts n'entreront point en taxe, et resteront à la charge de l'avoué, sans qu'il puisse les répéter contre la partie. [Ord. 1667, tit. 5, art. 5. — C. pr. 1031.]

153. Si de deux ou de plusieurs parties assignées, l'une fait défaut et l'autre comparaît, le profit du défaut sera joint, et le jugement de jonction sera signifié à la partie défaillante par un huissier commis : la signification contiendra assignation au jour auquel la cause sera appelée ; il sera statué par un seul jugement, qui ne sera pas susceptible d'opposition. [Tar. 29.]

[153] Indication alphabétique.

[illegible]

[illegible]

154. Le défendeur qui aura constitué avoué, pourra, sans avoir fourni de défenses, suivre l'audience par un seul acte, et prendre défaut contre le demandeur qui ne comparaîtrait pas. [C. pr. 80, 82, 434.]

[illegible]

§ 2. — *Signification du jugement et réassignation.*

[illegible]

§ 3. — *Opposition au second jugement.*

[illegible]

155. Les jugements par défaut ne seront pas exécutés avant l'échéance de la huitaine de la signification à avoué, s'il y a eu constitution d'avoué, et de la signification à personne ou domicile, s'il n'y a pas eu constitution d'avoué; à moins qu'en cas d'urgence l'exécution n'en ait été ordonnée avant l'expiration de ce délai, dans les cas prévus par l'article 135.

Pourront aussi les juges, dans le cas seulement où il y aurait péril en la demeure, ordonner l'exécution nonobstant l'opposition, avec ou sans caution; ce qui ne pourra se faire que par le même jugement. [Ord. 1667, tit. 35, art. 5. — C. pr. 17, 135, 147, 435, 439, 517.]

156. Tous jugements par défaut contre une partie qui n'a pas constitué d'avoué, seront signifiés par un huissier commis, soit par le tribunal, soit par le juge du domicile du défaillant que le tribunal aura désigné; ils seront exécutés dans les six mois de leur obtention, sinon seront réputés non avenus. [C. pr. 20, 257, 435, 780, 1030; C. com. 643; Tar. 29, 76, 89.]

§ 1er. — *Signification du jugement. — Huissier commis.*

§ 2. — *Péremption du jugement.*

157. Si le jugement est rendu contre une partie ayant un avoué, l'opposition ne sera recevable que pendant huitaine, à compter du jour de la signification à avoué. [Ord. 1667, tit. 35, art. 3. —C. pr. 113, 257, 351, 436, 443, 809; C. com. 643; Tar. 89.]

158. S'il est rendu contre une partie qui n'a pas d'avoué, l'opposition sera recevable jusqu'à l'exécution du jugement.

[illegible]

§ 3.—*Qui peut opposer la péremption.—Solidarité,—Acquiescement.—Compétence, etc.*

[illegible]

[157 et 158] — § 1er. —*Règles générales sur le droit d'opposition. —Qui peut se pourvoir par opposition.*

1. *Le droit d'opposition* à toute décision par défaut est une suite et le complément nécessaire du droit de

159. Le jugement est réputé exécuté, lorsque les meubles saisis ont été vendus, ou que le condamné a été emprisonné ou recommandé, ou que la saisie d'un ou de plusieurs de ses immeubles lui a été notifiée, ou que les frais ont été payés, ou enfin, lorsqu'il y a quelque acte duquel il résulte nécessairement que l'exécution du jugement a été connue de la partie défaillante : l'opposition formée dans les délais ci-dessus et dans les formes ci-après prescrites, suspend l'exécution, si elle n'a pas été ordonnée nonobstant opposition.

§ 2. — *Jugements réputés contradictoires, non susceptibles dès lors d'opposition ; — et jugements par défaut réputés faute de plaider ou faute de comparaître.*

§ 3. — *Délai de l'opposition.*

160. Lorsque le jugement aura été rendu contre une partie ayant un avoué, l'opposition ne sera recevable qu'autant qu'elle aura été formée par requête d'avoué à avoué. [Ord. 1667, tit. 35, art. 3.]

161. La requête contiendra les moyens d'opposition, à moins que des moyens de défense n'aient été signifiés avant le jugement, auquel cas il suffira de déclarer qu'on les emploie comme moyens d'opposition : l'opposition qui ne sera pas motivée dans cette forme n'arrêtera pas l'exécution ; elle sera rejetée sur un simple acte, et sans qu'il soit besoin d'aucune autre instruction. [C. pr. 437 ; Tar. 75.]

162. Lorsque le jugement aura été rendu contre une partie n'ayant pas d'avoué, l'opposition pourra être formée, soit par acte extrajudiciaire, soit par déclaration sur les commandements, procès-verbaux de saisie ou d'emprisonnement, ou tout autre acte d'exécution, à la charge par l'opposant de la réitérer avec constitution d'avoué, par requête, dans la huitaine ; passé lequel temps elle ne sera plus recevable, et l'exécution sera continuée, sans qu'il soit besoin de la faire ordonner.

Si l'avoué de la partie qui a obtenu le jugement, est décédé, ou ne peut plus postuler, elle fera notifier une nouvelle constitution d'avoué au défaillant, lequel sera tenu, dans les délais ci-dessus, à compter de la signification, de réitérer son opposition par requête, avec constitution d'avoué.

Dans aucun cas, les moyens d'opposition fournis postérieurement à la requête n'entreront en taxe. [C. pr. 145, 342, 158 ; Tar. 29.]

[illegible]

[160] — 1. [illegible]

[161] — 1. [illegible]

[162] — 1. [illegible]

163. Il sera tenu au greffe un registre sur lequel l'avoué de l'opposant fera mention sommaire de l'opposition, en énonçant les noms des parties et de leurs avoués, les dates du jugement et de l'opposition : il ne sera dû de droit d'enregistrement que dans le cas où il en serait délivré expédition. [C. pr. 549; Tar. 90.]

164. Aucun jugement par défaut ne sera exécuté, à l'égard d'un tiers, que sur un certificat du greffier, constatant qu'il n'y a aucune opposition portée sur le registre. [C. pr. 548 et s.; Tar. 90.]

165. L'opposition ne pourra jamais être reçue contre un jugement qui aurait débouté d'une première opposition. [Ord. 1667, tit. 35, art. 3. — C. pr. 22, 351.]

TITRE IX.

Des Exceptions

§ 1er. — *De la Caution à fournir par les Étrangers.*

166. Tous étrangers, demandeurs principaux ou intervenants, seront tenus, si le défendeur le requiert, avant toute exception, de fournir caution de payer les frais et dommages-intérêts auxquels ils pourraient être condamnés. [C. c. 11, 16, 2042, 2041; C. pr. 130, 169, 173, 186, 423, 517 et s.; Tar. 75.]

167. Le jugement qui ordonnera la caution fixera la somme jusqu'à concurrence de laquelle elle sera fournie : le demandeur qui consignera cette somme ou qui justifiera que ses immeubles situés en France sont suffisants pour en répondre sera dispensé de fournir caution. [C. c. 16, 2041.]

§ II. — *Des Renvois.*

168. La partie qui aura été appelée devant un tribunal autre que celui qui doit connaître de la contestation pourra demander son renvoi devant les juges compétents. [Ord. 1667, tit. 6, art. 1er; — C. pr. 181, 368, 424; Tar. 75.]

169. Elle sera tenue de former cette demande préalablement à toutes autres exceptions et défenses. [Ord. 1667, tit. 5, art. 5. — C. pr. 166, 173, 186.]

[illegible]

[167] — [illegible]

[168 et 169] — [illegible]

170. Si néanmoins le tribunal était incompétent à raison de la matière, le renvoi pourra être demandé en tout état de cause ; et si le renvoi n'était pas demandé, le tribunal sera tenu de renvoyer d'office devant qui de droit. [C. pr. 83-3°, 424, 454, C. i. cr. 539.]

171. S'il a été formé précédemment, en un autre tribunal, une demande pour le même objet, ou si la contestation est connexe à une cause déjà pendante en un autre tribunal, le renvoi pourra être demandé et ordonné. [Ord. 1667, tit. 6, art. 3. — C. pr. 363.]

172. Toute demande en renvoi sera jugée sommairement, sans qu'elle puisse être réservée ni jointe au principal. [C. pr. 404, 425, 403.]

§ III. — *Des Nullités.*

173 Toute nullité d'exploit ou d'acte de procédure est couverte, si elle n'est proposée avant toute défense ou exception autre que les exceptions d'incompétence. [Ord. 1667, tit. 5, art. 5. — C. p. 71, 166, 169, 186, 1030 ; Tar. 75.]

§ IV. — *Des Exceptions dilatoires.*

174. L'héritier, la veuve, la femme divorcée ou séparée de biens, assignée comme commune, auront trois mois, du jour de l'ouverture de la succession ou dissolution de la communauté, pour faire inventaire, et quarante jours pour délibérer : si l'inventaire a été fait avant les trois mois, le délai de quarante jours commencera du jour qu'il aura été parachevé.

S'ils justifient que l'inventaire n'a pu être fait dans les trois mois, il leur sera accordé un délai convenable pour le faire, et quarante jours pour délibérer ; ce qui sera réglé sommairement.

L'héritier conserve néanmoins, après l'expiration des délais ci-dessus accordés, la faculté de faire encore inventaire et de se porter héritier bénéficiaire, s'il n'a pas fait d'ailleurs acte d'héritier, ou s'il n'existe pas contre lui de jugement passé en force de chose jugée qui le condamne en qualité d'héritier pur et simple. [Ord. 1667, tit. 7, art. 1, 2, 3, 4, 5. — C. c. 795, 797, 798, 800, 1456, 1459 ; C. pr. 404.]

175. Celui qui prétendra avoir droit d'appeler en garantie sera tenu de le faire dans la huitaine du jour de la demande originaire, outre un jour pour trois myriamètres. S'il y a plusieurs garants intéressés en la même garantie, il n'y aura qu'un seul délai pour tous, qui sera réglé selon la distance du lieu de la demeure du garant le plus éloigné. [Ord. 1667, tit. 8, art. 2 et 13. — C. c. 1640 ; C. pr. 32 et s., 49, 50, 337, 1033.]

176. Si le garant prétend avoir droit d'en appeler un autre en sous-garantie, il sera tenu de le faire dans le délai ci-dessus, à compter du jour de la demande en garantie formée contre lui ; ce qui sera successivement observé à l'égard du sous-garant ultérieur.

177. Si néanmoins le défendeur originaire est assigné dans les délais pour faire inventaire et délibérer, le délai pour appeler garant ne commencera que du jour où ceux pour faire inventaire et délibérer seront expirés. [Ord. 1667, tit. 8, art. 5.]

178. Il n'y aura pas d'autre délai pour appeler garant, en quelque matière que ce soit, sous prétexte de minorité ou autre cause privilégiée ; sauf à poursuivre les garants, mais sans que le jugement de la demande principale en soit retardé. [Ord. 1667, tit. 8, art. 7. — C. pr. 33, 444, 484.]

179. Si les délais des assignations en garantie ne sont échus en même temps que celui de la demande originaire, il ne sera pris aucun défaut contre le défendeur originaire, lorsqu'avant l'expiration du délai il aura déclaré, par acte d'avoué à avoué, qu'il a formé sa demande en garantie ; sauf, si le défendeur, après l'échéance du délai pour appeler le garant, ne justifie pas de la demande en garantie, à faire droit sur la demande originaire, même à le condamner à des dommages-intérêts, si la demande en garantie par lui alléguée se trouve n'avoir pas été formée. [Ord. 1667, tit. 8, art. 5. — C. pr. 5 ; Tar. 70.]

180. Si le demandeur originaire soutient qu'il n'y a lieu au délai pour appeler garant, l'incident sera jugé sommairement. [Ord. 1667, tit. 8, art. 6. — C. pr. 404 ; Tar. 75.]

181. Ceux qui seront assignés en garantie seront tenus de procéder devant le tribunal où la demande originaire sera pendante, encore qu'ils dénient être garants ; mais s'il paraît par écrit, ou par l'évidence du fait, que la demande originaire n'a été formée que pour les traduire hors de leur tribunal, ils y seront renvoyés. [Ord. 1667, tit. 8, art. 8. — C. pr. 59, 188.]

---

ration de biens est une exception péremptoire qui peut être proposée en tout état de cause ; elle n'est pas couverte par la défense au fond. — 11 juin 1818, Rej. [S.18.1.285 ; C.N.5.-D.A.12.287.] — *Id.* 15 juill. 1829, Caen. [S.30.2.189 ; C.N.9.-D.P.30.2.165.] — *Id.* 22 janv. 1834, Bordeaux. [S.V.34.2.540.-D.P.34.2.104.]

71. Décidé cependant que l'appel d'un jugement de séparation de biens, fondé sur des moyens tirés du fond, couvre les nullités de forme qui peuvent exister dans les actes d'exécution de ce jugement. — 9 déc. 1825, Amiens. [S.26.2.256 ; C.N.8.-D.P.26.2.196.]

72. De même, dans une instance en nullité d'un jugement de séparation de biens pour défaut d'exécution dans la quinzaine, la partie demanderesse ne peut proposer pour la première fois en cause d'appel la nullité d'un procès-verbal de carence dressé en vertu du jugement de séparation. — 25 nov. 1841, Amiens. [S.V.42.2.306.-D.P.43.2.24.-P.43.1.496.] — Cette décision nous a paru faire difficulté ; voy. nos observations en note de l'arrêt, *loc. cit.*

73. (*Surenchère.*) — L'art. 173 n'est pas applicable à la nullité de l'acte de réquisition de mise aux enchères ; cette réquisition ne peut être considérée ni comme un exploit, ni comme un acte de procédure. — 9 avril 1810, Rouen. [C.N.3.] — *Id.* 13 août 1830, Bourges. [S.30.2.391 ; C.N.9.-D.P.30.2.128.] — *Id.* 20 mai 1818, Rouen. [S.40.2.6 ; C.N.5.-D.A.11.784.]

74. V. du reste sur les exceptions de nullité des exploits, nombre d'autres décisions placées sous les articles auxquels elles se réfèrent.

[174] — 1. Les art. 795, 797, 798 et 800, C. civ., renferment des dispositions semblables à celles de l'art. 174, C. proc. On trouvera, sous ces articles, les solutions interprétatives et applicatives des règles dont il s'agit... inutile par suite de les reproduire ici. Nous nous bornerons à y ajouter les suivantes :

2. L'héritier peut, pendant les délais qui lui sont accordés pour faire inventaire et délibérer, demander un sursis aux poursuites d'expropriation forcée exercées par un créancier sur un immeuble héréditaire. Les actes de poursuites accomplis avant la demande en sursis conservent toutefois leur effet. — 17 août 1848, Angers. [S.V.48.2.731.] — V. les n° 3 et 4 de l'art. 797, C. civ.

3. Les légataires universels ou à titre universel peuvent se prévaloir du délai que l'art. 174, C. proc., accorde à l'héritier pour faire inventaire et délibérer. — Carré, t. 1er, n° 758. — *Contrà*, Pigeau, t. 1er, p. 156. — V. sur ce point, Chauveau et les auteurs qu'il cite, *ubi suprà*, et les n° 1er et 2 de l'art. 795, C. civ.

4. Celui qui, sans être héritier, est assigné en cette qualité, ne peut exciper de son défaut de qualité, après avoir proposé ses moyens de défense sur le fond du procès ; surtout lorsque, d'ailleurs, il a une qualité en laquelle il peut être valablement assigné. — 15 mars 1808, Rej. [S.8.1.333 ; C.N.2.-D.A.1.219.] — *Sic*, Carré et Chauveau, q. 738.

5. V. art. 193, n° 2 — art. 348, n° 1er.

[175 à 179] — 1. Le délai de huitaine de l'art. 175 ne court pas avant que le motif de la demande en garantie soit connu ; ainsi on peut utilement exercer le recours en garantie après la huitaine de la demande originaire, si, lors de l'introduction de cette demande, on ignorait la cause qui donnait lieu à la garantie. — 31 oct. 1860, Bruxelles. [S.10.2.85 ; C.N.3.-D.A.7.625.] — En ce sens, Carré, q. 765 ; Favard, t. 2, p. 464 ; Chauveau, *loc. cit.*

2. Décidé cependant que, lorsqu'une cause en état étant à son tour de rôle pour être jugée, la partie qui veut appeler garant en cause n'a pas nécessairement droit à une remise, si elle ne justifie pas avoir déjà formé sa demande en garantie, peu importe que cette demande en garantie soit nécessitée par des conclusions de la défense, et qu'il ne se soit pas écoulé huit jours depuis ces conclusions. — 13 nov. 1838, Rej. [S.V.38.1.638.-D.P.38.1.282.-P.38.2.205.]

3. Du reste, le garant qui n'a pas été appelé en cause dans le délai ne peut se prévaloir pour demander son renvoi. Ce n'est pas dans son intérêt que ce délai a été fixé, mais seulement dans l'intérêt du demandeur principal. — 10 juill. 1809, Bruxelles. [S.10.2.85 ; C.N.3.-D.A.7.625.] — *Id.* 26 mai 1827, Bruxelles. [J. arr. de cette Cour, t. 2, de 1827, p. 95.] — *Id.* 4 fév. 1824, Limoges. [S.26.2.178 ; C.N.7.] — *Id.* 5 mai 1827, Bordeaux. [J. arr. de cette Cour, t. 2, p. 237.] — *Id.* 7 nov. 1849, Rej. [S.V.50.1.204.-D.P.49.1.284.] — *Sic*, Carré, q. 761 ; Berriat, p. 250, n° 53 ; Pigeau, *Comm.*, t. 1er, p. 397 ; Favard, t. 2, p. 464 ; Lepage, p. 84 ; Chauveau, *loc. cit.*

4. Mais en matière de faux incident civil, le défendeur n'est pas recevable à appeler un tiers en garantie, après qu'il a laissé passer le délai fixé par l'art. 175. — 2 avril 1828, Rej. [S.28.1.187 ; C.N.9.-D.P.28.1.202.]

5. Des conclusions en garantie contre un mari peuvent être prises dans une instance où il ne figure que pour autoriser son épouse. Spécialement : un tiers détenteur actionné par une femme, autorisée de son mari, en délaissement d'immeubles à lui vendus par le mari, peut incidemment dans l'instance prendre contre ce dernier des conclusions en garantie. — 22 déc. 1834, Toulouse. [S.V.35.2.196.-D.P.35.2.80.]

6. Le demandeur peut, comme le défendeur, appeler un tiers en garantie devant le tribunal saisi de la demande principale. — 2 mars 1846, Cass. [S.V.46.1.215.-D.P.46.1.185.-P.46.1.68.] — *Sic*, Carré, q. 265 ; Boncenne, t. 1er, p. 329 ; Chauveau, *loc. cit.* ; Jacotion, *Rev. de dr. fr.*, 1848, p. 892. — Ceci est de pratique constante.

7. *Le garant qui a lui-même une action en garantie ne peut y renoncer au préjudice du garanti* : celui-ci peut exercer cette action en son lieu et place. — 25 janv. 1826, Bordeaux. [S.26.2.248 ; C.N.8.-D.P.26.2.176.]

8. Sur la compétence en matière de garantie, voy. les notes de l'art. 181.

[180] — Dans le cas prévu par cet article, l'incident est formé par requête d'avoué à avoué (V. l'art. 75 du tarif), mais la sommation d'audience ne peut être donnée que huitaine après la signification de cette requête. — Carré, n° 771 ; Favard, t. 2, p. 465 ; Boitard, t. 2, p. 94 ; Delaporte, p. 182 ; Chauveau, *loc. cit.*

[181] **Indication alphabétique.**

Appel, 17, 27, 28.	Chambre, 1, 10, 12, 17, 18.	Notaire, 5, 6, 14.
Commune, 17, 26.	Lettre de change, 15, 16 et s.	Sous-acquéreur, 22.
Degrés de juridiction, 15 et s., 26, 28.	Mandat. 3, 7 et s.	Tiers détenteur, 2.
Exception, 22.		Tribunal civil, 3, 4 et s.
		Vendeur, 1.

1. Le vendeur peut être actionné en garantie devant le tribunal où l'acheteur qui a revendu la chose par lui achetée est lui-même actionné en résolution de la vente. — 23 fév. 1837, Cass. [S.V.37.1.961.-D.P.37.1.259.-P.37.1.385.]

2. Lorsque le tiers détenteur d'un immeuble a été mis en cause dans une instance pendante devant d'autres juges que ceux de la situation de l'immeuble, sous prétexte qu'il pourrait être condamné au délaissement de cet immeuble par voie d'action récursoire en garantie, une autre partie dans la même instance ne peut profiter de cette mise en cause, pour intenter contre ce tiers acquéreur une action directe en revendication du même immeuble ; cette action ne peut être portée que devant les juges de la situation de l'immeuble, aux termes de l'art. 59, Cod. proc. ; ce n'est pas le cas d'appliquer l'art. 181 du même Code. — 29 avr. 1835, Cass. [S.V.35.1.634.-D.P.35.1.242.]

3. Le garant peut être appelé en garantie devant le tribunal civil saisi de la demande principale, alors même que la question de garantie serait commerciale de sa nature. — 1 mai 1845, Rej. [S.V.45.1.482.-D.P.45.1.361.-P.45.2.731.] — *Id.* 10 déc. 1844, Bordeaux. [S.V.44.2.573.]

4. L'action en garantie exercée contre un huissier à raison de faits relatifs à ses fonctions doit être portée exclusivement devant le tribunal de son domicile ; elle ne peut l'être devant le tribunal saisi de la demande principale ; l'art. 73 du décret du 14 juin 1813 fait exception à la règle générale établie par l'art. 181, Cod. proc. — 29 déc. 1828, Bourges. [S.29.2.154 ; C.N.9.-D.P.29.2.90.] — *Id.* 30 mai 1842, Paris. [S.V.42.2.303.] — *Secùs*, Jacotion, *Rev. de dr. fr.*, 1848, p. 901.

5. *Id.*... De l'action en garantie en responsabilité formée contre un notaire, à raison de la nullité d'un acte par lui reçu ; elle doit être portée, non devant le tribunal saisi de la demande à fin de nullité de l'acte, mais devant le tribunal du domicile du notaire. — 27 janv. 1839, Bordeaux. [S.V.39.2.400.-D.P.39.2.69.-P.39.2.277.] — *Contrà*, Jacotion, *loc. cit.*

6. Décidé, toutefois, que l'action en garantie en responsabilité contre un notaire à raison du retard qu'il aurait mis à faire transcrire une donation peut être

182. En garantie formelle, pour les matières réelles ou hypothécaires, le garant pourra toujours prendre le fait et cause du garanti, qui sera mis hors de cause, s'il le requiert avant le premier jugement.

Cependant le garanti, quoique mis hors de cause, pourra y assister pour la conservation de ses droits, et le demandeur originaire pourra demander qu'il y reste pour la conservation des siens. [Ord. 1667, tit. 8, art. 9 et 10.]

183. En garantie simple, le garant pourra seulement intervenir, sans prendre le fait et cause du garanti. [Ord. 1667, tit. 8, art. 12. — C. pr. 339.]

[illegible]

184. Si les demandes originaires et en garantie sont en état d'être jugées en même temps, il y sera fait droit conjointement; sinon le demandeur originaire pourra faire juger sa demande séparément : le même jugement prononcera sur la disjonction, si les deux instances ont été jointes, sauf, après le jugement du principal, à faire droit sur la garantie, s'il y échet. [Ord. 1667, tit. 8, art. 13.—C. pr. 1034.]

185. Les jugements rendus contre les garants formels seront exécutoires contre les garantis.

Il suffira de signifier le jugement aux garantis, soit qu'ils aient été mis hors de cause, ou qu'ils y aient assisté, sans qu'il soit besoin d'autre demande ni procédure. A l'égard des dépens, dommages et intérêts, la liquidation et l'exécution ne pourront en être faites que contre les garants.

Néanmoins, en cas d'insolvabilité du garant, le garanti sera passible des dépens, à moins qu'il n'ait été mis hors de cause; il le sera aussi des dommages et intérêts, si le tribunal juge qu'il y a lieu. [Ord. 1667, tit. 8, art. 14. — C. pr. 128, 130, 523, 543.]

186. Les exceptions dilatoires seront proposées conjointement et avant toutes défenses au fond. [Ord. 1667, tit. 9, art. 1er. — C. pr. 166, 169, 173, 538.]

187. L'héritier, la veuve et la femme divorcée ou séparée, pourront ne proposer leurs exceptions dilatoires qu'après l'échéance des délais pour faire inventaire et délibérer. [Ord. 1667, tit. 9, art. 2.]

§ V. — *De la Communication des pièces.*

188. Les parties pourront respectivement demander, par un simple acte, communication des pièces employées contre elles, dans les trois jours où lesdites pièces auront été signifiées ou employées. [C. pr. 77, 97, 1033; Tar. 70.]

---

des exceptions personnelles au garanti.—17 nov. 1835, Rej. [S.V.36.1.251.–D.P.36.1.20.]

5. Quand, après prise de fait et cause pour le garanti, de la part du garant formel, sans mise hors de cause du garanti, il y a eu une seule instruction sur la demande principale et sur la demande en garantie, s'il arrive que la procédure du garanti soit nulle à l'égard du garant, elle doit ou peut être annulée également à l'égard du demandeur principal. — 10 mars 1829, Rej. [S.29.1.144; C.N.9.–D.P.29.1.171.]

6. Le garant formel ne devient l'adversaire principal du demandeur que dans le cas où le garanti requiert formellement sa mise hors de cause. Si donc le garanti n'use point de cette faculté, et qu'une enquête soit ordonnée, la nullité de cette enquête vis-à-vis du garant n'entraîne pas la nullité de l'enquête vis-à-vis du garanti. — 25 août 1836, Rej. [S.V.37.1.211.–D.P.37.1.160.–P.37.1.398.]

7. Décidé encore, que bien que le garant formel ait pris fait et cause pour le garanti, cependant, si le garanti n'a pas demandé sa mise hors de cause, le demandeur principal n'en est pas moins obligé d'agir tout contre l'un que contre l'autre, tellement que le pourvoi en cassation de la part du demandeur principal contre un arrêt rendu entre toutes les parties est non recevable s'il n'a été dirigé que contre le garant. — 15 mars 1842, Rej. [S.V.42.1.521.–D.P.42.1.177.–P.42.2.414.]

8.... Ou du moins l'arrêt de cassation qui intervient dans le cas est sans effet en ce qui concerne le garanti, et l'arrêt attaqué acquiert à son égard l'autorité de la chose jugée. — 17 nov. 1835, Rej. [S.V.36.1.251.–D.P.36.1.20.]

9. Dans le même cas, et si le demandeur principal n'a pris aucunes conclusions contre le garant, celui-ci n'est pas recevable à se pourvoir en cassation à l'encontre du demandeur principal seul, contre le jugement qui, après avoir condamné le garanti envers le demandeur principal, n'a condamné le garant qu'envers le garanti. — 14 juin 1843, Req. [S.V.43.1.582.–D.P.43.1.405.–P.43.2.180.]

10. Mais il en est autrement, et le garant condamné à garantir le défendeur qui l'a appelé en garantie est recevable à se pourvoir en cassation, non-seulement contre le demandeur en garantie, mais encore contre le demandeur principal, alors même que celui-ci n'a pris aucunes conclusions contre lui, si l'arrêt, par une disposition spéciale, a été déclaré commun avec toutes les parties. — 17 nov. 1840, Cass. [S.V.40.1.955.–D.P.41.1.9.–P.41.1.129.]

11. Quand le garant n'a pas pris fait et cause d'un garanti, le pourvoi en cassation du demandeur principal contre l'arrêt rendu au profit du garanti est recevable, bien qu'il ne soit dirigé que contre ce dernier. —23 juin 1834. [S.V.34.1.550.–D.P.34.1.387.]—Id. 5 déc. 1836. [S.V.37.1.346.–D.P.37.1.71.–P.37.1.243.]

12. Le jugement rendu contre le défendeur principal et son garant ne peut acquérir l'autorité de la chose jugée à l'égard du garant qu'autant qu'il lui a été personnellement signifié, peu importerait la signification faite au garanti. Dans ce cas, le garant auquel un jugement par défaut n'a pas été signifié est fondé à y former opposition, et à mettre en question par cette opposition non-seulement ce qui a été jugé entre lui et le garanti, mais encore ce qui a été jugé entre le demandeur principal et le garanti. — 12 avril 1843, Cass. —[S.V.43.1.686.–D.P.43.1.301.–P.43.2.120.]—Sic, Jocotton, Rev. de dr. fr., 1845, p. 909.

13. Décidé dans le même sens que l'opposition formée par le garanti à un jugement rendu par défaut contre lui a pour effet de faire revivre le débat à l'égard de toutes les parties en cause, de celles mêmes qui ont été contradictoirement condamnées, en sorte que ces dernières n'ont pas besoin d'attaquer le jugement par voie d'appel. — 11 juill. 1845, Lyon. [S.46.2.295.]

13 *bis*. De graves difficultés s'élèvent aussi sur l'exercice du droit d'*appel* en matière de garantie, soit de la part du garant, soit de la part du garanti, soit aussi de la part du demandeur principal. On trouvera rappelées au titre de l'*Appel*, sous l'art. 443, les diverses décisions qui les ont résolues.

14. Lorsque le garanti mis hors de cause y assiste néanmoins, les actes de l'instance doivent-ils lui être signifiés? — On est assez généralement d'avis de l'affirmative; cependant quelques distinctions sont faites à cet égard par les auteurs. Voy. Favard, t. 2, p. 460; Carré, q. 779; Thomine, p. 330; Boitard, t. 2, p. 111; Rodière, t. 2, p. 79; Jocotton, Rev. de dr. fr., 1845, p. 904. — V. cependant en sens contraire, Chauveau, q. 776.

15. Le principe qui veut qu'en matière de garantie simple, la condamnation prononcée contre le garant ne puisse être exécutée contre lui par le garanti, qu'autant que la condamnation principale a été exécutée contre celui-ci, ne fait pas obstacle à ce que le créancier principal et le garanti se réunissant exercent directement des poursuites collectives contre le garant, ce mode de procéder ayant pour résultat de réaliser l'exécution de la condamnation principale aussi bien que celle de la condamnation en garantie. — 18 juin 1849, Rej. [S.V.49.1.53.]—Dans le sens du principe, voy. Bonnier, t. 3, p. 139.

16. Sur la condamnation aux dépens dans le cas de demande en garantie, voy. *suprà*, art. 130, nos 25 à 27 *bis*, et ci-après, art. 185, nos 2 et 4.

[**184**] — 1. La disjonction de la demande principale et de celle en garantie ne peut être prononcée d'office par le juge. — Carré, q. 778; Favard, t. 2, p. 467. — *Contrà*, Berriat, p. 232, note 66; Hautefeuille, p. 127; Chauveau, *ubi suprà*; Rodière, t. 2, p. 78.

2. Y a-t-il lieu à jugement de défaut profit-joint en cette matière? — V. *suprà*, art. 153, nos 16 et s.

[**185**] — 1. Les dispositions de l'art. 185, relatives à l'exécution du jugement, aux dépens et aux dommages-intérêts, ne s'appliquent dans toutes leurs parties qu'aux garanties formels. — Carré et Chauveau, q. 781.

2. En ce qui touche la condamnation aux dépens dans le cas d'action en garantie, voy. les décisions rapportées ci-dessus sous l'art. 130, nos 25 à 27 *bis*, auxquelles il faut joindre les deux suivantes :

3. Si le garant ne s'est pas borné à se défendre contre l'action en garantie, mais a conclu en outre au rejet de l'action principale, il peut, au cas où ces dernières conclusions viennent à être repoussées, être condamné aux dépens envers le demandeur principal. — 20 juill. 1834, Rej. [S.V.35.1.311.–D.P.34.1.434.]

4. Le garant, lors même qu'il n'est actionné qu'après le jugement de l'action principale, doit relever le garanti des dépens de cette instance, s'il ne prouve que ces dépens ont été occasionnés par la faute du garanti. — 31 janv. 1838, Aix. [S.V.38.2.438.–D.P.38.2.156.–P.38.2.514.] — *Contrà*, Jocotton, *Rev. de dr. fr.*, 1845, p. 907.

5. Le garant qui a été obligé de rembourser au garanti le montant des condamnations obtenues par le demandeur principal peut, au cas de réformation du jugement de condamnation, réclamer directement contre le demandeur principal la restitution des sommes payées. Il n'est pas obligé de recourir contre le garanti. — 9 janv. 1829, Bordeaux. [S.29.2.251; C.N.9.–D.P.29.2.211.]

[**186**] — 1. La réserve, en défendant au fond, d'opposer une exception dilatoire, ne conserve point l'exception. — 20 mars 1826, Bordeaux. [S.26.2.259; C.N.8.–D.P.26.2.209.]

2. Le défendeur peut opposer successivement des exceptions dilatoires dont il n'a connu la cause qu'après en avoir proposé d'autres. — Berriat, p. 227, note 42; Carré et Chauveau, q. 786; Thomine, p. 314.

3. Les exceptions dilatoires peuvent être jointes au fond pour être statué sur le tout par un même jugement. — Thomine, no 221; Chauveau, q. 786 *bis*.

[**187**] — Malgré les termes en apparence restrictifs de l'art. 187, les exceptions d'une autre nature que les dilatoires peuvent n'être proposées qu'après l'échéance des délais pour faire inventaire et délibérer, lorsque ces exceptions procèdent de la succession ou de la communauté. *Secus*, dans le cas contraire. — Pigeau, *Comm.*, p. 415; Chauveau, q. 787 *bis*.

[**188**] — 1. Toute pièce produite dans une instance devient commune aux deux parties. — 19 avr. 1815, Besançon. [C.N.5.] — *Sic*, Carré et Chauveau, q. 791. V. aussi 14 therm. an 10, Paris. [S.V.2.1014; C.N.1.]

2. Il n'y a pas lieu de communiquer aux parties les pièces qui ne sont pas employées contre elles, mais que les juges croient devoir se faire représenter pour s'éclairer, par une personne qui n'est pas partie dans la cause. — 23 juin 1843, Rej. [S.V.44.1.365.–D.P.44.1.170.–P.44.1.557.]

3. Spécialement, lorsque sur une inscription de faux contre un acte notarié, les juges se font représenter les minutes des actes reçus par le notaire pendant plusieurs années, pour examiner la manière dont il rédigeait habituellement ses actes, les parties ne sont pas fondées à demander la communication de ces minutes. — Même arrêt.

4. Une partie n'est pas, d'ailleurs, recevable à se plaindre de ce que la décision rendue contre elle est appuyée sur une pièce qui ne lui a pas été communiquée, si, malgré l'emploi que son adversaire a fait de cette pièce, elle n'en a pas demandé la communication. — 24 mars 1858, Rej. [S.V.58.1.742.–D.P.58.1.121.–P.58.1.409.]

5. Jugé dans le même sens qu'une partie ne peut se plaindre, pour la première fois devant la Cour de cassation, de ce que les livres et la correspondance de son adversaire, qui ont servi d'éléments de décision aux juges du fond, ne lui ont pas été communiqués. — 29 janv. 1858, Rej. [S.V.58.1.230.–D.P.58.1.85.–P.58.1.509.]

6. La partie à laquelle a été communiquée une pièce dont elle a intérêt à constater l'existence et le contenu est autorisée à demander que cette pièce ne soit restituée qu'après que la partie adverse en aura reconnu l'existence ou le contenu, ou qu'elle soit déposée au greffe, où il lui sera permis d'en obtenir expédition. — 31 déc. 1844, Rouen. [S.V.44.2.467.]

7. Le délai de trois jours fixé par l'art. 188 pour demander communication des pièces produites n'est point prescrit à peine de déchéance : les juges ne peu-

189. La communication sera faite entre avoués, sur récépissé, ou par dépôt au greffe : les pièces ne pourront être déplacées, si ce n'est qu'il y en ait minute, ou que la partie y consente. [C. pr. 106, 825 ; Tar. 91.]

190. Le délai de la communication sera fixé, ou par le récépissé de l'avoué, ou par le jugement qui l'aura ordonnée : s'il n'était pas fixé, il sera de trois jours.

191. Si, après l'expiration du délai, l'avoué n'a pas rétabli les pièces, il sera, sur simple requête, et même sur simple mémoire de la partie, rendu ordonnance portant qu'il sera contraint à ladite remise, incontinent et par corps ; même à payer trois francs de dommages-intérêts à l'autre partie par chaque jour de retard, du jour de la signification de ladite ordonnance, outre les frais desdites requête et ordonnance, qu'il ne pourra répéter contre son constituant. [C. c. 2060-7° ; C. pr. 107, 126, 152, 1030 ; Tar. 70 et 76.]

192. En cas d'opposition, l'incident sera réglé sommairement : si l'avoué succombe, il sera condamné personnellement aux dépens de l'incident, même en tels autres dommages-intérêts et peines qu'il appartiendra, suivant la nature des circonstances. [C. pr. 150, 405, 407, 534 ; Tar. 75.]

TITRE X.

De la Vérification des écritures.

193. Lorsqu'il s'agira de reconnaissance et vérification d'écritures privées, le demandeur pourra, sans permission du juge, faire assigner à trois jours pour avoir acte de la reconnaissance, ou pour faire tenir l'écrit pour reconnu.

Si le défendeur ne dénie pas la signature, tous les frais relatifs à la reconnaissance ou à la vérification, même ceux de l'enregistrement de l'écrit, seront à la charge du demandeur. [Ord. 1667, tit. 12, art. 3.—C. c. 1324, 2123 ; C. pr. 14, 49, 1033.]

194. Si le défendeur ne comparaît pas, il sera donné défaut, et l'écrit sera tenu pour reconnu : si le défendeur reconnaît l'écrit, le jugement en donnera acte au demandeur. [Ord. 1667, tit. 12, art. 7.—C. c. 1323, 1324 ; C. pr. 19, 149.]

195. Si le défendeur dénie la signature à lui attribuée, ou déclare ne pas reconnaître celle attribuée à un tiers, la vérification en pourra être ordonnée tant par titres que par experts et par témoins. [Ord. 1667, tit. 12, art. 8.—C. pr. 14, 211, 232, 427.]

[illegible]

[189] — [illegible]

[190] — [illegible]

[191] — [illegible]

[192] . . . .

[193] — [illegible]

[194] — [illegible]

[195] — 1. Les juges ne sont pas obligés d'o-

196. Le jugement qui autorisera la vérification ordonnera qu'elle sera faite par trois experts, et les nommera d'office, à moins que les parties ne se soient accordées pour les nommer. Le même jugement commettra le juge devant qui la vérification se fera ; il portera aussi que la pièce à vérifier sera déposée au greffe, après que son état aura été constaté, et qu'elle aura été signée et paraphée par le demandeur ou son avoué, et par le greffier, lequel dressera du tout un procès-verbal. [Ord. 1667, tit. 12, art. 9; Ord. 1737, tit. 1er, art. 8 et 14. — C. pr. 210, 236, 305, 1035; C. i. cr. 448; Tar. 92.]

197. En cas de récusation contre le juge-commissaire ou les experts, il sera procédé ainsi qu'il est prescrit aux titres XIV et XXI du présent livre. [Ord. 1737, tit. 1er, art. 9. — C. pr. 237, 308, 378.]

198. Dans les trois jours du dépôt de la pièce, le défendeur pourra en prendre communication au greffe sans déplacement ; lors de ladite communication, la pièce sera paraphée par lui, ou par son avoué, ou par son fondé de pouvoir spécial ; et le greffier en dressera procès-verbal. [Ord. 1737, tit. 12, art. 6. — C. pr. 189, 228, 1035; Tar. 92.]

199. Au jour indiqué par l'ordonnance du juge-commissaire, et sur la sommation de la partie la plus diligente, signifiée à avoué s'il en a été constitué, sinon à domicile, par un huissier commis par ladite ordonnance, les parties seront tenues de comparaître devant ledit commissaire, pour convenir de pièces de comparaison ; si le

[illegible]

[196] [illegible]

[197] [illegible]

[198]. . . . .

[199] [illegible]

demandeur en vérification ne comparaît pas, la pièce sera rejetée; si c'est le défendeur, le juge pourra tenir la pièce pour reconnue. Dans les deux cas, le jugement sera rendu à la prochaine audience, sur le rapport du juge-commissaire, sans acte à venir plaider : il sera susceptible d'opposition. [Ord. 1737, tit. 2, art. 35; tit. 3, art. 7 et 8. —Tar. 70, 91.]

200. Si les parties ne s'accordent pas sur les pièces de comparaison, le juge ne pourra recevoir comme telles,

1° Que les signatures apposées aux actes par-devant notaires, ou celles apposées aux actes judiciaires, en présence du juge et du greffier, ou enfin les pièces écrites et signées par celui dont il s'agit de comparer l'écriture, en qualité de juge, greffier, notaire, avoué, huissier, ou comme faisant, à tout autre titre, fonction de personne publique;

2° Les écritures et signatures privées, reconnues par celui à qui est attribuée la pièce à vérifier, mais non celles déniées ou non reconnues par lui, encore qu'elles eussent été précédemment vérifiées et reconnues être de lui.

Si la dénégation ou méconnaissance ne porte que sur partie de la pièce à vérifier, le juge pourra ordonner que le surplus de ladite pièce servira de pièce de comparaison. [Ord. 1737, tit. 1ᵉʳ, art. 13, 14, 15.—C. i. cr. 456.]

201. Si les pièces de comparaison sont entre les mains de dépositaires publics ou autres, le juge-commissaire ordonnera qu'aux jour et heure par lui indiqués les détenteurs desdites pièces les apporteront au lieu où se fera la vérification; à peine, contre les dépositaires publics, d'être contraints par corps, et les autres par les voies ordinaires, sauf même à prononcer contre ces derniers la contrainte par corps, s'il y échet. [Ord. 1737, tit. 1ᵉʳ, art. 5 et 16. — C. c. 2060. C. pr. 221. C. i. cr. 452. Tar. 166.]

202. Si les pièces de comparaison ne peuvent être déplacées, ou si les détenteurs sont trop éloignés, il est laissé à la prudence du tribunal d'ordonner, sur le rapport du juge-commissaire, et après avoir entendu le procureur du roi, que la vérification se fera dans le lieu de la demeure des dépositaires, ou dans le lieu le plus proche, ou que, dans un délai déterminé, les pièces seront envoyées au greffe par les voies que le tribunal indiquera par son jugement. [Ord. 1737, tit. 1ᵉʳ, art. 18.—C. pr. 227.]

203. Dans ce dernier cas, si le dépositaire est personne publique, il fera préalablement expédition ou copie collationnée des pièces, laquelle sera vérifiée sur la minute ou original par le président du tribunal de son arrondissement, qui en dressera procès-verbal; ladite expédition ou copie sera mise par le dépositaire au rang de ses minutes, pour en tenir lieu jusqu'au renvoi des pièces; et il pourra en délivrer des grosses ou expéditions, en faisant mention du procès-verbal qui aura été dressé.

Le dépositaire sera remboursé de ses frais par le demandeur en vérification, sur la taxe qui en sera faite par le juge qui aura dressé le procès-verbal, d'après lequel sera délivré exécutoire. [C. pr. 245. C. i. cr. 455.]

204. La partie la plus diligente fera sommer par exploit les experts et les dépositaires de se trouver aux lieu, jour et heure indiqués par l'ordonnance du juge-commissaire; les experts, à l'effet de prêter serment et de procéder à la vérification; et les dépositaires, à l'effet de représenter les pièces de comparaison : il sera fait sommation à la partie d'être présente, par acte d'avoué à avoué. Il sera dressé du tout procès-verbal : il en sera donné aux dépositaires copie par extrait, en ce qui les concerne, ainsi que du jugement. [Ord. 1737, tit. 1ᵉʳ, art. 16.—C. pr. 315, 1035; Tar. 29, 70, 76, 166.]

205. Lorsque les pièces seront représentées par les dépositaires, il est laissé à la prudence du juge-commissaire d'ordonner qu'ils resteront présents à la vérification, pour la garde desdites pièces, et qu'ils les retireront et les représenteront à chaque vacation; ou d'ordonner qu'elles resteront déposées ès mains du greffier, qui s'en chargera par procès-verbal : dans ce dernier cas, le dépositaire, s'il est personne publique, pourra en faire expédition, ainsi qu'il est dit par l'article 203, et ce, encore que le lieu où se fait la vérification soit hors de l'arrondissement dans lequel le dépositaire a le droit d'instrumenter. [C. pr. 245. C. i. cr. 455; Tar. 166.]

206. A défaut ou en cas d'insuffisance des pièces de comparaison, le juge-commissaire pourra ordonner qu'il sera fait un corps d'écritures, lequel sera dicté par les experts, le demandeur présent ou appelé. [Ord. 1737, tit. 1ᵉʳ, art. 35; tit. 2, art. 44.—C. i. cr. 461; Tar. 70, 91.]

207. Les experts ayant prêté serment, les pièces leur étant communiquées, ou le corps d'écritures fait, les parties se retireront, après avoir fait, sur le procès-verbal du juge-commissaire, telles réquisitions et observations qu'elles aviseront. [C. pr. 236, 317; Tar. 92.]

208. Les experts procéderont conjointement à la vérification, au greffe, devant le greffier ou devant le juge, s'il l'a ainsi ordonné; et s'ils ne peuvent terminer le même jour, ils remettront à jour et heure certains indiqués par le juge ou par le greffier. [Ord. 1737, tit. 1ᵉʳ, art. 22, 23.—C. pr. 317; Tar. 163, 164, 165.]

---

2. [illegible] pour défaut des pièces de comparaison [illegible]

3. [illegible]

[200] — 1. [illegible]

[201] — 1. [illegible]

d'exécution est de droit contre les dépositaires publics, quoique non portée dans l'ordonnance. — V. suprà, art. 191, n° 1ᵉʳ, et infrà, art. 221, n° 8.

[202] — [illegible]

[203]. . . . .

[204] — [illegible]

[205]. . . . .

[206] — [illegible]

[207]. . . . .

[208] — 1. [illegible]

2. [illegible]

209. Leur rapport sera annexé à la minute du procès-verbal du juge-commissaire, sans qu'il soit besoin de l'affirmer : les pièces seront remises aux dépositaires, qui en déchargeront le greffier sur le procès-verbal.

La taxe des journées et vacations des experts sera faite sur le procès-verbal, et il en sera délivré exécutoire contre le demandeur en vérification. [Ord. 1737, tit. 1er, art. 63. — C. pr. 242, 319 ; C. I. cr. 465.]

210. Les trois experts seront tenus de dresser un rapport commun et motivé, et de ne former qu'un seul avis à la pluralité des voix.

S'il y a des avis différents, le rapport en contiendra les motifs, sans qu'il soit permis de faire connaître l'avis particulier des experts. [C. pr. 318, 322, 323.]

211. Pourront être entendus comme témoins, ceux qui auront vu écrire et signer l'écrit en question, ou qui auront connaissance de faits pouvant servir à découvrir la vérité. [Ord. 1670, tit. 8, art. 11.]

212. En procédant à l'audition des témoins, les pièces déniées ou méconnues leur seront représentées, et seront par eux paraphées ; il en sera fait mention, ainsi que de leur refus : seront, au surplus, observées les règles ci-après prescrites pour les enquêtes. [Ord. 1737, tit. 1er, art. 25 et 26, tit. 3, art. 13. — C. pr. 254, 262 ; C. I. cr. 457.]

213. S'il est prouvé que la pièce est écrite ou signée par celui qui l'a déniée, il sera condamné à cent-cinquante francs d'amende envers le domaine, outre les dépens, dommages et intérêts de la partie, et pourra être condamné par corps même pour le principal. [C. c. 2060 ; C. pr. 126, 246, 252, 780, 1029.]

TITRE XI.

Du Faux incident civil.

214. Celui qui prétend qu'une pièce signifiée, communiquée ou produite dans le cours de la procédure, est fausse ou falsifiée, peut, s'il y échet, être reçu à s'inscrire en faux, encore que ladite pièce ait été vérifiée, soit avec le demandeur, soit avec le défendeur en faux, à d'autres fins que celles d'une poursuite de faux principal ou incident, et qu'en conséquence il soit intervenu un jugement sur le fondement de ladite pièce comme véritable. [Ord. 1737, tit. 2, art. 1 et 3. — C. pr. 14, 191, 199, 427, 1015.]

---

3. La vérification d'écriture est réputée faite au greffe et en présence du greffier, alors même qu'après avoir opéré au greffe, les experts ont vaqué à la rédaction de leur procès-verbal hors du greffe, si ensuite la remise du rapport a été faite au greffe entre les mains du greffier, par tous les experts conjointement. — 10 août 1848, Rej. [S.V.48.1.702.] — *Contrà*, Carré et Chauveau, n° 850 ; Thomine, p. 375 ; Rodière, p. 197.

[209]. . . . .

[210] — 1. En matière de vérification d'écritures, comme en toutes autres matières, les juges ne sont pas liés par l'avis des experts. — 30 germ. an 11, Paris. [C.n.1.—D.A.12.949.] — *Id.* 2 août 1820. Rej. [S.21.1.185 ; C.n.6.—D.A.2.666.] — V. aussi 16 therm. an 10, Rej. [S.2.543 ; C.n.1.—D.A.7.685.] — C'est là un point qui ne souffre plus aujourd'hui la moindre difficulté. V. conf., Pigeau, *Comm.*, t. 1er, p. 444 ; Thomine, n° 376 ; Carré et Chauveau, q. 853.

2. Les juges peuvent, pour éclairer leur religion, dresser ou faire dresser sous leurs yeux, et hors de la présence des parties, un tableau synoptique indiquant les différences notables entre l'écriture de la pièce méconnue et celle des pièces de comparaison, et s'appuyer ensuite sur les documents fournis par ce tableau, bien que contraires à ceux fournis par les experts : ce n'est pas là, de la part des juges, avoir procédé à une expertise secrète et faite sans les garanties voulues par la loi. — 25 juill. 1835, Rej. [S.V.35.1.616.—D.P.35.1.321.]

[211] — 1. On peut entendre comme témoins ceux qui, sans avoir vu écrire et signer l'écrit en litige, connaîtraient l'écriture de celui dont on soutient qu'il émane. — 15 juill. 1827, Bruxelles. [Jour. des Arr. de cette Cour, t. 2, de 1828, p. 70.] — *Id.* 25 juill. 1835, Rej. [S.35.1.616.—D.P.35.1.321.] — *Sic*, Demiau, p. 167 ; Chauveau, q. 854 *bis*.

2. Jugé en sens contraire. — 26 janv. et 26 mars 1813, Rennes. [J.av., t. 22, p. 437 et 430.] — *Sic*, Pigeau, *Comm.*, p. 441.

3. Les témoins instrumentaires peuvent être entendus comme témoins, même sur l'*existence* de la convention. — 16 mai 1848, Toulouse. [J.av., 74.185.] — La jurisprudence est généralement prononcée en ce sens. Voy. les décisions et les autorités rappelées dans notre *Code civil annoté*, sous l'art. 972, n° 92 et s., et sous l'art. 1319, n° 31 et 32. — V. cependant en sens contraire, Boncenne, t. 3, p. 477, Bonnier, *Preuves*, n° 289 ; Duvergier sur Toullier, t. 4, p. 106 et 203 ; Chauveau, *J. av.*, *loc. cit.*

4. Les témoins sont reprochables pour les causes admises au titre des enquêtes. — Carré et Chauveau, q. 856 ; Thomine, n° 248. — *Contrà*, Demiau, p. 167.

[212] — Le défaut de paraphes par les témoins n'est pas une cause de nullité. — Thomine, n° 247, Pigeau, p. 445 ; Chauveau, q. 855 *bis*.

[213] — 1. L'art. 213 est applicable à celui qui a dénié sa signature relativement à une lettre de change. — 21 nov. 1812, Paris. [S.14.2.336 ; C.n.4.—D.A.10.791.]

2. Et dans ce cas, la condamnation peut être prononcée par le tribunal civil qui a ordonné la vérification. — Même arrêt.

3. Il est également applicable à celui qui, après avoir dénié sa signature, se désiste de sa dénégation, par le motif que la décision de la cause dépend de l'art conjectural des experts : c'est là un désistement insuffisant. — 26 janv. 1838, Colmar. [D.P.39.2.62.]

4. Les juges ne peuvent non plus se dispenser de prononcer l'amende de 150 francs contre celui qui a dénié sa signature que dans la vue de se procurer un délai, et qui l'a reconnue ensuite avant qu'aucune vérification ait été faite. — 8 janv. 1820, Cass. [S.20.1.180 ; C.n.6.—D.A.1.374.] — *Sic*, Berriat, p. 272, n° 32 ; Thomine, p. 380 ; Boncenne, p. 334 ; Chauveau, q. 857 *ter* ; Bonnier, *Preuves*, n° 580 ; Rodière, p. 192.

5. Est aussi passible de cette amende, l'auteur d'une lettre anonyme, reconnu tel au moyen de la vérification de son écriture. — 10 mai 1827, Rej. [C.n.8.—D.P.27.1.236.]

6. Le ministère public n'est pas recevable à se pourvoir en cassation contre l'arrêt qui a refusé de prononcer l'amende dont il s'agit. — 9 déc. 1819, Rej. [S.20.1.181 ; C.n.6.—D.A.1.374.] — *Sic*, Carré, *Comp. civ.*, n° 225.

7. En ce qui touche la condamnation aux dépens dans le cas où un héritier s'est borné à déclarer ne pas reconnaître l'écriture ou signature de son auteur, V. *suprà*, art. 130, n° 31 et 32.

[214] **Indication alphabétique.**

§ 1er. — *Contre quels actes et dans quels cas on peut s'inscrire incidemment en faux.*

1. On peut s'inscrire incidemment en faux contre une pièce ou un acte que l'on a reconnu ou approuvé. — 26 déc. 1830, Riom. [S.V.32.2.510 ; C.n.9.—D.P.34.2.75.] — *Id.* 13 juill. 1844, Riom. [S.V.45.2.166—P.45.1.89.] — En ce sens, Boncenne, t. 4, p. 56 ; Chauveau, q. 865.

2. ... Ou que l'on a volontairement exécuté. Ainsi l'endosseur d'un effet de commerce qui, poursuivi en paiement par le porteur, soutient d'abord n'avoir donné qu'une signature de complaisance, et exerce en conséquence une action en garantie contre l'endosseur subséquent, qui, ensuite, et avant qu'il ait été statué sur cette action en garantie, se laisse condamner au paiement de l'effet et le paie au porteur, ... peut encore, nonobstant ces divers actes de reconnaissance et d'exécution, être admis à s'inscrire incidemment en faux contre la signature apposée à l'endossement qui lui est attribué. — 10 avril 1827, Rej. [S.27.1.279 ; C.n.8.—D.P.27.1.]

3. Mais on n'est pas recevable à s'inscrire en faux incident contre une pièce que soi-même on a produite. — 19 juill. 1828, Colmar. [S.29.2.18 ; C.n.9.—D.P.29.2.80.] — Contrà, Carré et Chauveau, q. 863.

4. On peut s'inscrire en faux contre une pièce communiquée, bien qu'elle n'ait été ni signifiée, ni produite. — Merlin, *Répert.*, v° *Inscript. de faux*, § 1er ; Carré et Chauveau, q. 858.

5. L'inscription de faux est également admissible devant la Cour de cassation contre les jugements et arrêts. — 22 fruct. an 4, Cass. [S.1.2.962 ; C.n.1.—D.A.8.423.] — *Id.* 29 juill. 1807, Cass. [S.7.1.388 ; C.n.2.—D.A.8.423.] — *Id.* 7 déc. 1818, Cass. [S.19.1.139 ; C.n.5.—D.A.8.448.] — *Id.* 12 août 1828, Cass. [S.29.1.209 ; C.n.9.—D.P.28.1.409.] — *Id.* 15 juin 1838, Cass. [S.V.38.1.499 ; D.P.38.1.282.—P.38.1.174.] — *Sic*, Merlin, *Rép.*, t. 6, p. 134 ; Favard, t. 4, p. 860 ; Pigeau, *Comm.*, t. 1er, p. 448 ; Bonnier, *Preuves*, n° 422 ; Chauveau, q. 863.

6. *Id.*... contre les énonciations de la feuille d'audience de la Cour d'appel qui a rendu l'arrêt attaqué. — 18 juill. 1833, Cass. [S.V.33.1.546.—D.P.33.1.304.]

7. Ainsi, une inscription de faux peut être formée devant la Cour de cassation pour établir qu'un jugement ou arrêt n'a pas été prononcé en audience publique, avec les motifs qui y ont été insérés depuis. Toutefois l'admission de l'inscription de faux peut être refusée,... si la partie a longtemps négligé de réclamer, et si d'ailleurs les faits allégués sont invraisemblables. (V. ci-après n° 13.) — 23 mai 1850, Rej. [S.50.1.214 ; C.n.9.—D.P.50.1.375.]

8. L'inscription de faux est recevable même de la part du défendeur qui veut par cette voie faire supprimer une des énonciations de l'arrêt dans laquelle le demandeur puise un moyen de cassation. (*Res. implic.*) — 13 juin 1848, Cass. [S.V.38.1.769.—D.P.38.1.282.—P.38.2.118.] — *Id.* 12 mai 1840, Cass. [S.V.40.1.490.—D.P.40.1.225.—P.40.2.307.]

9. Décidé encore que devant la Cour de cassation, il peut y avoir lieu à inscription de faux contre l'arrêt ou le jugement dénoncé, sans qu'il y ait eu une plainte en faux dans le procès antérieur. — 31 déc. 1812, Rej. [S.16.1.32.—D.A.8.420.]

10. Au reste, pour que l'inscription de faux devant la Cour de cassation contre un jugement ou arrêt ou contre un acte judiciaire soit admissible, il ne suffit pas d'articuler des faits qui, s'ils étaient prouvés, entraîneraient la nullité de la procédure ; il faut encore que ces faits présentent à la Cour un caractère de vraisemblance et de probabilité. — 30 juin 1838. [S.V.38.1.769.—D.P.38.1.297.—P.38.2.118.] — *Id.* 31 janv. 1839. [S.V.40.1.416.—D.P.39.1.090.] — *Id.* 15 mai 1840. [S.V.40.1.490.—D.P.40.1.225.—P.40.2.307.] — V. *suprà*, n° 7.

11. Il n'y a pas à distinguer, pour l'admission de l'inscription de faux, entre le faux intellectuel ou moral et le faux matériel. — Carré, q. 867 ; Dalloz, t. 8, p. 448 ; Boncenne, t. 4, p. 9 ; Chauveau, *ubi suprà* ; Bonnier, *Preuves*, n° 425 ; Rodière, p. 25.

12. Jugé en ce sens, que l'inscription de faux contre un acte authentique doit nécessairement être admise, lorsque le rejet de cette inscription aurait pour effet inévitable l'exécution de l'acte attaqué. — Il n'y a point à distinguer alors entre le faux qui ne serait que le résultat d'une altération purement matérielle, telle qu'une erreur de copiste, et le faux qui serait le résultat d'une altération intentionnelle et frauduleuse. Dans l'un et l'autre cas, l'inscription de faux est la seule voie pour détruire la foi qui est due à l'acte authentique, même dans ses énonciations erronées. — 2 juin 1854, Cass.

215. Celui qui voudra s'inscrire en faux sera tenu préalablement de sommer l'autre partie, par acte d'avoué à avoué, de déclarer si elle veut ou non se servir de la pièce, avec déclaration que, dans le cas où elle s'en servirait, il s'inscrira en faux. [Ord. 1737, tit. 2, art. 3 et 4. — C. I. cr. 458; Tar. 71.]

216. Dans les huit jours, la partie sommée doit faire signifier, par acte d'avoué, sa déclaration, signée d'elle, ou du porteur de sa procuration spéciale et authentique, dont copie sera donnée, si elle entend ou non se servir de la pièce arguée de faux. [Ord. 1737, tit. 2, art. 10 et 11. —C. I. cr. 458; Tar. 71.]

217. Si le défendeur à cette sommation ne fait cette déclaration, ou s'il déclare qu'il ne veut pas se servir de la pièce, le demandeur pourra se pourvoir à l'audience sur un simple acte, pour faire ordonner que la pièce maintenue fausse sera rejetée par rapport au défendeur; sauf au demandeur à en tirer telles inductions ou conséquences qu'il jugera à propos, ou à former telles demandes qu'il avisera, pour ses dommages et intérêts. [Ord. 1737, tit. 2, art. 12 et 13.—C. I. cr. 459.]

218. Si le défendeur déclare qu'il veut se servir de la pièce, le demandeur déclarera par acte au greffe, signé de lui ou de son fondé de pouvoir spécial et authentique, qu'il entend s'inscrire en faux; il poursuivra l'audience sur un simple acte, à l'effet de faire admettre l'inscription, et de faire nommer le commissaire devant lequel elle sera poursuivie. [Ord. 1737, tit. 2, art. 15.—C. I. cr. 459; Tar. 92.]

219. — Le défendeur sera tenu de remettre la pièce arguée de faux, au greffe, dans trois jours de la signification du jugement qui aura admis l'inscription et nommé le commissaire, et de signifier l'acte de mise au greffe dans les trois jours suivants. [Ord. 1737, tit. 2, art. 14.—C. pr. 196 et s.; Tar. 70 et 91.]

[215 à 217] — 1. La sommation dont parle l'art. 215 n'a pas besoin d'être signée par le demandeur en faux. [illegible]

[illegible]

220. Faute par le défendeur de satisfaire, dans ledit délai, à ce qui est prescrit par l'article précédent, le demandeur pourra se pourvoir à l'audience, pour faire statuer sur le rejet de ladite pièce, suivant ce qui est porté en l'art. 217 ci-dessus, si mieux il n'aime demander qu'il lui soit permis de faire remettre ladite pièce au greffe, à ses frais, dont il sera remboursé par le défendeur comme de frais préjudiciaux, à l'effet de quoi il lui en sera délivré exécutoire. [Ord. 1737, tit. 2, art. 11. — C. pr. 206, 217, 1033; Tar. 91.]

221. En cas qu'il y ait minute de la pièce arguée de faux, il sera ordonné, s'il y a lieu, par le juge-commissaire, sur la requête du demandeur, que le défendeur sera tenu, dans le temps qui lui sera prescrit, de faire apporter ladite minute au greffe, et que les dépositaires d'icelle y seront contraints, les fonctionnaires publics par corps, et ceux qui ne le sont pas, par voie de saisie, amende, et même par corps, s'il y échet. [Ord. 1737, tit. 2, art. 16. — C. c. 2060; C. pr. 211; C. i. cr. 454; Tar. 70, 76, 92 et 166.]

222. Il est laissé à la prudence du tribunal d'ordonner, sur le rapport du juge-commissaire, qu'il sera procédé à la continuation de la poursuite du faux, sans attendre l'apport de la minute, comme aussi de statuer ce qu'il appartiendra, en cas que ladite minute ne pût être rapportée, ou qu'il fût suffisamment justifié qu'elle a été soustraite ou qu'elle est perdue. [Ord. 1737, tit. 2, art. 15. — C. pr. 402.]

223. Le délai pour l'apport de la minute courra du jour de la signification de l'ordonnance ou du jugement au domicile de ceux qui l'ont en leur possession. [Ord. 1737, tit. 2, art. 17. — C. pr. 1033; Tar. 29.]

224. Le délai qui aura été prescrit au défendeur pour faire apporter la minute courra du jour de la signification de l'ordonnance ou du jugement à son avoué; et, faute par le défendeur d'avoir fait les diligences nécessaires pour l'apport de ladite minute dans ce délai, le demandeur pourra se pourvoir à l'audience, ainsi qu'il est dit article 217.

Les diligences ci-dessus prescrites au défendeur seront remplies, en signifiant par lui aux dépositaires, dans le délai qui aura été prescrit, copie de la signification qui lui aura été faite de l'ordonnance ou du jugement ordonnant l'apport de ladite minute, sans qu'il soit besoin, par lui, de lever expédition de ladite ordonnance ou dudit jugement. [Ord. 1737, tit. 2, art. 12. — C. pr. 1033; Tar. 70.]

225. La remise de ladite pièce prétendue fausse étant faite au greffe, l'acte en sera signifié à l'avoué du demandeur, avec sommation d'être présent au procès-verbal; et trois jours après cette signification, il sera dressé procès-verbal de l'état de la pièce.

Si c'est le demandeur qui a fait faire la remise, ledit procès-verbal sera fait dans les trois jours de ladite remise, sommation préalablement faite au défendeur d'y être présent. [Ord. 1737, tit. 2, art. 23. — C. pr. 199; C. i. cr. 448 et s.; Tar. 70 et 166.]

226. S'il a été ordonné que les minutes seraient apportées, le procès-verbal sera dressé conjointement, tant desdites minutes que des expéditions arguées de faux, dans les délais ci-dessus : pourra néanmoins le tribunal ordonner, suivant l'exigence des cas, qu'il sera d'abord dressé procès-verbal de l'état desdites expéditions, sans attendre l'apport desdites minutes, de l'état desquelles il sera, en ce cas, dressé procès-verbal séparément. [Ord. 1737, tit. 2, art. 24. — Tar. 92.]

227. Le procès-verbal contiendra mention et description des ratures, surcharges, interlignes et autres circonstances du même genre; il sera dressé par le juge-commissaire, en présence du procureur du Roi, du demandeur et du défendeur, ou de leurs fondés de procurations authentiques et spéciales : lesdites pièces et minutes seront paraphées par le juge-commissaire et le procureur du Roi, par le défendeur et le demandeur, s'ils peuvent ou veulent les parapher; sinon il en sera fait mention. Dans le cas de non-comparution de l'une ou de l'autre des parties, il sera donné défaut et passé outre au procès-verbal. [Ord. 1737, tit. 1er, art. 10 et 11; tit. 2, art. 25.]

228. Le demandeur en faux, ou son avoué, pourra prendre communication, en tout état de cause, des pièces arguées de faux, par les mains du greffier, sans déplacement et sans retard. [Ord. 1737, tit. 2, art. 26. — Tar. 92.]

229. Dans les huit jours qui suivront ledit procès-verbal, le demandeur sera tenu de signifier au défendeur ses moyens de faux, lesquels contiendront les faits, circonstances et preuves par lesquels il prétend établir le faux ou la falsification, sinon le défendeur pourra se pourvoir à l'audience pour faire ordonner, s'il y échet, que ledit demandeur demeurera déchu de son inscription en faux. [Ord. 1737, tit. 2, art. 27. — C. pr. 1033; Tar. 75.]

230. Sera tenu le défendeur, dans les huit jours de la signification des moyens de faux, d'y répondre par écrit; sinon le demandeur pourra se pourvoir à l'audience pour faire statuer sur le rejet de la pièce, suivant ce qui est prescrit article 217 ci-dessus. [C. pr. 78, 1033; Tar. 75.]

---

5. Si le dépôt n'a pas eu lieu par la faute de l'avoué, celui-ci doit être personnellement condamné aux frais de l'incident. [illegible]

6. Le juge peut le dépôt [illegible] — Carré, q. 891; Pigeau, Comm. [illegible]

[220]. . . . .

[221] — 1. Le juge-commissaire ne peut ordonner d'office l'apport de la minute de la pièce arguée de faux. — Carré, q. 893.

2. [illegible]

3. [illegible]

4. [illegible]

5. [illegible]

6. [illegible]

[222] — 1. Le tribunal peut décider qu'il n'y a pas lieu de donner suite à l'inscription de faux incident contre la minute d'un acte [illegible]

[illegible] — 1re [illegible] 1847, Colmar [illegible] — Carré, q. 898.

2. Il peut aussi ordonner un compulsoire, dans le cas où l'on prétendrait que la minute est égarée. — Thomine, t. 1er, p. 391; Chauveau, q. 898.

[223]. . . . .

[224] — L'expiration du délai n'emporte pas déchéance. [illegible]

[225] — [illegible]

[226 et 227]. . . . .

[228] — L'art. 228 doit être entendu en ce sens que le demandeur en faux et son avoué peuvent prendre communication de la pièce déposée au greffe [illegible]

[229] — 1. Le demandeur qui n'a pas fait signifier ses moyens dans le délai de huit jours [illegible]

Dalloz, t. 8, p. 436, n. 14; Chauveau, q. 908 bis. — V. anal., sup., art. 216, n. 2.

2. Il peut d'ailleurs, dans l'intervalle qui s'écoule entre la signification des moyens de faux et le jugement, fournir de nouveaux moyens. — 6 juill. 1853, Bordeaux [illegible] — Carré, q. 911; Thomine, t. 1er, p. 403; Pigeau, Comm., t. 1er, p. 444; Chauveau, loc. cit.

3. [illegible]

4. [illegible]

5. [illegible]

[230] — 1. Le délai de huitaine accordé au défendeur n'est pas fatal [illegible]

2. Mais le défendeur est obligé de signifier une réponse aux moyens de faux [illegible]

231. Trois jours après lesdites réponses, la partie la plus diligente pourra poursuivre l'audience; et les moyens de faux seront admis ou rejetés, en tout ou en partie; il sera ordonné, s'il y échet, que lesdits moyens ou aucuns d'eux demeureront joints, soit à l'incident en faux, si quelques-uns desdits moyens ont été admis, soit à la cause ou au procès principal; le tout suivant la qualité desdits moyens et l'exigence des cas. [Ord. 1737, tit. 2, art. 28.]

232. Le jugement ordonnera que les moyens admis seront prouvés, tant par titres que par témoins, devant le juge commis, sauf au défendeur la preuve contraire, et qu'il sera procédé à la vérification des pièces arguées de faux, par trois experts écrivains, qui seront nommés d'office par le même jugement. [Ord. 1670, tit. 9, art. 13; Ord. 1737, tit. 2, art. 30. — C. pr. 195, 232; Tar. 104.]

233. Les moyens de faux qui seront déclarés pertinents et admissibles seront énoncés expressément dans le dispositif du jugement qui permettra d'en faire preuve; et il ne sera fait preuve d'aucun autre moyen. Pourront néanmoins les experts faire telles observations dépendantes de leur art qu'ils jugeront à propos, sur les pièces prétendues fausses, sauf aux juges à y avoir tel égard que de raison. [Ord. 1737, tit. 2, art. 31. — C. pr. 235.]

234. En procédant à l'audition des témoins, seront observées les formalités ci-après prescrites pour les enquêtes; les pièces prétendues fausses leur seront représentées, et paraphées d'eux, s'ils peuvent ou veulent les parapher; sinon, il en sera fait mention.

A l'égard des pièces de comparaison et autres qui doivent être représentées aux experts, elles pourront l'être aussi aux témoins, en tout ou en partie, si le juge-commissaire l'estime convenable; auquel cas elles seront par eux paraphées, ainsi qu'il est ci-dessus prescrit. [Ord. 1737, tit. 1er, art. 23 à 29. — C. pr. 212, 262 et s.; C. inst. cr. 457.]

235. Si les témoins représentent quelques pièces lors de leur déposition, elles y demeureront jointes, après avoir été paraphées, tant par le juge-commissaire que par lesdits témoins, s'ils peuvent ou veulent le faire; sinon il en sera fait mention; et si lesdites pièces font preuve du faux ou de la vérité des pièces arguées, elles seront représentées aux autres témoins qui en auraient connaissance; et elles seront par eux paraphées, suivant ce qui est ci-dessus prescrit. [Ord. 1737, tit. 1er, art. 40. — C. inst. cr. 457.]

236. La preuve par experts se fera en la forme suivante:

1° Les pièces de comparaison seront convenues entre les parties, ou indiquées par le juge, ainsi qu'il est dit à l'article 200, titre *de la Vérification des écritures*;

2° Seront remis aux experts, le jugement qui aura admis l'inscription de faux; les pièces prétendues fausses; le procès-verbal de l'état d'icelles; le jugement qui aura admis les moyens de faux et ordonné le rapport d'experts; les pièces de comparaison, lorsqu'il en aura été fourni; le procès-verbal de présentation d'icelles, et le jugement par lequel elles auront été reçues: les experts mentionneront dans leur rapport la remise de toutes les pièces susdites, et l'examen auquel ils auront procédé, sans pouvoir en dresser aucun procès-verbal; ils parapheront les pièces prétendues fausses.

Dans le cas où les témoins auraient joint des pièces à leur déposition, la partie pourra requérir et le juge-commissaire ordonner qu'elles seront représentées aux experts.

3° Seront, au surplus, observées audit rapport les règles prescrites au titre *de la Vérification des écritures*. [Ord. 1737, tit. 1er, art. 25; tit. 2, art. 33, 35, 36 et 39. — C. pr. 207 et s.]

237. En cas de récusation, soit contre le juge-commissaire, soit contre les experts, il y sera procédé ainsi qu'il est prescrit aux titres XIV et XXI du présent livre. [C. pr. 197, 308 et s., 378 et s.]

238. Lorsque l'instruction sera achevée, le jugement sera poursuivi sur un simple acte.

---

produits à l'audience. — Demiau, p. 177; Thomine, p. 401; Pigeau, Comm., p. 465; Favard, t. 2, p. 582; Boncenne, t. 4, p. 58; Chauveau, q. 914; Rodière, p. 207. — *Contra*, Carré, q. 914.

[231 et 232] — 1. Bien qu'une inscription de faux ait été admise d'une manière générale, par jugement passé en force de chose jugée, contre un billet à ordre, sans distinction entre le corps du billet et le bon approuvé ou la signature, un jugement ou arrêt postérieur peut, en statuant sur l'admissibilité des moyens de faux, déclarer inadmissibles et non pertinents ceux qui sont relatifs au corps du billet, et se borner à ordonner la vérification par experts de l'écriture du bon approuvé et de la signature; en décidant ainsi, les juges ne commettent ni violation de l'autorité de la chose jugée, ni excès de pouvoirs. — 11 mars 1840, Req. (S.V.41.1.57.–D.P.40.1.319.–P.40.2.782.)

2. Le tribunal n'est pas tenu d'ordonner nécessairement les trois genres de preuve.—Thomine, t. 1, p. 409; Chauveau, q. 919; Bonnier, *Preuves*, n° 314.—C'est à tort, selon nous, que Carré, *ibid.*, et Rodière, p. 209, émettent l'opinion que les trois genres de preuves doivent être réunies, quand il s'agit de faux *matériel*. —V. du reste, conf. en matière de vérification d'écriture, art. 195, n°s 11 et s.; V. aussi art. 214, n° 22 et s.

3. Décidé en ce sens que les juges peuvent se borner à ordonner une vérification par experts.—11 mars 1841, Req. (S.V.41.1.98.)

4. ... Ou même la preuve testimoniale. — 29 juill. 1807, Req. (S.7.1.388; C.N.2.–D.A.8.448.)

5. Bien plus, après que les moyens de faux ont été déclarés pertinents et admissibles, les juges peuvent, par le jugement même qui déclare cette pertinence, statuer sur la sincérité de la pièce arguée et la déclarer fausse, sans qu'il soit besoin de recourir à des enquêtes ou expertises.—17 déc. 1835, Req. (S.V.37.1.48.–D.P.36.1.283.)—V. en ce sens, *suprà*, art. 214, n°s 22 et s.

6-7. Mais les juges peuvent-ils, sans excéder leurs pouvoirs, au lieu de se borner à examiner la pertinence et l'admissibilité des moyens de faux en eux-mêmes, décider par avance que les faits qui servent de base aux moyens présentés ne peuvent, d'après leur nature, être prouvés que par le témoignage de telle ou telle personne, le témoignage serait insuffisant pour la preuve des faits, et rejeter par ce motif les moyens de faux présentés? *Arg. aff.* — 26 mai 1829, Toulouse. (S.29.2.307; C.N.9.)

8. Quand l'acte attaqué est un acte *authentique*, la preuve testimoniale ne doit pas être ordonnée, s'il n'existe ni altération matérielle de l'acte, ni commencement de preuve par écrit, ni enfin concours de circonstances graves rendant vraisemblable le faux allégué. — 17 mars 1819, Riom. (S.19.2.260; C.N.5.–D.A.12.573.)

9. Jugé, au contraire, que lorsqu'il s'agit d'attaquer comme fausses les énonciations d'un acte authentique, la preuve testimoniale peut être ordonnée seule, bien qu'il n'y ait aucun commencement de preuve par écrit, ni altération matérielle dans le corps de l'acte. — 29 juill. 1807, Cass. (S.7.1.388; C.N.2.–D.A.8.448.)—*Id.* 23 nov. 1825, Bruxelles (J. arr. de cette Cour, t. 1er de 1826, p. 80.)— *Sic*, Chauveau, n° 919 *bis*. — V. en ce sens, les arrêts rapportés dans notre Code civil annoté, sous les art. 1341, n° 47, et 1353, n°s 3 et s.

10. Les témoins instrumentaires d'un acte peuvent, au cas d'inscription de faux contre cet acte, être entendus comme témoins dans l'enquête ordonnée. — 13 mai 1808, Cass. (S.7.2.1226.) — *Id.* 25 nov. 1812, Cass. (S.13.1.171; C.N.4.–D.A.12.572.)—*Id.* 21 mars 1815, Angers. (S.17.2.14; C.N.5.–D.A.8.467.)— *Id.* 18 avril 1818, Rennes. (C.N.5.) — *Id.* 12 juill. 1823, Req. (S.25.1.310; C.N.8.–D.P.25.1.358.—*Id.* 15 janv. 1825, Caen. (S.25.2.189; C.N.7.)—*Id.* 24 juill. 1833, Nancy. (S.V.33.2.90.–D.P.34.2.204.) — *Id.* 12 août 1834, Req. (S.V.35.1.209.–D.P.34.1.450.)—*Id.* 23 déc. 1836, Pau. (S.V.37.2.268.–D.P.37.2.87.–P.37.1.372.)— V. cependant, en sens contraire, 26 mai 1829, Toulouse. (S.29.2.307; C.N.9.–D.P.33.2.102.)

11. *Id.* du notaire rédacteur. — 25 nov. 1812, Cass. (S.13.1.171; C.N.4.–D.A.12.573.)

12. Décidé même que les dépositions des témoins peuvent suffire à elles seules pour établir la fausseté de l'acte. — 17 mars 1838, Req. (S.V.38.1.966.–D.P.38.1.89.–P.38.1.160.)

13. Jugé en sens contraire. — 5 juin 1817, Paris. (S.18.2.86; C.N.5.) — *Id.* 17 déc. 1818, Req. (S.19.1.281; C.N.5.–D.A.10.655.) — *Id.* 17 mars 1819, Riom. (S.19.2.260; C.N.6.–D.A.12.573.)—*Id.* 9 déc. 1828, Douai. (S.30.2.51; C.N.9.–D.P.[illegible].)—*Id.* 21 nov. 1829, Colmar. (S.30.2.141; C.N.9.–D.P.30.2.182.)

14. On comprend que c'est là une appréciation de dépositions, qui dépend entièrement des circonstances de chaque espèce. — V. au reste sur la difficulté, Domat, *Lois civ.*, liv. 3, tit. 6, sect. 2, n° 7; Danty sur Boiceau, prél. n° 53 (édit. de 1889); Serpillon, *Code crim.*, p. 913; Merlin, *Répert.*, v° *Témoin instrum.*, § 2, n° 8, et *Quest.*, v° *Témoins*, § 3; Toullier, t. 9, n°s 313 et s., et t. 8, n° 205; Carré, q. 926 et 927; Thomine, n° 274; Boncenne, t. 4, p. 113 et s.; Chauveau, *loc. cit.*; Bonnier, n° 321.

15. V. art. 216, n°s 5 et s.

[233] — On ne peut, lors du jugement sur inscription de faux, se prévaloir de faits autres que ceux articulés, bien que la preuve de ces faits résulte de l'instruction.—24 juill. 1833, Nancy. (S.V.33.2.90.–D.P.34.2.204.)

[234] — 1. Les formalités prescrites au titre des Enquêtes, auxquelles renvoie l'art. 234, doivent être observées à peine de nullité.—Pigeau, *Comm.*, p. 467; Chauveau, q. 727 *bis*.—*Contrà*, Thomine, p. 413.

2. Les témoins instrumentaires d'un acte argué de faux peuvent-ils être entendus comme témoins? V. ci-dessus, art. 232, n°s 10 et s.

3. Le défaut de représentation aux témoins, pour les parapher, des pièces arguées de faux, n'emporte pas nullité. — 10 janv. 1834, Bordeaux. (J. av. 48.308.) — *Sic*, Chauveau, q. 927 *ter*.—*Contrà*, Carré, 929.

4. Il en est de même du défaut de paraphe par les témoins. — 12 nov. 1821, Bruxelles. (Jurisp. de cette Cour, t. 2, p. 165.)—*Sic*, Chauveau, *loc. cit.*; Pigeau, *Comm.*, p. 468.—*Contrà*, Carré, *loc. cit.*

[235] . . . .

[236] — 1. On doit appliquer à l'inscription de faux les dispositions des art. 201 et s., relatives à l'apport et à l'envoi des pièces par les dépositaires.—Carré, q. 932; Thomine, p. 415; Chauveau, *loc. cit.*; Demiau, p. 179.

2. Le juge-commissaire peut indiquer quelles pièces seront admises pour pièces de comparaison, sauf recours des parties contre sa décision. On ne saurait conclure, de ce que l'art. 236 parle du *jugement* qui aura reçu les pièces de comparaison, que le tribunal ait seul le compétence à cet égard. En un tel cas, et s'il n'y a pas eu recours de la part des parties contre l'ordonnance du juge, c'est cette ordonnance qui doit être remise aux experts. — Lepage, p. 158; Demiau, p. 180; Delaporte, p. 283; Favard, t. 2, p. 664; Thomine, p. 415; Carré et Chauveau, q. 934. — *Contrà*, Pigeau, *Proc.*, t. 1er, p. 343.

3. Les pièces produites pour servir de comparaison sont susceptibles d'être attaquées elles-mêmes par l'inscription de faux. — Chauveau, q. 933 *bis*.

4. Il est permis aux experts de recourir à des pièces de comparaison, encore qu'il s'agit à se prononcer que sur des grattages et surcharges d'un paraphe. — 25 janv. 1814, Paris. (S.15.2.352; C.N.3.–D.A.8.442.)

[237] — V. les art. 308 et s., et les art. 378 et s., ainsi que les notes.

[238] . . . .

239. S'il résulte de la procédure, des indices de faux ou de falsification, et que les auteurs ou complices soient vivants, et la poursuite du crime non éteinte par la prescription d'après les dispositions du Code pénal, le président délivrera mandat d'amener contre les prévenus, et remplira, à cet égard, les fonctions d'officier de police judiciaire. [Ord. 1737, tit. 2, art. 14; L. 3 brum. an IV, art. 9 et 10. — C. inst. cr. 460, 462, 637.]

240. Dans le cas de l'article précédent, il sera sursis à statuer sur le civil, jusqu'après le jugement sur le faux. [C. c. 1319. C. i. cr. 3, 460.]

241. Lorsqu'en statuant sur l'inscription de faux, le tribunal aura ordonné la suppression, la lacération ou la radiation en tout ou en partie, même la réformation ou le rétablissement des pièces déclarées fausses, il sera sursis à l'exécution de ce chef du jugement, tant que le condamné sera dans le délai de se pourvoir par appel, requête civile ou cassation, ou qu'il n'aura pas formellement et valablement acquiescé au jugement. [Ord. 1737, tit. 1er, art. 59. — C. pr. 180, C. inst. cr. 463.]

242. Par le jugement qui interviendra sur le faux, il sera statué, ainsi qu'il appartiendra, sur la remise des pièces, soit aux parties, soit aux témoins qui les auront fournies ou représentées; ce qui aura lieu même à l'égard des pièces prétendues fausses, lorsqu'elles ne seront pas jugées telles: à l'égard des pièces qui auront été tirées d'un dépôt public, il sera ordonné qu'elles seront remises aux dépositaires, ou renvoyées par les greffiers de la manière prescrite par le tribunal; le tout sans qu'il soit rendu séparément un autre jugement sur la remise des pièces, laquelle néanmoins ne pourra être faite qu'après le délai prescrit par l'article précédent. [Ord. 1737, tit. 1er, art. 65. — C. pr. 209. C. inst. cr. 463.]

243. Il sera sursis, pendant ledit délai, à la remise des pièces de comparaison ou autres, si ce n'est qu'il en soit autrement ordonné par le tribunal, sur la requête des dépositaires desdites pièces, ou des parties qui auraient intérêt de la demander. [Ord. 1737, tit. 1er, art. 67.]

244. Il est enjoint aux greffiers de se conformer exactement aux articles précédents, en ce qui les regarde, à peine d'interdiction, d'amende qui ne pourra être moindre de cent francs, et des dommages-intérêts des parties, même d'être procédé extraordinairement s'il y échet. [Ord. 1737, tit. 1er, art. 68. — C. pr. 128, 1029 et s.]

245. Pendant que lesdites pièces demeureront au greffe, les greffiers ne pourront délivrer aucune copie ni expédition des pièces prétendues fausses, si ce n'est en vertu d'un jugement; à l'égard des actes dont les originaux ou minutes auront été remis au greffe, et notamment des registres sur lesquels il y aurait des actes non argués de faux, lesdits greffiers pourront en délivrer des expéditions aux parties qui auront droit d'en demander, sans qu'ils puissent prendre de plus grands droits que ceux qui seraient dus aux dépositaires desdits originaux ou minutes; et sera le présent article exécuté, sous les peines portées par l'article précédent.

S'il a été fait par les dépositaires des minutes desdites pièces, des expéditions pour tenir lieu desdites minutes, en exécution de l'article 203 du titre de la *Vérification des écritures*, lesdits actes ne pourront être expédiés que par lesdits dépositaires. — [Ord. 1737, tit. 1er, art. 69. — C. pr. 128, 205, 203, 1029.]

246. Le demandeur en faux qui succombera sera condamné à une amende qui ne pourra être moindre de trois cents francs, et à tels dommages et intérêts qu'il appartiendra. [Ord. 1737, tit. 2, art. 49. — C. pr. 128, 215, 374, 390, 471, 479, 494, 500, 513, 516.]

247. L'amende sera encourue toutes les fois que l'inscription en faux ayant été faite au greffe, et la demande à fin de s'inscrire admise, le demandeur s'en sera désisté volontairement ou aura succombé, ou que les parties auront été mises hors de procès, soit par le défaut de moyens ou de preuves suffisantes, soit faute d'avoir satisfait, de la part du demandeur, aux diligences et formalités ci-dessus prescrites; ce qui aura lieu, en quelques termes que la prononciation soit conçue, et encore que le jugement ne portât point condamnation d'amende; le tout, quand même le demandeur offrirait de poursuivre le faux par la voie extraordinaire. [Ord. 1737, tit. 2, art. 50. — C. pr. 1029.]

248. L'amende ne sera pas encourue, lorsque la pièce, ou une des pièces arguées de faux, aura été déclarée fausse en tout ou en partie, ou lorsqu'elle aura été rejetée de la cause ou du procès, comme aussi lorsque la demande à fin de s'inscrire en faux n'aura pas été admise; et ce, de quelques termes que les juges se soient servis pour rejeter ladite demande, ou pour n'y avoir pas d'égard. [Ord. 1737, tit. 2, art. 51.]

---

[239] — 1. La prescription de l'action publique, à raison des crimes, est réglée non par le Code pénal, comme l'énonce cet article, mais par le Code d'instruction criminelle, art. 637.

2. [illegible]

3. [illegible]

[240] — 1. [illegible]

[241] — 1. [illegible]

[242] [illegible]

[243] [illegible]

[244] . . . .

[245] — 1. [illegible]

[246 - 248] — 1. [illegible]

14

249. Aucune transaction sur la poursuite du faux incident ne pourra être exécutée, si elle n'a été homologuée en justice, après avoir été communiquée au ministère public, lequel pourra faire, à ce sujet, telles réquisitions qu'il jugera à propos. [Ord. 1737, tit. 2, art. 52.—C. c. 2046; C. I. cr. 4.]

250. Le demandeur en faux pourra toujours se pourvoir, par la voie criminelle, en faux principal; et, dans ce cas, il sera sursis au jugement de la cause, à moins que les juges n'estiment que le procès puisse être jugé indépendamment de la pièce arguée de faux. [Ord. 1737, tit. 2, art. 19 et s.—C. c. 1319.]

251. Tout jugement d'instruction ou définitif, en matière de faux, ne pourra être rendu que sur les conclusions du ministère public. [Ord. 1737, tit. 2, art. 52.—C. pr. 83.]

TITRE XII.

Des Enquêtes.

252. Les faits dont une partie demandera à faire preuve seront articulés succinctement par un simple acte de conclusion, sans écritures ni requête.

Ils seront, également par un simple acte, déniés ou reconnus dans les trois jours; sinon ils pourront être tenus pour confessés ou avérés. [Ord. 1667, tit. 20, art. 1er.—C. pr. 31, 407; Tar. 71.]

253. Si les faits sont admissibles, qu'ils soient déniés, et que la loi n'en défende pas la preuve, elle pourra être ordonnée. [C. c. 1341.]

[illegible]

254. Le tribunal pourra aussi ordonner d'office la preuve des faits qui lui paraîtront concluants, si la loi ne le défend pas. [Ord. 1667, tit. 22, art. 1er 2.]

255. Le jugement qui ordonnera la preuve contiendra,

1° Les faits à prouver;

2° La nomination du juge devant qui l'enquête sera faite.

Si les témoins sont trop éloignés, il pourra être ordonné que l'enquête sera faite devant un juge commis par un tribunal désigné à cet effet. [C. pr. 1035.]

[255] — § 1er. — Énumération des faits à prouver.

§ 2. — Nomination du juge-commissaire.

256. La preuve contraire sera de droit ; la preuve du demandeur et la preuve contraire seront commencées et terminées dans les délais fixés par les articles suivants. [Ord. 1667, tit. 22, art. 1er.]

257. Si l'enquête est faite au même lieu où le jugement a été rendu, ou dans la distance de trois myriamètres, elle sera commencée dans la huitaine du jour de la signification à avoué ; si le jugement est rendu contre une partie qui n'avait point d'avoué, le délai courra du jour de la signification à personne ou domicile ; ces délais courent également contre celui qui a signifié le jugement ; le tout à peine de nullité.

Si le jugement est susceptible d'opposition, le délai courra du jour de l'expiration des délais de l'opposition. [Ord. 1667, tit. 22, art. 2. — C. pr. 157, 1033.]

---

qu'une nouvelle délégation du tribunal soit nécessaire. — 6 janv. 1853, Toulouse. (S.V.53.2.329. — D.P.53.2.79.)

15. Lorsqu'au jour de l'enquête, le juge-commissaire se trouve empêché, le tribunal peut en nommer immédiatement un autre, sans qu'il soit nécessaire d'appeler les parties défaillantes pour être présentes au remplacement. — 18 juill. 1853. Rej. (S.V.53.1.628. — D.P.53.1.49.)

16. Dans ce cas d'empêchement du juge-commissaire, le suppléant qui lui est donné peut être nommé soit par simple ordonnance du président, soit par le tribunal. — Carré, q. 984; Favard, t. 2, p. 345, n. 6; Thomine, p. 429; Boitard, t. 2, p. 176; Chauveau, *loc. cit.*; Boucher d'Argis, *Dict. de la taxe*, p. 148 (qui pense toutefois qu'il y a nécessité d'un jugement, si l'enquête n'est pas encore commencée).

16 *bis*. Décision dans le premier sens... alors surtout que le président était investi de ce droit par le jugement ordonnant l'enquête. — 15 fév. 1850, Rej. (S.V.50.1.278.)

16 *ter*. Décision dans le second sens. — 19 juill. 1832, Angers. (S.V.33.2.97.)

17. Décidé même qu'un autre juge peut d'office remplacer le juge-commissaire empêché, sans qu'il soit nécessaire que le tribunal nomme un nouveau juge-commissaire. — 13 janv. 1850, Paris. (S.50.2.129; C.N.9. — D.P.30.2.81.)

18. Et suivant l'interprétation donnée par Carré (*loc. cit.*, *ad not.*) à un arrêt de Metz du 24 avril 1827 (C.N.8.), une enquête commencée par un juge peut être continuée par un autre, sans qu'il soit besoin d'indiquer la cause de ce changement.

19. L'avocat appelé accidentellement à siéger comme juge dans une affaire peut, dans la même affaire, être nommé juge-commissaire à une enquête. — 22 juin 1852, Grenoble. (S.V.53.1.320. — D.P.53.1.404.)

20. Dans tous les cas, la partie qui a concouru à une enquête dans laquelle les fonctions de juge-commissaire ont été remplies par un avocat appelé accidentellement à compléter le tribunal, est non recevable à critiquer ultérieurement cette nomination. — Même arrêt.

20 *bis*. V. art. 257, n° 6; — art. 292, n° 9.

§ 3. — *Commission rogatoire.*

21. Lorsque les juges ordonnent une enquête, ils peuvent commettre un juge de paix pour y procéder, alors même que l'enquête doit être faite dans le lieu où siège le tribunal. — 17 janv. 1826, Rej. (S.26.1.266; C.N.8. — D.P.26.1.135.) — 21 déc. 1833, Rennes. (S.V.34.2.287.) — *Id.* 18 janv. 1834, Rennes. (D.P.34.2.174.) — *Sic*, Carré, q. 985; Favard, t. 2, p. 345, n. 6; Thomine, t. 1er, p. 339; Boitard, t. 2, p. 177; Boncenne, t. 4, p. 234; Chauveau, *loc. cit.*; Rodière, p. 124.

22. Le juge de paix commis pour procéder à une enquête ordonnée par une Cour d'appel ou par un tribunal est soumis aux mêmes obligations et doit remplir les mêmes formalités que le magistrat de la Cour ou du tribunal qu'il remplace. — 4 juin 1827, Limoges. (S.28.2.261; C.N.8. — D.P.29.2.28.) — *Id.* 17 août 1839, Orléans. (S.V.39.2.11. — D.P.40.2.90. — P.39.2.526.) — *Sic*, Demiau, p. 206; Thomine, n. 29; Augier, *Encycl. des juges de paix*, v° *Enquête*, sect. 2, n. 4; Favard, *rod. verb.*, sect. 2, § 3; Boncenne, t. 4, p. 234.

23. Décidé dans le même sens. — Et le tribunal qui, par un avant faire droit, renvoie les parties devant le juge de paix pour y être entendues ainsi que les témoins qu'elles voudront produire, ordonne par cela même une enquête qui ne peut avoir lieu que dans les formes voulues par la loi. — 22 juill. 1828, Cass. (S.28.1.287; C.N.9. — D.28.1.342.)

24. Jugé au contraire que, lorsqu'un juge de paix est commis par un tribunal pour procéder à une enquête, il doit (ou peut) suivre la procédure établie en cette matière pour les justices de paix, et non les formalités qu'aurait dû suivre le tribunal qu'il remplace. — 10 nov. 1827, Caen. (S.28.2.331; C.N.8. — D.P.29.2.38.)

25. Le juge de paix commis par une Cour d'appel pour faire une enquête ne peut du reste y procéder hors du territoire de son canton ; il excède donc ses pouvoirs en entendant les témoins sur les lieux contentieux situés dans un autre canton, peu importe que ces lieux soient d'ailleurs situés dans l'étendue du ressort de la Cour d'appel. — 2 janv. 1841, Toulouse. (S.V.41.2.24. — D.P.41.2.134. — P.41.1.4199.) — *Sic*, Chauveau, q. 988 *bis*.

26. Jugé en sens contraire. — 8 fév. 1822, Amiens. (J.av.24.18.)

27. Le suppléant du juge de paix délégué pour procéder à une enquête n'a pas qualité, au cas d'absence ou d'empêchement de celui-ci, pour le remplacer et procéder lui-même à l'enquête. — 13 juill. 1827, Nancy. (J.av.11.166.) — *Id.* 28 mai 1828, Nîmes. (S.29.2.16; C.N.9. — D.P.29.2.66.)

28. Décidé au contraire que la délégation adressée par une Cour ou un tribunal au juge de paix d'un canton pour procéder à une enquête doit être réputée adressée à la *justice de paix*, et non à la personne même du juge de paix. Le suppléant du juge de paix a donc, en cas d'empêchement du juge, attribution pour procéder à la mesure déléguée. — 26 fév. 1812, Liège. (J.av.11.118.) — *Id.* 10 juin 1831, Poitiers. (S.V.31.2.312. — D.P.33.2.57.) — *Sic*, Chauveau, q. 988 *bis*.

28 *bis*. Dans les cas où un juge de paix a été désigné pour faire une enquête, la minute des procès-verbaux de l'enquête et de la contre-enquête doit être déposée au greffe du tribunal ; le greffier du juge de paix qui a reçu l'enquête est sans droit à garder cette minute, pour en délivrer lui-même des expéditions aux parties intéressées. — 10 déc. 1849, Nîmes. (S.V.50.2.78.)

29. Un tribunal ne peut, en ordonnant qu'une enquête sera faite devant un juge d'un autre tribunal, autoriser le président de ce tribunal à désigner seul le juge-commissaire, s'il y a nécessité, à peine de nullité de l'enquête ; que le juge soit désigné par le tribunal même. — 3 juin 1828, Limoges. (S.29.2.7; C.N.9. — D.P.29.2.64.) — *Sic*, Thomine, p. 441; Pigeau, *Comm.*, p. 496; Chauveau, q. 985.

30. Les tribunaux français peuvent, en ordonnant une enquête qui doit avoir lieu en pays étranger, déléguer, pour y procéder, les juges de ce pays ; ils ne sont pas obligés de renvoyer à cet effet devant le consul français. — 18 août 1856, Rej. (S.V.56.1.793. — D.P.56.1.88. — P.58.1.435.) — *Sic*, Carré et Chauveau, q. 988 *ter*.

31. Décision contraire. — 18 oct. 1826, Bruxelles. (Journ. de cette Cour, t. 1er de 1827, p. 18.)

32. V. art. 302, n° 10.

[256] — 1. De ce que la preuve contraire est de droit, il s'ensuit qu'il n'est pas nécessaire que les faits dont le défendeur à l'enquête entend faire la preuve soient articulés avant le jugement ordonnant l'enquête, et que, s'ils l'ont été, la partie adverse n'est pas recevable à les contester comme non pertinents et inadmissibles. — 15 avril 1828, Toulouse. (S.28.2.241; C.N.9. — D.P.28.2.255.) — *Sic*, Favard, t. 2, p. 345; Thomine, t. 1, p. 441; Boncenne, t. 4, p. 238; Chauveau et Carré, q. 989.

2. Mais la partie qui a assisté à l'enquête faite par son adversaire, sans demander à faire la preuve contraire, et sans protestation à cet égard, est non recevable à faire ultérieurement une contre-enquête. Ce serait remettre en question son enquête, et retarder les procès interminables. — 18 avril 1821, Rej. (S.21.1.185; C.N.6.) — V. aussi 11 mars 1838, Rej. (D.P.26.1.170.) et 16 mai 1840, Amiens. (D.P.40.2.144.)

3. V. 292, n° 14.

[257] **Indication alphabétique.**

1. Le juge ne peut pas accorder, pour commencer l'enquête, un plus long délai que celui fixé par l'art. 257. — 13 nov. 1818, Cass. (S.17.1.71; C.N.5. — D.A.5.861.) — *Id.* 13 janv. 1813, Nancy. (D.A.1.142.)

2. Le jour de la signification du jugement n'est pas compris dans le délai fixé pour commencer l'enquête. Ainsi, cette signification étant faite le 21, l'enquête est utilement ouverte le 29. — 6 déc. 1809, Pau. (S.14.2.423; C.N.3. — D.A.6.849.) — Jugé de même sous l'ordonn. de 1667 : Cass. 28 brum. an 2. (C.N.1.) — *Sic*, Carré et Chauveau, n° 997 ; Pigeau, *Comm.*, t. 1er, p. 499; Dalloz, t. 6, p. 849, n° 2; Thomine, t. 1er, p. 443.

3. Les jours de fête légale comptent pour le délai de huitaine. Ainsi, le délai ne peut être prorogé au neuvième jour, par cela seul que le huitième est un dimanche. — 7 mars 1814, Cass. (S.14.1.121; C.N.4. — D.A.6.856.) — *Sic*, Chauveau, q. 999 *ter*. — *Sens*, Thomine, t. 2, n° 1274. — V. aussi *supra*, art. 157, n° 23 et 26.

4. Le délai ne court d'ailleurs à compter de la signification, qu'autant que le jugement contient lui-même nomination du juge-commissaire qui doit y assister. — 2 janv. 1813, Paris. (S.16.2.240; C.N.5. — D.A.6.849.) — *Id.* 26 fév. 1824, Bruxelles. (J. arr. de cette Cour 1824.1.357.) — *Id.* 3 nov. 1832, Bruxelles. (*Ibid.* 1832.1.89.) — *Sic*, Chauveau, q. 996 *quater*.

5. L'enquête doit, à peine de nullité, être précédée de la signification du jugement qui l'a ordonnée. — 14 déc. 1816, Limoges. (S.28.2.56; C.N.5.) — *Id.* 14 juill. 1828, Bourges. (S.29.2.352; C.N.9.) — *Id.* 8 août 1852, Toulouse. (S.V.53.2.545. — D.P.53.2.45.)

6. *Id.* ... Et cette signification préalable est nécessaire même pour les jugements portant nomination d'un juge-commissaire en remplacement d'un juge précédemment nommé et qui a depuis cessé ses fonctions. — 18 janv. 1837, Rej. (S.V.37.1.703. — D.P.37.1.299. — P.37.2.51.) — *Sic*, Boncenne, p. 237.

6 *bis*. ... Ou pour ceux ordonnant une prorogation d'enquête. — 13 mars 1850, Limoges. *aff. Larose*. — V. *inf.*, n° 50. — *Contrà*, 13 juin 1834, Bordeaux. (S.V.34.2.455. — D.P.58.2.86.)

7. L'enquête ordonnée par un jugement par défaut ne peut, à peine de nullité, être commencée qu'après huitaine à partir de la signification du jugement, qu'il y ait eu ou non constitution d'avoué ; le § 1er de l'art. 257 ne déroge aucunement à l'art. 155. — 13 oct. 1831, Bordeaux. (S.V.31.2.325. — D.P.31.2.142.) — *Id.* 24 nov. 1829, Caen. (S.V.30.2.188. — D.P.30.2.148.) — En ce sens, Thomine, n° 303; Carré, q. 1003 et 1004; Chauveau, *ibid.* V. aussi Pigeau, *Comm.*, p. 500; Boitard, p. 196; Boncenne, p. 237; Bourbeau, *Procéd.*, n° 170; Rodière, p. 127.

8. L'enquête commencée prématurément est nulle en ce qui touche les dépositions qui n'ont eu lieu qu'après l'expiration du délai utile, comme à l'égard des dépositions reçues auparavant ; il y a indivisibilité. — 24 avr. 1835, Caen. (S.V.35.2.384. — D.P.39.2.188.)

9. La partie qui s'apercevrait de la nullité de l'enquête par elle prématurément commencée ne pourrait même pas la recommencer devant le juge-commissaire, ni demander au tribunal à y être autorisée : une fois que l'enquête est terminée, elle est acquise à la partie adverse. — Carré, q. 986. — *Sens*, Chauveau, *ibid.*

10. Jugé, toutefois, qu'une enquête n'est pas nulle par cela seul qu'elle a été ouverte avant la signification du jugement qui l'ordonne. La nullité prononcée par l'art. 257, C. pr., n'a lieu qu'autant que l'enquête n'est commencée qu'après la huitaine de cette signification. — 19 juill. 1852, Angers. (S.V.53.2.237.) — *Id.*, 27 mars 1852, Bourges. (S.V.52.2.406. — D.P.52.2.159.)

11. Au surplus, la nullité serait couverte si la partie avait assisté à l'enquête et avait reproché des témoins, quand même elle aurait fait des réserves. — 14 juill. 1828, Bourges. (S.29.2.352; C.N.9.) — V. *inf.*, n° 36 et 37.

12. Lorsqu'un jugement, en ordonnant une enquête pour le cas où certains faits allégués par l'une des parties seraient déniés par l'autre, a décidé que le délai de l'enquête courrait du jour de la dénégation, cette disposition suppose qu'il y aura eu signification préalable du jugement. Si la dénégation a lieu auparavant,

258. Si l'enquête doit être faite à une plus grande distance, le jugement fixera le délai dans lequel elle sera commencée. [O.1667, t.22, art.2.]

259. L'enquête est censée commencée, pour chacune des parties respectivement, par l'ordonnance qu'elle obtient du juge-commissaire, à l'effet d'assigner les témoins aux jour et heure par lui indiqués.

En conséquence, le juge-commissaire ouvrira les procès-verbaux respectifs par la mention de la réquisition et de la délivrance de son ordonnance. [Ord. 1667, tit. 22, art. 3 et 8.—Tar. 76, 91.]

260. Les témoins seront assignés à personne ou domicile : ceux domiciliés dans l'étendue de trois myriamètres du lieu où se fait l'enquête le seront au moins un jour avant l'audition ; il sera ajouté un jour par trois myriamètres pour ceux domiciliés à une plus grande distance. Il sera donné copie à chaque témoin, du dispositif du jugement, seulement en ce qui concerne les faits admis, et de l'ordonnance du juge-commissaire ; le tout à peine de nullité des dépositions des témoins envers lesquels les formalités ci-dessus n'auraient pas été observées. [Ord. 1667, tit. 22, art. 6 et 7.—C. pr. 408, 413.]

261. La partie sera assignée pour être présente à l'enquête, au domicile de son avoué, si elle en a constitué, sinon à son domicile ; le tout trois jours au moins avant l'audition : les noms, professions et demeures des témoins à produire contre elle lui seront notifiés ; le tout à peine de nullité, comme ci-dessus. [Ord. 1667, tit. 22, art. 7.—C. pr. 305, 413, 1029, 1031 ; Tar. 29.]

[illegible]

[259] — [illegible]

[260] — [illegible]

[261] — § 1er. — *Formalités de l'assignation et notification.* [illegible]

262. Les témoins seront entendus séparément, tant en présence qu'en l'absence des parties.

Chaque témoin, avant d'être entendu, déclarera ses nom, profession, âge et demeure, s'il est parent ou allié de l'une des parties, à quel degré; s'il est serviteur ou domestique de l'une d'elles; il fera serment de dire vérité; le tout à peine de nullité. (Ord. 1667, tit. 22, art. 13, 14 et 15. — C. pr. 35, 1029; C. i. cr. 73, 75, 317; C. pén. 365.)

263. Les témoins défaillants seront condamnés, par ordonnances du juge-commissaire qui seront exécutoires nonobstant opposition ou appel, à une somme qui ne pourra être moindre de dix francs, au profit de la partie, à titre de dommages et intérêts; ils pourront de plus être condamnés, par la même ordonnance, à une amende qui ne pourra excéder la somme de cent francs.

Les témoins défaillants seront réassignés à leurs frais. [Ord. 1667, tit. 22, art. 8.—C. pr. 3, 415, 1029; C. i. cr. 80, 86, 157, 304, 355.]

264. Si les témoins réassignés sont encore défaillants, ils seront condamnés, et par corps, à une amende de cent francs; le juge-commissaire pourra même décerner contre eux un mandat d'amener. [Ord. 1667, tit. 22, art. 8. — C. i. cr. 80, 92, 157, 355.]

265. Si le témoin justifie qu'il n'a pu se présenter au jour indiqué, le juge-commissaire le déchargera, après sa déposition, de l'amende et des frais de réassignation. [C. i. cr. 81, 158, 356.]

266. Si le témoin justifie qu'il est dans l'impossibilité de se présenter au jour indiqué, le juge-commissaire lui accordera un délai suffisant, qui néanmoins ne pourra excéder celui fixé pour l'enquête, ou se transportera pour recevoir la déposition. Si le témoin est éloigné, le juge-commissaire renverra devant le président du tribunal du lieu, qui entendra le témoin ou commettra un juge: le greffier de ce tribunal fera parvenir de suite la minute du procès-verbal au greffe du tribunal où le procès est pendant, sauf à lui à prendre exécutoire pour les frais contre la partie à la requête de qui le témoin aura été entendu. [C. pr. 220, 412, 1035.]

267. Si les témoins ne peuvent être entendus le même jour, le juge-commissaire remettra à jour et heure certains, et il ne sera donné nouvelle assignation ni aux témoins, ni à la partie, encore qu'elle n'ait pas comparu. [Tar. 167.]

268. Nul ne pourra être assigné comme témoin, s'il est parent ou allié en ligne directe de l'une des parties, ou son conjoint, même divorcé. [Ord. 1667, tit. 22, art. 11.—C. pr. 285, 413.]

269. Les procès-verbaux d'enquête contiendront la date des jour et heure, les comparutions ou défauts des parties et témoins, la représentation des assignations, les remises à autres jour et heure, si elles sont ordonnées; à peine de nullité. [Ord. 1667, tit. 22, art. 22.—C. pr. 1029.]

270. Les reproches seront proposés par la partie ou par son avoué avant la déposition du témoin, qui sera tenu de s'expliquer sur iceux : ils seront circonstanciés et pertinents, et non en termes vagues et généraux. Les reproches et les explications du témoin seront consignés dans le procès-verbal. [Ord. 1667, tit. 23, art. 27. — C. pr. 36, 415, Tar. 92.]

271. Le témoin déposera sans qu'il lui soit permis de lire aucun projet écrit. Sa déposition sera consignée sur le procès-verbal ; elle lui sera lue, et il lui sera demandé s'il y persiste ; le tout à peine de nullité. Il lui sera demandé aussi s'il requiert taxe. [Ord. 1667, tit. 22, art. 16, 17, 19 et 20. — C. pr. 333, 1029.]

272. Lors de la lecture de sa déposition, le témoin pourra faire tels changements et additions que bon lui semblera ; ils seront écrits à la suite ou à la marge de sa déposition ; il lui en sera donné lecture, ainsi que de la déposition, et mention en sera faite ; le tout à peine de nullité. [Ord. 1667, tit. 22, art. 18. — C. pr. 334, 1029.]

273. Le juge-commissaire pourra, soit d'office, soit sur la réquisition des parties ou de l'une d'elles, faire au témoin les interpellations qu'il croira convenables pour éclaircir sa déposition : les réponses du témoin seront signées de lui, après lui avoir été lues, ou mention sera faite s'il ne veut ou ne peut signer ; elles seront également signées du juge et du greffier ; le tout à peine de nullité. [C. pr. 37, 415, 1029 ; C. i. cr. 76.]

274. La déposition du témoin, ainsi que les changements et additions qu'il pourra y faire, seront signés par lui, le juge et le greffier ; et si le témoin ne veut ou ne peut signer, il en sera fait mention : le tout à peine de nullité. Il sera fait mention de la taxe, s'il la requiert, ou de son refus. [Ord. 1667, tit. 22, art. 18 et 19. — C. pr. 1029 ; C. i. cr. 76.]

275. Les procès-verbaux feront mention de l'observation des formalités prescrites par les articles 261, 262, 269, 270, 271, 272, 273 et 274 ci-dessus : ils seront signés, à la fin, par le juge et le greffier, et par les parties si elles le veulent ou le peuvent ; en cas de refus, il en sera fait mention : le tout à peine de nullité. [C. pr. 1029.]

276. La partie ne pourra ni interrompre le témoin dans sa déposition, ni lui faire aucune interpellation directe, mais sera tenue de s'adresser au juge-commissaire, à peine de dix francs d'amende, et de plus forte amende, même d'exclusion, en cas de récidive ; ce qui sera prononcé par le juge-commissaire. Ses ordonnances seront exécutoires nonobstant appel ou opposition. [C. pr. 37, 88, 1029.]

277. Si le témoin requiert taxe, elle sera faite par le juge-commissaire sur la copie de l'assignation, et elle vaudra exécutoire : le juge fera mention de la taxe sur son procès-verbal. [Ord. 1667, tit. 22, art. 19. — C. pr. 226, 415 ; Tar. 167.]

278. L'enquête sera respectivement parachevée dans la huitaine de l'audition des premiers témoins, à peine de nullité, si le jugement qui l'a ordonnée n'a fixé un plus long délai. [Ord. 1667, tit. 22, art. 2.]

[illegible]

279. Si néanmoins l'une des parties demande prorogation dans le délai fixé pour la confection de l'enquête, le tribunal pourra l'accorder. [Ord. 1667, tit. 22, art. 2. — C. pr. 409.]

280. La prorogation sera demandée sur le procès-verbal du juge-commissaire, et ordonnée sur le référé qu'il en fera à l'audience, au jour indiqué par son procès-verbal, sans sommation ni avenir, si les parties ou leurs avoués ont été présents ; il ne sera accordé qu'une seule prorogation, à peine de nullité. [Ord. 1667, tit. 22, art. 2. — C. pr. 1029.]

281. La partie qui aura fait entendre plus de cinq témoins sur un même fait ne pourra répéter les frais des autres dépositions. [Ord. 1667, tit. 22, art. 21.—C. pr. 413,1031.]

282. Aucun reproche ne sera proposé après la déposition, s'il n'est justifié par écrit. [Ord. 1670, tit. 15, art. 20. — C. pr. 413; Tar. 71.]

283. Pourront être reprochés, les parents ou alliés de l'une ou de l'autre des parties, jusqu'au degré de cousin issu de germain inclusivement; les parents et alliés des conjoints au degré ci-dessus, si le conjoint est vivant, ou si la partie ou le témoin en a des enfants vivants : en cas que le conjoint soit décédé, et qu'il n'ait pas laissé de descendants, pourront être reprochés les parents et alliés en ligne directe, les frères, beaux-frères, sœurs et belles-sœurs.

Pourront aussi être reprochés, le témoin héritier présomptif ou donataire; celui qui aura bu ou mangé avec la partie, et à ses frais, depuis la prononciation du jugement qui a ordonné l'enquête; celui qui aura donné des certificats sur les faits relatifs au procès; les serviteurs et domestiques; le témoin en état d'accusation; celui qui aura été condamné à une peine afflictive ou infamante, ou même à une peine correctionnelle pour cause de vol. [Ord. 1667, tit. 23, art. 2.—C. pr. 310, 378.]

[illegible]

283.–D.P.38.1.59.] — *Id.* 23 janv. 1843, Rej. [S.V.43.1.344.–D.P.43.1.35.–P.43.1.324.] — *Id.* 18 déc. 1846, Douai. [J.av.72.480.]

28. Et cette règle a été appliquée même dans un cas où le litige portait sur la propriété d'un sentier revendiqué par la commune (ce qui nous paraît contestable, en présence des décisions citées au numéro suivant). — 30 mars 1836, Rej. [S.V.36.1.293.–D.P.36.1.59.]

29. Au contraire, les habitants sont reprochables s'il est reconnu par les juges qu'ils ont un intérêt personnel et immédiat dans la contestation. — Tel est le cas où il s'agit d'un droit de passage revendiqué par la commune. — 17 mai 1827, Rej. [S.27.1.492; C.N.8.–D.P.27.1.250.]

30. *Id.* s'il s'agit d'un mas de bruyère. — 7 déc. 1824, Bourges. [S.25.2.169; C.N.7.–D.P.25.2.151.]

31. *Id.* s'il s'agit de la propriété d'un terrain réclamé par la commune. — 4 juin 1828, Toulouse. [S.28.2.275; C.N.9.–D.P.29.2.111.]

32. *Id.* s'il s'agit d'un droit d'usage et de parcours. — 8 janv. 1835, Agen. [S.V.35.2.234.–D.P.35.2.242.] — 10 juin 1859, Rej. [S.V.59.1.760.–D.P.59.1.267.–P.59.2.438.]

33. *Id.* s'il s'agit d'un droit de pâturage dont on demande le rachat contre la commune. — 2 déc. 1835, Rej. [S.V.36.1.413.–D.P.35.1.99.]

34. *Id.* s'il s'agit d'un landes sur lequel les habitants exercent des droits d'usage. — 12 déc. 1838, Aix. [D.P.39.2.142.] — 15 mars 1859, Montpellier. [D.P.59.2.69.]

35. *Id.* s'il s'agit d'une mare dans laquelle les habitants puisent de l'eau et abreuvent leurs bestiaux. — 16 nov. 1842, Rej. [S.V.43.1.287.–P.43.1.113.]

35 *bis.* *Id.* s'il s'agit de la propriété d'un marais. — 16 janv. 1823, Angers. [D.A.12.576.]

36. Jugé même que les habitants d'une commune voisine qui n'est pas en cause, mais qui a le même intérêt que celle qui plaide, sont reprochables. — 18 mai 1857, Pau. [S.V.59.1.760.]

37. Du reste, l'appréciation des juges à cet égard est souveraine et ne peut être déférée à la Cour de cassation. — 30 juin 1830, Rej. [S.V.30.1.780.–D.P.30.1.307.–P.59.2.158.] — *Id.* 29 juin 1831, Rej. [S.V.31.1.308.–D.P.31.1.224.]

38. Tellement qu'ils peuvent, par suite de leur droit d'appréciation, admettre les reproches contre quelques-uns des habitants, et les rejeter quant aux autres. — 17 juin 1859, Rej. [S.V.59.1.760.–D.P.59.1.258.]

39. Ne sont pas reprochables les parents (au degré prohibé) des habitants. — 30 mai 1825, Cass. [S.25.1.306; C.N.8.–D.P.25.1.320.] — *Id.* 16 nov. 1826, Poitiers. [S.28.2.58; C.N.8.–D.P.28.2.12.] — *Id.* 12 mai 1830, Montpellier. [S.30.2.116; C.N.9.–D.P.30.2.59.] — *Id.* 26 juill. 1829, Bourges. [S.30.2.397; C.N.9.–D.P.30.2.177.] — *Id.* 15 déc. 1840, Douai. [J.av.72.480.]

40. Jugé en sens contraire. — 7 déc. 1824, Bourges. [S.25.2.169; C.N.7.–D.P.25.2.151.] — *Id.* 4 juin 1828, Toulouse. [S.28.2.275; C.N.9.–D.P.29.2.111.]

41. (*Concubinage.*) — Le concubinage adultère habituel et notoire n'est pas une cause de reproche suffisante pour faire rejeter la déposition d'un témoin; — pas même en matière de séparation de corps. — 11 février 1815, Paris. [S.16.2.203; C.N.5.–D.A.12.577.]

42. (*Condamné.*) — Le condamné pour vol est reprochable, même après avoir subi sa peine. Le Code pénal (art. 401) n'a, sur ce point, apporté aucune dérogation au dernier § de l'art. 283, C. proc. — 23 juill. 1840, Caen. [S.V.41.2.98.] — *Sic,* Favard, t. 2, p. 367, n. 13; Boncenne, p. 331; Chauveau, n. 1120. — *Contrà,* Carré, *ibid.*

43. *Id.*... Peu importe que la condamnation soit ancienne, et qu'elle ait été prononcée en pays étranger. — 4 août 1814, Colmar. [S.15.2.30; C.N.4.–D.A.12.578.]

44. Il en est de même du condamné à une peine afflictive ou infamante même *réhabilité*. — Chauveau, q. 1120; Boncenne, p. 331; Rodière, p. 143. — *Contrà* Carré, *loc. cit.*

45. Mais l'individu qui, reconnu coupable d'un crime emportant peine afflictive ou infamante, tel que le crime de faux, n'a cependant été condamné qu'à une peine correctionnelle, à raison de l'admission de circonstances atténuantes, n'est pas reprochable: l'art. 283 ne permettant de reprocher que ceux qui ont été condamnés à une peine afflictive et infamante, et non ceux qui l'ont encourue. — 18 fév. 1845, Rej. [S.V.45.1.172.–P.45.1.476.] — V. nos observations sur cet arrêt, dont la décision ne nous paraît pas devoir être admise.

46. (*Conseils.*) — Les juges du fait sont appréciateurs souverains du point de savoir si un témoin est reprochable à raison des soins ou des conseils qu'il aurait donnés dans l'affaire. — 15 nov. 1842, Rej. [S.V.42.1.907.–P.43.1.115.]

47. (*Conseil de famille.*) — Celui qui a été membre du conseil de famille convoqué pour autoriser la poursuite d'un procès, peut être entendu comme témoin dans ce procès. — 10 mars 1809, Paris. [S.14.2.441; C.N.3.–D.A.12.574.] — *Sic,* Toullier, t. 9, n° 307; Carré, q. 1113; Duvillemeuve, t. 48, 2, 377. — *Contrà* Chauveau, *loc. cit.*

48. Toutefois, les membres d'un conseil de famille qui a été appelé à donner son avis sur l'état mental d'une personne dont l'interdiction est demandée, ne sont pas, par cela seul, reprochables comme témoins dans l'enquête à laquelle il est ensuite procédé. — 1er fév. 1842, Douai. [S.V.48.2.377.–P.47.1.461.]

49. Mais ils sont reprochables dans une enquête à laquelle il est procédé plus tard sur une demande en nullité de certains actes faits par l'interdit avant son interdiction, alors qu'ils y sont appelés à déposer de faits qu'ils avaient déjà attestés, comme en ayant une connaissance personnelle, lors de la délibération du conseil de famille qui a provoqué l'interdiction. — 13 juill. 1847, Montpellier. [S.V.48.2.377.]

50. (*Conseillers municipaux.*) — Des conseillers municipaux, cités comme témoins dans un procès intéressant la commune, ne peuvent être reprochés par cela seul qu'ils ont pris part à une délibération tendant à faire autoriser cette commune à plaider: leur concours à la délibération ne saurait être assimilé à un certificat par eux donné sur les faits relatifs au procès. — 22 juill. 1826, Cass. [S.27.1.59; C.N.8.–D.P.26.1.429.] — *Id.* 6 mai 1855, Limoges. [S.V.55.2.487.–D.P.56.2.158.]

51. Jugé en sens contraire. — 20 janv. 1851, Bourges. [S.V.51.2.245.–D.P.51.2.125.] — *Id.* 8 août 1844, Caen. (aff. Bocquemifle.) — *Sic,* Boncenne, t. 4, p. 360 375; Chauveau, q. 1101 *ter, in fine.*

52. Dans tous les cas, les conseillers municipaux qui, dans une délibération par eux prise au sujet d'un procès intéressant la commune, et depuis qu'un jugement a ordonné une enquête, ont personnellement attesté les faits à prouver, sont reprochables comme témoins dans l'enquête. — 2 juill. 1833, Rej. [S.V.34.1.871.–D.P.35.1.338.]

53. (*Créancier.*) — La qualité de créancier de la partie au nom de laquelle un témoin a été assigné, n'est pas une cause de reproche de ce témoin. — 26 fév. 1840, Limoges. [D.P.40.2.204.]

54. Mais les créanciers d'un failli sont reprochables comme témoins dans une enquête à faire entre les syndics de la faillite et un tiers, touchant la validité d'une vente consentie par le failli: ils sont réputés parties au procès par l'intermédiaire des syndics. — 3 juin 1834, Bordeaux. [S.V.34.2.428.–D.P.34.2.228.]

55. (*Débiteur.*) — Un témoin peut être reproché s'il est débiteur de l'une des parties. — 5 juill. 1829, Rej. [S.30.1.167; C.N.7.–D.A.12.571.] — *Id.* 10 nov. 1841, Colmar. [S.V.42.2.483.–D.P.42.2.114.–P.42.1.353.] — *Id.* 27 juin 1839, Limoges. [S.V.40.2.26.–D.P.40.2.52.–P.40.1.35.]

56. Décision contraire. — 14 juill. 1814, Rennes. [J.av.11.131.]

57. (*Domestiques ou serviteurs.*) — Par les expressions de *serviteurs* et *domestiques,* on doit entendre ceux qui sont attachés au *service* de la personne ou de la maison, qui trouvent dans cet emploi leur moyen d'existence, qui vivent, par conséquent, dans une dépendance immédiate et presque absolue du maître qu'ils servent. — Toullier, t. 9, n. 314; Thomine, n. 333; Boncenne, p. 361; Carré et Chauveau, q. 1115; Rodière, p. 142; Duvillemeuve, 1848, 2, 65. — V., sur ce point, les solutions des nos 20, 21 et s. 70, 86.

58. Les domestiques d'une partie sont reprochables comme témoins, même dans les contestations entre le maître et l'un de ses domestiques: on ne peut étendre à ce cas la disposition de l'art. 251, C. civ. — 18 avr. 1831, Rej. [S.V.38.1.183.]

59. De même, un domestique est reprochable, encore qu'il s'agisse d'attester des faits possessoires qui auraient eu lieu à la maison de campagne de son maître. — 8 fév. 1830, Cass. [S.30.1.99; C.N.9.–D.P.30.1.119.]

60. Mais un témoin ne peut être reproché comme domestique de l'une des parties, s'il a perdu cette qualité à l'instant de sa déposition. — 9 nov. 1813, Bruxelles. [C.N.4.]

61. *Id.*... Peu importe qu'il l'eût encore au moment de l'introduction de l'instance. — 30 nov. 1830, Bourges. [S.V.31.2.134.–D.P.31.2.67.] — *Sic,* Thomine, n° 333; Boncenne, p. 361; Carré et Chauveau, q. 1146; Bioche et Goujet, v° *Enquête,* n° 263; Rodière, p. 142.

62. *Id.*... Et même à l'époque du jugement qui a ordonné l'enquête. — 25 fév. 1843, Rouen. [S.V.43.2.391.–D.P.43.2.143.–P.43.2.51.] — *Contrà,* Carré, Bioche et Goujet, *loc. cit.*

63. Jugé en sens contraire, dans une espèce où le témoin avait encore la qualité de serviteur lors d'une première enquête où ce témoin avait déposé. — 30 juill. 1840, Rennes. [S.V.40.2.358.–D.P.40.2.240.]

64. (*Exécuteur testamentaire.*) — Est reprochable l'exécuteur testamentaire de l'auteur des faits sur lesquels il est appelé à déposer. — 17 mars 1834, Bruxelles. [S.V.34.2.682.–D.P.40.2.180.]

65. (*Fermier.*) — L'intérêt que peut avoir dans la contestation relative à un terrain compris dans son bail, le fermier de l'une des parties, n'est pas assez direct pour faire rejeter sa déposition. — 12 mai 1847, Bourges. [J.av.72.482.]

66. De même, le reproche d'un témoin, fondé sur les relations du bail à colonage, ne doit faire rejeter la déposition qu'autant que l'intérêt personnel du colon au succès de la contestation est assez important pour faire douter qu'il sacrifie à cet intérêt la vérité et la foi du serment. — 8 mars 1838, Limoges. [D.P.40.2.11.] — *Sic,* Rodière, p. 142.

67. (*Huissier.*) — Un huissier n'est pas reprochable comme témoin par cela seul qu'il a signifié divers actes du procès, et qu'il a inséré, dans son exploit, des aveux et déclarations qu'il prétend être émanés de la personne à laquelle il a fait ces significations. — 13 juin 1837, Bordeaux. [D.P.38.2.56.]

68. (*Inimitié.*) — N'est point une cause de reproche l'animosité ou inimitié qui existerait entre un témoin et l'une des parties. — 19 avr. 1848, Bordeaux. [S.V.48.2.501.]

69. (*Instituteur.*) — Un instituteur n'est point reprochable; on ne peut le considérer comme un serviteur à gages. (Rés. impl.) — 28 nov. 1828, Riom. [S.V.29.2.191; C.N.9.–D.P.29.2.286.] — V. *inf.,* n° 86.

70. (*Intérêt personnel.*) — Un témoin peut être reproché à *raison de l'intérêt* qu'il peut avoir dans la contestation. — 7 juill. 1828, Rej. [S.29.1.107; C.N.9.–D.A.12.571.] — *Id.* 13 déc. 1831, Rej. [S.V.32.1.38.–D.P.32.1.124.] — *Id.* 13 fév. 1837, Rej. [S.V.37.1.464.–D.P.37.1.180.–P.37.1.172.] — *Id.* 10 juin 1859, Rej. [S.V.59.1.760.–D.P.59.1.267.–P.59.2.438.] — *Id.* 17 juin 1859, Rej. [S.V.59.1.759.–D.P.59.1.258.] — *Id.* 16 janv. 1823, Angers. [D.A.12.576.] — *Id.* 20 nov. 1839, Bourges. [D.P.40.2.211.] — *Id.* 28 avr. 1844, Bordeaux. [S.V.44.2.637.] — V. encore, comme se rattachant au même principe, les décisions des nos 10 et s., 27 et s., 53, 54, 55, 56, 65, 66, 77, 78, 87 et s.

71. Décidé que lorsqu'un témoin est reproché comme ayant un intérêt pareil à celui de la partie qui le produit, les juges peuvent ordonner qu'il sera entendu, *sauf à avoir tel égard que de raison à sa déposition.* — 8 juill. 1818, Rej. [S.26.1.165; C.N.6.–D.A.1.253.]

72. (*Juge.*) — L'abstention volontaire d'un juge dans un procès qui donne lieu à une enquête, ne le rend pas reprochable comme témoin. — 24 juin 1828, Rej. [S.28.1.434; C.N.9.–D.P.28.1.290.]

73. Un juge de première instance peut être appelé comme témoin dans une enquête ordonnée sur l'appel d'un jugement auquel il a concouru, alors qu'il s'agit uniquement de constater un fait postérieur à ce jugement; par exemple, si une pièce produite devant la Cour d'appel, et qui avait été soumise à l'examen du juge, a subi depuis quelque altération matérielle. — 17 juill. 1820, Paris. [S.20.2.338; C.N.6.] — *Sic,* Chauveau, q. 1114 *ter.* — *Contrà,* Pothier, *Thémis,* t. 10, p. 279.

74. Mais les juges de première instance ne peuvent être entendus comme témoins dans une enquête ordonnée en appel sur les faits qu'ils ont été appelés à apprécier dans leur jugement. — 11 janv. 1844, Douai. [S.V.44.2.392.]

75. De même, le président du tribunal de première instance ne peut pas plus être appelé comme témoin dans l'enquête qui précède une séparation de corps, pour y déposer sur les aveux que l'un des époux aurait

284. Le témoin reproché sera entendu dans sa déposition.

285. Pourront les individus âgés de moins de quinze ans révolus être entendus, sauf à avoir à leurs dépositions tel égard que de raison. [C. pr. 413; C. i. cr. 79.]

286. Le délai pour faire enquête étant expiré, la partie la plus diligente fera signifier à avoué copie des procès-verbaux, et poursuivra l'audience sur un simple acte. [Ord. 1667, tit. 22, art. 27. —C. pr. 82; Tar. 70.]

287. Il sera statué sommairement sur les reproches. [Ord. 1667, tit. 23, art. 5.— C. pr. 404 et s.]

288. Si néanmoins le fond de la cause était en état, il pourra être prononcé sur le tout par un seul jugement. [Ord. 1667, tit. 23, art. 3.— C. pr. 134, 172, 338, 473.]

289. Si les reproches proposés avant la déposition ne sont pas justifiés par écrit, la partie sera tenue d'en offrir la preuve, et de désigner les témoins; autrement elle n'y sera plus reçue: le tout sans préjudice des réparations, dommages et intérêts qui pourraient être dus au témoin reproché. [Ord. 1667, tit. 23, art. 4.—Tar. 71.]

290. La preuve, s'il y échet, sera ordonnée par le tribunal, sauf la preuve contraire, et sera faite dans la forme ci-après réglée pour les enquêtes sommaires. Aucun reproche ne pourra y être proposé, s'il n'est justifié par écrit. [C. pr. 407 et s.]

291. Si les reproches sont admis, la déposition du témoin reproché ne sera point lue. [Ord. 1667, tit. 23, art. 3.]

[illegible]

[284] — Sur l'application du principe écrit dans cet article, voy. les notes 1 à 4 de l'art. 291. — V. aussi art. 36, n° 5.

[285] — Les individus âgés de moins de 15 ans sont-ils dispensés de prêter serment? — V. art. 262, n° 18.

[286] — 1. La partie la plus diligente, qui veut poursuivre l'audience après les délais d'enquête et de contre-enquête, n'est pas obligée de signifier avec le procès-verbal de son enquête celui de la contre-enquête de la partie adverse [illegible]

[287 et 288] — 1. [illegible]

[289] — 1. [illegible]

[290]. . . . .

[291] — 1. [illegible]

292. L'enquête ou la déposition déclarée nulle par la faute du juge-commissaire sera recommencée à ses frais; les délais de la nouvelle enquête ou de la nouvelle audition de témoins courront du jour de la signification du jugement qui l'aura ordonnée: la partie pourra faire entendre les mêmes témoins; et si quelques-uns ne peuvent être entendus, les juges auront tel égard que de raison aux dépositions par eux faites dans la première enquête. [Ord. 1667, tit. 22, art. 30.]

293. L'enquête déclarée nulle par la faute de l'avoué, ou par celle de l'huissier, ne sera pas recommencée; mais la partie pourra en répéter les frais contre eux, même des dommages et intérêts, en cas de manifeste négligence; ce qui est laissé à l'arbitrage du juge. [Ord. 1667, tit. 22, art. 36.— C. pr. 71, 132, 360, 1031.]

294. La nullité d'une ou de plusieurs dépositions n'entraîne pas celle de l'enquête.

TITRE XIII.

Des Descentes sur les lieux.

295. Le tribunal pourra, dans les cas où il le croira nécessaire, ordonner que l'un des juges se transportera sur les lieux; mais il ne pourra l'ordonner dans les matières où il n'échoit qu'un simple rapport d'experts, s'il n'en est requis par l'une ou par l'autre des parties. [Ord. 1667, tit. 21, art. 1 et 12.— C. pr. 41, 302 et s.]

[illegible]

296. Le jugement commettra l'un des juges qui y auront assisté. [Ord. 1667, tit. 21, art. 2 et s. — C. pr. 1035.]

297. Sur la requête de la partie la plus diligente, le juge-commissaire rendra une ordonnance qui fixera les lieu, jour et heure de la descente; la signification en sera faite d'avoué à avoué, et vaudra sommation. [Ord. 1667, tit. 21, art. 3 et 4. — Tar. 70, 76, 92.]

298. Le juge-commissaire fera mention, sur la minute de son procès-verbal, des jours employés au transport, séjour et retour. [Ord. 1667, tit. 21, art. 12.]

299. L'expédition du procès-verbal sera signifiée par la partie la plus diligente aux avoués des autres parties; et, trois jours après, elle pourra poursuivre l'audience sur un simple acte. [Ord. 1667, tit. 21, art. 25. — C. pr. 82; Tar. 70.]

300. La présence du ministère public ne sera nécessaire que dans le cas où il sera lui-même partie. [C. pr. 83.]

301. Les frais de transport seront avancés par la partie requérante, et par elle consignés au greffe. [Ord. 1667, tit. 21, art. 5. — C. pr. 130, 319, 652.]

TITRE XIV.

Des Rapports d'experts.

302. Lorsqu'il y aura lieu à un rapport d'experts, il sera ordonné par un jugement, lequel énoncera clairement les objets de l'expertise. [Ord. 1667, tit. 21, art. 8. — C. pr. 42, 196, 230, 295, 971.]

303. L'expertise ne pourra se faire que par trois experts, à moins que les parties ne consentent qu'il soit procédé par un seul. [Ord. 1667, tit. 2, art. 9 et 15.—C. pr. 196, 232, 429, 955.]

304. Si, lors du jugement qui ordonne l'expertise, les parties se sont accordées pour nommer les experts, le même jugement leur donnera acte de la nomination.

305. Si les experts ne sont pas convenus par les parties, le jugement ordonnera qu'elles seront tenues d'en nommer dans les trois jours de la signification ; sinon, qu'il sera procédé à l'opération par les experts qui seront nommés d'office par le même jugement.

Ce même jugement nommera le juge-commissaire, qui recevra le serment des experts convenus ou nommés d'office : pourra néanmoins le tribunal ordonner que les experts prêteront leur serment devant le juge de paix du canton où ils procéderont. [Ord. 1667, tit. 21, art. 8 et 9.—C. pr. 1035, 1035.]

---

y ait là effet rétroactif, se faire selon les règles établies par le Code. — 23 fév. 1807, Rej. (S.7.1.151 ; C.n. 2.—D.A.12.919.) — *Id.* 23 juill. 1831, Rej. (S.V.32.1.611.—D.P.31.1.259.) — V. aussi 3 pluv. an 13, Poitiers (S.5.2.623 ; C.n.2.), et 15 avr. 1806, Turin. (S.7.2.14 ; C.n.2.—D.A.12.919.)

7. Les formes prescrites par le Code de procédure pour les expertises, ne doivent pas être suivies dans les matières d'enregistrement ; le Code de procédure n'a pas abrogé les dispositions de la loi du 22 frimaire an 7, spéciales dans ces matières. — [illegible]

[illegible]

306. Dans le délai ci-dessus, les parties qui se seront accordées pour la nomination des experts, en feront leur déclaration au greffe. [C. pr. 1033; Tar. 91.]

307. Après l'expiration du délai ci-dessus, la partie la plus diligente prendra l'ordonnance du juge, et fera sommation aux experts nommés par les parties ou d'office, pour faire leur serment, sans qu'il soit nécessaire que les parties y soient présentes. [Ord. 1667, tit. 21, art. 10.—Tar. 29, 76, 91.]

308. Les récusations ne pourront être proposées que contre les experts nommés d'office, à moins que les causes n'en soient survenues depuis la nomination et avant le serment. [C. pr. 197, 237, 430.]

309. La partie qui aura des moyens de récusation à proposer, sera tenue de le faire dans les trois jours de la nomination, par un simple acte signé d'elle ou de son mandataire spécial, contenant les causes de récusation, et les preuves, si elle en a, ou l'offre de les vérifier par témoins : le délai ci-dessus expiré, la récusation ne pourra être proposée, et l'expert prêtera serment au jour indiqué par la sommation. [Ord. 1667, tit. 21, art. 7.—C. pr. 1033; Tar. 71.]

310. Les experts pourront être récusés par les motifs pour lesquels les témoins peuvent être reprochés. [Ord. 1667, tit. 21, art. 9. — C. c. 25; C. pr. 283.]

311. La récusation contestée sera jugée sommairement à l'audience, sur un simple acte, et sur les conclusions du ministère public; les juges pourront ordonner la preuve par témoins, laquelle sera faite dans la forme ci-après prescrite pour les enquêtes sommaires. [Ord. 1667, tit. 21, art. 9.—C. pr. 83, 407 et s.; Tar. 71.]

312. Le jugement sur la récusation sera exécutoire, nonobstant l'appel. [C. pr. 391, 457.]

313. Si la récusation est admise, il sera d'office, par le même jugement, nommé un nouvel expert ou de nouveaux experts à la place de celui ou de ceux récusés.

314. Si la récusation est rejetée, la partie qui l'aura faite sera condamnée en tels dommages et intérêts qu'il appartiendra, même envers l'expert, s'il le requiert; mais, dans ce dernier cas, il ne pourra demeurer expert. [C. c. 1146 et s.; C. pr. 128, 390.]

315. Le procès-verbal de prestation de serment contiendra indication, par les experts, du lieu et des jour et heure de leur opération.

En cas de présence des parties ou de leurs avoués, cette indication vaudra sommation.

En cas d'absence, il sera fait sommation aux parties, par acte d'avoué, de se trouver aux jour et heure que les experts auront indiqués. [Ord. 1667, tit. 21, art. 10.—C. pr. 204, 267, 290, 1034; Tar. 70, 91.]

316. Si quelque expert n'accepte point la nomination, ou ne se présente point, soit pour le serment, soit pour l'expertise, aux jour et heure indiqués, les parties s'accorderont sur-le-champ pour en nommer un autre à sa place; sinon la nomination pourra être faite d'office par le tribunal.

L'expert qui, après avoir prêté serment, ne remplira pas sa mission, pourra être condamné par le tribunal qui l'avait commis, à tous les frais frustratoires, et même aux dommages-intérêts, s'il y échet. [C. c. 1146 et s.]

317. Le jugement qui aura ordonné le rapport, et les pièces nécessaires, seront remis aux experts; les parties pourront faire tels dires et réquisitions qu'elles jugeront convenables : il en sera fait mention dans le rapport; il sera rédigé sur le lieu contentieux, ou dans le lieu et aux jour et heure qui seront indiqués par les experts.

La rédaction sera écrite par un des experts et signée par tous; s'ils ne savent pas tous écrire, elle sera écrite et signée par le greffier de la justice de paix du lieu où ils auront procédé. [Ord. 1667, tit. 21, art. 10.—C. pr. 207, 956; Tar. 15, 92.]

[illegible]

[311] — Le ministère public doit être entendu, en matière de récusation d'experts, soit qu'il s'agisse d'experts nommés d'office, soit qu'il s'agisse d'experts convenus par les parties.—Carré et Chauveau, q. 1177.

[312] — 1. Bien que l'affaire dans laquelle des experts sont récusés doive être jugée au fond en dernier ressort, le jugement sur la récusation n'en est pas moins susceptible d'appel. — Pigeau, Comm., p. 563; Carré et Chauveau, q. 1178; Favard, t. 4, p. 703; Dalloz, t. 7, p. 665. — Contra, Thomine, n° 363; Boncenne, p. 474; Rodière, p. 168.

[illegible]

318. Les experts dresseront un seul rapport; ils ne formeront qu'un seul avis à la pluralité des voix.

Ils indiqueront néanmoins, en cas d'avis différents, les motifs des divers avis, sans faire connaître quel a été l'avis personnel de chacun d'eux. [Ord. 1667, tit. 21, art. 12 et 13. — C. c. 834, 1678, 1679; C. pr. 210 330.]

319. La minute du rapport sera déposée au greffe du tribunal qui aura ordonné l'expertise, sans nouveau serment de la part des experts; leurs vacations seront taxées par le président au bas de la minute; et il en sera délivré exécutoire contre la partie qui aura requis l'expertise, ou qui l'aura poursuivie, si elle a été ordonnée d'office. [Ord. 1667, tit. 21, art. 12 et 11. — C. pr. 209, 301, 431, 956.]

320. En cas de retard ou de refus de la part

[320] — Les experts peuvent, à raison de retard ou de refus de déposer leur rapport, être condamnés

des experts de déposer leur rapport, ils pourront être assignés à trois jours, sans préliminaire de conciliation, par-devant le tribunal qui les aura commis, pour se voir condamner, même par corps s'il y échet, à faire ledit dépôt; il y sera statué sommairement et sans instruction. [C. pr. 404; Tar. 159.]

521. Le rapport sera levé et signifié à avoué par la partie la plus diligente; l'audience sera poursuivie sur un simple acte. [Ord. 1667, tit. 21, art. 23.—C. pr. 82, 286, 289; Tar. 70.]

522. Si les juges ne trouvent point dans le rapport les éclaircissements suffisants, ils pourront ordonner d'office une nouvelle expertise, par un ou plusieurs experts qu'ils nommeront également d'office, et qui pourront demander aux précédents experts les renseignements qu'ils trouveront convenables.

523. Les juges ne sont point astreints à suivre l'avis des experts, si leur conviction s'y oppose.

TITRE XV.

De l'Interrogatoire sur faits et articles.

524. Les parties peuvent, en toutes matières et en tout état de cause, demander de se faire interroger respectivement sur faits et articles pertinents concernant seulement la matière dont est question, sans retard de l'instruction ni du jugement. [Ord. 1667, tit. 10, art. 1er.—C. pr. 119, 428, 1035.]

à des dommages-intérêts envers la partie qui en aurait éprouvé du préjudice.—Pigeau, *Comm.*, p. 576; Favard, t. 4, p. 706; Carré, q. 1210; Dalloz, t. 7, p. 677, n° 10; Thomine, n° 371; Boncenne, t. 4, p. 495; Chauveau, *ubi sup.*

[521] — 1. Si la partie qui lève le rapport d'experts n'est pas celle qui a requis l'expertise, elle peut se faire délivrer exécutoire du montant de cette expédition, et s'en faire rembourser comme de frais préjudiciaux.—Carré, q. 1211; Pigeau, *Proc.*, t. 1er, p. 309; Favard, t. 4, p. 706, n° 7; Dalloz, t. 7, p. 677, n° 21; Chauveau, *Comm. du tarif*, t. 1er, p. 313, n° 48. — *Contrà*, Thomine, n° 372; Boncenne, p. 491, *ad notam*; Rodière, p. 171.

2. Les conclusions à l'homologation d'un rapport d'experts étant inutiles, ne doivent point passer en taxe.—Pigeau, *Proc.*, t. 1er, p. 309; Demiau, p. 253; Favard, t. 4, p. 708, n° 9; Carré et Chauveau, q. 1213; Rodière, p. 171; Boucher d'Argis, p. 150. — *Contrà*, Hautefeuille, p. 177.

[522 et 523] — 1. L'art. 322, qui ne permet pas aux juges d'ordonner une seconde expertise, sans avoir, au préalable, déclaré la première insuffisante, ne s'applique pas au cas où la nouvelle expertise est provoquée et ordonnée en conséquence d'une tierce opposition au jugement rendu sur la première. — 5 avr. 1810, Rej. [S.11.1.1; C.n.3.-D.A.12.682.] — *Sic*, Merlin, *Quest.*, v° Cassat.; Favard, t. 4, p. 707, n° 1er; Carré et Chauveau, q. 1219.

2. Quand les juges, trouvant insuffisant un premier rapport d'experts, ordonnent une nouvelle expertise pour compléter la première, ils peuvent confier le soin de cette nouvelle expertise aux mêmes experts : ils ne sont pas tenus de choisir des experts nouveaux. —3 août 1856, Rej. [S.V.57.1.138.-D.P.56.1.459.] — *Id.* 4 janv. 1845, Rej. [S.V.45.1.120.-D.P.45.1.88.-P.45.1.307.]

3. *Id.* ... Surtout si cette nouvelle expertise a pour objet, non de contrarier les opérations des premiers experts, mais de les compléter. — 1er fév. 1832, Rej. [S.V.32.1.745.-D.P.32.1.372.] — *Id.* 19 déc. 1833, Rej. [S.V.35.1.56.-D.P.34.1.395.] — *Sic*, Favard, t. 4, p. 707; Thomine, n° 375; Chauveau, q. 1214 *bis*; Rodière, p. 174; Fréminville-Ligneville, *Legisl. des bâtim.*, t. 2, p. 515; Vincent, n° 78.

4. Les juges ont également cette faculté, bien que le nouveau rapport doive porter sur des points nouveaux de contestation, mais qui n'ont été proposés par l'une des parties que depuis la clôture du premier rapport. — 7 août 1827, Rej. [S.28.1.715; C.n.8.-D.P.27.1.454.]

5. Ils peuvent aussi, dans le cas de l'art. 322, nommer deux experts, sans le consentement des parties : la disposition de l'art. 303 est alors inapplicable. — Rodière, p. 175.

6. Et sans réserver aux parties le droit de les choisir elles-mêmes, comme dans le cas de l'art. 305. — Rodière, *ibid.*, qui ajoute que les parties ont cependant le droit de les choisir, tant que les choses sont encore entières.—V. *sup.*, art. 305, nos 6 et 7.

7. Du reste, les juges ne sont pas obligés d'ordonner une nouvelle expertise, en remplacement de celle qu'ils trouvent insuffisante ou erronée; ils peuvent statuer immédiatement au fond, à la condition toutefois de déclarer expressément qu'ils se décident d'après leur propre conviction (V. ci-après, n° 9). —22 mars 1815, Rej. [S.V.15.1.386; C.n.5.-D.A.5.760.] — *Id.* 2 mars 1832, Rej. [S.V.32.1.283.-D.P.32.1.406.] — *Id.* 9 avr. 1835, Rej. [S.V.35.1.658.-D.P.35.1.169.]

8. Et il en est ainsi, même alors qu'il a été nommé deux experts, et que ces deux experts sont d'avis différents : il n'est pas absolument nécessaire, en ce cas, que les juges désignent un tiers expert pour vider le partage; ils peuvent statuer, nonobstant cette opposition d'avis, si d'ailleurs leur religion se trouve suffisamment éclairée. — 20 frim. an 14, Rej. [S.7.2.977; C.n.2.-D.A.7.585.]

9. En principe, et bien qu'en général les rapports d'experts ne lient pas les juges, ceux-ci ne peuvent cependant s'en écarter arbitrairement, ou du moins sans donner de motifs à l'appui de leur décision. — 7 août 1815, Cass. [S.15.1.345; C.n.5.-D.A.7.686.] — *Id.* 8 janv. 1850, Bordeaux. [S.50.2.106; C.n.2.-D.P.50.2.46.] — *Sic*, Favard, t. 4, p. 707, n° 3; Berriat, p. 306, note 50; Rodière, p. 176.

10. Mais ce principe est inapplicable au cas où un juge de paix a été chargé de procéder à des renseignements relatifs à des faits sur lesquels les parties n'étaient pas d'accord : cette mission n'étant pas une véritable expertise, il s'ensuit que les juges peuvent s'écarter de l'avis émis par le juge de paix dans son rapport, sans être obligés de déclarer expressément dans leur jugement qu'ils se décident d'après leur propre conviction.—17 janv. 1833, Rej. [S.V.33.1.151.-D.P.33.1.83.]

11. Au surplus, une Cour d'appel qui, sans égard à une expertise par elle ordonnée, confirme le jugement de première instance, en adoptant les motifs de ce jugement, doit être considérée avoir, par là, implicitement exprimé, ainsi que la loi lui en faisait un devoir, que sa conviction était contraire à l'avis des experts.—25 juill. 1833, Rej. [S.V.33.1.616.-D.P.33.1.321.]

12. L'art. 323 n'est pas applicable dans les affaires d'enregistrement (V. *suprà*, art. 302, n° 7) : en cette matière, les juges ne peuvent s'écarter de l'opinion des experts; seulement, s'ils ne sont pas suffisamment éclairés par une première expertise, ils en ordonnent une seconde. —7 mars 1808, Cass. [S.8.1.241; C.n.2.-D.A.7.703.] — *Id.* 10 juill. 1817, Rej. [C.n.5.] — *Id.* 17 avr. 1826, Cass. [S.26.1.401; C.n.8.-D.P.26.1.225.] — *Id.* 24 mars 1851, Cass. [S.V.51.1.161.-D.P.51.1.80.] — *Sic*, Merlin, *Quest.*, v° Experts, § 10; Favard, v° Rapp. d'experts, sect. 2, n° 5; Championnière et Rigaud, *Dr. d'enreg.*, t. 4, n° 3272; Carré, q. 1220; Berriat, p. 307, note 5. — V. toutefois Chauveau, q. 1220.

13. Pareillement, et en vertu du même principe, les juges sont tenus, en cette matière, de suivre l'avis du tiers arbitre par eux nommé par suite de la divergence des deux premiers experts. —17 déc. 1844, Cass. [S.V.45.1.117.-D.P.45.1.48.-P.45.1.54.] — *Id.* 29 avr. 1845, Cass. [S.V.45.1.572.-D.P.45.1.215.]

14. V. art. 1677, *Cod. civ.*, nos 6 et 7; — art. 302, n° 11; — art. 303, nos 9 et 10; — art. 305, n° 6.

[524] Indication alphabétique.

1. L'interrogatoire sur faits et articles peut être ordonné pour établir l'existence d'une transaction. — 1er déc. 1810, Bruxelles. [S.11.2.282; C.n.3.-D.A.9.873.] — *Sic*, Merlin, *Répert.*, v° Transaction, § 8, n° 2; Marbeau, *Transact.*, nos 214 et s.; Duranton, t. 18, n° 406; Zachariæ, t. 3, p. 141, note 5. — *Contrà*, Troplong, *Transact.*, n° 31. — V. art. 1358, *Cod. civ.*, n° 4, et art. 2044, nos 10, 12 et s.

2. *Id.* pour établir l'existence d'un bail. — 3 juin 1845, trib. de Rouen (*Dr.* du 15 juin). — *Sic*, Duvergier, *Louage*, t. 1er, n° 257; Duranton, t. 17, n° 32; Carré, q. 1228, à la note.

3. Jugé en sens contraire. — 6 août 1813, Rouen. [C.n.4.-D.A.9.974.] — *Sic*, Troplong, *Louage*, n° 111; Agnel, *Cod. des propr. et loc.*, n° 111.

4. *Id.* pour prouver l'existence d'un bénéficiaire de rente. — 18 mars 1818, Rej. [S.18.1.274; C.n.5.-D.A.5.967.]

5. *Id.* pour prouver des faits impliquant renonciation à la prescription. — 18 mars 1813, Paris. [S.13.2.33; C.n.4.-D.A.9.974.]

5 *bis*. *Id.* dans les matières où l'aveu ne suffit pas par ex., en matière de séparation de corps. — Boncenne, *Proc.*, n° 265.

5 *ter*. Ou dans une question d'état. — Rodière, t. 2, p. 213.

6. Pareillement, on peut ordonner l'interrogatoire sur des faits dont l'aveu tournerait à la honte de l'interrogé, ou qui pourrait même l'exposer à des poursuites criminelles. — Merlin, *Rép.*, v° *Interrog. sur faits et art.*; Favard, *sod. verb.*, p. 114, n° 5; Berriat, p. 312; Carré, q. 1228; Pigeau, *Comm.*, p. 581; Dalloz, v° *Interr. sur faits et art.*, sect. 2, n° 6; Thomine, n° 377; Boncenne, p. 534; Bonnier, n° 263. — *Contrà*, Demiau, p. 254; Chauveau, q. 1228. — V. aussi, sous l'art. 1358, *Cod. civ.*, nos 8 et s.

7. Ainsi, une partie peut être interrogée sur des faits tendant à l'établir d'usure. — 3 avr. 1844, Liège. [S.14.2.344; C.n.3.-D.A.9.975.]

8. Jugé, au contraire, qu'une partie ne peut être tenue de répondre sur des faits tendant à faire avouer par cette partie un crime ou délit, soit de sa part, soit de la part de son père et mère. —17 fév. 1813, Bruxelles. [C.n.4.]

9. L'interrogatoire sur faits et articles ne peut être ordonné dans le cas où une partie oppose l'une des prescriptions fondées et établies par les art. 2271 et s., *Cod. civ.* —18 juin 1836, Lyon. [S.V.36.2.534.-D.P.36.2.151.] — *Sic*, Troplong, *Prescript.*, t. 2, n° 996; Curasson, *Compét. des jug. de paix*, t. 1er, p. 153. — *Contrà*, Toullier, t. 10, n° 345; Duranton, t. 13, n° 434, *in fine*. — V. les notes de l'art. 2275, *Cod. civ.*

10. Celui qui a pris qualité de légataire peut former une demande, ne peut exciper de la non-vérification de la signature du testament qui le nomme, pour refuser de subir un interrogatoire en la même qualité de légataire. — 18 mars 1818, Rej. [S.18.1.274; C.n.5.-D.A.5.967.]

11. En principe, les juges ne peuvent ordonner l'interrogatoire d'une personne qui n'est point partie au procès. — 10 avr. 1825, Caen. [S.25.2.171; C.n.8.-D.A.9.974.] — V. sur ce principe, Carré et Chauveau, q. 1221.

12. Jugé encore qu'un tribunal ne peut ordonner la comparution devant lui de tiers étrangers au procès, à l'effet de les interroger sur les faits de ce procès. — 24 janv. 1849, Bordeaux. [S.V.49.2.427.]

13. Décidé cependant qu'un tiers peut être mis en cause dans le seul but de fournir des renseignements qui sont à sa connaissance, comme ayant eu, par exemple, la résiliation de l'achat de l'une des parties litigantes. —4 mars 1847, Caen. [S.V.48.2.121.] — Cette décision ne nous paraît pas devoir être suivie. Autoriser une telle mise en cause, ce serait fournir souvent le moyen d'éluder les prohibitions relatives à l'admissibilité de la preuve testimoniale, et procéder à une enquête sans l'observation des formalités prescrites par la loi.

14. La femme peut être interrogée sur faits et articles, alors même que le mari est seul en cause, mais pour actions concernant la femme. — Carré, q. 1224;

325. L'interrogatoire ne pourra être ordonné que sur requête contenant les faits et par jugement rendu à l'audience ; il y sera procédé, soit devant le président, soit devant un juge par lui commis. [Ord. 1667, tit. 10, art. 1er.—Tar. 79.]

326. En cas d'éloignement, le président

[illegible]

pourra commettre le président du tribunal dans le ressort duquel la partie réside, ou le juge de paix du canton de cette résidence. [Ord. 1667, tit. 10, art. 1er.—C. pr. 1035.]

327. Le juge commis indiquera, au bas de l'ordonnance qui l'aura nommé, les jour et heure de l'interrogatoire ; le tout sans qu'il soit besoin de procès-verbal contenant réquisition, ou délivrance de son ordonnance. [Ord. 1667, tit. 10, art. 8.]

328. En cas d'empêchement légitime de la partie, le juge se transportera au lieu où elle est retenue. [Ord. 1667, tit. 10, art. 6.]

329. Vingt-quatre heures au moins avant l'interrogatoire, seront signifiées par le même exploit, à personne ou domicile, la requête et les ordonnances du tribunal, du président ou du juge qui devra procéder à l'interrogatoire, avec assignation donnée par un huissier qu'il aura commis à cet effet. [Ord. 1667, tit. 10, art. 3.—Tar. 29.]

330. Si l'assigné ne comparaît pas ou refuse de répondre après avoir comparu, il en sera dressé procès-verbal sommaire, et les faits pourront être tenus pour avérés. [Ord. 1667, tit. 10, art. 4.—C. civ. 1361 ; C. pr. 423.]

331. Si, ayant fait défaut sur l'assignation, il se présente avant le jugement, il sera interrogé, en payant les frais du premier procès-verbal et de la signification, sans répétition. [Ord. 1667, tit. 10, art. 5.]

332. Si, au jour de l'interrogatoire, la partie assignée justifie d'empêchement légitime, le juge indiquera un autre jour pour l'interrogatoire, sans nouvelle assignation.

333. La partie répondra en personne, sans pouvoir lire aucun projet de réponse par écrit, et sans assistance de conseil, aux faits contenus en la requête, même à ceux sur lesquels le juge l'interrogera d'office ; les réponses seront précises et pertinentes sur chaque fait, et sans aucun terme calomnieux ni injurieux : celui qui aura requis l'interrogatoire ne pourra y assister. [Ord. 1667, tit. 10, art. 6, 7, 8.—C. pr. 271.]

334. L'interrogatoire achevé sera lu à la partie, avec interpellation de déclarer si elle a dit vérité et persiste : si elle ajoute, l'addition sera rédigée en marge ou à la suite de l'interrogatoire ; elle lui sera lue, et il lui sera fait la même interpellation : elle signera l'interrogatoire et les additions ; et si elle ne sait ou ne veut signer, il en sera fait mention. [C. pr. 272.]

335. La partie qui voudra faire usage de l'interrogatoire, le fera signifier, sans qu'il puisse être un sujet d'écritures de part ni d'autre. [Tar. 70.]

336. Seront tenues les administrations d'établissements publics de nommer un administrateur ou agent pour répondre sur les faits et articles qui leur auront été communiqués : elles donneront, à cet effet, un pouvoir spécial dans lequel les réponses seront expliquées et affirmées véritables, sinon les faits pourront être tenus pour avérés ; sans préjudice de faire interroger les administrateurs et agents sur les faits qui leur seront personnels, pour y avoir, par le tribunal, tel égard que de raison. [Ord. 1667, tit. 10, art. 9.—C. pr. 1032.]

TITRE XVI.

Des Incidents.

§ 1er. — *Des Demandes incidentes.*

337. Les demandes incidentes seront formées par un simple acte contenant les moyens et les conclusions, avec offre de communiquer les pièces justificatives sur récépissé, ou par dépôt au greffe.

Le défendeur à l'incident donnera sa réponse par un simple acte. [Ord. 1667, tit. 11, art. 27. — C. pr. 77, 82, 181 et s., 406, 445, 473, 495, 718, 1031 ; Tar. 71.]

---

[327] — Il n'est pas nécessaire de présenter au juge commis pour procéder à l'interrogatoire une requête en fixation du jour et d'heure. Cette requête ne passerait point en taxe. — Delaporte, t. 1er, p. 327 ; *les Ann. du not.*, t. 2, p. 378 ; Carré, q. 1244 ; Favard, t. 3, p. 116, n° 6 ; Thomine, t. 1er, p. 375 ; Chauveau, *Comment. du Tarif*, p. 321, nos 13 et 15. V. aussi Boncenne, p. 542. — *Contrà*, Pigeau, t. 1er, p. 231 ; Demiau, p. 237 ; Hautefeuille, p. 180.

[328] . . . .

[329] — 1. Le délai fixé par le tribunal pour faire procéder à l'interrogatoire n'est pas fatal ; le demandeur peut en obtenir la prorogation. — 11 fév. 1809, Bruxelles. (S.11.2.41 ; C.N.3.-D.A.9.586.)

2. Les significations prescrites par l'art. 329 ne peuvent être données à un autre domicile que le domicile réel. — Delaporte, p. 313 ; Lepage, *Quest.*, p. 213 ; Pigeau, *Comm.*, t. 1er, p. 587 ; Favard, t. 3, p. 116, n° 9 ; Merlin, *Rép.*, v° *Interrogatoire*, § 7 ; *Le Prat. fr.*, t. 2, p. 282 ; Carré, q. 1247 ; Thomine, t. 1er, p. 534 ; Chauveau, *loc. cit.*

3. Est nulle l'assignation donnée à la personne qui doit subir l'interrogatoire, lorsqu'elle n'a pas été donnée par un huissier commis. — Carré, n° 1248 ; Favard, t. 3, p. 114, n° 9 ; Thomine, t. 1er, p. 534 ; Chauveau, *loc. cit.* — *Contrà*, Lepage, *Quest.*, p. 217.

[330] — 1. La partie peut refuser de répondre lorsque les faits ne sont pas pertinents, quoique le jugement les ait admis. — Demiau, p. 240 ; Carré et Chauveau, q. 1249. — V. aussi en ce sens, 1er déc. 1810, Bruxelles (J. av., t. 14, p. 714), et 28 juill. 1822, Amiens (J. av., t. 24, p. 253.) — *Contrà*, Commaille, t. 1er, p. 366.

2. Le refus de répondre peut être considéré comme constituant un commencement de preuve par écrit, autorisant l'admission de la preuve testimoniale. — 8 avril 1824, Rouen. (S.25.2.306 ; C.N.7.-D.P.25.2.33.) — V. art. 1347, Cod. civ., nos 25 et s.

[331] — Les juges ne peuvent se dispenser d'entendre la partie qui se présente. — 15 niv. an X, Cass. (S.7.2.1075 ; C.N.1.-D.A.9.579.)

[332] — Lorsque la partie, assignée pour subir un interrogatoire, ne s'est pas présentée par suite d'un empêchement qu'elle prétendait légitime, mais que le juge-commissaire n'a pas admis, elle peut présenter de nouveau son excuse au tribunal. — Chauveau, q. 1252 *bis* ; Pigeau, *Comm.*, t. 1er, p. 590.

[333] — 1. Sous le Code de procédure (à la différence de ce qui avait lieu sous l'ordon. de 1667), l'interrogatoire ne doit pas être précédé de serment. — Carré, n° 1253 ; Pigeau, *Comm.*, t. 1er, p. 591 ; Favard, t. 3, p. 117, n° 10 ; Thomine, t. 1er, p. 536 ; Chauveau, *loc. cit.*

2. Lorsque l'interrogatoire de plusieurs parties a été ordonné, dans la même affaire et sur les mêmes faits, il peut être procédé à l'interrogatoire des parties en présence les unes des autres, surtout s'il n'a pas été pris la précaution d'ordonner aussi les parties séparément. — 21 février 1826, Rennes. (S.28.2.166 ; C.N.8.-D.P.28.2.89.)

3. Les expressions de l'art. 333, d'après lesquelles la partie est tenue de répondre, même sur les questions que le juge-commissaire lui adresserait d'office, ne s'étendent pas jusqu'à donner à ce juge le pouvoir d'interroger sur des faits isolés qui n'auraient pas de rapport avec ceux contenus en la requête. — Delaporte, t. 2, p. 316 ; *le Praticien*, t. 2, p. 288 ; Demiau, p. 242 ; *Les Ann. du not.*, t. 2, p. 386 ; Carré, q. 1255 ; Berriat, t. 3, p. 316 ; Favard, t. 3, p. 117, n° 10 ; Dalloz, t. 9, p. 677, nos 9 et 10 ; Thomine, t. 1er, p. 537.

4. Du reste, pour que des réponses à un interrogatoire soient précises dans le sens de l'art. 333, il n'est pas nécessaire que l'interrogé réponde affirmativement ou négativement sur chaque question. Il suffit que les réponses ne soient ni vagues ni équivoques. — Carré et Chauveau, q. 1258, à la note. C'était anciennement l'opinion de Rodier. — *Contrà*, Delaporte, t. 1er, p. 333.

5. Les réponses faites dans l'interrogatoire constituent un commencement de preuve par écrit, qui rend admissible la preuve testimoniale. — V., à cet égard, les notes 25 et s. de l'art. 1347, Cod. civ.

6. Ces réponses peuvent-elles être divisées ? On décide assez généralement l'affirmative. — V. les notes 49 et s. de l'art. 1356, Cod. civ.

[334] . . . .

[335] — 1. La défense d'accompagner d'écritures la signification d'un interrogatoire sur faits et articles, ne s'applique pas au cas où l'interrogatoire a été ordonné dans un procès instruit par écrit. — Carré et Chauveau, n° 1260 ; Demiau, p. 243.

2. Mais le tribunal ne peut ordonner une instruction par écrit à l'occasion d'un interrogatoire sur faits et articles. — Carré, n° 1261 ; Demiau, p. 243 ; Berriat, p. 317, note 32. — *Contrà*, Favard, t. 3, p. 117, n° 11 ; Chauveau, *ubi suprà*.

[336] — 1. L'avoué d'un établissement public (d'un hospice) ne peut être choisi par les administrateurs, comme leur agent, pour présenter leurs réponses dans un interrogatoire sur faits et articles. La qualité d'*agent*, dans le sens de l'art. 336, n'appartient qu'à des personnes attachées à l'établissement, même par leurs fonctions. — 27 juin 1838, Toulouse. (S.V.39.2.73.-D.P.39.2.236.-P.39.2.152.) — *Sic*, Chauveau, n° 1264 *bis*.

2. L'administrateur nommé pour subir l'interrogatoire ne peut être interrogé d'office par le juge ; il doit se borner à lire les réponses telles qu'elles ont été expliquées et affirmées. — Carré, n° 1261 ; Demiau, p. 244 ; Berriat, p. 315, note 17 ; Pigeau, *Comm.*, t. 1er, p. 593 ; Favard, t. 3, p. 117, n° 12 ; Chauveau, *loc. cit.* (à moins que l'administrateur ne soit interrogé sur des faits à lui personnels.) — *Contrà*, Thomine, p. 539.

[337] — 1. En thèse générale, les demandes incidentes du demandeur originaire doivent, pour être recevables, se rattacher à l'instance principale, avoir avec elle identité de cause et d'objet. Et les demandes reconventionnelles du défendeur doivent pouvoir servir de défense à la demande principale. — Boncenne, t. 3, p. 19 et s., 41 et s. — Ce principe, enseigné par tous les auteurs (V. *suprà*, note [illegible] de la loi sur les justices de paix), reçoit cependant plusieurs exceptions : voy. ce que dit, à cet égard, M. Boncenne, *loc. cit.* Voy. aussi, comme exemples, les décisions rapportées aux nos 7 et 7 *bis* de l'art. 307, Cod. civ.

2. La demande des intérêts d'un prix de vente ne peut être considérée comme un accessoire de la demande en résolution de cette vente, et formée par simple acte d'avoué à avoué : c'est là une demande principale qui doit être formée par exploit signifié à personne ou domicile. — 14 avril 1833, Rej. (S.V.33.1.676.-D.P.36.1.336.)

3. Également, une demande en résiliation de bail ne peut être formée incidemment à une demande en validité de saisie-gagerie : elle doit l'être par action principale. — 18 déc. 1837, Bourges. (S.V.38.2.170.-D.P.38.2.38.-P.38.2.36.)

4. Au contraire, l'exception, par laquelle une femme séparée de biens oppose, lors de la liquidation de ses droits, l'intervention d'individus qui se prétendent ses créanciers, est un incident qui, par sa nature, doit être jugé par le tribunal qui a prononcé la séparation de biens et qui est encore saisi de l'instance en liquidation. — 3 janv. 1825, Cass. (S. 26.1.146 ; C.N.8.-D.P.25.1.67.)

5. La reconvention n'est admissible qu'autant que le juge est compétent à raison de la matière. Si la question incidente à la demande principale est hors du cercle des attributions du tribunal saisi de cette dernière demande, le juge ne peut connaître de l'incident. — 28 mai 1811, Cass. (S.11.1.271 ; C.N.3.-D.A.3.373.) — *Sic*, Merlin, *Quest.*, v° *Trib. comm.*, § 1er, p. 373 ; Henrion de Pansey, *Aut. jud.*, p. 253 ; Toullier, t. 7, n° 117 ; Carré, *Compét.*, n° 260 ; Favard, t. 2, p. 457 ; Berriat, t. 1er, p. 38 ; Chauveau, q. 1263 *ter* ; Foucher, *Comm. sur la loi du 11 avril 1838*, n° 334. — Le principe ci-dessus a reçu de fré-

338. Toutes demandes incidentes seront formées en même temps; les frais de celles qui seraient proposées postérieurement, et dont les causes auraient existé à l'époque des premières, ne pourront être répétés.

Les demandes incidentes seront jugées par préalable, s'il y a lieu; et, dans les affaires sur lesquelles il sera été ordonné une instruction par écrit, l'incident sera porté à l'audience, pour être statué ce qu'il appartiendra. [Ord. 1667, tit. 11, art. 27. — C. pr. 134, 190, 288, 341, 473, 1031.]

§ II. — *De l'Intervention.*

339. L'intervention sera formée par requête qui contiendra les moyens et conclusions, dont il sera donné copie ainsi que des pièces justificatives. [Ord. 1667, tit. 11, art. 28. — C. pr. 49, 65, 183, 406, 466, 536, 871; Tar. 75.]

[338]

[339] Indication alphabétique.

§ 1er. — *Quelles personnes peuvent ou doivent intervenir.*

340. L'intervention ne pourra retarder le jugement de la cause principale, quand elle sera en état. [C. pr. 343.]

341. Dans les affaires sur lesquelles il aura été ordonné une instruction par écrit, si l'intervention est contestée par l'une des parties, l'incident sera porté à l'audience. [C. pr. 95, 338.]

TITRE XVII.

Des Reprises d'instances, et Constitution de nouvel avoué.

342. Le jugement de l'affaire qui sera en état, ne sera différé, ni par le changement d'état des parties, ni par la cessation des fonctions dans lesquelles elles procédaient, ni par leur mort, ni par les décès, démissions, interdictions ou destitutions de leurs avoués. [Ord. 1667, tit. 26, art. 1 et 2.—C. pr. 75, 98, 99, 148, 162, 397, 426, 1038.]

343. L'affaire sera en état, lorsque la plaidoirie sera commencée ; la plaidoirie sera réputée commencée, quand les conclusions auront été contradictoirement prises à l'audience.

Dans les affaires qui s'instruisent par écrit, la cause sera en état quand l'instruction sera complète, ou quand les délais pour les productions et réponses seront expirés. [C. pr. 95 et s., 369, 383.]

344. Dans les affaires qui ne seront pas en état, toutes procédures faites postérieurement à la notification de la mort de l'une des parties, seront nulles ; il ne sera pas besoin de signifier les décès, démissions, interdictions ni destitutions des avoués ; les poursuites faites et les jugements obtenus depuis seront nuls, s'il n'y a constitution de nouvel avoué. [Ord. 1667, tit. 26, art. 2.—C. pr. 75, 447, 1029, 1038 ; Tar. 70.]

345. Ni le changement d'état des parties, ni la cessation des fonctions dans lesquelles elles procédaient, n'empêcheront la continuation des procédures.

Néanmoins, le défendeur qui n'aurait pas constitué avoué avant le changement d'état ou le décès du demandeur, sera assigné de nouveau à un délai de huitaine, pour voir adjuger les conclusions, et sans qu'il soit besoin de constitution préalable. [C. pr. 48, 72 et s., 75, 1038.]

---

droit de former tierce-opposition. — 15 octobre 1867, Rej. [illegible] — V. ci-après, art. 340, nos 4 et 3.

25. Toutefois, de ce qu'un tiers aurait le droit de former tierce-opposition à un arrêt, il s'ensuit bien qu'il pourrait intervenir en cause d'appel, [illegible]

26. [illegible]

27. [illegible]

28. [illegible]

§ 2. — Formes de l'intervention. — Compétence. — Effets.

29. L'intervention ne peut être formée par conclusions verbales. — Bourbeau, p. 113.

29 bis. [illegible]

30. [illegible]

31. [illegible]

31 bis. [illegible]

32. Les tribunaux français, compétemment saisis d'une demande formée par un étranger contre un Français, sont par cela même compétents pour statuer sur l'intervention que formerait dans l'instance un autre étranger, [illegible]

33. [illegible]

34. [illegible]

35. [illegible]

36. V. art. 406 (Matière sommaire).

[340] — 1. [illegible]

2. [illegible]

3. [illegible]

4. L'art. 340 est applicable à l'intervention provoquée, comme à l'intervention volontaire. [illegible]

5. [illegible]

6. [illegible]

... juges ne peuvent réserver celle-ci pour y être fait droit après le jugement du principal. — Bourbeau, p. 165.

[341] . . . .

[342-345] **Indication alphabétique.**

1. L'art. 342 est applicable dans le cas de saisie immobilière. [illegible]

2. [illegible]

3. [illegible]

4. [illegible]

5. [illegible]

6. [illegible]

7. [illegible]

346. L'assignation en reprise ou en constitution sera donnée aux délais fixés au titre des *Ajournements*, avec indication des noms des avoués qui occupaient, et du rapporteur, s'il y en a. [Ord. 1667, tit. 6, art. 1er. — C. pr. 72, 95.]

347. L'instance sera reprise par acte d'avoué à avoué. [C. pr. 75; Tar. 71.]

548. Si la partie assignée en reprise conteste, l'incident sera jugé sommairement. [C. pr. 404 et s.; Tar. 75.]

549. Si, à l'expiration du délai, la partie assignée en reprise ou en constitution ne comparaît pas, il sera rendu jugement qui tiendra la cause pour reprise, et ordonnera qu'il sera procédé suivant les derniers errements, et sans qu'il puisse y avoir d'autres délais que ceux qui restaient à courir. [C. pr. 149 et s., 375.]

550. Le jugement rendu par défaut contre une partie, sur la demande en reprise d'instance ou en constitution de nouvel avoué, sera signifié par un huissier commis; si l'affaire est en rapport, la signification énoncera le nom du rapporteur. [C. pr. 95, 156; Tar. 29.]

551. L'opposition à ce jugement sera portée à l'audience, même dans les affaires en rapport. [C. pr. 93, 157 et s., 165.]

TITRE XVIII.

Du Désaveu.

552. Aucunes offres, aucun aveu ou consentement, ne pourront être faits, donnés ou acceptés sans un pouvoir spécial, à peine de désaveu. [Ord. 1667, tit. 35, art. 34. — C. c. 1109, 1258 et s., 1356, 1987; C. pr. 49, 152, 402, 812 et s.]

[illegible]

[548] — 1. [illegible]

[549 et 550] — 1. [illegible]

[551] — 1. L'opposition à un jugement par défaut sur une demande en reprise d'instance, ne peut [illegible]

[552] Indication alphabétique.

[illegible]

§ 1er. — *Du mandat des officiers ministériels.*

[illegible]

353. Le désaveu sera fait au greffe du tribunal qui devra en connaître, par un acte signé de la partie, ou du porteur de sa procuration spéciale et authentique. L'acte contiendra les moyens, conclusions et constitution d'avoué. [C. pr. 49 370; T. 92.]

354. Si le désaveu est formé dans le cours d'une instance encore pendante, il sera signifié, sans autre demande, par acte d'avoué, tant à l'avoué contre lequel le désaveu est dirigé, qu'aux autres avoués de la cause, et ladite signification vaudra sommation de défendre au désaveu. [Tar. 70, 75, 76.]

---

§ 2. — *Qui peut être désavoué.*

[illegible]

§ 3. — *Comment le désaveu est intenté ou exigé. — Délai du désaveu.*

[illegible]

[353] — 1. [illegible]

[354] — [illegible] — Dumiry, p. 244; Carré et Chauveau, n° 1319.

355. Si l'avoué n'exerce plus ses fonctions, le désaveu sera signifié par exploit à son domicile : s'il est mort, le désaveu sera signifié à ses héritiers, avec assignation au tribunal où l'instance est pendante, et notifié aux parties de l'instance, par acte d'avoué à avoué. [Tar. 29, 70.]

356. Le désaveu sera toujours porté au tribunal devant lequel la procédure désavouée aura été instruite, encore que l'instance dans le cours de laquelle il est formé soit pendante en un autre tribunal; le désaveu sera dénoncé aux parties de l'instance principale, qui seront appelées dans celle de désaveu. [C. pr. 59.]

357. Il sera sursis à toute procédure et au jugement de l'instance principale, jusqu'à celui du désaveu, à peine de nullité; sauf cependant à ordonner que le désavouant fera juger le désaveu dans un délai fixe, sinon qu'il sera fait droit.

358. Lorsque le désaveu concernera un acte sur lequel il n'y a point instance, la demande sera portée au tribunal du défendeur. [C. pr. 59.]

359. Toute demande en désaveu sera communiquée au ministère public [C. pr. 83, 480-8°.]

360. Si le désaveu est déclaré valable, le jugement, ou les dispositions du jugement relatives aux chefs qui ont donné lieu au désaveu, demeureront annulées et comme non avenues : le désavoué sera condamné, envers le demandeur et les autres parties, en tous dommages intérêts, même puni d'interdiction, ou poursuivi extraordinairement, suivant la gravité du cas et la nature des circonstances. [C. civ. 1149, 1382, 1997, C. pr. 128, 132, 1029, 1031.]

361. Si le désaveu est rejeté, il sera fait mention du jugement de rejet en marge de l'acte de désaveu, et le demandeur pourra être condamné, envers le désavoué et les autres parties, en tels dommages et réparations qu'il appartiendra. [C. c. 1149, 1382, C. p. 128; Tar. 91.]

362. Si le désaveu est formé à l'occasion d'un jugement qui aura acquis force de chose jugée, il ne pourra être reçu après la huitaine, à dater du jour où le jugement devra être réputé exécuté, aux termes de l'article 159 ci-dessus.

TITRE XIX.

Des Règlements de juges.

363. Si un différend est porté à deux ou à plusieurs tribunaux de paix ressortissant au même tribunal, le règlement de juges sera porté à ce tribunal.

Si les tribunaux de paix relèvent de tribunaux différents, le règlement de juges sera porté à la Cour royale.

Si ces tribunaux ne ressortissent pas de la même Cour royale, le règlement sera porté à la Cour de cassation.

Si un différend est porté à deux ou à plusieurs tribunaux de première instance ressortissant à la même Cour royale, le règlement de juges sera porté à cette Cour. Il sera porté à la Cour de cassation, si les tribunaux ne ressortissent pas tous à la même Cour royale, ou si le conflit existe entre une ou plusieurs Cours. [Ord. d'août 1737, tit. 2, art. 1er. — C. pr. 49, 83, 171; C. i. cr. 525 et suiv.]

---

[355] — L'assignation donnée aux héritiers de l'avoué décédé doit être signifiée à chacun individuellement, et non à tous collectivement par un seul exploit. — Pigeau, *Comm.*, p. 684; Chauveau, q. 1309 *bis*. — *Contrà*, Boitard, t. 2, p. 301.

[356] — 1. Le désaveu contre un agréé (voy. *sup.*, art. 352, n°s 25 et s.) doit être porté au tribunal civil et non au tribunal de commerce devant lequel a été fait l'aveu ou la reconnaissance donnant lieu au désaveu. — 22 juin 1824, Nîmes. [S.25.2.176; C.N.7. -D.A.5.132.] — *Id.* 19 juill. 1809, Rennes. (*Jurisp. des Cours souveraines*, t. 3, p. 244.) — *Sic*, Carré, q. 1311; Favard, t. 2, p. 72; Thomine, p. 563; Nouguier, *Trib. de comm.*, t. 1er, p. 155. — *Contrà*, Dalloz, t. 3, p. 117; Chauveau, *loc. cit.*; Rodière, t. 2, p. 418.

2. L'action en désaveu formée après l'appel, relativement à un acte fait en première instance, doit être portée devant ce tribunal. — Carré, q. 1310. — V. Lepage, p. 232; Demiau, p. 267; Pigeau, t. 1er, p. 416.

3. Une Cour d'appel est incompétente pour statuer incidemment à une contestation dont elle est saisie, sur une action en désaveu dirigée contre l'huissier, relativement à l'exploit de signification du jugement dont est appel. — 24 mars 1810, Bruxelles. [S.14.2.545; C.N.3.-D.A.5.121.]

[357] — 1. Il n'y a pas lieu de surseoir au jugement du principal, jusqu'après jugement du désaveu, lorsque la partie adverse du désavouant déclare renoncer à tirer aucun avantage des actes désavoués. — 12 août 1841, Rej. [S.V.41.1.865.-D.P.41.1.337. -P.41.2.369.]

2. Jugé encore que les juges saisis d'une action en désaveu devenue sans objet, peuvent ne pas surseoir et statuer au fond immédiatement. — 20 mai 1809, Turin. [S.16.2.258; C.N.3.]

3. Les juges peuvent aussi refuser de surseoir lorsque le désaveu, supposé admis, ne devrait avoir aucune influence sur la décision de la cause principale, et que, par conséquent, cette cause est susceptible d'être jugée indépendamment de l'action en désaveu. — Delaporte, *Pandect. fr.*, t. 1er, p. 331; Rodière, t. 2, p. 421; Bioche et Goujet, v° *Désaveu*, n° 82; Chauveau, q. 1312. — Mais Carré, *loc. cit.*, et Favard, v° *Désaveu*, § 5, n° 2, refusent aux juges le pouvoir d'examiner si l'action en désaveu est ou non de nature à influer sur la décision du fond, et leur font une obligation du sursis dans tous les cas.

4. Décidé, dans le sens de la première opinion, que lorsque, dans une cause d'appel, une des parties demande un sursis à raison d'un désaveu qu'elle a formé contre l'avoué qui a occupé pour elle en première instance, les juges peuvent, avant d'accorder le sursis demandé, examiner si les faits sur lesquels porte le désaveu ont le caractère nécessaire pour donner lieu à une action en désaveu, et si le désaveu formé dans la cause est de nature à exercer une influence directe sur le jugement du fond : dans le cas de l'affirmative, ils doivent accorder le sursis demandé, sans pouvoir examiner au fond si l'objet du désaveu est sérieux, ou si, au contraire il ne tend qu'à obtenir un délai. — 16 juill. 1844, Montpellier. [S.V.45.2.385.]

5. Décidé encore que les juges peuvent refuser de surseoir à leur décision sur le fond, si le désaveu leur paraît n'être pas fondé sur des motifs légaux. — 15 janv. 1813, Metz. [C.N.4.]

6. Suivant Pigeau, t. 1er, p. 419; Carré et Chauveau, q. 1315, le tribunal peut d'ailleurs statuer par un seul et même jugement sur le désaveu et sur le fond, lorsque l'instruction est en état sur l'un et sur l'autre.

7. Au reste, le désavouant est seul recevable à se plaindre de ce que le tribunal a refusé de surseoir sur son action en désaveu : une autre partie, qui s'est bornée à se joindre aux conclusions du désavouant à fin de sursis, n'est pas recevable à se faire un moyen de cassation du refus de ce sursis. — 12 août 1841, Rej. [S.V.41.1.865.-D.P.41.1.337.-P.41.2.369.]

8. Et la partie demanderesse en désaveu, qui a consenti à la jonction de cette demande à la demande principale, ne peut ensuite se faire un moyen de cassation de ce que, contrairement à l'art. 357, il aurait été prononcé sur le tout par un seul et même jugement. — 15 août 1837, Rej. [S.V.38.1.74; C.N.9.-D.P.37.1.409.]

9. Remarquons qu'en cas de désaveu formé pendant une instance d'appel contre l'avoué qui a occupé en première instance, la Cour d'appel n'est pas obligée de surseoir au jugement du fond, si l'acte de désaveu n'est pas produit devant elle. — 22 juin 1837, Rej. [S.V.37.1.990.-D.P.37.1.379.-P.37.2.597.]

10. Et que le désaveu, formé après le jugement de l'instance, ne peut suspendre l'exécution de ce jugement. — 16 mai 1835, Paris. [S.V.35.2.425.]

[358 et 359] . . . .

[360] — 1. Il n'y a lieu de condamner l'officier ministériel désavoué des dommages-intérêts qu'autant que les juges reconnaissent qu'il y a eu faute de sa part; à cet égard, la disposition de l'art. 360 n'est pas absolue, mais seulement facultative. — 27 août 1835, Rej. [S.V.35.1.888.-D.P.35.1.370.] — *Sic*, Rodière, t. 2, p. 422.

2. Avant le Code de procédure, il a même été décidé qu'il n'y avait lieu à des dommages et intérêts contre le désavoué qu'après que la partie avait inutilement tenté toutes les voies du droit pour faire réformer le jugement dont elle se plaignait. — 12 avril 1806, Paris. [S.7.2.902; C.N.2.-D.A.5.145.] — Mais cette décision ne paraît pas devoir être suivie aujourd'hui, en présence de l'art. 360 : c'est aussi ce qu'enseignent Merlin, *Répert.*, t. 5, p. 601; Pigeau, *Comm.*, t. 1er, p. 659; Bioche et Goujet, v° *Désaveu*, n° 92; Chauveau, q. 1317 *bis*.

3. V. *suprà*, art. 352, n° 37.

4. Sur le dernier ressort en cette matière, voy. les annotations de l'art. 453.

[361] . . . .

[362] — 1. Le désaveu contre un avoué à l'occasion d'un jugement contradictoire, cesse d'être recevable dès l'instant que ce jugement a acquis l'autorité de la chose jugée; il n'est pas nécessaire, dans ce cas, que le délai de huitaine se soit écoulé à dater du jour où le jugement doit être réputé exécuté, comme à l'égard des jugements par défaut. — 10 fév. 1840, Toulouse. [S.V.40.2.227.-D.P.40.2.154.-P.40.1.616.] — *Sic*, Delaporte, t. 2, p. 432; *Ann. du not.*, t. 2, p. 138. — *Contrà*, Carré et Chauveau, n° 1318; Thomine, t. 1er, p. 570; Boitard, p. 410 et s.; Bourbeau, p. 289.

2. Le désaveu est recevable, même après le paiement des frais à l'avoué en retirant les pièces : on ne peut pas dire que ce soit là une exécution du jugement dans le sens de l'art. 159, Cod. proc. civ. — 22 juill. 1813, Paris. [S.14.2.332; C.N.3.-D.A.2.229.] — V. *suprà*, les notes de l'art. 159.

3. Lorsqu'un chef de demande a été omis dans les conclusions prises par l'avoué, de sorte que les juges n'ont point statué sur ce chef, la partie au préjudice de laquelle a eu lieu l'omission, est recevable à former une action en désaveu contre son avoué, qui a pris des conclusions incomplètes, alors même qu'elle a signifié et exécuté le jugement ou l'arrêt, si cette signification n'a eu lieu que sous réserves de se pourvoir quant au chef omis. — Peu importe, à cet égard, que les réserves ne fissent pas mention expresse de l'action en désaveu. — 22 mars 1843, Cass. [S.V.43.1.300. -D.P.43.1.161.]

4. V. art. 352, n° 46.

[363] — *Cas dans lesquels il y a lieu ou non à règlement de juges (Conflit positif, Connexité, Conflit négatif, Tribunal étranger, etc.).* — *Compétence.*

1. Il n'y a pas lieu à se pourvoir en règlement de juges, avant que les tribunaux, entre lesquels le conflit peut s'élever, soient saisis de la contestation; autrement ce serait non un règlement, mais une indication de juges. — 2 fév. 1812, Turin. [S.14.2.350; C.N.4.-D.A.7.281.]

2. Et du reste, l'interpellation pour se concilier sur une demande projetée, n'est point une demande judiciaire d'où puisse résulter l'exception de litispendance. — Il en est de même de l'interpellation reconventionnelle faite par le défendeur en conciliation. — 7 fév. an 12, Paris. [S.4.2.710; C.N.1.-D.A.7.288.]

3. Il y a lieu à règlement de juges, dans les cas suivants :

...... Lorsque la vente judiciaire d'un immeuble saisi se trouve poursuivie devant deux tribunaux à la fois, alors même qu'il aurait été rendu sur chaque poursuite des jugements ou arrêts contraires : il n'y a pas nécessité de prendre la voie de la requête civile ou du pourvoi en cassation. — Et, dans ce cas, c'est au tribunal de la situation de l'immeuble que la compétence doit être attribuée. — 29 mai 1838, Cass. [S.V.38.1.539.-D.P.38.1.252.-P.38.2.68.]

4. ...... Lorsque plusieurs demandes, entre les mêmes parties, sont portées séparément devant divers tribunaux, à raison de la différente situation des biens litigieux, si les demandes reposent toutes sur le même titre et sont fondées sur les mêmes moyens. — En un tel cas, et s'il n'existe d'ailleurs aucun autre motif de

364. Sur le vu des demandes formées dans différents tribunaux, il sera rendu, sur requête, jugement portant permission d'assigner en règlement, et les juges pourront ordonner qu'il sera sursis à toute procédure dans lesdits tribunaux. [Ord. 1737, tit. 2, art. 2 et 8.—C. pr. 83; C. i. cr. 528; Tar. 78.]

365. Le demandeur signifiera le jugement et assignera les parties au domicile de leurs avoués.

Le délai pour signifier le jugement et pour assigner sera de quinzaine, à compter du jour du jugement.

Le délai pour comparaître sera celui des ajournements, en comptant les distances d'après le domicile respectif des avoués. [Ord. 1737, tit. 2, art. 9 et 10.—C. pr. 261, 1033; Tar. 29.]

366. Si le demandeur n'a pas assigné dans les délais ci-dessus, il demeurera déchu du règlement de juges, sans qu'il soit besoin de le faire ordonner; et les poursuites pourront être continuées dans le tribunal saisi par le défendeur en règlement. [Ord. 1737, tit. 2, art. 13. — C. pr. 1029.]

367. Le demandeur qui succombera pourra être condamné aux dommages-intérêts envers les autres parties. [Ord. 1737, tit. 2, art. 29. — C. civ. 1149, 1382; C. pr. 128; C. i. cr. 541.]

TITRE XX.

Du Renvoi à un autre tribunal pour parenté ou alliance.

368. Lorsqu'une partie aura deux parents ou alliés jusqu'au degré de cousin issu de germain inclusivement, parmi les juges d'un tribunal de première instance, ou trois parents ou alliés au même degré dans une Cour royale; ou lorsqu'elle aura un parent audit degré parmi les juges du tribunal de première instance, ou deux parents dans la Cour royale, et qu'elle-même sera membre du tribunal ou de cette Cour, l'autre partie pourra demander le renvoi. [Ord. 1737, tit. 1er, art. 2 et s. — C. pr. 49, 83, 168; C. i. cr. 542 et s.]

369. Le renvoi sera demandé avant le commencement de la plaidoirie ; et, si l'affaire est en rapport, avant que l'instruction soit achevée, ou que les délais soient expirés ; sinon il ne sera plus reçu. [Ord. 1737, tit. 1, art. 28. — C. pr. 96 et s., 343, 385 ; C. i. cr. 343.]

370. Le renvoi sera proposé par acte au greffe, lequel contiendra les moyens, et sera signé de la partie ou de son fondé de procuration spéciale et authentique. [Ord. 1737, tit. 1er, art. 33. — C. pr. 353, 384, 392. — Tar. 92.]

371. Sur l'expédition dudit acte, présentée avec les pièces justificatives, il sera rendu jugement qui ordonnera,

1° La communication aux juges à raison desquels le renvoi est demandé, pour faire, dans un délai fixe, leur déclaration au bas de l'expédition du jugement ;

2° La communication au ministère public ;

3° Le rapport, à jour indiqué, par l'un des juges nommés par ledit jugement. [Ord. 1737, tit. 1er, art. 35. — C. pr. 83, 385 et s.]

372. L'expédition de l'acte à fin de renvoi, les pièces y annexées, et le jugement mentionné en l'article précédent, seront signifiés aux autres parties. [Ord. 1737, tit. 1er, art. 37. — Tar. 70.]

373. Si les causes de la demande en renvoi sont avouées ou justifiées dans un tribunal de première instance, le renvoi sera fait à l'un des autres tribunaux ressortissant en la même Cour royale ; et si c'est dans une Cour royale, le renvoi sera fait à l'une des trois Cours les plus voisines. [Tar. 75.]

374. Celui qui succombera sur sa demande en renvoi, sera condamné à une amende qui ne pourra être moindre de cinquante francs, sans préjudice des dommages-intérêts de la partie, s'il y a lieu. [Ord. 1737, tit. 1er, art. 79. — C. civ. 1149, 1382 ; C. pr. 126, 246, 390, 471, 479, 500, 513, 516, 1025, 1029.]

375. Si le renvoi est prononcé, qu'il n'y ait pas d'appel, ou que l'appelant ait succombé, la contestation sera portée devant le tribunal qui devra en connaître, sur simple assignation ; et la procédure y sera continuée suivant ses derniers errements. [Ord. 1737, tit. 1er, art. 92.]

376. Dans tous les cas, l'appel du jugement de renvoi sera suspensif. [C. pr. 392 et s., 457.]

377. Sont applicables audit appel les dispositions des articles 392, 393, 394, 395, titre *de la Récusation*, ci-après.

TITRE XXI

De la Récusation.

378. Tout juge peut être récusé pour les causes ci-après :

1° S'il est parent ou allié des parties, ou de l'une d'elles, jusqu'au degré de cousin issu de germain inclusivement ;

2° Si la femme du juge est parente ou alliée de l'une des parties, ou si le juge est parent ou allié de la femme de l'une des parties, au degré ci-dessus, lorsque la femme est vivante, ou qu'étant décédée, il en existe des enfants : si elle est décédée et qu'il n'y ait point d'enfants, le beau-père, le gendre ni les beaux-frères ne pourront être juges.

La disposition relative à la femme décédée s'appliquera à la femme divorcée, s'il existe des enfants du mariage dissous ;

3° Si le juge, sa femme, leurs ascendants et descendants, ou alliés dans la même ligne, ont un différend sur pareille question que celle dont il s'agit entre les parties ;

4° S'ils ont un procès en leur nom dans un

[illegible]

[369] — 1. [illegible]

[370] — 1. [illegible]

[371 à 373] — 1. [illegible]

[374]. . . . .

[375] — L'assignation prescrite par l'art. 375, [illegible]

[376] — Le jugement de renvoi [illegible]

[377]. . . . .

[378] **Indication alphabétique.**

[illegible]

§ 1er. — *Règles générales sur la récusation.* [illegible]

[illegible]

tribunal où l'une des parties sera juge; s'ils sont créanciers ou débiteurs d'une des parties;

5° Si, dans les cinq ans qui ont précédé la récusation, il y a eu procès criminel entre eux et l'une des parties, ou son conjoint, ou ses parents ou alliés en ligne directe;

6° S'il y a procès civil entre le juge, sa femme, leurs ascendants et descendants, ou alliés dans la même ligne, et l'une des parties, et que ce procès, s'il a été intenté par la partie, l'ait été avant l'instance dans laquelle la récusation est proposée; si, ce procès étant terminé, il ne l'a été que dans les six mois précédant la récusation;

7° Si le juge est tuteur, subrogé-tuteur ou curateur, héritier présomptif, ou donataire, maître ou commensal de l'une des parties; s'il est administrateur de quelque établissement, société ou direction, partie dans la cause; si l'une des parties est sa présomptive héritière;

8° Si le juge a donné conseil, plaidé ou écrit sur le différend; s'il en a précédemment connu comme juge ou comme arbitre; s'il a sollicité, recommandé ou fourni aux frais du procès; s'il a déposé comme témoin; si, depuis le commencement du procès, il a bu ou mangé avec l'une ou l'autre des parties dans leur maison, ou reçu d'elle des présents;

9° S'il y a inimitié capitale entre lui et l'une des parties; s'il y a eu, de sa part, agressions, injures ou menaces, verbalement ou par écrit, depuis l'instance ou dans les six mois précédant la récusation proposée. [Ord. 1667, tit. 24, art. 1 à 12. — C. pr. 14, 197, 363 et s., 368 et s., 514. 1014.]

---

récusation, n'est, en réalité, comme la récusation d'un tribunal entier, qu'une demande en renvoi pour cause de suspicion légitime, et doit, par conséquent, être portée devant la Cour de cassation, si les membres récusés font partie d'une Cour d'appel. — 4 mai 1851, Rej. [S.V.51.1.503.]

5. Les arbitres forcés, en matière de société commerciale, peuvent être récusés pour les mêmes causes que les juges ordinaires. — 31 déc. 1825, Paris. [C.N.8.]

6. Mais ils ne peuvent l'être que pour les causes énoncées à l'art. 378. — 18 déc. 1829, Bourges. [S.V.32.1.672.–D.P.32.1.169.]

7. Décidé aussi que les règles tracées par le Code de procédure sur le mode et les formes de la récusation des juges, sont applicables à la récusation des arbitres. — 29 fév. 1838, Rej. [S.V.38.1.750.–D.P.38.1.152.–P.38.385.] [illegible]

8. Jugé, au contraire, que les règles dont il s'agit ne sont pas applicables aux récusations d'arbitres. — 28 août 1838, Toulouse. [S.V.39.2.85.–D.P.39.2.13.–P.38.2.602.]

9. Les règles du Code de procédure sur la récusation des juges sont applicables en matière criminelle ou correctionnelle, à défaut de dispositions sur ce point dans le Code d'instruction criminelle. — 20 oct. 1817, Cass. [illegible]

[illegible]

§ 2. — Causes de récusation.

15. L'énumération des causes de récusation des ju- [illegible]

379. Il n'y aura pas lieu à récusation, dans les cas où le juge serait parent du tuteur ou du curateur de l'une des deux parties, ou des membres ou administrateurs d'un établissement, société, direction ou union, partie dans la cause, à moins que lesdits tuteurs, administrateurs ou intéressés, n'aient un intérêt distinct ou personnel.

380. Tout juge qui saura cause de récusation en sa personne, sera tenu de la déclarer à la chambre, qui décidera s'il doit s'abstenir. [Ord. 1667, tit. 24, art. 17 et 18.]

381. Les causes de récusation relatives aux juges sont applicables au ministère public, lorsqu'il est partie jointe; mais il n'est pas récusable lorsqu'il est partie principale.

382. Celui qui voudra récuser devra le faire avant le commencement de la plaidoirie; et, si l'affaire est en rapport, avant que l'instruction soit achevée, ou que les délais soient expirés, à moins que les causes de la récusation ne soient survenues postérieurement. [Ord. 1667, tit. 24, art. 20.—C. pr. 96, 97, 99, 343, 389.]

383. La récusation contre les juges commis aux descentes, enquêtes et autres opérations, ne

---

[illegible]

[379] — [illegible]

[380] — 1. [illegible]

[381] — Le ministère public ne peut être récusé en matière criminelle, lorsqu'il poursuit une action publique et est ainsi partie principale. [illegible]

[382] — 1. L'art. 382 doit s'entendre en ce sens, que la récusation est recevable, pourvu qu'elle soit proposée avant la plaidoirie qui a lieu pour obtenir jugement définitif. — Peu importe qu'elle soit postérieure à la plaidoirie qui a eu lieu lors d'un jugement interlocutoire déjà intervenu dans la cause. [illegible]

[383] — 1. La récusation contre les juges commis aux enquêtes ou autres opérations, peut être proposée après le délai fixé par l'art. 383, alors que les causes de récusation sont survenues postérieurement. [illegible]

pourra être proposée que dans les trois jours, qui courront, 1° si le jugement est contradictoire, du jour du jugement; 2° si le jugement est par défaut et qu'il n'y ait pas d'opposition, du jour de l'expiration de la huitaine de l'opposition; 3° si le jugement a été rendu par défaut et qu'il y ait eu opposition, du jour du débouté d'opposition, même par défaut. [Ord. 1667, tit. 24, art. 22. — C. pr. 1033.]

384. La récusation sera proposée par un acte au greffe, qui en contiendra les moyens, et sera signé de la partie, ou du fondé de sa procuration authentique et spéciale, laquelle sera annexée à l'acte. [Ord. 1667, tit. 24, art. 23. — C. pr. 353, 376; Tar. 92.]

385. Sur l'expédition de l'acte de récusation, remise dans les vingt-quatre heures par le greffier au président du tribunal, il sera, sur le rapport du président et les conclusions du ministère public, rendu jugement qui, si la récusation est inadmissible, la rejettera, et si elle est admissible, ordonnera, 1° la communication au juge récusé, pour s'expliquer en termes précis sur les faits, dans le délai qui sera fixé par le jugement; 2° la communication au ministère public, et indiquera le jour où le rapport sera fait par l'un des juges nommé par ledit jugement. [Ord. 1667, tit. 24, art. 24. — C. pr. 47, 374.]

386. Le juge récusé fera sa déclaration au greffe, à la suite de la minute de l'acte de récusation. [C. pr. 46.]

387. A compter du jour du jugement qui ordonnera la communication, tous jugements et opérations seront suspendus; si cependant l'une des parties prétend que l'opération est urgente et qu'il y a péril dans le retard, l'incident sera porté à l'audience sur un simple acte, et le tribunal pourra ordonner qu'il sera procédé par un autre juge. [Ord. 1667, tit. 24, art. 22.]

388. Si le juge récusé convient des faits qui ont motivé sa récusation, ou si ces faits sont prouvés, il sera ordonné qu'il s'abstiendra. [Ord. 1667, tit. 24, art. 15.]

389. Si le récusant n'apporte preuve par écrit ou commencement de preuve des causes de la récusation, il est laissé à la prudence du tribunal de rejeter la récusation sur la simple déclaration du juge, ou d'ordonner la preuve testimoniale. [C. c. 1347, 1348.]

390. Celui dont la récusation aura été déclarée non admissible, ou non recevable, sera condamné à telle amende qu'il plaira au tribunal, laquelle ne pourra être moindre de cent francs, et sans préjudice, s'il y a lieu, de l'action du juge en réparation et dommages et intérêts, auquel cas il ne pourra demeurer juge. [Ord. 1667, tit. 24, art. 29 et 30. — C. pr. 128, 246, 214, 374, 471, 479, 500, 525, 1025, 1029.]

391. Tout jugement sur récusation, même dans les matières où le tribunal de première instance juge en dernier ressort, sera susceptible d'appel; si néanmoins la partie soutient qu'attendu l'urgence il est nécessaire de procéder à une opération sans attendre que l'appel soit jugé, l'incident sera porté à l'audience sur un simple acte; et le tribunal qui aura rejeté la récusation, pourra ordonner qu'il sera procédé à l'opération par un autre juge. [Ord. 1667, tit. 24, art. 25.]

—Delaporte, t. 1er, p. 361; Pigeau, *Comm.*, p. 366; Thomine, p. 594; Chauveau, q. 1387. — *Contrà*, Carré, *loc. cit.*; Favard, t. 4, p. 766, n° 5.

2. Pour l'application de l'art. 383, il n'y a pas à distinguer entre les jugements par défaut rendus faute de constitution d'avoué, et les jugements rendus faute de plaider. — Carré et Chauveau, n° 1388; Pigeau, *Comm.*, p. 663; Favard, t. 4, p. 766, n° 5. — *Contrà*, Boitard, p. 92.

3. Il faut ajouter au délai de l'art. 383 un jour par trois myriamètres de distance. — Chauveau, q. 1387 *bis*; Bonfils, p. 382.

[384] — 1. La récusation ne peut être proposée que par acte au greffe. Les juges ne sont pas tenus d'avoir égard à celle qui ne serait proposée que dans une simple requête signifiée à partie. — 17 déc. 1818, Req. [S.19.1.111; C.n.5.—D.r. 25.1.08.]

2. La récusation dirigée contre des arbitres forcés nommés par le tribunal de commerce, doit être faite au greffe de ce tribunal. — 6 juill. 1846, Caen. [S.V. 47.2.188.—P.47.1.422.]

3. *Id.*—Elle ne peut l'être par exploit signifié aux arbitres. — 29 avr. 1839, Paris. [S.V.41.2.139.] — *Sic*, Bellot des Minières, *de l'Arbitrage*, t. 3, n° 52; Vatimesnil, *Encycl. du dr.*, v° *Arbitrage*, n° 187; Rodière, p. 93. — *Contrà*, Merson, *de l'Arbitrage forcé*. — V. aussi Mongalvy, *de l'Arbitrage*, t. 1er, n° 201, et Carré, q. 3318.

4. En matière criminelle, comme en matière civile, est inadmissible la récusation qui, au lieu d'être déposée au greffe, est articulée à l'audience en présence du magistrat récusé. — 3 août 1838, Cass. [S.V.38.1.741.—D.r.38.1.481.]

5. La récusation d'arbitres, non signée de la partie ou de son fondé de pouvoir, doit être considérée comme non avenue, tellement que les arbitres peuvent, nonobstant cette récusation et sans qu'il y ait été statué, passer outre au jugement de la cause dont ils sont saisis. — 26 juin 1834, Montpellier. [S.V.35.2.121.—D.r.35.2.51.]

[385] — 1. A la Cour de cassation seul il appartient de statuer sur la récusation de tous les membres composant une Cour d'appel : c'est là une demande en renvoi d'une Cour d'appel à une autre. — 6 déc. 1808, Cass. [S.9.1.145; C.n.3.—D.a.11.541.] — V. *suprà*, art. 368, n° 12 et s., et art. 378, n° 1 et s.

2 et 3. La récusation d'un commissaire délégué doit être jugée par le tribunal auquel appartient le juge délégué, et non par le tribunal délégant. — Carré et Chauveau, n° 1389; Favard, t. 4, p. 767, n° 4.

4. Les tribunaux de commerce sont compétents pour statuer sur la récusation dirigée contre les arbitres nommés par leurs jugements. — 30 déc. 1815, Paris. [S.14.2.301; C.n.4.—D.a.1.291.]

5. Les récusations sont également jugées en matière criminelle comme en matière civile, par le tribunal du juge récusé. — 24 oct. 1817, Req. [S.18.1.169; C.n.5.—D.a.11.531.]

6. Le juge récusé ne peut concourir à juger la récusation. — 8 therm. an 9, Cass. [S.2.1.59; C.n.1.—D.a.11.527.] — *Id.* 30 nov. 1808, Cass. [S.10.1.301; C.n.2.—D.a.11.532.] — *Id.* 9 juin 1834, Paris. [S.V. 34.2.381.] — *Id.* 2 avr. 1838, Cass. [S.V.38.1.159.—D.r.38.1.131.] — *Sic*, Berriat, p. 331; Carré, q. 1356 et 1398; Demiau, p. 275; Chauveau, *loc. cit.*; Bourbeau, p. 318; Rodière, p. 91. — V. cependant un arrêt contraire de Limoges du 29 déc. 1810. [S.11.2.418; C.n.3.]

7. Le juge contre lequel une récusation est proposée et qui ne peut concourir au jugement rendu sur cette récusation, ne peut non plus participer au jugement qui, sans prononcer sur le fond même, déclarerait la partie déchue du droit de récusation, ou non recevable à l'exercer. — 22 déc. 1840, Cass. [S.V.41.1.60.—D.r.41.1.50.—P.41.1.8.]

8. Le rapport du président et les conclusions du ministère public sur la récusation doivent, selon la règle générale, et à peine de nullité, avoir lieu en audience publique, et non en la chambre du conseil; il ne suffirait pas que le jugement fût prononcé publiquement. — 13 déc. 1831, Cass. [S.V.32.1.118.—D.r.32.1.19.] — *Id.* 10 janv. 1838, Orléans. [J.du P.38.1.125.] — *Id.* 6 juin 1834, Paris. [S.V.34.2.382.] — *Sic*, Merlin, *Quest.*, v° *Trib. d'appel*, sect. 3, n° 1; Favard, t. 4, p. 766, n° 4; Berriat, p. 331; Chauveau, q. 1394 *ter*; Bioche, v° *Récusation*, n° 66; Rodière, p. 95. — En l'absence de toute disposition exceptionnelle, il est évident que le principe général sur la publicité des audiences doit recevoir ici son application.

9. Le rejet d'un moyen de récusation est suffisamment motivé par la déclaration que *le fait allégué ne rentre pas dans les cas de récusation prévus par la loi*. — 19 déc. 1835, Req. [S.V.36.1.327.—D.r.36.1.36.]

10. Dans le cas de récusation d'arbitres, c'est au greffier du tribunal où la récusation a été formée qu'incombe la charge de donner aux arbitres connaissance de l'acte de récusation et du jugement de soit communiqué intervenu à la suite : la partie récusante n'est point tenue d'en faire la notification aux arbitres. — 6 juill. 1846, Caen. [S.V.47.2.282.] — V. Vatimesnil, *Encycl. du dr.*, v° *Arbitrage*, n° 187; Chauveau, q. 3318.

11. L'acte de récusation et le jugement qui en ordonne la communication sont, du reste, réputés connus du juge ou de l'arbitre récusé, immédiatement après ce jugement, en sorte que, sauf certains cas exceptionnels, les actes ou jugements postérieurs auxquels participe le juge ou l'arbitre sont frappés de nullité. — Même arrêt.

12. Dans tous les cas, et en supposant qu'un arbitre récusé puisse, à raison de l'urgence, concourir à l'examen et au jugement de l'affaire soumise à l'arbitrage, la validité de la sentence arbitrale serait subordonnée au sort de la demande en récusation; et, par suite, les actes et jugements auxquels l'arbitre a pris part, sont frappés de nullité, si la récusation est admise. — Même arrêt.

13. V. art. 382, n° 3, et art. 384, n° 3.

[386]. . . . .

[387] — 1. Sont nuls les jugements rendus ou les opérations faites au mépris de la prohibition de l'art. 387. — Carré, n° 1405.

2. On ne peut, même sur le motif qu'il est urgent de faire prononcer un jugement interlocutoire ou provisoire, demander au tribunal qu'il fasse remplacer le juge récusé, afin de pouvoir rendre ce jugement. — Carré, n° 1401; Favard, t. 4, p. 766, n° 1. — *Contrà*, Pigeau, *Proc.*, t. 1er, p. 132; Hautefeuille, p. 203; Thomine, p. 601. — V. aussi Chauveau, *loc. cit.*

[388] — 1. Le juge récusé qui refuse de se déporter ne devient pas pour cela partie au procès, et ne peut être condamné aux dépens. — 12 nov. 1809, Cass. [S.10.1.80; C.n.3.—D.a.11.539.] — *Id.* 30 juill. 1834, Cass. [S.V.34.1.635.—D.r.34.1.338.] — *Sic*, Merlin, *Rép.*, v° *Récusation*, § 3, art. 5; Favard, *loc. cit.*, § 2, n° 4; Carré, q. 1402; Berriat, p. 332, note 33; Pigeau, *Comm.*, p. 670; Chauveau, *Comm. du tarif*, t. 1er, p. 372, n° 24; Rodière, p. 93 (à moins, dit ce dernier auteur, que le juge n'ait dénié les faits).

2. V. art. 378, n° 13 et 14.

[389] — 1. Le commencement de preuve dont parle l'art. 389 doit être établi par écrit. — Chauveau, q. 1403 *ter*; Thomine, p. 602.

2. Par suite, la preuve testimoniale des faits sur lesquels est motivée la récusation d'un arbitre, peut être rejetée par les juges, lorsqu'il n'existe de ces faits aucun commencement de preuve par écrit. — 8 fév. 1832, Req. [S.V.32.1.672.—D.r.32.1.100.]

[390] — 1. Le demandeur en récusation qui succombe est condamné à l'amende, soit que la récusation soit déclarée inadmissible ou non recevable, soit qu'elle soit déclarée mal fondée. — Carré, n° 1406; Pigeau, *Proc.*, t. 1er, p. 13; Demiau, p. 282; Carré, q. 1406; Favard, t. 4, p. 767, n° 6; Thomine, p. 604; Chauveau, *loc. cit.*; Rodière, p. 93. — *Contrà*, Pigeau, *Comm.*, t. 1er, p. 666.

2. Jugé en ce sens, pour le cas où la récusation est rejetée comme fondée sur une fausse cause. — 10 nov. 1823, Req. [S.24.1.211; C.n.8.—D.r.25.1.155.]

3. Du reste, il n'y a lieu de prononcer qu'une seule amende, quel que soit le nombre des juges récusés. — 9 fév. 1847, Douai. [S.V.47.2.382.]

4. L'amende établie par cet article doit-elle être prononcée en matière de récusation de juge de paix? La négative est enseignée par tous les auteurs (V. *suprà*, art. 47, n° 3) : ils se fondent sur ce qu'une peine ne pouvant être étendue, les peines ne s'étendent pas par analogie. Il a été cependant en dernier lieu rendu un jugement, du tribunal de Castelsarrasin, du 23 janv. 1839 (aff. Delbert), que nous avons sous les yeux. *Junge*, Bioche, v° *Récusation*, n° 132; Rodière, p. 309.

[391] — 1. L'art. 391 n'est point applicable en

392. Celui qui voudra appeler, sera tenu de le faire dans les cinq jours du jugement, par un acte au greffe, lequel sera motivé et contiendra énonciation du dépôt au greffe des pièces au soutien. [C. pr. 377, 1033.]

393. L'expédition de l'acte de récusation, de la déclaration du juge, du jugement, de l'appel, et les pièces jointes, seront envoyées sous trois jours par le greffier, à la requête et aux frais de l'appelant, au greffier de la Cour d'appel. [C. pr. 377.]

394. Dans les trois jours de la remise au greffier de la Cour d'appel, il présentera lesdites pièces à la Cour, laquelle indiquera le jour du jugement, et commettra l'un des juges; sur son rapport et sur les conclusions du ministère public, il sera rendu à l'audience jugement, sans qu'il soit nécessaire d'appeler les parties. [Ord. 1667, tit. 24, art. 27. — C. pr. 377.]

395. Dans les vingt-quatre heures de l'expédition du jugement, le greffier de la Cour d'appel renverra les pièces à lui adressées, au greffier du tribunal de première instance. [C. pr. 377, 1033.]

396. L'appelant sera tenu, dans le mois du jour du jugement de première instance qui aura rejeté sa récusation, de signifier aux parties le jugement sur l'appel, ou certificat du greffier de la Cour d'appel, contenant que l'appel n'est pas jugé, et indication du jour déterminé par la Cour; sinon le jugement qui aura rejeté la récusation, sera exécuté par provision; et ce qui sera fait en conséquence sera valable, encore que la récusation fût admise sur l'appel. [Tar. 70.]

TITRE XXII.

De la Péremption.

397. Toute instance, encore qu'il n'y ait pas eu constitution d'avoué, sera éteinte par discontinuation de poursuites pendant trois ans.

Ce délai sera augmenté de six mois, dans tous les cas où il y aura lieu à demande en reprise d'instance, ou constitution de nouvel avoué. [C. c. 330, 2176, 2247. C. pr. 15, 156, 342 et s., 469, 1029, 1033.]

[illegible]

[392] — [illegible]

[393] . . . .

[394] — [illegible]

[395 et 396] . . . .

[397] **Indication alphabétique.**

[illegible]

§ 1er. — *Instances, jugements ou actes susceptibles de tomber en péremption.*

[illegible]

§ 4. — *Quelles personnes peuvent demander la péremption ou y renoncer. — Indivisibilité de la péremption.*

598. La péremption courra contre l'État, les établissements publics, et toutes personnes, même mineures, sauf leur recours contre les administrateurs et tuteurs. [Ord. 1667, tit. 27, art. 5.— C. c. 2227, 2251, 2252, 2278.]

599. La péremption n'aura pas lieu de droit; elle se couvrira par les actes valables faits par l'une ou l'autre des parties avant la demande en péremption. [C. pr. 173.]

400. Elle sera demandée par requête d'avoué à avoué, à moins que l'avoué ne soit décédé, ou interdit, ou suspendu, depuis le moment où elle a été acquise. [Tar. 75.]

401. La péremption n'éteint pas l'action ; elle emporte seulement extinction de la procédure, sans qu'on puisse, dans aucun cas, opposer aucun des actes de la procédure éteinte, ni s'en prévaloir.

En cas de péremption, le demandeur principal est condamné à tous les frais de la procédure périmée. [C. pr. 130, 469.]

TITRE XXIII.

Du Désistement.

402. Le désistement peut être fait et accepté

[402] Indication alphabétique.

§ 1er. — *En quels cas le désistement est permis. — Désistement implicite. — Quelles personnes peuvent se désister.*

par de simples actes, signés des parties ou de [leurs mandataires, et signifiés d'avoué à avoué.] [C. c. 1987 et s.; C. pr. 352 et s.; Tar. 71.]

§ 2. — Formes du désistement.

§ 3. — Acceptation du désistement. — Rétractation.

403. Le désistement, lorsqu'il aura été accepté, emportera de plein droit consentement que les choses soient remises de part et d'autre au même état qu'elles étaient avant la demande.

Il emportera également soumission de payer les frais, au paiement desquels la partie qui se sera désistée sera contrainte, sur simple ordonnance du président mise au bas de la taxe, parties présentes, ou appelées par acte d'avoué à avoué.

Cette ordonnance, si elle émane d'un tribunal de première instance, sera exécutée nonobstant opposition ou appel; elle sera exécutée nonobstant opposition, si elle émane d'une Cour d'appel. [C. pr. 130, 543 et s.; Tar. 70, 76.]

TITRE XXIV.

Des Matières sommaires.

404. Seront réputées matières sommaires, et instruites comme telles,

Les appels des juges de paix;

Les demandes pures personnelles, à quelque somme qu'elles puissent monter, quand il y a titre, pourvu qu'il ne soit pas contesté;

Les demandes formées sans titre, lorsqu'elles n'excèdent pas mille francs (1);

Les demandes provisoires, ou qui requièrent célérité;

Les demandes en paiement de loyers et fermages et arrérages de rentes. [Ord. 1667, tit. 17, art. 1er et s. — C. c. 394; C. pr. 10, 34, 49, 172, 180, 193, 287, 311, 320, 348, 405, 521, 543, 608, 666, 793, 809; Tar. 67.]

---

formée conjointement et en masse par plusieurs communes, peut être considéré comme indivisible, en ce sens qu'il est révocable par l'appelant s'il n'a pas été accepté par toutes les communes. — 25 août 1840, Rej. [S.V.40.1.926. — D.P.40.1.377. — P.40.2.456.]

82. En matière correctionnelle, le désistement n'a pas besoin, pour produire effet, d'être accepté par la partie adverse. — 23 juill. 1840, Bordeaux. [S.V.41.2.59. — D.P.41.2.47. — P.41.1.415.]

83. ENREGISTREMENT. — Les désistements purs et simples ne sont assujettis qu'au droit fixe d'enregistrement de 2 fr. (L. 28 avr. 1816, art. 43, n° 12).

[403] — 1. Le demandeur, qui se désiste purement et simplement et sans aucune réserve de la demande et de la procédure qui en a été la suite, peut être réputé se désister nonseulement de l'instance, mais encore de l'action. — [illegible] Rej. [illegible] Paris. [illegible] Rej. [illegible] Rej. [illegible] Lepage, *Style de la proc.*, p. 114. — *Contrà*, Pigeau, t. 1er, p. 477; Merlin, *Quest.*, v° *Désistement*, add., § 3; Chauveau, n° 1451 *bis*; Favard, *Rép.*, v° *Désistement*, n° 7; Boitard, t. 2, p. 35; Boncenne, t. 3, p. 671; Rodière, t. 2, p. 334. V. aussi Devilleneuve, vol. 1846.1.16.

2. Ainsi, un désistement signifié par une partie « de la demande formée à sa requête, par exploit du..., » doit être considéré comme emportant renonciation à l'action, lorsque ce désistement est intervenu à la suite d'une transaction sur le procès, passée antérieurement entre les parties. — 23 janv. 1855, Cass. [S.V.55.1.98. — D.P.55.1.137.]

3. Cependant, l'acte de désistement par la direction de l'enregistrement, portant qu'elle se désiste « de la demande formée contre... par la contrainte du..., » n'emporte point renonciation à l'action, mais seulement à la contrainte, lorsqu'il est établi que le désistement n'a eu lieu que par suite des vices de forme [illegible]

[illegible]

2. V. art. 471, Bruxelles, 25 janv. 1808.

[404] — 1. L'art. 404 est loin, comme on sait, de contenir la nomenclature complète des affaires sommaires: plusieurs autres articles, soit du Code de procédure, soit même du Code civil ou du Code de commerce, et différentes lois postérieures ont ajouté (quelquefois d'une manière implicite seulement) à cette nomenclature. — Dans son *Dict. de la taxe*, M. Bouchot d'Argis présente un tableau complet, selon l'ordre des articles des Codes et l'ordre chronologique des lois spéciales, de toutes les affaires qui lui paraissent devoir être considérées comme sommaires. Nous le donnons textuellement, en le faisant suivre des décisions sur la matière; on verra par ces décisions que, sur quelques points, la classification adoptée par l'auteur fait difficulté.

2. Sont matières sommaires, d'après l'auteur, celles qui suivent:

1° Les demandes en mainlevée d'opposition à un mariage (*C. civ.*, 177, 178);

2° Les exclusions et destitutions de tuteurs (*C. civ.*, 449);

3° Les demandes en partage de succession, communauté et société, ainsi que les demandes en partage ou licitation d'immeubles possédés indivisément, même à titre non héréditaire (*C. civ.*, 823, 838, 1476, 1872; *Pr. c.*, 966); — V. *inf.*, n° 35 et s.

4° Les demandes en résiliation de baux, lorsqu'il y a péril en la demeure; par exemple, lorsqu'il s'agit d'expulser un locataire ou fermier qui dégrade ou qui, ayant reçu congé, ne veut pas livrer les lieux à son successeur, etc. (*C. civ.*, 1722, 1729, 1752, 1766); — V. *inf.*, n° 18.

[illegible]

20° Les demandes à fin de défenses contre les jugements mal à propos qualifiés en dernier ressort, ou dont l'exécution provisoire a été mal à propos ordonnée hors les cas prévus par la loi, ainsi que les demandes à fin d'exécution provisoire des jugements non qualifiés ou mal à propos qualifiés en premier ressort, ou de ceux qui n'auraient pas prononcé l'exécution provisoire dans le cas où elle aurait dû être ordonnée (*Pr. c.*, 457, 458, 459; Tarif, art. 148);

21° Les réceptions de caution en vertu de jugement (*Pr. c.*, 520, 521);

22° Les liquidations de dommages et intérêts (*Pr. c.*, 523, 524);

23° Les demandes en validité ou en nullité d'opposition aux saisies-exécutions, ainsi que les demandes en nullité de ces saisies (*Pr. c.*, 583); — V. *inf.*, n° 46.

24° Les demandes en revendication d'objets mobiliers saisis (*Pr. c.*, 608); — V. *inf.*, n° 47.

25° Les contestations incidentes aux poursuites de saisie de rente constituée (*Pr. c.*, 638, 651);

26° Les contestations élevées sur un procès-verbal de contribution (*Pr. c.*, 666); — V. *inf.*, n° 52.

27° L'appel du jugement qui a statué sur ces contestations (*Pr. c.*, 669);

28° Les contestations incidentes aux poursuites de saisie immobilière (*Pr. c.*, 718); — V. *inf.*, n° 49.

29° Les contestations élevées sur un procès-verbal d'ordre (*Pr. c.*, 761); — V. *inf.*, n° 28 et s.

30° L'appel du jugement qui a statué sur ces contestations (*Pr. c.*, 763);

31° Les instances d'ordre introduites par action principale, quand il n'y a pas plus de trois créanciers (*Pr. c.*, 775); — V. *inf.*, n° 58.

32° Les demandes en subrogation aux poursuites d'ordre (*Pr. c.*, 779);

33° Les demandes en nullité d'emprisonnement (*Pr. c.*, 795);

34° Les demandes en élargissement (*Pr. c.*, 800, 805);

35° Les demandes portées en référé et les appels des ordonnances intervenues sur ces demandes (*Pr. c.*, 806, 809);

36° Les demandes en validité d'offres réelles, lorsque la somme offerte est inférieure à 1,500 fr. (*Pr. c.*, 815);

[illegible]

42° Les demandes en homologation d'avis de parents (*Pr. c.*, 887);

---

(1) Cet article a été modifié par l'art. 1er de la loi du 11 avril 1838, sur les tribunaux de première instance, ainsi conçu: « Les tribunaux civils de première instance connaîtront, en dernier ressort, des actions personnelles et mobilières, jusqu'à la valeur de quinze cents francs de principal, et des actions immobilières jusqu'à soixante francs de revenu, déterminé soit en rentes, soit par prix de bail. — Ces actions seront instruites et jugées comme en matières sommaires. »

405. Les matières sommaires seront jugées à l'audience, après les délais de la citation échus, sur un simple acte, sans autres procédures ni formalités. [Ord. 1667, tit. 17, art. 7. — C. pr. 82, 463; Tar. 67.]

406. Les demandes incidentes et les interventions seront formées par requête d'avoué, qui ne pourra contenir que des conclusions motivées. [C. pr. 337, 338.]

407. S'il y a lieu à enquête, le jugement qui l'ordonnera contiendra les faits sans qu'il soit besoin de les articuler préalablement, et fixera les jour et heure où les témoins seront entendus à l'audience. [Ord. 1667, tit. 22, art. 8. — C. pr. 34 et s., 432.]

408. Les témoins seront assignés au moins un jour avant celui de l'audition. [Ord. 1667, tit. 17, art. 8.— C. pr. 260, 1033.]

409. Si l'une des parties demande prorogation, l'incident sera jugé sur-le-champ. [C. pr. 279 et s.]

410. Lorsque le jugement ne sera pas susceptible d'appel, il ne sera point dressé procès-verbal de l'enquête; il sera seulement fait mention, dans le jugement, des noms des témoins, et du résultat de leurs dépositions. [C. pr. 40, 269 et s., 359, 434.]

411. Si le jugement est susceptible d'appel, il sera dressé procès-verbal, qui contiendra les serments des témoins, leur déclaration s'ils sont parents, alliés, serviteurs ou domestiques des parties, les reproches qui auraient été formés contre eux, et le résultat de leurs dépositions. [C. pr. 39, 262, 269 et s., 273.]

412. Si les témoins sont éloignés ou empêchés, le tribunal pourra commettre le tribunal ou le juge de paix de leur résidence : dans ce cas, l'enquête sera rédigée par écrit; il en sera dressé procès-verbal. [C. pr. 266, 1035.]

413. Seront observées en la confection des enquêtes sommaires, les dispositions du titre XII des Enquêtes, relatives aux formalités ci-après :

La copie, aux témoins, du dispositif du jugement par lequel ils sont appelés;

Copie à la partie, des noms des témoins;

L'amende et les peines contre les témoins défaillants;

La prohibition d'entendre les conjoints des parties, les parents et alliés en ligne directe;

Les reproches par la partie présente, la manière de les juger, les interpellations aux témoins, la taxe;

Le nombre des témoins dont les voyages passent en taxe;

La faculté d'entendre les individus âgés de moins de quinze ans révolus. [Ord. 1667, tit. 17, art. 13.— C. pr. 260, 261, 263, 268.]

TITRE XXV.

Procédure devant les tribunaux de commerce.

414. La procédure devant les tribunaux de commerce se fait sans le ministère d'avoués. [Ord. 1667, tit. 16, art. 2; Ord. 1673, tit. 12, art. 11.— C. pr. 31; C. comm. 615, 627, 642.]

415. Toute demande doit y être formée par exploit d'ajournement, suivant les formalités ci-dessus prescrites au titre *des Ajournements*. [C. pr. 61 et s.; Tar. 29.]

416. Le délai sera au moins d'un jour. [C. pr. 72, 73, 1033.]

417. Dans les cas qui requerront célérité, le président du tribunal pourra permettre d'assigner, même de jour à jour et d'heure à heure, et de saisir les effets mobiliers : il pourra, suivant l'exigence des cas, assujettir le demandeur à donner caution, ou à justifier de solvabilité suffisante. Ses ordonnances seront exécutoires nonobstant opposition ou appel. [Ord. 1667, tit. 14, art. 14.—C. pr. 19-2°, 72, 558, 808; C. comm. 172.]

418. Dans les affaires maritimes où il existe des parties non domiciliées, et dans celles où il s'agit d'agrès, victuailles, équipages et radoubs de vaisseaux prêts à mettre à la voile, et autres matières urgentes et provisoires, l'assignation de jour à jour, ou d'heure à heure, pourra être donnée sans ordonnance, et le défaut pourra être jugé sur-le-champ. [Ord. 1681, liv. 1er, tit. 11, art. 2.—Tar. 29.]

419. Toutes assignations données à bord à la personne assignée seront valables. [Ord. 1667, tit. 12, art. 17; Ord. 1681, liv. 1er, tit. 11, art. 1er.—C. pr. 68.]

420. Le demandeur pourra assigner, à son choix,

Devant le tribunal du domicile du défendeur;

Devant celui dans l'arrondissement duquel la promesse a été faite et la marchandise livrée;

Devant celui dans l'arrondissement duquel le paiement devait être effectué. [Ord. 1673, tit. 12, art. 17.—C. c. 102, 1247; C. pr. 59.]

---

7. Et qu'en principe, les règles générales du Code de procédure sont applicables aux tribunaux de commerce dans tous les cas où leur application n'est pas contraire à l'institution de ces tribunaux et aux règles spéciales de procédure devant eux. — 18 mars 1828, Rouen. [illegible]

[415] — V. nos annotations des art. 61 et suiv.

[416] — 1. Le délai d'un jour doit être *franc*, conformément à l'art. 1033, C. pr. — Pardessus, n° 1367; Favard, v° *Trib. de comm.*, sect. 3, [illegible]; Carré, q. 1492; Pigeau, *Comm.*, t. 1er, p. 710; Vincens, *Législ. comm.*, t. 1er, p. 98; Devilleneuve et Massé, v° *Trib. de comm.*, n° 67; Thomine, n° 464; Chauveau, *loc. cit.*; Bourbeau, t. 6, p. 154; Boitard, t. 2, p. 270; Nouguier, t. 3, p. 16.

2. Ce délai doit aussi être augmenté à raison des distances, en vertu du même art. 1033. — [illegible]

[illegible]

421. Les parties seront tenues de comparaître en personne, ou par le ministère d'un fondé de procuration spéciale. [Ord. 1667, tit. 16, art. 1 et 2; Ord. 1673, tit. 12, art. 12. — C. pr. 9; C. comm. 627.]

422. Si les parties comparaissent, et qu'à la première audience il n'intervienne pas jugement définitif, les parties non domiciliées dans le lieu où siége le tribunal seront tenues d'y faire élection d'un domicile.

L'élection de domicile doit être mentionnée sur le plumitif de l'audience; à défaut de cette élection, toute signification, même celle du jugement définitif, sera faite valablement au greffe du tribunal. [C. c. 111.]

[illegible]

423. Les étrangers demandeurs ne peuvent être obligés, en matière de commerce, à fournir une caution de payer les frais et dommages-intérêts auxquels ils pourront être condamnés, même lorsque la demande est portée devant un tribunal civil dans les lieux où il n'y a pas de tribunal de commerce. [C. c. 16; C. pr. 166, 167.]

424. Si le tribunal est incompétent à raison de la matière, il renverra les parties, encore que le déclinatoire n'ait pas été proposé.

Le déclinatoire pour toute autre cause ne pourra être proposé que préalablement à toute autre défense. [Ord. 1667, tit. 5, art. 5. — C. pr. 168, 169, 170.]

425. Le même jugement pourra, en rejetant le déclinatoire, statuer sur le fond, mais par deux dispositions distinctes, l'une sur la compétence, l'autre sur le fond; les dispositions sur la compétence pourront toujours être attaquées par la voie de l'appel. [Ord. 1667, tit. 12, art. 10, 16; Ord. 1673, tit. 12, art. 13 et 14. — C. pr. 172, 454.]

426. Les veuves et héritiers des justiciables du tribunal de commerce y seront assignés en reprise, ou par action nouvelle; sauf, si les qualités sont contestées, à les renvoyer aux tribunaux ordinaires pour y être réglés, et ensuite être jugés sur le fond au tribunal de commerce. [Ord. 1673, tit. 12, art. 16. — C. pr. 342 et s.]

427. Si une pièce produite est méconnue, déniée ou arguée de faux, et que la partie persiste à s'en servir, le tribunal renverra devant les juges qui doivent en connaître, et il sera sursis au jugement de la demande principale.

Néanmoins, si la pièce n'est relative qu'à un des chefs de la demande, il pourra être passé outre au jugement des autres chefs. [C. pr. 14, 193 et s., 214 et s.]

[illegible]

428. Le tribunal pourra, dans tous les cas, ordonner, même d'office, que les parties seront entendues en personne, à l'audience ou dans la chambre, et, s'il y a empêchement légitime, commettre un des juges, ou même un juge de paix pour les entendre, lequel dressera procès-verbal de leurs déclarations. [Ord. 1667, tit. 16, art. 4. — C. pr. 119, 324 et s. 1035.]

429. S'il y a lieu à renvoyer les parties devant des arbitres, pour examen de comptes, pièces et registres, il sera nommé un ou trois arbitres pour entendre les parties, et les concilier, si faire se peut, sinon donner leur avis.

S'il y a lieu à visite ou estimation d'ouvrages ou marchandises, il sera nommé un ou trois experts.

Les arbitres et les experts seront nommés d'office par le tribunal, à moins que les parties n'en conviennent à l'audience. [Ord. 1667, tit. 16, art. 3. — C. pr. 303 et s., C. comm. 52 et s.; Tar. 29.]

430. La récusation ne pourra être proposée que dans les trois jours de la nomination. [C. pr. 308 et s., 378 et s., 1035.]

431. Le rapport des arbitres et experts sera déposé au greffe du tribunal. [Ord. 1667, tit. 16, art. 3. — C. pr. 319; C. comm. 61.]

432. Si le tribunal ordonne la preuve par témoins, il y sera procédé dans les formes ci-dessus prescrites pour les enquêtes sommaires. Néanmoins, dans les causes sujettes à appel, les dépositions seront rédigées par écrit par le greffier, et signées par le témoin; en cas de refus, mention en sera faite. [C. c. 1341; C. pr. 407 à 413; C. comm. 498.]

433. Seront observées, dans la rédaction et l'expédition des jugements, les formes prescrites dans les art. 141 et 146 pour les tribunaux de première instance. [C. pr. 141, 146, 543 et s.]

[illegible]

434. Si le demandeur ne se présente pas, le tribunal donnera défaut, et renverra le défendeur de la demande.

Si le défendeur ne comparaît pas, il sera donné défaut, et les conclusions du demandeur seront adjugées si elles se trouvent justes et bien vérifiées. [Ord. 1667, tit. 14, art. 4; tit. 16, art. 5. — C. pr. 19, 149, 150, 154.]

435. Aucun jugement par défaut ne pourra être signifié que par un huissier commis à cet effet par le tribunal; la signification contiendra, à peine de nullité, élection de domicile dans la commune où elle se fait, si le demandeur n'y est domicilié.

Le jugement sera exécutoire un jour après la signification et jusqu'à l'opposition. [C. c. 414; C. pr. 20, 155, 156. Tar. 29.]

436. L'opposition ne sera plus recevable après la huitaine du jour de la signification (1). [Ord. 1667, tit. 16, art. 5 et 9; tit. 35, art. 3; Ord. 1673, tit. 12 et 21. — C. pr. 157 et s. Tar. 29.]

437. L'opposition contiendra les moyens de l'opposant, et assignation dans le délai de la loi; elle sera signifiée au domicile élu. [C. pr. 161; Tar. 29.]

438. L'opposition faite à l'instant de l'exécution, par déclaration sur le procès-verbal de l'huissier, arrêtera l'exécution; à la charge, par l'opposant, de la réitérer dans les trois jours, par exploit contenant assignation; passé lequel délai, elle sera censée non avenue. [C. pr. 162.]

439. Les tribunaux de commerce pourront ordonner l'exécution provisoire de leurs jugements, nonobstant l'appel et sans caution, lorsqu'il y aura titre non attaqué, ou condamnation précédente dont il n'y aura pas d'appel; dans les autres cas, l'exécution provisoire n'aura lieu qu'à la charge de donner caution, ou de justifier de solvabilité suffisante. [L. 16-24 août 1790, tit. 12, art. 4. — C. pr. 135 et s., 440, 459; Tar. 29.]

[illegible]

(1) Cet article a été modifié par l'art. 643, Cod. comm.

440. La caution sera présentée par acte signifié au domicile de l'appelant, s'il demeure dans le lieu où siège le tribunal, sinon au domicile par lui élu en exécution de l'art. 422, avec sommation à jour et heure fixes de se présenter au greffe pour prendre communication, sans déplacement, des titres de la caution, s'il est ordonné qu'elle en fournira, et à l'audience, pour voir prononcer sur l'admission, en cas de contestation. [Ord. 1667, tit. 28, art. 2 et 3. — C. c. 2011, 2018. C. pr. 518; Tar. 29.]

441. Si l'appelant ne comparaît pas, ou ne conteste point la caution, elle fera sa soumission au greffe; s'il conteste, il sera statué au jour indiqué par la sommation : dans tous les cas, le jugement sera exécutoire nonobstant opposition ou appel. [Ord. 1667, tit. 28, art. 2, 3 et 4. — C. pr. 519 et s.; Tar. 29.]

442. Les tribunaux de commerce ne connaîtront point de l'exécution de leurs jugements. [C. pr. 472, 553; C. comm. 189.]

LIVRE III.

LES TRIBUNAUX D'APPEL.

TITRE UNIQUE.

De l'Appel et de l'Instruction sur l'appel.

443. Le délai pour interjeter appel sera de

trois mois : il courra, pour les jugements contradictoires, du jour de la signification à personne ou domicile ;

Pour les jugements par défaut, du jour où l'opposition ne sera plus recevable.

L'intimé pourra néanmoins interjeter incidemment appel en tout état de cause, quand même il aurait signifié le jugement sans protestations.

[Ord. 1667, tit. 17, art. 12 ; L. 16 août 1790, tit. 5, art. 14. — C. pr. 16, 157, 158, 485, 669, 730, 763, 809, 894, 1033, 1035 ; C. com. 645, 648.]

[illegible]

§ 3. — *Délais de l'appel.*

444. Ces délais emporteront déchéance ; ils courront contre toutes parties, sauf le recours contre qui de droit ; mais ils ne courront contre le mineur non émancipé que du jour où le jugement aura été signifié tant au tuteur qu'au subrogé tuteur, encore que ce dernier n'ait pas été en cause. [C. c. 420, 450 ; C. pr. 132, 178, 484, 1029.]

[illegible]

445. Ceux qui demeurent hors de la France continentale auront, pour interjeter appel, outre le délai de trois mois depuis la signification du jugement, le délai des ajournements réglé par l'article 73 ci-dessus. [C. pr. 73, 486, 1033.]

446. Ceux qui sont absents du territoire européen du royaume pour service de terre ou de mer, ou employés dans les négociations extérieures pour le service de l'État, auront, pour interjeter appel, outre le délai de trois mois depuis la signification du jugement, le délai d'une année. [Ord. 1667, tit. 27, art. 14. — C. pr. 73, 486.]

447. Les délais de l'appel seront suspendus par la mort de la partie condamnée.

Ils ne reprendront leur cours qu'après la signification du jugement faite au domicile du défunt, avec les formalités prescrites en l'article 61, et à compter de l'expiration des délais pour faire inventaire et délibérer, si le jugement a été signifié avant que ces derniers délais fussent expirés.

Cette signification pourra être faite aux héritiers collectivement, et sans désignation des noms et qualités. [Ord. 1667, tit. 27, art. 15 et s. — C. civ. 795 et s., C. pr. 61, 68, 174, 344, 487.]

448. Dans le cas où le jugement aurait été rendu sur une pièce fausse, ou si la partie avait été condamnée faute de représenter une pièce décisive qui était retenue par son adversaire, les délais de l'appel ne courront que du jour où le faux aura été reconnu ou juridiquement constaté, ou que la pièce aura été recouvrée, pourvu que, dans ce dernier cas, il y ait preuve par écrit du jour où la pièce a été recouvrée, et non autrement. [C. c. 2057; C. pr. 480, 488.]

[illegible]

449. Aucun appel d'un jugement non exécutoire par provision ne pourra être interjeté dans la huitaine, à dater du jour du jugement ; les appels interjetés dans ce délai seront déclarés non recevables, sauf à l'appelant à les réitérer, s'il est encore dans le délai. [L. 16 août 1790, tit. 5, art. 14. — C. pr. 809 ; C. comm. 645.]

450. L'exécution des jugements non exécutoires par provision sera suspendue pendant ladite huitaine. [L. 16 août 1790, tit. 5, art. 14.]

451. L'appel d'un jugement préparatoire ne pourra être interjeté qu'après le jugement définitif et conjointement avec l'appel de ce jugement, et le délai de l'appel ne courra que du jour de la signification du jugement définitif : cet appel sera recevable, encore que le jugement préparatoire ait été exécuté sans réserves.

L'appel d'un jugement interlocutoire pourra être interjeté avant le jugement définitif ; il en sera de même des jugements qui auraient accordé une provision. [C. pr. 31.]

[illegible]

452. Sont réputés préparatoires les jugements rendus pour l'instruction de la cause, et qui tendent à mettre le procès en état de recevoir jugement définitif.

Sont réputés interlocutoires les jugements rendus lorsque le tribunal ordonne, avant dire droit, une preuve, une vérification, ou une instruction qui préjuge le fond. [L. 3 brum. an 2, art. 6.]

[illegible]

§ 1er. *Jugements préparatoires.*

Sont préparatoires les jugements suivants :

[illegible]

§ 2. — *Jugements interlocutoires.*

Sont interlocutoires les jugements suivants :

[illegible]

453. Seront sujets à l'appel les jugements qualifiés en dernier ressort, lorsqu'ils auront été rendus par des juges qui ne pouvaient prononcer qu'en première instance.

Ne seront recevables les appels des jugements rendus sur des matières dont la connaissance en dernier ressort appartient aux premiers juges, mais qu'ils auraient omis de qualifier, ou qu'ils auraient qualifiés en premier ressort. [L. 16-24 août 1790, tit. 4, art. 5.]

§ 1er. — *Règles générales.*

§ 2. — Applications diverses.

454. Lorsqu'il s'agira d'incompétence, l'appel sera recevable, encore que le jugement ait été qualifié en dernier ressort. [C. pr. 170, 425.]

455. Les appels des jugements susceptibles d'opposition ne seront point recevables pendant la durée du délai pour l'opposition. [C. pr. 20, 156 et s., 809.]

456. L'acte d'appel contiendra assignation dans les délais de la loi, et sera signifié à personne ou domicile, à peine de nullité. [C. c. 102 et s.; C. pr. 59 et s., 73, 584, 1029, 1033. Tar. 29.]

[illegible]

[454] — 1. [illegible]

[455] — 1. [illegible]

[456] Indication alphabétique.

[illegible]

§ 1er. — Règles générales. — Nullité. — Indivisibilité.

[illegible]

457. L'appel des jugements définitifs ou interlocutoires sera suspensif, si le jugement ne prononce pas l'exécution provisoire dans les cas où elle est autorisée.

L'exécution des jugements mal à propos qualifiés en dernier ressort ne pourra être suspendue qu'en vertu de défenses obtenues par l'appelant, à l'audience de la Cour d'appel, sur assignation à bref délai.

A l'égard des jugements non qualifiés, ou qualifiés en premier ressort, et dans lesquels les juges étaient autorisés à prononcer en dernier ressort, l'exécution provisoire pourra en être ordonnée par la Cour d'appel, à l'audience et sur un simple acte. [C. pr. 123, 135, 376; Tar. 148.]

§ 7. — *Indication du délai de comparution.*

458. Si l'exécution provisoire n'a pas été prononcée dans les cas où elle est autorisée, l'intimé pourra, sur un simple acte, la faire ordonner à l'audience, avant le jugement de l'appel. [C. pr. 135, et s.; Tar. 148.]

459. Si l'exécution provisoire a été ordonnée hors des cas prévus par la loi, l'appelant pourra obtenir des défenses à l'audience, sur assignation à bref délai, sans qu'il puisse en être accordé sur requête non communiquée. [Ord. 1667, tit. 27, art. 16. — C. pr. 72, 137; C. comm. 647; Tar. 148.]

460. En aucun autre cas, il ne pourra être accordé des défenses, ni être rendu aucun jugement tendant à arrêter directement ou indirectement l'exécution du jugement, à peine de nullité. [C. pr. 478, 497, 1029; C. comm. 647.]

461. Tout appel, même de jugement rendu sur instruction par écrit, sera porté à l'audience; sauf à la Cour à ordonner l'instruction par écrit, s'il y a lieu. [C. pr. 95 et s., 809.]

462. Dans la huitaine de la constitution d'avoué par l'intimé, l'appelant signifiera ses griefs contre le jugement. L'intimé répondra dans la huitaine suivante. L'audience sera poursuivie sans autre procédure. [C. pr. 75 et s., 85 et s.]

463. Les appels de jugements rendus en matière sommaire seront portés à l'audience sur simple acte, et sans autre procédure. Il en sera de même de l'appel des autres jugements, lorsque l'intimé n'aura pas comparu. [C. p. 404 et s.; C. comm. 648.]

[illegible]

[458] [illegible]

[459] [illegible]

[460] [illegible]

[461] [illegible]

[462] [illegible]

[463]. . . . .

464. Il ne sera formé, en cause d'appel, aucune nouvelle demande, à moins qu'il ne s'agisse de compensation, ou que la demande nouvelle ne soit la défense à l'action principale.

Pourront aussi les parties demander des intérêts, arrérages, loyers et autres accessoires échus depuis le jugement de première instance, et les dommages et intérêts pour le préjudice souffert depuis ledit jugement. [L. 3 brum. an 2, art. 7. — C. pr. 155.]

[464] Indication alphabétique.

§ 1er. — *Demandes ayant le caractère de demandes nouvelles.*

465. Dans les cas prévus par l'article précédent, les nouvelles demandes et les exceptions du défendeur ne pourront être formées que par de simples actes de conclusions motivées.

Il en sera de même dans les cas où les parties voudraient changer ou modifier leurs conclusions.

Toute pièce d'écriture qui ne sera que la répétition des moyens ou exceptions déjà employés par écrit, soit en première instance, soit sur l'appel, ne passera point en taxe.

Si la même pièce contient à la fois de nouveaux moyens ou exceptions, et la répétition des anciens, on n'allouera en taxe que la partie relative aux nouveaux moyens ou exceptions. [C. pr. 1031.]

466. Aucune intervention ne sera reçue, si ce n'est de la part de ceux qui auraient droit de former tierce opposition. [C. c. 1166, 1167; C. pr. 339 et s., 4, 474 et s.]

[illegible]

467. S'il se forme plus de deux opinions, les juges plus faibles en nombre seront tenus de se réunir à l'une des deux opinions qui auront été émises par le plus grand nombre. [C. pr. 117.]

468. En cas de partage dans une Cour d'appel, on appellera, pour le vider, un au moins ou plusieurs des juges qui n'auront pas connu de l'affaire, et toujours en nombre impair, en suivant l'ordre du tableau : l'affaire sera de nouveau plaidée, ou de nouveau rapportée s'il s'agit d'une instruction par écrit.

Dans les cas où tous les juges auraient connu de l'affaire, il sera appelé, pour le jugement, trois anciens jurisconsultes. [C. pr. 118.]

[467] — V., sur la règle écrite dans cet article les autorités rapportées sous l'art. 117 qui renferme une disposition semblable.

469. La péremption en cause d'appel aura l'effet de donner au jugement dont est appel la force de chose jugée. [C. c. 1351; C. pr. 397 et s., 401.]

470. Les autres règles établies pour les tribunaux inférieurs seront observées dans les tribunaux d'appel.

471. L'appelant qui succombera sera condamné à une amende de cinq francs, s'il s'agit du jugement d'un juge de paix, et de dix francs sur l'appel d'un jugement de tribunal de première instance ou de commerce. [L. 16 août 1790, tit. 13, art. 10. — C. pr. 246, 374, 390, 479, 500, 513, 516, 1029; Tar. 90.]

472. Si le jugement est confirmé, l'exécution appartiendra au tribunal dont est appel ; si le jugement est infirmé, l'exécution, entre les mêmes parties, appartiendra à la Cour d'appel qui aura prononcé, ou à un autre tribunal qu'elle aura indiqué par le même arrêt ; sauf les cas de la demande en nullité d'emprisonnement, en expropriation forcée, et autres dans lesquels la loi attribue juridiction. [C. pr. 442, 528, 553, 794, 1020.]

[472] Indication alphabétique

§ 1er. — *Règles générales sur l'exécution des jugements ou arrêts rendus sur l'appel. — Interprétation.*

473. Lorsqu'il y aura appel d'un jugement interlocutoire, si le jugement est infirmé, et que la matière soit disposée à recevoir une décision définitive, les Cours d'appel et autres tribunaux d'appel pourront statuer en même temps sur le fond définitivement, par un seul et même jugement.

Il en sera de même dans les cas où les Cours d'appel ou autres tribunaux d'appel infirmeraient, soit pour vice de forme, soit pour toute autre cause, des jugements définitifs. [Ord. 1667, tit. 6, art. 2; L. 24 août 1790, tit. 2, art. 15.—C.pr. 154, 288, 338.]

34. [illegible]

§ 2. — *Attribution spéciale de juridiction. — Instances nouvelles à introduire sur l'exécution.*

35. [illegible]

36. [illegible]

37. [illegible]

38. [illegible]

39. [illegible]

40. [illegible]

41. [illegible]

42. [illegible]

43. [illegible]

44. [illegible]

45. [illegible]

46. [illegible]

47. [illegible]

48. [illegible]

49. [illegible]

50. [illegible]

51. [illegible]

52. [illegible]

[473] Indication alphabétique.

[illegible]

§ 1er. — *Règles générales sur l'évocation. — Dans quels cas elle peut avoir lieu.*

1. [illegible]

2. [illegible]

3. [illegible]

4. [illegible]

5. [illegible]

6. [illegible]

7. [illegible]

8. [illegible]

9. [illegible]

10. [illegible]

§ 2. — *Conditions de l'évocation. — ... Obligation de statuer par un même jugement. — Consentement à l'évocation. — Matière disposée.*

LIVRE IV.

DES VOIES EXTRAORDINAIRES POUR ATTAQUER LES JUGEMENTS.

[illegible]

TITRE Ier.

De la Tierce opposition.

474. Une partie peut former tierce opposition à un jugement qui préjudicie à ses droits, et lors duquel, ni elle ni ceux qu'elle représente n'ont été appelés. [Ord. 1667, tit. 35, art. 2. — C. c. [illegible]; C. pr. [illegible]; C. comm. [illegible]]

[illegible]

[474] — § 1er. *La voie de la tierce opposition est-elle obligée?*

[illegible]

§ 2. — *Quels jugements sont susceptibles de tierce opposition.*

[illegible]

§ 3. — *Quelles personnes ont qualité pour former tierce opposition. — Règles générales.*

18. Pour être recevable à former tierce opposition,

§ 4. — ... Créanciers. — Faillite.

§ 5. — ... Acquéreur. — Vendeur.

§ 6. — Applications diverses.

475. La tierce opposition formée par action principale sera portée au tribunal qui aura rendu le jugement attaqué.

La tierce opposition incidente à une contestation dont un tribunal est saisi sera formée par requête à ce tribunal, s'il est égal ou supérieur à celui qui a rendu le jugement. [C. pr. 490, 493; Tar. 75.]

476. S'il n'est égal ou supérieur, la tierce

§ 7. — *Délai de la tierce opposition.*

§ 8. — *Effets de la tierce opposition. — Dernier ressort.*

[475-476.]

opposition incidente sera portée, par action principale, au tribunal qui aura rendu le jugement.

477. Le tribunal devant lequel le jugement attaqué aura été produit pourra, suivant les circonstances, passer outre ou surseoir. [C. pr. 191, 980.]

478. Les jugements passés en force de chose jugée, portant condamnation à délaisser la possession d'un héritage, seront exécutés contre les parties condamnées, nonobstant la tierce opposition et sans y préjudicier.

Dans les autres cas, les juges pourront, suivant les circonstances, suspendre l'exécution du jugement. [Ord. 1667, tit. 27, art. 11. — C. c. 1351; C. pr. 457, 497.]

479. La partie dont la tierce opposition sera rejetée sera condamnée à une amende qui ne pourra être moindre de cinquante francs, sans préjudice des dommages et intérêts de la partie, s'il y a lieu. [Ord. 1667, tit. 27, art. 10. — C. pr. 246, 374, 500, 471, 390, 513, 516, 1029.]

TITRE II.

De la Requête civile.

480. Les jugements contradictoires rendus en dernier ressort par les tribunaux de première instance et d'appel, et les jugements par défaut rendus aussi en dernier ressort, et qui ne sont plus susceptibles d'opposition, pourront être rétractés, sur la requête de ceux qui y auront été parties ou dûment appelés, pour les causes ci-après :

1° S'il y a eu dol personnel ;

2° Si les formes prescrites à peine de nullité ont été violées, soit avant, soit lors des jugements, pourvu que la nullité n'ait pas été couverte par les parties ;

3° S'il a été prononcé sur choses non demandées ;

4° S'il a été adjugé plus qu'il n'a été demandé ;

5° S'il a été omis de prononcer sur l'un des chefs de demande ;

6° S'il y a contrariété de jugements en dernier ressort, entre les mêmes parties et sur les mêmes moyens, dans les mêmes Cours ou tribunaux ;

7° Si, dans un même jugement, il y a des dispositions contraires ;

8° Si, dans les cas où la loi exige la communication au ministère public, cette communication n'a pas eu lieu, et que le jugement ait été rendu contre celui pour qui elle était ordonnée ;

9° Si l'on a jugé sur pièces reconnues ou déclarées fausses depuis le jugement ;

10° Si, depuis le jugement, il a été recouvré des pièces décisives, et qui avaient été retenues par le fait de la partie. [Ord. 1667, tit. 35, art. 1er et 34. — C. c. 2057; C. pr. 418, 1010, 1026, 1029.]

481. L'état, les communes, les établissements publics et les mineurs, seront encore reçus à se pourvoir, s'ils n'ont été défendus, ou s'ils ne l'ont été valablement. [Ord. 1667, tit. 35, art. 35 et 36.]

482. S'il n'y a ouverture que contre un chef de jugement, il sera seul rétracté, à moins que les autres n'en soient dépendants.

483. La requête civile sera signifiée avec assignation, dans les trois mois, à l'égard des majeurs, du jour de la signification, à personne ou domicile, du jugement attaqué. [Ord. 1667, tit. 35, art. 5. — C. pr. 1033 ; Tar. 78.]

484. Le délai de trois mois ne courra contre les mineurs que du jour de la signification du jugement, faite depuis leur majorité, à personne ou domicile. [Ord. 1667, tit. 35, art. 5. — C. pr. 444.]

[illegible]

485. Lorsque le demandeur sera absent du territoire européen du royaume pour un service de terre ou de mer, ou employé dans les négociations extérieures pour le service de l'État, il aura, outre le délai ordinaire de trois mois depuis la signification du jugement, le délai d'une année. [Ord. 1667, tit. 35, art. 7. — C. pr. 446, 1033.]

486. Ceux qui demeurent hors de la France continentale auront, outre le délai de trois mois, depuis la signification du jugement, le délai des ajournements réglé par l'article 73 ci-dessus. [C. pr. 73 et 446.]

487. Si la partie condamnée est décédée dans les délais ci-dessus fixés pour se pourvoir, ce qui en restera à courir ne commencera, contre la succession, que dans les délais et de la manière prescrits en l'article 447 ci-dessus. [Ord. 1667, tit. 35, art. 8. — C. pr. 344 et 447.]

488. Lorsque les ouvertures de requête civile seront le faux, le dol, ou la découverte de pièces nouvelles, les délais ne courront que du jour où, soit le faux, soit le dol, auront été reconnus ou les pièces découvertes ; pourvu que, dans ces deux derniers cas, il y ait preuve par écrit du jour, et non autrement. [Ord. 1667, tit. 35, art. 12. — C. c. 2057. C. pr. 448.]

489. S'il y a contrariété de jugements, le délai courra du jour de la signification du dernier jugement.

490. La requête civile sera portée au même tribunal où le jugement attaqué aura été rendu ; il pourra y être statué par les mêmes juges. [Ord. 1667, tit. 35, art. 20. — C. pr. 475 et 1026.]

491. Si une partie veut attaquer par la requête civile un jugement produit dans une cause pendante en un tribunal autre que celui qui l'a rendu, elle se pourvoira devant le tribunal qui a rendu le jugement attaqué ; et le tribunal saisi de la cause dans laquelle il est produit pourra, suivant les circonstances, passer outre ou surseoir. [Ord. 1667, tit. 35, art. 25 et 26. — C. pr. 477.]

492. La requête civile sera formée par assignation au domicile de l'avoué de la partie qui a obtenu le jugement attaqué, si elle est formée dans les six mois de la date du jugement ; après ce délai, l'assignation sera donnée au domicile de la partie. [Ord. 1667, tit. 35, art. 6. — C. pr. 1038 ; Tar. 29.]

493. Si la requête civile est formée incidemment devant un tribunal compétent pour en connaître, elle le sera par requête d'avoué à avoué ; mais si elle est incidente à une contestation portée dans un autre tribunal que celui qui a rendu le jugement, elle sera formée par assignation devant les juges qui auront rendu le jugement. [C. pr. 337, 473, 1038 ; Tar. 75.]

494. La requête civile d'aucune partie autre que celle qui stipule les intérêts de l'État ne sera reçue, si, avant que cette requête ait été présentée, il n'a été consigné une somme de trois cents francs pour amende, et cent cinquante francs pour les dommages-intérêts de la partie, sans préjudice de plus amples dommages-intérêts, s'il y a lieu : la consignation sera de moitié, si le jugement est par défaut ou par forclusion, et du quart s'il s'agit de jugements rendus par les tribunaux de première instance. [Ord. 1667, tit. 35, art. 16. — C. civ. 1149 ; C. pr. 500 ; Tar. 93.]

495. La quittance du receveur sera signifiée en tête de la demande, ainsi qu'une consultation de trois avocats exerçant depuis dix ans au moins près un des tribunaux du ressort de la Cour d'appel dans lequel le jugement a été rendu.

La consultation contiendra déclaration qu'ils sont d'avis de la requête civile, et elle en énoncera aussi les ouvertures, sinon la requête ne sera pas reçue. [Ord. 1667, tit. 35, art. 13 et 16. — C. pr. 468 ; Tar. 140.]

496. Si la requête civile est signifiée dans les six mois de la date du jugement, l'avoué de la partie qui a obtenu le jugement sera constitué de droit sans nouveau pouvoir. [Ord. 1667, tit. 35, art. 6. — C. pr. 1038.]

497. La requête civile n'empêchera pas l'exécution du jugement attaqué ; nulles défenses ne pourront être accordées : celui qui aura été condamné à délaisser un héritage ne sera reçu à plaider sur la requête civile qu'en rapportant la preuve de l'exécution du jugement au principal. [Ord. 1667, tit. 35, art. 18, 19. — C. pr. 27, 488 [illegible].]

[illegible]

[485-487] — [illegible]

[488] — [illegible]

[489] [illegible]

[490] — [illegible]

[491] — [illegible]

[492] — [illegible]

[493] [illegible]

[494] — [illegible]

[495] — [illegible]

[496] [illegible]

[497] — [illegible]

498. Toute requête civile sera communiquée au ministère public. [Ord. 1667, tit. 35, art. 27. — C. pr. 83, 84.]

499. Aucun moyen autre que les ouvertures de requête civile énoncées en la consultation ne sera discuté à l'audience ni par écrit. [Ord. 1667, tit. 35, art. 29, 31 et 37.]

500. Le jugement qui rejettera la requête civile condamnera le demandeur à l'amende et aux dommages-intérêts ci-dessus fixés, sans préjudice de plus amples dommages-intérêts, s'il y a lieu. [Ord. 1667, tit. 35, art. 39. — C. pr. 246, 374, 471, 479, 494, 513, 516, 1025, 1029.]

501. Si la requête civile est admise, le jugement sera rétracté, et les parties seront remises au même état où elles étaient avant ce jugement; les sommes consignées seront rendues, et les objets des condamnations qui auront été perçus en vertu du jugement rétracté seront restitués.

Lorsque la requête civile aura été entérinée pour raison de contrariété de jugements, le jugement qui entérinera la requête civile, ordonnera que le premier jugement sera exécuté selon sa forme et teneur. [Ord. 1667, tit. 35, art. 35. — Tar. 90.]

502. Le fond de la contestation sur laquelle le jugement rétracté aura été rendu sera porté au même tribunal qui aura statué sur la requête civile. [Ord. 1667, tit. 35, art. 22. — C. pr. 472.]

503. Aucune partie ne pourra se pourvoir en requête civile, soit contre le jugement déjà attaqué par cette voie, soit contre le jugement qui l'aura rejetée, soit contre celui rendu sur le rescisoire, à peine de nullité et de dommages-intérêts, même contre l'avoué qui, ayant occupé sur la première demande, occuperait sur la seconde. [Ord. 1667, tit. 35, art. 41. — C. pr. 1029.]

504. La contrariété de jugements rendus en dernier ressort entre les mêmes parties et sur les mêmes moyens en différents tribunaux donne ouverture à cassation; et l'instance est formée et jugée conformément aux lois qui sont particulières à la Cour de cassation.

TITRE III.

De la Prise à partie.

505. Les juges peuvent être pris à partie dans les cas suivants:

1° S'il y a dol, fraude ou concussion, qu'on prétendrait avoir été commis, soit dans le cours de l'instruction, soit lors des jugements;

2° Si la prise à partie est expressément prononcée par la loi;

3° Si la loi déclare les juges responsables, à peine de dommages et intérêts;

4° S'il y a déni de justice. [Ord. 1667, tit. 25, art. 1er et 4. — C. c. 4, 2063. C. pr. 15, 49, 83; C. inst. cr. 77, 164; C. pén. 185.]

---

[498] — [illegible]

[499] — [illegible]

[500] — [illegible]

[501 - 502] — [illegible]

[503] — [illegible]

[504] — [illegible]

[505] — [illegible]

506. Il y a déni de justice, lorsque les juges refusent de répondre les requêtes, ou négligent de juger les affaires en état et en tour d'être jugées. [Ord. 1667, tit. 25, art. 2. — C. c. 4 ; C. pén. 185.]

507. Le déni de justice sera constaté par deux réquisitions faites aux juges en la personne des greffiers, et signifiées de trois en trois jours au moins pour les juges de paix et de commerce, et de huitaine en huitaine au moins pour les autres juges : tout huissier requis sera tenu de faire ces réquisitions, à peine d'interdiction. [Ord. 1667, tit. 25, art. 2 et s. — Tar. 29.]

508. Après les deux réquisitions, le juge pourra être pris à partie.

509. La prise à partie contre les juges de paix, contre les tribunaux de commerce ou de première instance, ou contre quelqu'un de leurs membres, et la prise à partie contre un conseiller à une Cour d'appel ou à une Cour d'assises, seront portées à la Cour d'appel du ressort.

La prise à partie contre les Cours d'assises, contre les Cours d'appel ou l'une de leurs sections, sera portée à la haute Cour, conformément à l'art. 101 de l'acte du 18 mai 1804. [C. inst. cr. 479 et s., 483 et s.]

510. Néanmoins aucun juge ne pourra être pris à partie, sans permission préalable du tribunal devant lequel la prise à partie sera portée.

511. Il sera présenté, à cet effet, une requête signée de la partie, ou de son fondé de procuration authentique et spéciale, laquelle procuration sera annexée à la requête, ainsi que les pièces justificatives s'il y en a, à peine de nullité. [C. pr. 1029.]

512. Il ne pourra être employé aucun terme injurieux contre les juges, à peine, contre la partie, de telle amende, et contre son avoué, de telle injonction ou suspension qu'il appartiendra. [C. pr. 1036.]

513. Si la requête est rejetée, la partie sera condamnée à une amende qui ne pourra être moindre de trois cents francs, sans préjudice des dommages et intérêts envers les parties, s'il y a lieu. [C. pr. 246, 471, 479, 500, 1029.]

514. Si la requête est admise, elle sera signifiée dans trois jours au juge pris à partie, qui sera tenu de fournir ses défenses dans la huitaine.

Il s'abstiendra de la connaissance du différend ; il s'abstiendra même, jusqu'au jugement définitif de la prise à partie, de toutes les causes que la partie, ou ses parents en ligne directe, ou son conjoint, pourront avoir dans son tribunal, à peine de nullité des jugements. [Ord. 1667, tit. 25, art. 3. — C. pr. 378, 1029 ; Tar. 29, 75.]

515. La prise à partie sera portée à l'audience sur un simple acte, et sera jugée par une autre section que celle qui l'aura admise : si la Cour d'appel n'est composée que d'une section, le jugement de la prise à partie sera renvoyé à la Cour d'appel la plus voisine par la Cour de cassation.

516. Si le demandeur est débouté, il sera condamné à une amende qui ne pourra être moindre de trois cents francs, sans préjudice des dommages-intérêts envers les parties, s'il y a lieu. [C. pr. 246, 374, 471, 479, 500, 1029.]

LIVRE V.

DE L'EXÉCUTION DES JUGEMENTS.

(Décrété le 21 avril 1806. Promulgué le 1er mai suivant.)

TITRE Ier.

Des réceptions de Cautions.

517. Le jugement qui ordonnera de fournir caution fixera le délai dans lequel elle sera présentée, et celui dans lequel elle sera acceptée ou contestée. [Ord. 1667, tit. 24, art. 1er. — C. pr. 17, 135, 155, 417, 439, 542, 832, 992, 1035.]

518. La caution sera présentée par exploit signifié à la partie, si elle n'a point d'avoué, et par acte d'avoué, si elle en a constitué, avec copie de l'acte de dépôt qui sera fait au greffe, des titres qui constatent la solvabilité de la caution, sauf le cas où la loi n'exige pas que la solvabilité soit établie par titres. [Ord. 1667, tit. 28, art. 2 et 3. — C. pr. 440, 832, 993 ; Tar. 28, 71 et 91.]

519. La partie pourra prendre au greffe communication des titres ; si elle accepte la caution, elle le déclarera par un simple acte : dans ce cas, ou si la partie ne conteste pas dans le délai, la caution fera au greffe sa soumission, qui sera exécutoire sans jugement, même pour la contrainte par corps, s'il y a lieu à contrainte. [Ord. 1667, tit. 28, art. 3. — C. c. 2040 ; C. pr. 82, 180, 522 ; Tar. 71 et 91.]

520. Si la partie conteste la caution dans le délai fixé par le jugement, l'audience sera poursuivie sur un simple acte. [Ord. 1667, tit. 28, art. 3. — C. pr. 82, 994 ; Tar. 71.]

521. Les réceptions de cautions seront jugées sommairement, sans requête ni écritures : le jugement sera exécuté nonobstant appel. [Ord. 1667, tit. 28, art. 3. — C. pr. 135 et s., 404 et s., 457, 463.]

522. Si la caution est admise, elle fera sa soumission, conformément à l'article 519 ci-dessus. [Ord. 1667, tit. 28, art. 4. — C. c. 2040 ; Tar. 91.]

TITRE II.

De la liquidation des Dommages-intérêts.

523. Lorsque l'arrêt ou le jugement n'aura pas fixé les dommages-intérêts, la déclaration en sera signifiée à l'avoué du défendeur, s'il en a été constitué ; et les pièces seront communiquées sur récépissé de l'avoué, ou par la voie du greffe. [Ord. 1667, tit. 32, art. 1er. — C. c. 1146 et s. ; C. pr. 126, 128, 188 et s. ; Tar. 91 et 141.]

524. Le défendeur sera tenu, dans les délais fixés par les art. 97 et 98, et sous les peines y portées, de remettre lesdites pièces, et, huitaine après l'expiration desdits délais, de faire ses offres au demandeur, de la somme qu'il avisera pour les dommages-intérêts ; sinon, la cause sera portée sur un simple acte à l'audience, et il sera condamné à payer le montant de la déclaration, si elle est trouvée juste et bien vérifiée. [Ord. 1667, tit. 32, art. 2. — C. c. 1257 et s. ; C. p. 97, 98, 191 ; Tar. 71 et 142.]

525. Si les offres contestées sont jugées suffisantes, le demandeur sera condamné aux dépens, du jour des offres. [Ord. 1667, tit. 32, art. 3. — C. c. 1260 ; C. p. 130.]

TITRE III.

De la liquidation des Fruits.

526. Celui qui sera condamné à restituer des fruits, en rendra compte dans la forme ci-après ; et il sera procédé comme sur les autres comptes rendus en justice. [C. c. 547 et s. ; C. pr. 129.]

TITRE IV.

Des Redditions de Comptes.

527. Les comptables commis par justice seront poursuivis devant les juges qui les auront commis ; les tuteurs, devant les juges du lieu où la tutelle a été déférée ; tous autres comptables, devant les juges de leur domicile. [Ord. 1667, tit. 29, art. 2. — C. c. 406, 471, 803, 1031, 1993 ; C. pr. 59.]

528. En cas d'appel d'un jugement qui aurait rejeté une demande en reddition de compte, l'arrêt infirmatif renverra, pour la reddition et le jugement du compte, au tribunal où la demande avait été formée, ou à tout autre tribunal de première instance que l'arrêt indiquera.

Si le compte a été rendu et jugé en première instance, l'exécution de l'arrêt infirmatif appartiendra à la cour qui l'aura rendu, ou à un autre tribunal qu'elle aura indiqué par le même arrêt. [C. pr. 172, 473.]

529. Les oyants qui auront le même intérêt nommeront un seul avoué : faute de s'accorder sur le choix, le plus ancien occupera, et néanmoins chacun des oyants pourra en constituer un ; mais les frais occasionnés par cette constitution particulière, et faits tant activement que passivement, seront supportés par l'oyant. [Ord. 1667, tit. 29, art. 11. — C. pr. 760, 952, 1031.]

530. Tout jugement portant condamnation de rendre compte fixera le délai dans lequel le compte sera rendu, et commettra un juge. [Ord. 1667, tit. 29, art. 3. — C. pr. 1035.]

[illegible]

531. Si le préambule du compte, en y comprenant la mention de l'acte ou du jugement qui aura commis le rendant, et du jugement qui aura ordonné le compte, excède six rôles, l'excédant ne passera point en taxe. [Ord. 1667, tit. 29, art. 6. — C. pr. 1031; Tar. 75.]

532. Le rendant n'emploiera pour dépenses communes que les frais de voyage, s'il y a lieu, les vacations de l'avoué qui aura mis en ordre les pièces du compte, les grosses et copies, les frais de présentation et affirmation. [Ord. 1667, tit. 29, art. 18. — Tar. 92.]

533. Le compte contiendra les recette et dépense effectives; il sera terminé par la récapitulation de la balance desdites recette et dépense, sauf à faire un chapitre particulier des objets à recouvrer. [Ord. 1667, tit. 29, art. 7.]

534. Le rendant présentera et affirmera son compte en personne ou par procureur spécial, dans le délai fixé, et au jour indiqué par le juge-commissaire, les oyants présents, ou appelés à personne ou domicile, s'ils n'ont avoué, et par acte d'avoué, s'ils en ont constitué.

Le délai passé, le rendant y sera contraint par saisie et vente de ses biens jusqu'à concurrence d'une somme que le tribunal arbitrera; il pourra même y être contraint par corps, si le tribunal l'estime convenable. [Ord. 1667, tit. 29, art. 8. — C. pr. 126, 531, 572. — Tar. 29, 70, 76, 92.]

535. Le compte présenté et affirmé, si la recette excède la dépense, l'oyant pourra requérir du juge-commissaire exécutoire de cet excédant, sans approbation du compte. [Ord. 1667, tit. 29, art. 7. — Tar. 92.]

536. Après la présentation et affirmation, le compte sera signifié à l'avoué de l'oyant: les pièces justificatives seront cotées et paraphées par l'avoué du rendant; si elles sont communiquées sur récépissé, elles seront rétablies dans le délai qui sera fixé par le juge-commissaire, sous les peines portées par l'art. 107.

Si les oyants ont constitué avoués différents, la copie et la communication ci-dessus seront données à l'avoué plus ancien seulement, s'ils ont le même intérêt, et à chaque avoué, s'ils ont des intérêts différents.

S'il y a des créanciers intervenants, ils n'auront tous ensemble qu'une seule communication, tant du compte que des pièces justificatives, par les mains du plus ancien des avoués qu'ils auront constitués. [Ord. 1667, tit. 29, art. 9, 10, 11 et 12. — C. pr. 107, 530, 932; Tar. 92.]

537. Les quittances de fournisseurs, ouvriers, maîtres de pension, et autres de même nature, produites comme pièces justificatives du compte, sont dispensées de l'enregistrement.

538. Aux jour et heure indiqués par le commissaire, les parties se présenteront devant lui

[illegible]

[531] . . . .

[532] — 1. [illegible]

[533] — 1. [illegible]

[534] — 1. [illegible]

[535] — 1. [illegible]

[536] — 1. [illegible]

[537] — 1. [illegible]

[538] — 1. [illegible]

pour fournir débats, soutènements et réponses sur son procès-verbal ; si les parties ne se présentent pas, l'affaire sera portée à l'audience sur un simple acte. [Ord. 1667, tit. 29, art. 15. — Tar. 92.]

539. Si les parties ne s'accordent pas, le commissaire ordonnera qu'il en sera par lui fait rapport à l'audience, au jour qu'il indiquera ; elles seront tenues de s'y trouver, sans aucune sommation. [C. pr. 93, 94, 280.]

540. Le jugement qui interviendra sur l'instance de compte contiendra le calcul de la recette et des dépenses, et fixera le reliquat précis, s'il y en a aucun. [Ord. 1667, tit. 29, art. 20.]

541. Il ne sera procédé à la révision d'aucun compte, sauf aux parties, s'il y a erreurs, omissions, faux ou doubles emplois, à en former leurs demandes devant les mêmes juges. [Ord. 1667, tit. 29, art. 21. — C. c. 2058.]

[illegible] aux débats d'un compte, et pour [illegible] des articles de ce compte. [illegible] — 21 juill. 1846, Req. (S.V.46.1.927. [illegible])

2. Lorsque, par le [illegible] d'un compte [illegible], le juge-commissaire, du consentement des parties, [illegible] ne constituent pas une enquête proprement dite, et ne comportent pas, par conséquent, l'application des dispositions du Code de procédure relatives aux enquêtes. — 18 janv. 1841, Req. [illegible]

3. Quand le [illegible] le juge-commissaire doit se borner à renvoyer à l'audience pour y faire son rapport ; il n'est pas tenu d'énoncer dans son procès-verbal les dires du défaillant. — Carré et Chauveau, n° 1882 ; Lepage, p. 367 ; Favard, t. 1er, p. 618.

[539] — 1. Quand le juge-commissaire ordonne, sur les contestations des parties, qu'il en sera par lui fait rapport à l'audience, on doit ou peut lever le procès-verbal pour le mettre sous les yeux des juges, mais on ne peut le signifier. — Carré, n° 1883 ; [illegible] — Boitard, t. 1er, p. 619. — Boncenne, t. 2, p. 53 ; Chauveau, [illegible] ; Boucher d'Argis, Dict. de la tax., p. 87 ; [illegible] ; Rodière, t. 1er, p. 388 [illegible] ; il n'est même pas nécessaire de lever le procès-verbal.

2. Il ne suffit pas, quand la cause est renvoyée à l'audience, que les avoués prennent de nouveau leurs conclusions et que le juge-commissaire fasse son rapport, pour que la cause puisse être réputée suffisamment instruite ; il faut encore que les défenseurs des parties soient admis à plaider, s'ils le demandent, et cela même après le rapport du juge-commissaire. — L'art. 111, Cod. proc., interdisant toute plaidoirie après le rapport, ne doit s'entendre que du cas où il s'agit d'un rapport fait après mise en délibéré ou après instruction par écrit. — 21 avril 1852, Cass. [illegible] — Sic, Thomine, t. 1er, p. [illegible] ; Chauveau, n° 1878 ; Boucher d'Argis, Dictionn. de la tax., p. 87 ; [illegible] — Contrà, [illegible], p. 87.

3. Est nul le jugement rendu en matière de reddition de compte, par des juges qui n'ont pas assisté à l'audience où a été fait le rapport du juge-commissaire. — 8 juill. 1840, Cass. (S.V.40.1.876. [illegible]) — [illegible] art. 116, n° 6 et s.

[540] . . . .

[541] — 1. Pour qu'il y ait rectification d'un compte dans le sens de l'art. 541, pour que ce ne soit pas une révision, il faut que les articles sur lesquels porte la critique renferment des erreurs de calcul, ou que la critique se trouve appuyée sur des documents [illegible] à l'époque de l'arrêté de compte ; [illegible] dans le sens de l'art. 541. — 2 mars 1851, Cass. (S.V. 51.1.178. [illegible])

2. Le double emploi commis dans les comptes réglés par un arrêt peut être rectifié par un second arrêt, bien que le premier arrêt ait réservé expressément aux parties que la rectification des erreurs de calcul. — 25 mai 1824, Req. [illegible]

3. Une liquidation de succession dûment homologuée ne peut être attaquée pour une fausse interpréta[illegible] [illegible]

[illegible]

[illegible]

542. Si l'oyant est défaillant, le commissaire fera son rapport au jour par lui indiqué : les articles seront alloués, s'ils sont justifiés ; le rendant, s'il est reliquataire, gardera les fonds, sans intérêts ; et s'il ne s'agit point d'un compte de tutelle, le comptable donnera caution, si mieux il n'aime consigner. [Ord. 1667, tit. 29, art. 23. — C. c. 471, 1257 et s., C. pr. 517, 816.]

TITRE V.

De la liquidation des Dépens et frais.

543. La liquidation des dépens et frais sera faite, en matière sommaire, par le jugement qui les adjugera. [Ord. 1667, tit. 31, art. 33. — C. pr. 130, 404 et s.]

544. La manière de procéder à la liquidation des dépens et frais dans les autres matières sera déterminée par un ou plusieurs règlements d'administration publique, qui seront exécutoires le même jour que le présent Code, et qui, après trois ans au plus tard, seront présentés en forme de loi au Corps législatif, avec les changements dont ils seront susceptibles. [Ord. 1667, tit. 31, art. 33.]

TITRE VI.

Règles générales sur l'Exécution forcée des jugemens et actes.

545. Nul jugement ni acte ne pourront être mis à exécution, s'ils ne portent le même intitulé que les lois et ne sont terminés par un mandement aux officiers de justice, ainsi qu'il est dit art. 146. [C. pr. 146, 435, 1030, 1031.]

546. Les jugements rendus par les tribunaux étrangers, et les actes reçus par les officiers étrangers, ne seront susceptibles d'exécution en France, que de la manière et dans les cas prévus

[illegible]

[542] — [illegible]

[543]. . . . .

[544] — 1. [illegible]

[545] — 1. [illegible]

[546] — 1. [illegible]

par les art. 2123 et 2128 du Code civil. [Ord. 1629, art. 121. — C. c. 2123 et 2128.]

547. Les jugements rendus et les actes passés en France seront exécutoires dans tout le royaume sans visa ni *pareatis*, encore que l'exécution ait lieu hors du ressort du tribunal par lequel les jugements ont été rendus ou dans le territoire duquel les actes ont été passés. [Ord. 1667, tit. 27, art. 6; L. 29 sept. 1791, tit. 2, sect. 2, art. 13; L. 25 vent. an 11, art. 19 et 28. — C. pr. 146, 435.]

548. Les jugements qui prononceront une mainlevée, une radiation d'inscription hypothécaire, un paiement, ou quelque autre chose à faire par un tiers ou à sa charge, ne seront exécutoires par les tiers ou contre eux, même après les délais de l'opposition ou de l'appel, que sur le certificat de l'avoué de la partie poursuivante, contenant la date de la signification du jugement faite au domicile de la partie condamnée, et sur l'attestation du greffier constatant qu'il n'existe contre le jugement ni opposition ni appel. [Ord. 1667, tit. 35, art. 5. — C. c. 2157; C. pr. 147, 156, 163, 164; Tar. 90.]

549. A cet effet, l'avoué de l'appelant fera mention de l'appel, dans la forme et sur le registre prescrits par l'article 163. [Tar. 90.]

550. Sur le certificat qu'il n'existe aucune opposition ni appel sur ce registre, les séquestres, conservateurs, et tous autres, seront tenus de satisfaire au jugement. [C. c. 1956 et s., 2157 et s.]

551. Il ne sera procédé à aucune saisie mobilière ou immobilière qu'en vertu d'un titre exécutoire, et pour choses liquides et certaines : si la dette exigible n'est pas d'une somme en argent, il sera sursis, après la saisie, à toutes poursuites ultérieures, jusqu'à ce que l'appréciation en ait été faite. [Ord. 1667, tit. 33, art. 2. — C. pr. 559, 583, 636, 673.]

552. La contrainte par corps, pour objet susceptible de liquidation, ne pourra être exécutée qu'après que la liquidation aura été faite en argent. [C. c. 2060 ; C. pr. 519.]

553. Les contestations élevées sur l'exécution des jugements des tribunaux de commerce seront portées au tribunal de première instance du lieu où l'exécution se poursuivra. [C. pr. 442, 472, 803.]

554. Si les difficultés élevées sur l'exécution des jugements ou actes requièrent célérité, le tribunal du lieu y statuera provisoirement, et renverra la connaissance du fond au tribunal d'exécution. [C. pr. 49, 72, 404, 472, 794, 806.]

555. L'officier insulté dans l'exercice de ses fonctions dressera procès-verbal de rébellion ; et il sera procédé suivant les règles établies par le Code d'instruction criminelle. [C. pr. 785 ; C. i. cr. 32, 59 ; C. pén. 209 et s.]

556. La remise de l'acte ou du jugement à l'huissier vaudra pouvoir pour toutes exécutions autres que la saisie immobilière et l'emprisonnement, pour lesquels il sera besoin d'un pouvoir spécial. [C. c. 1987 ; C. pr. 352, 562.]

[illegible]

[549] [illegible]

[550] . . . .

[551] [illegible]

[552] V. les notes des art. 780 et s.

[553] [illegible]

[554] [illegible]

[555] . . . .

[556] [illegible]

TITRE VII.

Des Saisies-arrêts ou Oppositions.

557. Tout créancier peut, en vertu de titres authentiques ou privés, saisir-arrêter entre les mains d'un tiers les sommes et effets appartenant à son débiteur, ou s'opposer à leur remise. [C. c. 1317, 1298, 1322 ; C. pr. 49, 417, 817 ; C. com. 149, 107 ; Tar. 29.]

558. S'il n'y a pas de titre, le juge du domicile du débiteur, et même celui du domicile du tiers saisi, pourront, sur requête, permettre la saisie-arrêt ou opposition. [Tar. 29 et 77.]

559. Tout exploit de saisie-arrêt ou opposition, fait en vertu d'un titre, contiendra l'énonciation du titre et de la somme pour laquelle elle est faite : si l'exploit est fait en vertu de la permission du juge, l'ordonnance énoncera la somme pour laquelle la saisie-arrêt ou opposition est faite, et il sera donné copie de l'ordonnance en tête de l'exploit.

Si la créance pour laquelle on demande la permission de saisir-arrêter n'est pas liquide, l'évaluation provisoire en sera faite par le juge.

L'exploit contiendra aussi élection de domicile dans le lieu où demeure le tiers saisi, si le saisissant n'y demeure pas : le tout à peine de nullité. [Ord. 1667, tit. 33, art. 1er. — C. c. 111; C. pr. 561; Tar. 29.]

560. La saisie-arrêt ou opposition entre les mains de personnes non demeurant en France sur le continent ne pourra point être faite au domicile des procureurs du Roi ; elle devra être signifiée à personne ou à domicile. [C. pr. 69, 73, 659.]

561. La saisie-arrêt ou opposition formée entre les mains des receveurs, dépositaires ou administrateurs de caisses ou deniers publics, en cette qualité, ne sera point valable, si l'exploit n'est fait à la personne préposée pour le recevoir, et s'il n'est visé par elle sur l'original, ou, en cas de refus, par le procureur du Roi. [C. pr. 1039.]

562. L'huissier qui aura signé la saisie-arrêt ou opposition sera tenu, s'il en est requis, de justifier de l'existence du saisissant à l'époque où le pouvoir de saisir a été donné, à peine d'interdiction, et des dommages et intérêts des parties. [C. pr. 1031.]

563. Dans la huitaine de la saisie-arrêt ou opposition, outre un jour pour trois myriamètres de distance entre le domicile du tiers saisi et celui du saisissant, et un jour pour trois myriamètres de distance entre le domicile de ce dernier et celui du débiteur saisi, le saisissant sera tenu de dénoncer la saisie-arrêt ou opposition au débiteur saisi, et de l'assigner en validité. [C. pr. 641, 651, 1033; Tar. 29.]

564. Dans un pareil délai, outre celui en raison des distances, à compter du jour de la demande en validité, cette demande sera dénoncée, à la requête du saisissant, au tiers saisi, qui ne sera tenu de faire aucune déclaration avant que cette dénonciation lui ait été faite. [C. pr. 1033; Tar. 29.]

565. Faute de demande en validité, la saisie ou opposition sera nulle : faute de dénonciation de cette demande au tiers saisi, les paiements par lui faits jusqu'à la dénonciation seront valables. [C. c. 1691; C. pr. 1029.]

566. En aucun cas il ne sera nécessaire de faire précéder la demande en validité par une citation en conciliation. [C. pr. 48, 49.]

567. La demande en validité, et la demande en mainlevée formée par la partie saisie, seront portées devant le tribunal du domicile de la partie saisie. [C. pr. 59.]

[illegible]

[560]. . . . .

[561] — 1. [illegible]

[562]. . . . .

[563] — 1. [illegible]

[564] — 1. [illegible]

[565] — 1. [illegible]

[566] — [illegible]

[567] — 1. [illegible]

568. Le tiers saisi ne pourra être assigné en déclaration, s'il n'y a titre authentique, ou jugement qui ait déclaré la saisie-arrêt ou l'opposition valable.

569. Les fonctionnaires publics dont il est parlé à l'article 561 ne seront point assignés en déclaration; mais ils délivreront un certificat constatant s'il est dû à la partie saisie, et énonçant la somme, si elle est liquide. [Tar. 21.]

570. Le tiers saisi sera assigné, sans citation préalable en conciliation, devant le tribunal qui doit connaître de la saisie, sauf à lui, si sa déclaration est contestée, à demander son renvoi devant son juge. [C. pr. 49, 638; Tar. 29, 75.]

[illegible]

571. Le tiers saisi assigné fera sa déclaration, et l'affirmera au greffe, s'il est sur les lieux; sinon, devant le juge de paix de son domicile, sans qu'il soit besoin, dans ce cas, de réitérer l'affirmation au greffe. [C. pr. 534, 638.]

572. La déclaration et l'affirmation pourront être faites par procuration spéciale. [C. c. 1987; C. pr. 534, 638.]

573. La déclaration énoncera les causes et le montant de la dette, les paiements à compte, si aucuns ont été faits; l'acte ou les causes de libération, si le tiers saisi n'est plus débiteur; et, dans tous les cas, les saisies-arrêts ou oppositions formées entre ses mains. [C. pr. 638, Tar. 92.]

574. Les pièces justificatives de la déclaration seront annexées à cette déclaration; le tout sera déposé au greffe, et l'acte de dépôt sera signifié par un seul acte contenant constitution d'avoué. [C. pr. 638; Tar. 70, 92.]

575. S'il survient de nouvelles saisies-arrêts ou oppositions, le tiers saisi les dénoncera à l'avoué du premier saisissant, par extrait contenant les noms et élection de domicile des saisissants, et les causes des saisies-arrêts ou oppositions. [C. pr. 658, 817, Tar. 70.]

576. Si la déclaration n'est pas contestée, il ne sera fait aucune autre procédure, ni de la part du tiers saisi, ni contre lui. [C. pr. 638.]

577. Le tiers saisi qui ne fera pas sa déclaration, ou qui ne fera pas les justifications ordonnées par les articles ci-dessus, sera déclaré débiteur pur et simple des causes de la saisie.

[illegible]

[571] — S'il arrive, par suite de circonstances exceptionnelles, que la déclaration affirmative soit faite en cause d'appel, alors c'est au greffe de la Cour qu'il faut procéder. — Roger, nº 361; Chauveau, q. 1962 *bis*.

[572] — 1. La procuration à l'effet de faire la déclaration peut être sous seing privé; il n'est pas nécessaire qu'elle soit en forme authentique. [illegible]

2. L'affirmation n'a pas besoin d'être faite sous serment. — Carré et Chauveau, q. 1964; [illegible]; Roger, nº 364.

[573 et 574] — 1. Le tiers saisi est tenu de faire sa déclaration, alors même qu'il serait libéré, ou n'a jamais rien dû. — Carré et Chauveau, nº 1958; [illegible]

[illegible]

[575] — [illegible]

[576] — V. art. 130, nº 58 *bis*. (Dépens.)

[577] — [illegible]

578. Si la saisie-arrêt ou opposition est formée sur effets mobiliers, le tiers saisi sera tenu de joindre à sa déclaration un état détaillé desdits effets. [C. pr. 580 ; Tar. 70.]

579. Si la saisie-arrêt ou opposition est déclarée valable, il sera procédé à la vente et distribution du prix, ainsi qu'il sera dit au titre de la *Distribution par contribution*. [C. pr. 656 et s.]

580. Les traitements et pensions dus par l'État ne pourront être saisis que pour la portion déterminée par les lois ou par ordonnances royales. [1].

581. Seront insaisissables : 1° les choses déclarées insaisissables par la loi ; 2° les provisions alimentaires adjugées par justice ; 3° les sommes et objets disponibles déclarés insaisissables par le testateur ou donateur ; 4° les sommes et pensions pour aliments, encore que le testament ou l'acte de donation ne les déclare pas insaisissables. [C. c. 1015, 1981 ; C. pr. 592, 1004.]

582. Les provisions alimentaires ne pourront être saisies que pour cause d'aliments ; les objets mentionnés aux nos 3 et 4 du précédent article pourront être saisis par des créanciers postérieurs à l'acte de donation ou à l'ouverture du legs ; et ce, en vertu de la permission du juge, et pour la portion qu'il déterminera. [Tar. 77.]

TITRE VIII.

Des Saisies-exécutions.

583. Toute saisie-exécution sera précédée d'un commandement à la personne ou au domicile du débiteur, fait au moins un jour avant la saisie, et contenant notification du titre, s'il n'a déjà été notifié. [C. c. 2217 ; C. pr. 551, 626, 634, 636, 673, 819 ; C. com. 198 ; Tar. 29.]

584. Il contiendra élection de domicile jusqu'à la fin de la poursuite, dans la commune où doit se faire l'exécution, si le créancier n'y demeure ; et le débiteur pourra faire à ce domicile élu toutes significations, même d'offres réelles et d'appel. [Ord. 1667, tit. 33, art. 1er. — C. c. 111, 1258 ; C. p. 456, 512 ; Tar. 29.]

[583] — 1. Un commandement de payer [illegible]

585. L'huissier sera assisté de deux témoins, Français, majeurs, non parents ni alliés des parties ou de l'huissier, jusqu'au degré de cousin issu de germain inclusivement, ni leurs domestiques; il énoncera sur le procès-verbal leurs noms, professions et demeures : les témoins signeront l'original et les copies. La partie poursuivante ne pourra être présente à la saisie. [Ord. 1667, tit. 33, art. 4. — Tar. 31.]

586. Les formalités des exploits seront observées dans les procès-verbaux de saisie-exécution; ils contiendront itératif commandement, si la saisie est faite en la demeure du saisi. [Ord. 1667, tit. 33, art. 2. — Tar. 31.]

587. Si les portes sont fermées, ou si l'ouverture en est refusée, l'huissier pourra établir gardien aux portes pour empêcher le divertissement : il se retirera sur-le-champ, sans assignation, devant le juge de paix, ou, à son défaut, devant le commissaire de police, et dans les communes où il n'y en a pas, devant le maire, et, à son défaut, devant l'adjoint, en présence desquels l'ouverture des portes, même celle des meubles fermants, sera faite, au fur et à mesure de la saisie. L'officier qui se transportera ne dressera point de procès-verbal, mais il signera celui de l'huissier, lequel ne pourra dresser du tout qu'un seul et même procès-verbal. [Ord. 1667, tit. 33, art. 3. — C. pr. 781, Tar. 6, 31, 34.]

588. Le procès-verbal contiendra la désignation détaillée des objets saisis : s'il y a des marchandises, elles seront pesées, mesurées ou jaugées, suivant leur nature. [Ord. 1667, tit. 33, art. 6. — C. pr. 590, 627, 625 ; Tar. 31.]

589. L'argenterie sera spécifiée par pièces et poinçons, et elle sera pesée. [C. pr. 621 ; Tar. 31.]

590. S'il y a des deniers comptants, il sera fait mention du nombre et de la qualité des espèces : l'huissier les déposera au lieu établi pour les consignations; à moins que le saisissant et la partie saisie, ensemble les opposants, s'il y en a, ne conviennent d'un autre dépositaire. [Tar. 31, 35.]

591. Si le saisi est absent, et qu'il y ait refus d'ouvrir aucune pièce ou meuble, l'huissier en requerra l'ouverture; et s'il se trouve des papiers, il requerra l'apposition des scellés par l'officier appelé pour l'ouverture. [C. pr. 907.]

592. Ne pourront être saisis, 1° les objets que la loi déclare immeubles par destination;

2° Le coucher nécessaire des saisis, ceux de leurs enfants vivant avec eux, les habits dont les saisis sont vêtus et couverts;

3° Les livres relatifs à la profession du saisi, jusqu'à la somme de trois cents francs, à son choix;

4° Les machines et instruments servant à l'enseignement, pratique ou exercice des sciences et arts, jusqu'à concurrence de la même somme, et au choix du saisi;

5° Les équipements des militaires, suivant l'ordonnance et le grade;

6° Les outils des artisans, nécessaires à leurs occupations personnelles;

7° Les farines et menues denrées nécessaires à la consommation du saisi et de sa famille pendant un mois;

8° Enfin une vache, ou trois brebis, ou deux chèvres, au choix du saisi, avec les pailles, fourrages et grains nécessaires pour la litière et la nourriture desdits animaux pendant un mois. [Ord. 1667, tit. 33, art. 14 et 16. — C. c. 517, 524; C. pr. 581.]

593. Lesdits objets ne pourront être saisis pour aucune créance, même celle de l'État, si ce n'est pour aliments fournis à la partie saisie, ou sommes dues aux fabricants ou vendeurs desdits objets, ou à celui qui aura prêté pour les acheter, fabriquer ou réparer; pour fermages et moissons des terres à la culture desquelles ils sont employés, loyers des manufactures, moulins, pressoirs, usines dont ils dépendent, et loyers des lieux servant à l'habitation personnelle du débiteur.

Les objets spécifiés sous le n° 2 du précédent article ne pourront être saisis pour aucune créance. [Ord. 1667, tit. 33, art. 14 et 16. — C. c. 2102.]

[illegible]

594. En cas de saisie d'animaux et ustensiles servant à l'exploitation des terres, le juge de paix pourra, sur la demande du saisissant, le propriétaire et le saisi entendus ou appelés, établir un gérant à l'exploitation.

595. Le procès-verbal contiendra indication du jour de la vente. [C. pr. 1034.]

596. Si la partie saisie offre un gardien solvable, et qui se charge volontairement et sur-le-champ, il sera établi par l'huissier. [C. pr. 628, 824 ; Tar. 34.]

597. Si le saisi ne présente gardien solvable et de la qualité requise, il en sera établi un par l'huissier. [Ord. 1667, tit. 19, art. 4.]

598. Ne pourront être établis gardiens, le saisissant, son conjoint, ses parents et alliés jusqu'au degré de cousin issu de germain inclusivement, et ses domestiques ; mais le saisi, son conjoint, ses parents, alliés et domestiques, pourront être établis gardiens, de leur consentement et de celui du saisissant. [Ord. 1667, tit. 19, art. 13 et 14.]

[illegible]

599. Le procès-verbal sera fait sans déplacer; il sera signé par le gardien en l'original et la copie; s'il ne sait signer, il en sera fait mention; et il lui sera laissé copie du procès-verbal. [Ord. 1667, tit. 19, art. 8.]

600. Ceux qui, par voies de fait, empêcheraient l'établissement du gardien, ou qui enlèveraient et détourneraient des effets saisis, seront poursuivis conformément au Code d'instruction criminelle. [Ord. 1667, tit. 19, art. 17. — C. pén. 209 et s., 400.]

601. Si la saisie est faite au domicile de la partie, copie lui sera laissée, sur-le-champ, du procès-verbal, signée des personnes qui auront signé l'original; si la partie est absente, copie sera remise au maire ou adjoint, ou au magistrat qui, en cas de refus de portes, aura fait faire ouverture, et qui visera l'original. [Ord. 1667, tit. 33, art. 7. — C. pr. 1039; Tar. 31.]

602. Si la saisie est faite hors du domicile et en l'absence du saisi, copie lui sera notifiée dans le jour, outre un jour pour trois myriamètres; sinon les frais de garde et le délai pour la vente ne courront que du jour de la notification. [C. pr. 1033; Tar. 29.]

603. Le gardien ne peut se servir des choses saisies, les louer ou prêter, à peine de privation des frais de garde, et de dommages-intérêts, au payement desquels il sera contraignable par corps. [Ord. 1667, tit. 33, art. 9. — C. c. 1962 et 2060.]

604. Si les objets saisis ont produit quelques profits ou revenus, il est tenu d'en compter, même par corps. [Ord. 1667, tit. 33, art. 10. — C. c. 1961 et 2060.]

605. Il peut demander sa décharge, si la vente n'a pas été faite au jour indiqué par le procès-verbal, sans qu'elle ait été empêchée par quelque obstacle; et, en cas d'empêchement, la décharge peut être demandée deux mois après la saisie, sauf au saisissant à faire nommer un autre gardien. [Ord. 1667, tit. 19, art. 20 et s.]

606. La décharge sera demandée contre le saisissant et le saisi, par une assignation en référé devant le juge du lieu de la saisie; si elle est accordée, il sera préalablement procédé au récolement des effets saisis, parties appelées. [Ord. 1667, tit. 19, art. 23. — C. pr. 806 et s.; Tar. 29 et 33.]

607. Il sera passé outre, nonobstant toutes réclamations de la part de la partie saisie, sur lesquelles il sera statué en référé. [C. pr. 806 et s.]

608. Celui qui se prétendra propriétaire des objets saisis, ou de partie d'iceux, pourra s'opposer à la vente par exploit signifié au gardien, et dénoncé au saisissant et au saisi, contenant assignation libellée et l'énonciation des preuves de propriété, à peine de nullité: il y sera statué par le tribunal du lieu de la saisie, comme en matière sommaire.

Le réclamant qui succombera sera condamné, s'il y échet, aux dommages et intérêts du saisissant. [C. c. 1142, 2102; C. pr. 404, 829, 1039; Tar. 29.]

[illegible]

609. Les créanciers du saisi, pour quelque cause que ce soit, même pour loyers, ne pourront former opposition que sur le prix de la vente : leurs oppositions en contiendront les causes ; elles seront signifiées au saisissant et à l'huissier ou autre officier chargé de la vente, avec élection de domicile dans le lieu où la saisie est faite, si l'opposant n'y est pas domicilié : le tout à peine de nullité des oppositions, et des dommages-intérêts contre l'huissier, s'il y a lieu. [C. c. 2102 ; C. pr. 1029, 1031 ; Tar. 29.]

610. Le créancier opposant ne pourra faire aucune poursuite, si ce n'est contre la partie saisie, et pour obtenir condamnation : il n'en sera fait aucune contre lui, sauf à discuter les causes de son opposition lors de la distribution des deniers. [C. pr. 656 et s.]

611. L'huissier qui, se présentant pour saisir, trouverait une saisie déjà faite et un gardien établi, ne pourra pas saisir de nouveau ; mais il pourra procéder au récolement des meubles et effets sur le procès-verbal, que le gardien sera tenu de lui représenter : il saisira les effets omis, et fera sommation au premier saisissant de vendre le tout dans la huitaine ; le procès-verbal de récolement vaudra opposition sur les deniers de la vente. [C. pr. 633, 690, 719 ; Tar. 36.]

612. Faute par le saisissant de faire vendre dans le délai ci-après fixé, tout opposant ayant titre exécutoire pourra, sommation préalablement faite au saisissant, et sans former aucune demande en subrogation, faire procéder au récolement des effets saisis, sur la copie du procès-verbal de saisie, que le gardien sera tenu de représenter, et de suite à la vente. [C. pr. 721 ; Tar. 22.]

613. Il y aura au moins huit jours entre la signification de la saisie au débiteur et la vente. [Ord. 1667, tit. 33, art. 12.]

614. Si la vente se fait à un jour autre que celui indiqué par la signification, la partie saisie sera appelée, avec un jour d'intervalle, outre un jour pour trois myriamètres en raison de la distance du domicile du saisi, et du lieu où les effets seront vendus. [C. pr. 1033 ; Tar. 29.]

615. Les opposants ne seront point appelés.

616. Le procès-verbal de récolement qui précédera la vente ne contiendra aucune énonciation des effets saisis, mais seulement de ceux en déficit, s'il y en a. [Tar. 37.]

617. La vente sera faite au plus prochain marché public, aux jour et heure ordinaires des marchés, ou un jour de dimanche : pourra néanmoins le tribunal permettre de vendre les effets en un autre lieu plus avantageux. Dans tous les cas, elle sera annoncée un jour auparavant par quatre placards au moins, affichés, l'un au lieu où sont les effets, l'autre à la porte de la maison commune, le troisième au marché du lieu, et s'il n'y en a pas, au marché voisin, le quatrième à la porte de l'auditoire de la justice de paix ; et si la vente se fait dans un lieu autre que le marché ou le lieu où sont les effets, un cinquième placard sera apposé au lieu où se fera la vente. La vente sera en outre annoncée par la voie des journaux, dans les villes où il y en a. [Ord. 1667, tit. 33, art. 11. — C. pr. 630, 632, 635, 945, 949 ; Tar. 38, 78.]

618. Les placards indiqueront les lieu, jour et heure de la vente, et la nature des objets sans détail particulier. [C. pr. 620.]

619. L'apposition sera constatée par exploit, auquel sera annexé un exemplaire du placard. [C. pr. 631 ; Tar. 39.]

620. S'il s'agit de barques, chaloupes et autres bâtiments de mer du port de dix tonneaux et au-dessous, bacs, galiotes, bateaux et autres bâtiments de rivière, moulins et autres édifices mobiles, assis sur bateaux ou autrement, il sera procédé à leur adjudication sur les ports, gares ou quais où ils se trouvent : il sera affiché quatre placards au moins, conformément à l'article précédent ; et il sera fait, à trois divers jours consécutifs, trois publications au lieu où sont lesdits objets : la première publication ne sera faite que huit jours au moins après la signification de la saisie. Dans les villes où il s'imprime des journaux, il sera suppléé à ces trois publications par l'insertion qui sera faite au journal, de l'annonce de ladite vente, laquelle annonce sera répétée trois fois dans le cours du mois précédant la vente. [Ord. 1681, liv. 1er, tit. 14, art. 9. — C. c. 531 ; C. comm. 182, 207 ; Tar. 41.]

621. La vaisselle d'argent, les bagues et joyaux de la valeur de trois cents francs au moins, ne pourront être vendus qu'après placards apposés en la forme ci-dessus, et trois expositions, soit au marché, soit dans l'endroit où sont lesdits effets ; sans que néanmoins, dans

---

nulle et comme non avenue : le saisissant peut, sans s'y arrêter, procéder à la vente, l'acte d'assignation demeurant après cette vente sans effet. — 22 mars 1848, Agen. [S.29.2.305 ; C.n.9.-D.P.30.2.145.]

8. Le saisissant ne peut être astreint par le tiers revendiquant au domicile élu dans le commandement qui a dû précéder la saisie : l'exception posée par l'art. 584 est seulement en faveur du débiteur saisi. — 26 juin 1811, Paris. [S.15.2.14 ; C.n.3.-D.A.11.650.] — Id. 5 août 1812. [illegible] [S.12.1.351 ; C.n.4.-D.A.11.650.] — Id. 23 avril 1827, Bruxelles. [J. de cette Cour, t. 2, p. 125.] — Id. 24 fév. 1835, Toulouse. [S.35.2.317 ; C.n.8.-D.P.35.2.80.] — Id. 30 nov. 1829, Paris. [illegible] — Id. 25 oct. 1824, Poitiers. [illegible] — Sic, Coffinières, Journ. av., t. 10, p. 49 ; Dalloz, t. 11, p. 650, n° 7 ; Boitard, t. 3, p. 215. — Contrà, Pigeau, Proc., t. 1er, p. 101, art. 8, Merlin, Rép., v° Domicile élu, § 1er, n° 5 ; Chauveau, q. 2010 ; Thomine, t. 2, n° 613.

9. La dénonciation au saisi, de l'opposition à la vente des objets saisis formée par un tiers qui les revendique, peut être valablement faite postérieurement à la dénonciation de cette opposition au saisissant. La loi ne fixant à cet égard aucun délai, il suffit que la dénonciation au saisi précède le jugement qui statue sur l'opposition. — 21 fév. 1832, Grenoble. [S.V.33.2.28. — D.P.33.2.143.]

10. Le gardien ne doit pas être assigné sur l'action en revendication. — Carré, q. 2071 ; Thomine, t. 2, p. 124 ; Pigeau, Comm., t. 2, p. 198 ; Favard, t. 5, p. 55, n° 2 ; Chauveau, loc. cit.

11. Il n'est pas nécessaire non plus d'appeler les créanciers opposants sur la demande en revendication des objets saisis. — Demiau, p. 403 ; Carré, n° 2071 ; Pigeau, Comm., t. 2, p. 198 ; Chauveau, loc. cit.

12. Le droit de revendication ouvert par l'art. 608 ne peut être exercé au préjudice du propriétaire de la maison ou ferme qui saisit, pour prix des loyers, les meubles qui la garnissent. — 19 août 1817, Rennes. [J. av. 12.294.]

13. Il est sans difficulté que le saisi ne peut demander la nullité de la saisie, sous prétexte que les objets qui en sont frappés ne lui appartiennent pas. — 13 janv. 1814, Paris. [J. av. 10.451.]

14. Au cas de saisie à la requête d'un percepteur, la revendication, par un tiers, des meubles saisis, est une question de propriété de la compétence des tribunaux. — 16 sept. 1806, Cons. d'État. [S.14.2.399 ; C.n.2.-D.A.9.170.]

[609] — 1. Le privilége que la loi accorde au propriétaire sur les meubles de son locataire, pour ce qui lui reste dû en exécution du bail, ne lui donne point la faculté de s'opposer à la vente des meubles, bien que cette vente puisse nuire à l'exécution du bail ; il ne peut, en aucun cas, exercer son privilége que sur le prix des meubles. — 16 août 1814, Cass. [S.15.1.80 ; C.n.4.-D.A.9.46.] — Sic, Carré et Chauveau, q. 2076 ; Favard, t. 5, p. 55, n° 4 ; Thomine, n° 674.

2. Pour former opposition sur le prix des meubles saisis, il n'est pas nécessaire que le créancier qui n'a point de titre obtienne une permission sur requête. — Pigeau, t. 2, p. 101 ; Thomine, n° 672 ; Carré, q. 2077 ; Chauveau, Comm. du tarif, t. 2, p. 128, n° 63 à la note.

3. L'opposition des créanciers peut être notifiée au domicile élu par le saisissant dans le commandement à fin de saisie en exécution de l'art. 584. — 7 mai 1822, Bruxelles. [J. de cette Cour, t. 1er de 1822, p. 300.]

4. Jugé au contraire qu'elle doit être signifiée au domicile réel du saisissant. — 10 août 1843, Limoges. [S.V.44.2.305. — P.44.2.157.] — V. ci-dessus, art. 608, nos 17 et 18.

5. Lorsque la saisie est annulée pour défaut de forme, elle ne conserve pas son effet à l'égard des opposants. Il en serait autrement si elle était annulée pour toute autre cause. — Boitard, t. 3, p. 226 ; Le Praticien, t. 4, p. 195 ; Favard, t. 5, p. 54 ; Carré et Chauveau, q. 2067.

[610] . . . .

[611] — 1. Saisie sur saisie peut valoir comme procès-verbal de récolement. — 14 déc. 1815, Limoges. [S.17.2.345 ; C.n.5.-D.A.11.651.]

2. Quand une saisie a été faite sans établissement de gardien, il peut être procédé, au nom d'un autre créancier, à une seconde saisie et à la vente même des objets déjà saisis : l'art. 611 est en ce cas sans application. — 10 avril 1827, Caen. [S.28.2.303 ; C.n.8.-D.P.28.2.75.]

[612] . . . .

[613] — Le délai de huitaine prescrit par cet article est franc, c'est-à-dire que le jour de la signification et celui de la vente ne doivent pas être comptés. — Pigeau, t. 2, p. 104 et 105 ; Delaporte, t. 2, p. 195 ; Hautefeuille, p. 338 ; Le Praticien, t. 4, p. 203 ; Carré, q. 2085 ; Thomine, t. 2, p. 150.

[614] — L'inobservation de l'art. 614 n'emporte pas nullité. — 24 juin 1846, Riom. [S.V.47.2.360.]

[615] . . . .

[616] — Le récolement dont parle cet article doit être fait avec assistance de témoins ; mais il n'en est pas donné copie (Tarif, art. 37).

[617] — 1. La vente ne serait pas nulle, par cela seul que l'huissier aurait indiqué pour la vente, un marché qui ne serait pas le plus voisin du lieu de la saisie, sauf tous dommages-intérêts, s'il y a lieu, au profit de la partie saisie. — Thomine, n° 681 ; Pigeau, Comm., p. 204 ; Chauveau, q. 2088. — Contrà, Coffinières, Jurisp. des cours souv., t. 5, p. 232 ; Carré, loc. cit. — Jugé dans le dernier sens, sous l'empire de l'ordonn. de 1667. Bruxelles, 13 flor. an 12. [S.V.2.1.[illegible] ; C.n.1.-D.A.1.340.]

2. De même, l'inobservation de la disposition qui, pour la vente dans un autre lieu que le plus prochain marché public, exige la permission du tribunal, n'emporte pas nullité ; il suffit que, de fait, il soit établi que les intérêts du saisi ont été convenablement défendus dans la vente. — 24 juin 1846, Riom. [S.V.47.2.360.]

3. La permission de vendre les effets saisis en un autre lieu que le plus prochain marché, doit être demandée par requête présentée, non au président seul, mais au tribunal entier. — Carré et Chauveau, n° 2087 ; Pigeau, Proc., t. 2, p. 101. — Contrà, Hautefeuille, p. 330 ; Thomine, t. 2, p. 154.

4. Les droits de location à percevoir, aux termes d'un tarif de droit de placage dans les halles et marchés, sur ceux qui exposent journellement en vente des légumes, fruits et autres comestibles, ne peuvent être étendus à l'huissier qui vend accidentellement et par autorité de justice des meubles saisis, conformément à l'art. 617. — 1er déc. 1847, Cass. [S.V.48.1.224.]

[618 et 619] . . . .

[620] — L'art. 207, C. comm., a dérogé à l'art. 620, C. pr., en ce qui concerne la vente des bâtiments de mer après saisie. — Pigeau, Proc., t. 2, p. 120 ; Demiau, p. 408 ; Favard, t. 5, p. 55, n° 5 ; Thomine, t. 2, p. 156 ; Carré et Chauveau, q. 2091.

[621] — L'exposition des objets mentionnés en l'art. 621 doit être faite à trois marchés différents. — Carré, q. 2092 ; Thomine, p. 157 ; Pigeau, Comm., p. 205 ; Chauveau, loc. cit.

estimation, lesdits objets puissent être vendus au-dessous de leur valeur réelle, s'il s'agit de vaisselle d'argent, ni au-dessous de l'estimation qui en aura été faite par des gens de l'art, s'il s'agit de bagues et joyaux.

Dans les villes où il s'imprime des journaux, les trois publications seront suppléées, comme il est dit en l'article précédent. [Ord. 1667, tit. 33, art. 13. — C. pr. 589; Tar. 41.]

622. Lorsque la valeur des effets saisis excédera le montant des causes de la saisie et des oppositions, il ne sera procédé qu'à la vente des objets suffisant à fournir la somme nécessaire pour le paiement des créances et frais. [Ord. 1667, tit. 33, art. 20.]

623. Le procès-verbal constatera la présence ou le défaut de comparution de la partie saisie. [Tar. 42.]

624. L'adjudication sera faite au plus offrant, en payant comptant ; faute de paiement, l'effet sera revendu sur-le-champ à la folle enchère de l'adjudicataire. [Ord. 1667, tit. 33, art. 17. — C. pr. 710, 733; C. pén. 412.]

625. Les commissaires-priseurs et huissiers seront personnellement responsables du prix des adjudications, et feront mention, dans leurs procès-verbaux, des noms et domiciles des adjudicataires ; ils ne pourront recevoir d'eux aucune somme au-dessus de l'enchère, à peine de concussion. [Ord. 1667, tit. 33, art. 18. — C. pr. 132, 657; C. pén. 169 et s.]

TITRE IX.

De la Saisie des Fruits pendants par racines, ou de la Saisie-brandon.

626. La saisie-brandon ne pourra être faite que dans les six semaines qui précèdent l'époque ordinaire de la maturité des fruits ; elle sera précédée d'un commandement, avec un jour d'intervalle. [C. c. 520; C. pr. 583, 780, 819; Tar. 29.]

627. Le procès-verbal de saisie contiendra l'indication de chaque pièce, sa contenance et sa situation, et deux au moins de ses tenants et aboutissants, et la nature des fruits. [C. pr. 64, 588, 675; Tar. 47.]

628. Le garde champêtre sera établi gardien, à moins qu'il ne soit compris dans l'exclusion portée par l'art. 598 ; s'il n'est présent, la saisie lui sera signifiée ; il sera aussi laissé copie au maire de la commune de la situation, et l'original sera visé par lui.

Si les communes sur lesquelles les biens sont situés sont contiguës ou voisines, il sera établi un seul gardien, autre néanmoins qu'un garde champêtre ; le visa sera donné par le maire de la commune du chef-lieu de l'exploitation ; et s'il n'y en a pas, par le maire de la commune où est située la majeure partie des biens. [C. pr. 598, 597, 1039; Tar. 29, 34 et 48.]

629. La vente sera annoncée par placards affichés, huitaine au moins avant la vente, à la porte du saisi, à celle de la maison commune, et s'il n'y en a pas, au lieu où s'apposent les actes de l'autorité publique ; au principal marché du lieu, et s'il n'y en a pas, au marché le plus voisin, et à la porte de l'auditoire de la justice de paix. [C. pr. 617.]

630. Les placards désigneront les jour, heure et lieu de la vente, les noms et demeures du saisi et du saisissant, la quantité d'hectares et la nature de chaque espèce de fruits, la commune où ils sont situés, sans autre désignation. [C. pr. 618.]

631. L'apposition des placards sera constatée ainsi qu'il est dit au titre des *Saisies-exécutions*. [C. pr. 619.]

632. La vente sera faite un jour de dimanche ou de marché. [C. pr. 617.]

633. Elle pourra être faite sur les lieux ou sur la place de la commune où est située la majeure partie des objets saisis.

La vente pourra aussi être faite sur le marché du lieu, et s'il n'y en a pas, sur le marché le plus voisin. [C. pr. 617.]

634. Seront, au surplus, observées les formalités prescrites au titre des *Saisies-exécutions*. [C. pr. 583 et s.]

635. Il sera procédé à la distribution du prix de la vente ainsi qu'il sera dit au titre de la *Distribution par contribution*. [C. c. 2093; C. pr. 656 et s.]

---

[622] — [illegible]

[623] . . . .

[624] — [illegible]

[625] — [illegible]

[626] — [illegible]

[627] — [illegible]

[628] — [illegible]

[629] — [illegible]

[630 à 633] . . . .

[634] — [illegible]

[635] . . . .

TITRE X[1].

De la Saisie des Rentes constituées sur particuliers.

(Loi du 24 mai 1842.)

636. La saisie d'une rente constituée en perpétuel ou en viager, moyennant un capital déterminé, ou pour prix de la vente d'un immeuble, ou de la cession de fonds immobiliers, ou à tout autre titre onéreux ou gratuit, ne peut avoir lieu qu'en vertu d'un titre exécutoire. Elle sera précédée d'un commandement fait à la personne ou au domicile de la partie obligée ou condamnée, au moins un jour avant la saisie, et contenant notification du titre, si elle n'a déjà été faite. [C. c. 530, 1910, 1968; C. pr. 545, 583, 673, 780; Tar. 29, 128.]

637. La rente sera saisie entre les mains de celui qui la doit, par exploit contenant, outre les formalités ordinaires, l'énonciation du titre constitutif de la rente, de sa quotité, de son capital, s'il y en a un, et du titre de la créance du saisissant; les noms, profession et demeure de la partie saisie; élection de domicile chez un avoué près le tribunal devant lequel la vente sera poursuivie, et assignation au tiers saisi en déclaration devant le même tribunal. [C. pr. 59, 61, 559, 675; Tar. 4.]

638. Les dispositions contenues aux art. 570, 571, 572, 573, 574, 575 et 576, relatives aux formalités que doit remplir le tiers saisi, seront observées par le débiteur de la rente.

Si ce débiteur ne fait pas sa déclaration, s'il la fait tardivement, ou s'il ne fait pas les justifications ordonnées, il pourra, selon les cas, être condamné à servir la rente faute d'avoir justifié de sa libération, ou à des dommages-intérêts résultant, soit de son silence, soit du retard apporté à faire sa déclaration, soit de la procédure à laquelle il aura donné lieu. [C. pr. 577.]

639. La saisie entre les mains de personnes non demeurant en France sur le continent sera signifiée à personne ou domicile; et seront observés, pour la citation, les délais prescrits par l'art. 73. [C. pr. 73, 560.]

640. L'exploit de saisie vaudra toujours saisie-arrêt des arrérages échus et à échoir jusqu'à la distribution. [C. pr. 557 et s.]

641. Dans les trois jours de la saisie, outre un jour par cinq myriamètres de distance entre le domicile du débiteur de la rente et celui du saisissant, et pareil délai en raison de la distance entre le domicile de ce dernier et celui de la partie saisie, le saisissant sera tenu de la dénoncer à la partie saisie et de lui notifier le jour de la publication du cahier des charges.

Lorsque le débiteur de la rente sera domicilié hors du continent de la France, le délai pour la dénonciation ne courra que du jour de l'échéance de la citation au tiers saisi. [C. pr. 563, 1033; Tar. 29.]

642. Dix jours au plus tôt, quinze jours au plus tard, après la dénonciation à la partie saisie, outre le délai des distances, tel qu'il est réglé par l'art. 641, le saisissant déposera au greffe du tribunal devant lequel se poursuit la vente le cahier des charges contenant les noms, professions et demeures du saisissant, de la partie saisie et du débiteur de la rente, la nature de cette rente, sa quotité, celle du capital, s'il y en a un, la date et l'énonciation du titre en vertu duquel elle est constituée, l'énonciation de l'inscription, si le titre contient hypothèque et si cette hypothèque a été inscrite pour sûreté de la rente, les noms et demeure de l'avoué du poursuivant, les conditions de l'adjudication et la mise à prix, avec indication du jour de la publication du cahier des charges. [C. pr. 690.]

643. Dix jours au plus tôt, vingt jours au plus tard, après le dépôt au greffe du cahier des charges, il sera fait, à l'audience et au jour indiqué, lecture et publication de ce cahier des charges; le tribunal en donnera acte au poursuivant. [C. pr. 694.]

644. Le tribunal statuera immédiatement sur les dires et observations qui auront été insérés au cahier des charges, et fixera les jour et heure où il procédera à l'adjudication; le délai entre la publication et l'adjudication sera de dix jours au moins et de vingt jours au plus. Le jugement sera porté à la suite de la mise à prix ou des dires des parties. [C. pr. 695.]

645. Après la publication du cahier des charges, et huit jours au moins avant l'adjudication, un extrait de ce cahier, contenant, outre les renseignements énoncés en l'art. 642, l'indication du jour de l'adjudication, sera affiché, 1° à la porte du domicile du saisissant; 2° à la porte du domicile du débiteur de la rente; 3° à la principale porte du tribunal; 4° à la principale place du lieu où la vente se poursuit. [C. pr. 617, 699.]

646. Pareil extrait sera inséré, dans le même délai, au journal indiqué pour recevoir les annonces judiciaires, conformément à l'art. 696. [C. pr. 696, 699.]

[636 à 655] — 1. Les dispositions relatives à la saisie des rentes ne sont pas applicables aux rentes sur l'État; cela a été formellement déclaré lors de la présentation de la loi du 24 mai 1842. — V. Moniteur, 25 fév. 1842.

2. Mais elles le sont aux rentes sur les départements, les communes et les établissements publics. — Boitard, t. 3, p. 271.

3. Le contraire [illegible] dans les compagnies financières, commerciales et industrielles. Lors de la discussion de la loi du 24 mai 1842, il fut proposé de déclarer que la loi serait applicable à la saisie de ces sortes de créances; mais la proposition ne fut pas adoptée. — V. Moniteur des 20 et 21 janv. 1842.

4. La question divisait les auteurs sous l'empire des anciennes dispositions et les divise encore aujourd'hui. [illegible] qu'il s'agit : tantôt la vente a eu lieu par le ministère d'agents de change, tantôt par le ministère de notaires, tantôt à l'audience des criées. — V. Pigeau, Proc., t. 2, p. 123, et Comm., t. 2, p. 291; Favard, t. 5, p. 83, n° 3; Dalloz, p. 538; Roger, Saisie-arrêt, n° 25 et 127; [illegible] t. 13, p. 376, et p. 5126 [illegible] t. 5, p. 273; Duvergier, Sociétés, n° 406; Malepeyre, [illegible], t. 1er, n° 421 bis.

5. [illegible] d'un associé peut être saisie et vendue dans les formes prescrites par les art. 636 et s. — 15 août 1838, Paris. [S. V. 38. 2. 471. — D. P. 38. 2. 36.]

6. [illegible] dans les compagnies de finance ou d'industrie peuvent être [illegible] que les sommes ou effets appartenant au débiteur. — [illegible] — 2 mai 1844, Paris. [S. 44. 2. 314; [illegible]]

7. Les droits incorporels, et notamment le droit de bail, [illegible] dans la forme prescrite pour les rentes. — Chauveau, q. 2026 bis.

8. Le droit de [illegible] du [illegible], ne peut être saisi que dans la forme de la saisie des rentes, et que dans la forme de la saisie immobilière. — 15 nov. 1846, [illegible] [S. V. 48. 1. 685.]

9. Le délai de l'appel des jugements rendus sur les demandes en nullité [illegible] de rentes, est de [illegible], à partir de la signification à domicile, [illegible] applicable à l'appel des jugements statuant sur des moyens de nullité ou autres incidents relatifs à la procédure. [illegible] — 13 juin 1845, Douai. [S. V. 46. 2. 173.]

---

(1) *Ancien texte.*

TITRE X.

De la Saisie des Rentes constituées sur particuliers.

636. La saisie d'une rente constituée ne peut avoir lieu qu'en vertu d'un titre authentique et exécutoire.

Elle sera précédée d'un commandement fait à la personne ou au domicile de la partie obligée ou condamnée, au moins un jour avant la saisie, et contenant notification du titre, si elle n'a déjà été faite.

637. La rente sera saisie entre les mains de celui qui la doit, par exploit contenant, outre les formalités ordinaires, l'énonciation du titre constitutif de la rente, de sa quotité et de son capital, et du titre de la créance du saisissant; les noms, profession et demeure de la partie saisie; élection de domicile chez un avoué près le tribunal devant lequel la vente sera poursuivie, et assignation au tiers saisi en déclaration devant le même tribunal; le tout à peine de nullité.

638. Les dispositions contenues aux art. 570, 571, 572, 573, 574, 575 et 576, relatives aux formalités que doit remplir le tiers saisi, seront observées par le débiteur de la rente.

Et si ce débiteur ne fait pas sa déclaration, ou s'il la fait tardivement, ou s'il ne fait pas les justifications ordonnées, il pourra, selon les cas, être condamné à servir la rente faute d'avoir justifié de sa libération, ou à des dommages-intérêts résultant, soit de son silence, soit du retard apporté à faire sa déclaration, soit de la procédure à laquelle il aura donné lieu.

639. La saisie entre les mains de personnes non demeurant en France sur le continent, sera signifiée à personne ou domicile, et seront observés, pour la citation, les délais prescrits par l'art. 73.

640. L'exploit de saisie vaudra toujours saisie-arrêt des arrérages échus et à échoir jusqu'à la distribution.

641. Dans les trois jours de la saisie, outre un jour pour trois myriamètres de distance entre le domicile du débiteur de la rente et celui du saisissant, et pareil délai en raison de la distance entre le domicile de ce dernier et celui de la partie saisie, le saisissant sera tenu, à peine de nullité de la saisie, de la dénoncer à la partie saisie, et de lui notifier le jour de la première publication.

642. Lorsque le débiteur de la rente sera domicilié hors du continent du royaume, le délai pour la dénonciation ne courra que du jour de l'échéance de la citation au tiers saisi.

643. Quinzaine après la dénonciation à la partie saisie, le saisissant sera tenu de mettre au greffe du tribunal du domicile de la partie saisie le cahier des charges, contenant les noms, professions et demeures du saisissant, de la partie saisie et du débiteur de la rente; la nature de la rente, sa quotité, celle du capital, la date et l'énonciation du titre en vertu duquel elle est constituée; l'énonciation de l'inscription, si le titre contient hypothèque, et si aucune a été prise pour la sûreté de la rente; les noms et demeure de l'avoué du poursuivant, les conditions de l'adjudication, et la mise à prix; la première publication se fera à l'audience.

644. Extrait du cahier des charges, contenant les renseignements ci-dessus, sera remis au greffier huitaine au moins avant la première publication, et par lui inséré dans un tableau placé à cet effet dans l'auditoire du tribunal devant lequel se poursuit la vente.

645. Huitaine avant la première publication, pareil extrait sera placé, 1° à la porte du domicile du saisi; 2° à celle du débiteur de la rente; 3° à la principale porte du tribunal; 4° et à la principale place du lieu où se poursuit la vente.

646. Pareil extrait sera inséré dans l'un des journaux imprimés dans la ville où se poursuit la vente; et s'il n'y en a pas, dans l'un de ceux imprimés dans le département, s'il y en a.

TITRE XI.

De la Distribution par contribution.

659. Après l'expiration des délais portés aux art. 656 et 657, et en vertu de l'ordonnance du juge-commis, les créanciers seront sommés de produire, et la partie saisie de prendre communication des pièces produites, et de contredire, s'il y échet. [C. pr. 752 et 753; Tar. 29, 96.]

660. Dans le mois de la sommation, les créanciers opposants, soit entre les mains du saisissant, soit en celles de l'officier qui aura procédé à la vente, produiront, à peine de forclusion, leurs titres ès mains du juge-commis, avec acte contenant demande en collocation et constitution d'avoué. [C. pr. 754; Tar. 29, 97.]

661. Le même acte contiendra la demande à fin de privilége : néanmoins, le propriétaire pourra appeler la partie saisie et l'avoué plus ancien en référé devant le juge-commissaire, pour faire statuer préliminairement sur son privilége pour raison des loyers à lui dus. [C. c. 2102; C. pr. 806 et s.; Tar. 29, 97 et 98.]

662. Les frais de poursuite seront prélevés, par privilége, avant toute créance autre que celle pour loyers dus au propriétaire. [C. c. 2101, 2102; C. pr. 714.]

663. Le délai ci-dessus fixé expiré, et même auparavant, si les créanciers ont produit, le commissaire dressera, en suite de son procès-verbal, l'état de distribution sur les pièces produites; le poursuivant dénoncera, par acte d'avoué, la clôture du procès-verbal aux créanciers produisants et à la partie saisie, avec sommation d'en prendre communication, et de contredire sur le procès-verbal du commissaire dans la quinzaine. [C. pr. 755; Tar. 29, 99, 100.]

664. Faute par les créanciers et la partie saisie de prendre communication ès mains du juge-commissaire dans ledit délai, ils demeureront forclos, sans nouvelle sommation ni jugement; il ne sera fait aucun dire, s'il n'y a lieu à contester. [C. pr. 756, 757.]

665. S'il n'y a point de contestation, le juge-commissaire clora son procès-verbal, arrêtera la distribution des deniers, et ordonnera que le greffier délivrera mandement aux créanciers, en affirmant par eux la sincérité de leurs créances. [C. pr. 759; Tar. 101.]

666. S'il s'élève des difficultés, le juge-commissaire renverra à l'audience; elle sera poursuivie par la partie la plus diligente, sur un simple acte d'avoué à avoué, sans autre procédure. [C. pr. 82, 758, 761.]

667. Le créancier contestant, celui contesté, la partie saisie, et l'avoué le plus ancien des opposants, seront seuls en cause; le poursuivant ne pourra être appelé en cette qualité. [C. pr. 719, 760.]

668. Le jugement sera rendu sur le rapport du juge-commissaire et les conclusions du ministère public. [C. pr. 83, 93, 111, 761 et 762.]

669. L'appel de ce jugement sera interjeté dans les dix jours de la signification à avoué; l'acte d'appel sera signifié au domicile de l'avoué; il contiendra citation et énonciation des griefs; il y sera statué comme en matière sommaire.

Ne pourront être intimées sur ledit appel que les parties indiquées par l'art. 667. [C. pr. 404, 443, 763 et 764.]

670. Après l'expiration du délai fixé pour l'appel, et en cas d'appel, après la signification de l'arrêt au domicile de l'avoué, le juge-commissaire clora son procès-verbal, ainsi qu'il est prescrit par l'art. 665. [C. pr. 767.]

671. Huitaine après la clôture du procès-verbal, le greffier délivrera les mandements aux créanciers, en affirmant par eux la sincérité de leur créance par-devant lui. [C. pr. 771. Tar. 131.]

672. Les intérêts des sommes admises en distribution cesseront du jour de la clôture du procès-verbal de distribution, s'il ne s'élève pas de contestation; en cas de contestation, du jour de la signification du jugement qui aura statué; en cas d'appel, quinzaine après la signification du jugement sur appel. [C. pr. 767.]

[illegible]

TITRE XII (1).

De la Saisie immobilière (2).

(Loi du 2 juin 1841.)

673. La saisie immobilière sera précédée d'un commandement à personne ou domicile; en tête de cet acte, il sera donné copie entière du titre en vertu duquel elle est faite. Ce commandement contiendra élection de domicile dans le lieu où siége le tribunal qui devra connaître de la saisie, si le créancier n'y demeure pas; il énoncera que, faute de paiement, il sera procédé à la saisie des immeubles du débiteur; l'huissier ne se fera pas assister de témoins; il fera, dans le jour, viser l'original par le maire du lieu où le commandement sera signifié. [C. c. 2204, 2217; C. pr. 551, 583, 626, 715, 780, 1039; Tar. 1841, art. 3, § 2 et 3, et art. 5 et 13.]

[illegible]

[673] — § 1er. — Forme du commandement. — Nouv. domicile, élection de domicile.

[illegible]

§ 2. — Copie du titre.

[illegible]

(1) *Ancien texte.*

TITRE XII.

De la Saisie immobilière.

673. La saisie immobilière sera précédée d'un commandement à personne ou domicile, en tête duquel sera donnée copie entière du titre en vertu duquel elle est faite. Ce commandement contiendra élection de domicile dans le lieu où siége le tribunal qui devra connaître de la saisie, si le créancier n'y demeure pas; il énoncera que, faute de paiement, il sera procédé à la saisie des immeubles du débiteur. L'huissier ne se fera point assister de témoins; il fera, dans le jour, viser l'original par le maire ou l'adjoint du domicile du débiteur, et il laissera une seconde copie à celui qui donnera le visa.

674. La saisie immobilière ne pourra être faite que trente jours après le commandement; si le créancier laisse écouler plus de quatre-vingt-dix jours entre le commandement et la saisie, il sera tenu de le réitérer dans les formes et avec les délais ci-dessus. [L. 11 brum. an 7, art. 1er. — C. pr. 715, 1033.]

675. Le procès-verbal de saisie contiendra, outre toutes les formalités communes à tous les exploits,

1° L'énonciation du titre exécutoire en vertu duquel la saisie est faite;

2° La mention du transport de l'huissier sur les biens saisis;

3° L'indication des biens saisis, savoir:

Si c'est une maison, l'arrondissement, la commune, la rue, le numéro s'il y en a, et, dans le cas contraire, deux au moins des tenants et aboutissants;

Si ce sont des biens ruraux, la désignation des bâtiments quand il y en aura, la nature et la contenance approximative de chaque pièce, le nom du fermier ou colon s'il y en a, l'arrondissement et la commune où les biens sont situés;

4° La copie littérale de la matrice du rôle de la contribution foncière pour les articles saisis;

5° L'indication du tribunal où la saisie sera portée;

6° Et enfin constitution d'avoué chez lequel le domicile du saisissant sera élu de droit. [L. 11 brum. an 7, art. 5. — C. pr. 61 et s., 586, 627, 715. — Inst. 1841, art. 4, 5 et 10.]

[illegible]

[illegible]

676. Le procès-verbal de saisie sera visé, avant l'enregistrement, par le maire de la commune dans laquelle sera situé l'immeuble saisi; et, si la saisie comprend des biens situés dans plusieurs communes, le visa sera donné successivement par chacun des maires à la suite de la partie du procès-verbal relative aux biens situés dans sa commune. [L. 11 brum. an 7, art. 2 et 6. — C. pr. 715, 1039; Tar. 1841, art. 5.]

677. La saisie immobilière sera dénoncée au saisi dans les quinze jours qui suivront celui de la clôture du procès-verbal, outre un jour par cinq myriamètres de distance entre le domicile du saisi et le lieu où siège le tribunal qui doit connaître de la saisie. L'original sera visé, dans le jour, par le maire du lieu où l'acte de dénonciation aura été signifié. [C. pr. 715, 1033, 1039; Tar. 1841, art. 2, 4 et 5.]

678. La saisie immobilière et l'exploit de dénonciation seront transcrits, au plus tard, dans les quinze jours qui suivront celui de la dénonciation, sur le registre à ce destiné au bureau des hypothèques de la situation des biens, pour la partie des objets saisis qui se trouvent dans l'arrondissement. [L. 11 brum. an 7, art. 6. — C. pr. 715; Tar. 1841, art. 2.]

679. Si le conservateur ne peut procéder à la transcription de la saisie à l'instant où elle lui est présentée, il fera mention, sur l'original qui lui sera laissé, des heure, jour, mois et an auxquels il aura été remis; et, en cas de concurrence, le premier présenté sera transcrit. [C. pr. 719, 720.]

680. S'il y a eu précédente saisie, le conservateur constatera son refus en marge de la seconde; il énoncera la date de la précédente saisie, les noms, demeures et professions du saisissant et du saisi, l'indication du tribunal où la saisie est portée, le nom de l'avoué du saisissant et la date de la transcription. [C. pr. 611, 719; Tar. 1841, art. 2.]

681. Si les immeubles saisis ne sont pas loués ou affermés, le saisi restera en possession jusqu'à la vente, comme séquestre judiciaire, à moins que, sur la demande d'un ou plusieurs créanciers, il n'en soit autrement ordonné par le président du tribunal, dans la forme des ordonnances sur référé.

Les créanciers pourront néanmoins, après y avoir été autorisés par ordonnance du président rendue dans la même forme, faire procéder à la coupe et à la vente, en tout ou en partie, des fruits pendants par les racines.

Les fruits seront vendus aux enchères ou de toute autre manière autorisée par le président, dans le délai qu'il aura fixé, et le prix sera déposé à la Caisse des dépôts et consignations. [L. 11 brum. an 7, art. 8. — C. c. 1961; C. pr. 600; Tar. 1841, art. 3.]

682. Les fruits naturels et industriels recueillis postérieurement à la transcription, ou le prix qui en proviendra, seront immobilisés pour être distribués avec le prix de l'immeuble par ordre d'hypothèque. [C. pr. 749 et s.]

683. Le saisi ne pourra faire aucune coupe de bois ni dégradation, à peine de dommages-intérêts auxquels il sera contraint par corps, sans préjudice, s'il y a lieu, des peines portées dans les art. 400 et 434 du Code pénal. [L. 13 brum. an 7, art. 8. — C. pr. 126.]

[illegible]

[679]. . . . .

[680] — 1. [illegible]

[681 à 682] — 1. [illegible]

[683] — 1. [illegible]

679. [illegible]

680. [illegible]

681. [illegible]

682. [illegible]

683. [illegible]

684. Les baux qui n'auront pas acquis date certaine avant le commandement pourront être annulés, si les créanciers ou l'adjudicataire le demandent. [C. c. 1743; Tar. 1841, art. 5.]

685. Les loyers et fermages seront immobilisés à partir de la transcription de la saisie, pour être distribués avec le prix de l'immeuble par ordre d'hypothèque. Un simple acte d'opposition à la requête du poursuivant ou de tout autre créancier vaudra saisie-arrêt entre les mains des fermiers et locataires, qui ne pourront se libérer qu'en exécution de mandements de collocation, ou par le versement des loyers ou fermages à la caisse des consignations; ce versement aura lieu à leur réquisition, ou sur la simple sommation des créanciers. A défaut d'opposition, les paiements faits au débiteur seront valables, et celui-ci sera comptable, comme séquestre judiciaire, des sommes qu'il aura reçues. [C. c. 1961 et s.; C. pr. 557 et s., 748 et s.; Tar. 1841, art. 5.]

686. La partie saisie ne peut, à compter du jour de la transcription de la saisie, aliéner les immeubles saisis, à peine de nullité, et sans qu'il soit besoin de la faire prononcer. [L. 11 brum. an 7, art. 8.— C. c. 1598, 1599; C. pr. 1029.]

687. Néanmoins l'aliénation ainsi faite aura son exécution si, avant le jour fixé pour l'adjudication, l'acquéreur consigne somme suffisante pour acquitter, en principal, intérêts et frais, ce qui est dû aux créanciers inscrits, ainsi qu'au saisissant, et s'il leur signifie l'acte de consignation. [C. pr. 750; Tar. 1841, art. 5.]

[illegible]

688. Si les deniers ainsi déposés ont été empruntés, les prêteurs n'auront d'hypothèque que postérieurement aux créanciers inscrits lors de l'aliénation. [C. c. 2103.]

689. A défaut de consignation avant l'adjudication, il ne pourra être accordé, sous aucun prétexte, de délai pour l'effectuer. [C. c. 2212.]

690. Dans les vingt jours, au plus tard, après la transcription, le poursuivant déposera au greffe du tribunal le cahier des charges, contenant :

1° L'énonciation du titre exécutoire en vertu duquel la saisie a été faite, du commandement, du procès-verbal de saisie, ainsi que des autres actes et jugements intervenus postérieurement ;

2° La désignation des immeubles, telle qu'elle a été insérée dans le procès-verbal ;

3° Les conditions de la vente ;

4° Une mise à prix de la part du poursuivant. [L. 11 brum. an 7, art. 5.—C. pr. 643, 715, 957, 972; Tar. 1841, art. 1er, 11 et 18.]

691. Dans les huit jours, au plus tard, après le dépôt au greffe, outre un jour par cinq myriamètres de distance entre le domicile du saisi et le lieu où siége le tribunal, sommation sera faite au saisi, à personne ou domicile, de prendre communication du cahier des charges, de fournir ses dires et observations, et d'assister à la lecture et publication qui en sera faite, ainsi qu'à la fixation du jour de l'adjudication. Cette sommation indiquera les jour, lieu et heure de la publication. [Tar. 1841, art. 5.]

692. Pareille sommation sera faite, dans le même délai de huitaine, aux créanciers inscrits sur les biens saisis, aux domiciles élus dans les inscriptions.

Si parmi les créanciers inscrits se trouve le vendeur de l'immeuble saisi, la sommation à ce créancier portera, qu'à défaut de former sa demande en résolution et de la notifier au greffe avant l'adjudication, il sera définitivement déchu, à l'égard de l'adjudicataire, du droit de la faire prononcer. [Tar. 1841, art. 2, 3 et 7.]

1847, trib. de Toulouse. [J. av. 73.309.]—V. les observations de Chauveau sur cette question, ibid.

2. [illegible]

3. [illegible]

4. [illegible]

5. [illegible]

6. Il n'est point nécessaire que la consignation soit précédée d'offres réelles.—Carré et Chauveau, q. 2301; Pigeau, Comm., t. 2, p. 315; Persil fils, n° 137.

7. [illegible]

8. [illegible]

9. [illegible]

10. [illegible]

[688] . . . .

[689] — L'acquéreur peut obtenir un sursis pour faire la consignation, lorsque les créances dont il doit consigner le montant, ne sont pas liquides.—Chauveau, q. 2302.

[690] — 1. Le délai dans lequel doit être déposé le cahier des charges n'est pas franc : le jour de l'échéance doit être compté.—Chauveau, q. 2313.

2. [illegible]

3. [illegible]

4. [illegible]

5. [illegible]

6. [illegible]

7. [illegible]

8. [illegible]

9. [illegible]

10. [illegible]

11. [illegible]

12. [illegible]

13. [illegible]

14. [illegible]

[691] — 1. [illegible]

2. [illegible]

3. [illegible]

4. [illegible]

5. [illegible]

6. [illegible]

[692] — 1. [illegible]

2. [illegible]

---

688. Si les immeubles saisis ne sont pas loués ou affermés, le saisi en restera en possession jusqu'à la vente, comme séquestre judiciaire, à moins qu'il n'en soit autrement ordonné par le juge, sur la réclamation d'un ou plusieurs créanciers. Les créanciers pourront néanmoins faire faire la coupe et la vente, en tout ou en partie, des fruits pendants par les racines.

689. Les fruits échus depuis la dénonciation au saisi seront immobilisés, pour être distribués avec le prix de l'immeuble par ordre d'hypothèques.

690. Le saisi ne pourra faire aucune coupe de bois ni dégradation, à peine de dommages et intérêts, auxquels il sera condamné par corps ; il pourra même être poursuivi par la voie criminelle, suivant la gravité des circonstances.

691. Si les immeubles sont loués par bail dont la date ne soit pas certaine, avant le commandement, la nullité pourra en être prononcée, si les créanciers ou l'adjudicataire le demandent.

Si le bail a une date certaine, les créanciers pourront saisir et arrêter les loyers ou fermages ; et dans ce cas il en sera des loyers ou fermages échus depuis la dénonciation faite au saisi, comme des fruits mentionnés en l'article 689.

692. La partie saisie ne peut, à compter du jour de la dénonciation à elle faite de la saisie, aliéner les immeubles, à peine de nullité, et sans qu'il soit besoin de la faire prononcer.

693. Mention de la notification prescrite par les deux articles précédents sera faite, dans les huit jours de la date du dernier exploit de notification, en marge de la transcription de la saisie au bureau des hypothèques.

Du jour de cette mention, la saisie ne pourra plus être rayée que du consentement des créanciers inscrits, ou en vertu de jugements rendus contre eux. [C. pr. 715, 716; Tar. 1841, art. 2 et 7.]

694. Trente jours au plus tôt et quarante jours au plus tard après le dépôt du cahier des charges, il sera fait à l'audience, et au jour indiqué, publication et lecture du cahier des charges.

Trois jours au plus tard avant la publication, le poursuivant, la partie saisie et les créanciers inscrits seront tenus de faire insérer, à la suite de la mise à prix, leurs dires et observations ayant pour objet d'introduire des modifications dans ledit cahier. Passé ce délai, ils ne seront plus recevables à proposer de changements, dires ou observations. [C. pr. 643, 715; Tar. 1841, art. 6.]

695. Au jour indiqué par la sommation faite au saisi et aux créanciers, le tribunal donnera acte au poursuivant des lecture et publication du cahier des charges, statuera sur les dires et observations qui y auront été insérés, et fixera les jour et heure où il procédera à l'adjudication. Le délai entre la publication et l'adjudication sera de trente jours au moins et de soixante au plus.

Le jugement sera porté sur le cahier des charges à la suite de la mise à prix ou des dires des parties. [C. pr. 731; Tar. 1841, art. 6 et 7.]

696. Quarante jours au plus tôt et vingt jours au plus tard avant l'adjudication, l'avoué du poursuivant fera insérer, dans un journal publié dans

---

[illegible]

[illegible]

le département où sont situés les biens, un extrait signé de lui et contenant :

1° La date de la saisie et de sa transcription ;

2° Les noms, professions, demeures du saisi, du saisissant et de l'avoué de ce dernier ;

3° La désignation des immeubles, telle qu'elle a été insérée dans le procès-verbal ;

4° La mise à prix ;

5° L'indication du tribunal où la saisie se poursuit, et des jour, heure et lieu de l'adjudication.

A cet effet, les cours d'appel, chambres réunies, après un avis motivé des tribunaux de première instance respectifs, et sur les réquisitions écrites du ministère public, désigneront chaque année, dans la première quinzaine de décembre, pour chaque arrondissement de leur ressort, parmi les journaux qui se publient dans le département, un ou plusieurs journaux où devront être insérées les annonces judiciaires. Les cours d'appel régleront en même temps le tarif de l'impression de ces annonces. Néanmoins toutes les annonces judiciaires relatives à la même saisie seront insérées dans le même journal. [C. pr. 646, 711, 836, 960 ; Tar. 1841, art. 11.]

697. Lorsque, indépendamment des insertions prescrites par l'article précédent, le poursuivant, le saisi, ou l'un des créanciers inscrits, estimera qu'il y aurait lieu de faire d'autres annonces de l'adjudication par la voie des journaux, le président du tribunal devant lequel se poursuit la vente pourra, si l'importance des biens paraît l'exiger, autoriser cette insertion extraordinaire. Les frais n'entreront en taxe que dans le cas où cette autorisation aurait été accordée. L'ordonnance du président ne sera soumise à aucun recours. [C. pr. 961, Tar. 1841, art. 11.]

698. Il sera justifié de l'insertion aux journaux par un exemplaire de la feuille, contenant l'extrait énoncé en l'article précédent ; cet exemplaire portera la signature de l'imprimeur, légalisée par le maire. [Tar. 1841, art. 11.]

699. Extrait pareil à celui qui est prescrit par l'art. 696 sera imprimé en forme de placard et affiché, dans le même délai,

1° A la porte du domicile du saisi ;

2° A la porte principale des édifices saisis ;

3° A la principale place de la commune où le saisi est domicilié, ainsi qu'à la principale place de la commune où les biens sont situés, et de celle où siège le tribunal devant lequel se poursuit la vente ;

4° A la porte extérieure des mairies du domicile du saisi et des communes de la situation des biens ;

5° Au lieu où se tient le principal marché de chacune de ces communes, et, lorsqu'il n'y en a pas, au lieu où se tient le principal marché de chacune des deux communes les plus voisines dans l'arrondissement ;

6° A la porte de l'auditoire du juge de paix de la situation des bâtiments, et, s'il n'y a pas de bâtiments, à la porte de l'auditoire de la justice de paix où se trouve la majeure partie des biens saisis ;

7° Aux portes extérieures des tribunaux du domicile du saisi, de la situation des biens et de la vente.

L'huissier attestera, par un procès-verbal rédigé sur un exemplaire du placard, que l'apposition a été faite aux lieux déterminés par la loi, sans les détailler.

Le procès-verbal sera visé par le maire de chacune des communes dans lesquelles l'apposition aura été faite. [L. 11 brum. an 7, art. 3. — C. pr. 645, 735 et 741, 1039 ; Tar. 1841, art. 4, 11 et 19.]

---

l'extrait, les prénoms du débiteur saisi. — 12 sept. au 12, Paris. (S.7.2.[illegible] ; C.N.2. — D.A.11.751.)

2. L'indication d'une mise à prix différente de celle portée au cahier des charges, opère nullité. — 20 juin 1851, Bordeaux. (S.V.51.2.[illegible] — D.P.52.2.178.)

3. Le rappel de la matrice du rôle doit figurer intégralement dans l'insertion. — Chauveau, *Journ. av.*, t. 75, p. 322.

4. S'il y a erreur dans la première insertion, on peut la réparer par une simple rectification dans un numéro subséquent, il n'est pas nécessaire de renouveler l'insertion complète. — Persil fils, p. 174, n° 198 ; Chauveau, q. 2335.

5. L'insertion peut être faite un jour férié. — Chauveau, *Journ. des av.*, t. 75, p. 321.

6. Du reste, elle ne doit pas nécessairement précéder l'apposition d'affiches. Le Code, en consacrant ces deux formalités dans deux articles distincts et subséquents, n'a pas entendu pour cela assujettir le créancier à les remplir exactement dans l'ordre de ces articles. — 3 oct. 1813, Rej. (S.16.1.163 ; C.N.4. — D.A.11.731.)

7. L'insertion, dans un journal, de l'extrait du procès-verbal de saisie immobilière, est valable, alors même que l'existence de ce journal serait illégale. — 14 déc. 1849, Toulouse. (S.50.2.211 ; C.N.2. — D.P.50. 5.[illegible])

8. Le dernier paragraphe de l'art. 696, C. pr., modifié par la loi du 2 juin 1841, est abrogé. — 8 mars 1848, Décret du Gouv. prov. (S.V.48.3.[illegible])

9. Par suite de cette abrogation, les tribunaux n'ont plus le droit de régler le tarif d'impression des annonces judiciaires. — Chauveau, *Journ. av.*, t. 75, p. 133.

[697] — Les frais de l'insertion extraordinaire doivent être considérés comme privilégiés et mis à la charge de l'immeuble. — Chauveau, sur l'art. 697.

[698] — 1. L'insertion dans les journaux peut être prouvée par un imprimeur non patenté, lorsque d'ailleurs il est notoire qu'il en exerce la profession, et que sa signature est légalisée à ce titre par le maire. — 5 oct. 1812, Rej. (S.16.1.163 ; C.N.4. — D.A.11.731.)

2. La signature de l'imprimeur, est valablement légalisée par l'adjoint en remplacement du maire. — 16 juin 1842, Bastia. (S.23.2.41 ; C.N.7. — D.A.11. 751.) — *Sic*, Chauveau, q. 2356 ; Persil fils, n° 203 et 204.

3. L'observation de l'art. 698 est prescrite à peine de nullité (art. 715), même en ce qui touche les insertions facultatives autorisées par l'art. 697. — Rodière, t. 3, p. 124. — Contrà : Chauveau, *J. av.*, 1848, p. 322, portant pour l'opinion contraire, explique que c'est par erreur que notre article parle de l'extrait énoncé en l'article précédent, et qu'il s'en vise seulement l'art. 696 ; erreur provenant d'un changement dans l'ordre des articles.

[699] — 1. Il y aurait nullité si les placards n'étaient pas imprimés. — Thomine, n° 764 ; Lachaize, n° 289 ; Carré et Chauveau, q. 2359. — V. toutefois, art. 784, n° 3.

2. Toutefois l'énonciation de la date du placard, faite à la main, ne le rend pas nul. — 16 juin 1822, Rej. (S.22.1.309 ; C.N.7. — D.A.11.726.)

3. Si le domicile du saisi n'a pas de porte extérieure, il suffit d'apposer l'affiche sur la porte du bâtiment dans lequel est inclus son domicile. — 10 juill. 1817, Rej. (S.18.1.385 ; C.N.5. — D.A.10.656.) — *Sic*, Favard, t. 5, p. 58, n° 2 ; Persil, n° 206.

4. Dans le cas où une commune est divisée en plusieurs sections, les placards sont valablement apposés au principal marché du lieu où se trouve la mairie, quoique les biens saisis soient situés dans une autre section de la commune. — 14 janv. 1853, Montpellier. (S.V.53.2.141. — D.P.54.2.80.)

5. Lorsqu'il n'existe pas de marché dans la commune de la situation des biens saisis, on doit faire afficher le placard de la saisie aux deux marchés les plus voisins, encore qu'il existe un marché dans la commune du domicile du saisi et du tribunal devant lequel la vente se poursuit. — 9 juin 1809, Poitiers. (S.13.2. 318 ; C.N.3. — D.A.11.792.)

6. De même, lorsqu'il n'existe pas de marché dans la commune du domicile du saisi, on doit faire afficher le placard de la saisie aux deux marchés les plus voisins, bien qu'il existe un marché et que les placards aient été affichés dans les communes de la situation des biens saisis et du tribunal devant lequel la vente se poursuit. — 12 avr. 1825, Toulouse. (S.25.2.320 ; C.N.8. — D.P.25.2.243.) — *Sic*, sur les deux solutions qui précèdent, Carré et Chauveau, n° 2363 ; Lachaize, n° 289.

7. Une commune est réputée avoir un marché, et par conséquent on peut y apposer les placards, lorsqu'il se fait dans la commune, à des époques fixes, des ventes de denrées et de marchandises, qui y réunissent les habitants des lieux voisins. Il n'est pas nécessaire que la commune ait un privilége de foire ou marché. — 8 avr. 1824, Rej. (S.24.1.289 ; C.N.7. — D.A.11. 746.) — *Contrà*, Chauveau, q. 2362.

8. *Vice versâ*, il suffit que les marchés, où ont été affichés les placards, soient des marchés établis par la loi, et reconnus par l'autorité administrative ; il n'est pas nécessaire que ce soient des marchés de fait. — 14 avr. 1828, Toulouse. (S.28.2.329 ; C.N.8. — D.P.28. 2.245.)

9. La disposition suivant laquelle le placard doit être affiché aux deux marchés les plus voisins, ne doit pas s'entendre tellement à la lettre qu'une légère différence entre les distances puisse opérer nullité. — 1er août 1834, Bordeaux. (S.V.34.2.[illegible] — D.P.35.2.181.)

10. *Id.* Si d'ailleurs le marché où le placard a été apposé, quoique le plus éloigné, est le plus fréquenté. — 9 janv. 1812, Bourges. (J.av.[illegible]) — *Id.* 21 juin 1813, Caen. (S.14.2.397 ; C.N.4.) — *Id.* 30 nov. 1816, Rej. (S.17.1.256 ; C.N.5. — D.A.11.733.) — *Id.* 11 mai 1823, Bourges. (C.N.7. — J.av.25.154.) — *Id.* 5 janv. 1825, Douai. (J.av.29.5.) — *Id.* 13 fév. 1828, Bordeaux. (J.av.35.330.) — *Id.* 19 nov. 1833, Bordeaux. (J.av.50.714.) — *Sic*, Favard, t. 5, p. 58 ; Lachaize, t. 1er, n° 290 ; Thomine, t. 2, p. 221.

11. Mais si la différence est notable, l'apposition des placards est nulle. — 15 oct. 1828, Toulouse. (S.29. 2.309 ; C.N.9. — D.P.29.2.94.)

12. Jugé, en sens contraire des décisions indiquées au n° 10, qu'il y a nullité si les placards sont apposés à des marchés plus éloignés, quoique d'une importance majeure, vainement dirait-on que les affiches ainsi apposées ont dû appeler une plus grande publicité. — 27 sept. 1813, Rouen. (S.14.2.419 ; C.N.4. — D.A.11. 735.) — *Id.* 8 mai 1838, Caen. (S.V.38.1.529. — D.P. 38.1.219. — P.38.2.228.) — *Sic*, Persil fils, n° 211 ; Chauveau, q. 2236.

13. Au surplus, la nullité résultant de ce que les placards n'auraient pas été apposés aux marchés les plus voisins, mais aux plus importants, n'est relative qu'à ceux des biens saisis à l'égard desquels les marchés où l'apposition a eu lieu ne sont pas les plus voisins, alors du moins que ces biens ne font pas corps avec les autres biens saisis, qu'ils ont été saisis à part, et qu'il pouvait, sans inconvénient, faire l'objet d'une vente séparée. — 19 janv. 1842, Rej. (S.V.42.1.259. — D.P.42.1.73. — P.42.1.111.)

14. La disposition de la loi ne doit pas être entendue en ce sens, qu'il soit nécessaire que les placards soient apposés pendant la tenue du marché, ni même un jour de marché : la loi ne dispose que sur l'endroit où les

---

conservation du jour de cet enregistrement, la saisie ne pourra plus être rayée que du consentement des créanciers, ou en vertu de jugements rendus contre eux.

697. Quinzaine au moins avant la première publication, le poursuivant déposera au greffe le cahier des charges, contenant, 1° l'énonciation du titre en vertu duquel la saisie a été faite, du commandement, de l'exploit de saisie, et des actes et jugements qui auront pu être faits ou rendus ; 2° la désignation des objets saisis, telle qu'elle a été insérée dans le procès-verbal ; 3° les conditions de la vente ; 4° et une mise à prix par le poursuivant.

698. Le poursuivant demeurera adjudicataire pour la mise à prix, s'il ne se présente pas de surenchérisseur.

699. Les dires, publications et adjudications, seront mis sur le cahier des charges, à la suite de la mise à prix.

700. Selon la nature et l'importance des biens, il pourra être passé en taxe jusqu'à cinq cents exemplaires des placards, non compris le nombre d'affiches prescrit par l'article 699. [C. pr. 961 ; Tar. 1841, art. 11 et 19.]

701. Les frais de la poursuite seront taxés par le juge, et il ne pourra être rien exigé au delà du montant de la taxe. Toute stipulation contraire, quelle qu'en soit la forme, sera nulle de droit.

Le montant de la taxe sera publiquement annoncé avant l'ouverture des enchères, et il en sera fait mention dans le jugement d'adjudication. [C. pr. 836, 964, 988, 1029 ; Tar. 1841, art. 18.]

702. Au jour indiqué pour l'adjudication, il y sera procédé sur la demande du poursuivant, et, à son défaut, sur celle de l'un des créanciers inscrits. [C. pr. 838, 988 ; Tar. 1841, art. 11.]

703. Néanmoins l'adjudication pourra être remise sur la demande du poursuivant, ou de l'un des créanciers inscrits, ou de la partie saisie, mais seulement pour causes graves et dûment justifiées.

Le jugement qui prononcera la remise fixera de nouveau le jour de l'adjudication, qui ne pourra être éloigné de moins de quinze jours, ni de plus de soixante.

Ce jugement ne sera susceptible d'aucun recours. [C. pr. 730, 741 ; Tar. 1841, art. 11.]

704. Dans ce cas, l'adjudication sera annoncée huit jours au moins à l'avance par des insertions et des placards, conformément aux articles 696 et 699. [C. pr. 741 ; Tar. 1841, art. 4.]

705. Les enchères sont faites par le ministère d'avoués et à l'audience. Aussitôt que les enchères seront ouvertes, il sera allumé successivement des bougies préparées de manière que chacune ait une durée d'environ une minute.

L'enchérisseur cesse d'être obligé si son enchère est couverte par une autre, lors même que cette dernière serait déclarée nulle. [L. 11 brum. an 7, art. 15 et 19. — C. pr. 681, 739, 838, 967, 988 ; Tar. 1841, art. 8.]

[illegible]

[702] — 1. L'adjudication peut avoir lieu en audience de vacations. [illegible]

[703] — 1. Le jugement qui rejette la demande en remise de l'adjudication [illegible]

[704] — 1. [illegible]

[700] — V. art. 699, n° 22.

[701] — [illegible]

[705] — 1. Il n'est pas nécessaire, à peine de nullité, que l'adjudication soit précédée d'une nouvelle lecture du cahier des charges. [illegible]

[illegible]

706. L'adjudication ne pourra être faite qu'après l'extinction de trois bougies allumées successivement.

S'il ne survient pas d'enchères pendant la durée de ces bougies, le poursuivant sera déclaré adjudicataire pour la mise à prix.

Si, pendant la durée d'une des trois premières bougies, il survient des enchères, l'adjudication ne pourra être faite qu'après l'extinction de deux bougies sans nouvelle enchère survenue pendant leur durée. [L. 11 brum. an 7, art. 14, 15 et 17. — C. pr. 739, 838, 964, 988; Tar. 1841, art. 6, et 11.]

707. L'avoué dernier enchérisseur sera tenu, dans les trois jours de l'adjudication, de déclarer l'adjudicataire et de fournir son acceptation, sinon de représenter son pouvoir, lequel demeurera annexé à la minute de sa déclaration; faute de ce faire, il sera réputé adjudicataire en son nom, sans préjudice des dispositions de l'article 711. [L. 11 brum. an 7, art. 19. — C. c. 1596; C. pr. 1029, 1031; Tar. 1841, art. 11.]

708. Toute personne pourra, dans les huit jours qui suivront l'adjudication, faire, par le ministère d'un avoué, une surenchère, pourvu qu'elle soit du sixième au moins du prix principal de la vente. [C. c. 1596 et s., 2185; C. pr. 832, 965, 973; C. com. 573; Tar. 1841, art. 12.]

[illegible]

---

706. Il sera procédé à l'adjudication définitive, au jour indiqué lors de l'adjudication préparatoire; le délai entre les deux adjudications ne pourra être moindre de six semaines.

707. Les enchères seront faites par le ministère d'avoués et à l'audience; aussitôt que les enchères seront ouvertes, il sera allumé successivement des bougies préparées de manière que chacune ait une durée d'environ une minute.

L'enchérisseur cesse d'être obligé si son enchère est couverte par une autre, lors même que cette dernière serait déclarée nulle.

708. Aucune adjudication ne pourra être faite qu'après l'extinction de trois bougies allumées successivement.

S'il y a eu enchérisseurs lors de l'adjudication préparatoire, l'adjudication ne deviendra définitive qu'après l'extinction des feux sans nouvelle enchère.

Si, pendant la durée d'une des trois premières bougies, il survient des enchères, l'adjudication ne pourra être faite qu'après l'extinction de deux feux sans enchère survenue pendant leur durée.

709. La surenchère sera faite au greffe du tribunal qui a prononcé l'adjudication ; elle contiendra constitution d'avoué et ne pourra être rétractée ; elle devra être dénoncée par le surenchérisseur, dans les trois jours, aux avoués de l'adjudicataire, du poursuivant, et de la partie saisie, si elle a constitué avoué, sans néanmoins qu'il soit nécessaire de faire cette dénonciation à la personne ou au domicile de la partie saisie qui n'aurait pas d'avoué.

La dénonciation sera faite par un simple acte, contenant avenir pour l'audience qui suivra l'expiration de la quinzaine, sans autre procédure.

L'indication du jour de cette adjudication sera faite de la manière prescrite par les articles 696 et 699.

Si le surenchérisseur ne dénonce pas la surenchère dans le délai ci-dessus fixé, le poursuivant ou tout créancier inscrit, ou le saisi, pourra le faire dans les trois jours qui suivront l'expiration de ce délai ; faute de quoi la surenchère sera nulle de droit, et sans qu'il soit besoin de faire prononcer la nullité. [C. pr. 722, 965, 973, 1029 ; Tar. 1841, art. 4 et 12.]

710. Au jour indiqué il sera ouvert de nouvelles enchères, auxquelles toute personne pourra concourir ; s'il ne se présente pas d'enchérisseurs, le surenchérisseur sera déclaré adjudicataire ; en cas de folle enchère, il sera tenu par corps de la différence entre son prix et celui de la vente.

Lorsqu'une seconde adjudication aura eu lieu, après la surenchère ci-dessus, aucune autre surenchère des mêmes biens ne pourra être reçue. [C. pr. 624, 733 s., 739, 740, 965, 973.]

---

[709] — 1. [illegible]

2. [illegible]

3. [illegible]

[illegible]

[710] — 1. [illegible]

[illegible]

---

709. L'avoué dernier enchérisseur sera tenu, dans les trois jours de l'adjudication, de déclarer l'adjudicataire, et de fournir son acceptation, sinon, de représenter son pouvoir, lequel demeurera annexé à la minute de sa déclaration ; faute de ce faire, il sera réputé adjudicataire en son nom.

710. Toute personne pourra, dans la huitaine du jour où l'adjudication aura été prononcée, faire au greffe du tribunal, par elle-même ou par un fondé de procuration spéciale, une surenchère, pourvu qu'elle soit du quart au moins du prix principal de la vente.

711. Les avoués ne pourront enchérir pour les membres du tribunal devant lequel se poursuit la vente, à peine de nullité de l'adjudication ou de la surenchère, et de dommages-intérêts.

Ils ne pourront, sous les mêmes peines, enchérir pour le saisi ni pour les personnes notoirement insolvables. L'avoué poursuivant ne pourra se rendre personnellement adjudicataire ni surenchérisseur, à peine de nullité de l'adjudication ou de la surenchère, et de dommages-intérêts envers toutes les parties. [L. 11 brum. an 7, art. 20. — C. c. 1596 s.; C. pr. 759, 838, 964, 965, 1020, 1031.]

712. Le jugement d'adjudication ne sera autre que la copie du cahier des charges rédigé ainsi qu'il est dit en l'article 690; il sera revêtu de l'intitulé des jugements et du mandement qui les termine, avec injonction à la partie saisie de délaisser la possession aussitôt après la signification du jugement, sous peine d'y être contrainte même par corps. [L. 11 brum. an 7, art. 6. — C. c. 2061 et s.; C. pr. 551, 138, 964, 988.]

[illegible]

713. Le jugement d'adjudication ne sera délivré à l'adjudicataire qu'à la charge, par lui, de rapporter au greffier quittance des frais ordinaires de poursuite, et la preuve qu'il a satisfait aux conditions du cahier des charges qui doivent être exécutées avant cette délivrance. La quittance et les pièces justificatives demeureront annexées à la minute du jugement, et seront copiées à la suite de l'adjudication. Faute par l'adjudicataire de faire ces justifications dans les vingt jours de l'adjudication, il y sera contraint par la voie de la folle enchère, ainsi qu'il sera dit ci-après, sans préjudice des autres voies de droit. [L. 11 brum. an 7, art. 21 et 24.— C. pr. 652, 733 et s., 838, 964, 988.]

714. Les frais extraordinaires de poursuite seront payés par privilége sur le prix, lorsqu'il en aura été ainsi ordonné par jugement. [C. c. 2101; C. pr. 662, 725.]

715. Les formalités et délais prescrits par les articles 673, 674, 675, 676, 677, 678, 690, 691, 692, 693, 694, 696, 698, 699, 704, 705, 706, 709, paragraphes 1 et 3, seront observés à peine de nullité.

La nullité prononcée pour défaut de désignation de l'un ou de plusieurs des immeubles compris dans la saisie n'entraînera pas nécessairement la nullité de la poursuite en ce qui concerne les autres immeubles.

Les nullités prononcées par le présent article pourront être proposées par tous ceux qui y auront intérêt. [C. pr. 729, 730, 838, 1029.]

716. Le jugement d'adjudication ne sera signifié qu'à la personne ou au domicile de la partie saisie.

Mention sommaire du jugement d'adjudication sera faite en marge de la transcription de la saisie, à la diligence de l'adjudicataire. [C. pr. 748; Tar. 1841, art. 2, 3 et 7.]

717. L'adjudication ne transmet à l'adjudicataire d'autres droits à la propriété que ceux appartenant au saisi.

Néanmoins l'adjudicataire ne pourra être troublé dans sa propriété par aucune demande en résolution fondée sur le défaut de paiement du prix des anciennes aliénations, à moins qu'avant l'adjudication la demande n'ait été notifiée au greffe du tribunal où se poursuit la vente.

Si la demande a été notifiée en temps utile, il sera sursis à l'adjudication, et le tribunal, sur la réclamation du poursuivant ou de tout créancier inscrit, fixera le délai dans lequel le vendeur sera tenu de mettre à fin l'instance en résolution.

Le poursuivant pourra intervenir dans cette instance.

Ce délai expiré sans que la demande en résolution ait été définitivement jugée, il sera passé outre à l'adjudication, à moins que, pour des causes graves et dûment justifiées, le tribunal n'ait accordé un nouveau délai pour le jugement de l'action en résolution.

Si, faute par le vendeur de se conformer aux prescriptions du tribunal, l'adjudication avait eu lieu avant le jugement de la demande en résolution, l'adjudicataire ne pourrait pas être poursuivi à raison des droits des anciens vendeurs, sauf à ceux-ci à faire valoir, s'il y avait lieu, leurs titres de créances, dans l'ordre et distribution du prix de l'adjudication. [L. 11 brum. an 7, art. 28. — C. pr. 741, 838; Tar. 1841, art. 7.]

TITRE XIII (1).

Des incidents de la Saisie immobilière.

(Loi du 2 juin 1841.)

718. Toute demande incidente à une poursuite en saisie immobilière sera formée par un simple acte d'avoué à avoué, contenant les moyens et conclusions. Cette demande sera formée contre toute partie n'ayant pas d'avoué en cause, par exploit d'ajournement à huit jours, sans augmentation de délai à raison des distances, si ce n'est dans le cas de l'art. 726 (1), et sans préliminaire de conciliation. Ces demandes seront instruites et jugées comme affaires sommaires. Tout jugement qui interviendra ne pourra être rendu que sur les conclusions du ministère public. [L. 11 brum. an 7, art. 27. — C. pr. 337; Tar. 1841, art. 5, 12 et 17.]

[illegible]

[718] — 1. [illegible]

[illegible]

(1) A l'art. 726 indiqué, il faut substituer l'art. 725. [illegible]

(1) *Ancien texte.*

TITRE XIII.

Des incidents sur la poursuite de saisie immobilière.

718. Toute contestation incidente à une poursuite de saisie immobilière sera jugée sommairement dans les cours et dans les tribunaux; les demandes ne seront pas précédées de citation en bureau de conciliation.

719. Si deux saisissants ont fait transcrire deux saisies de biens différents, poursuivies devant le même tribunal, elles seront réunies sur la requête de la partie la plus diligente, et seront continuées par le premier saisissant. La jonction sera ordonnée, encore que l'une des saisies soit plus ample que l'autre; mais elle ne pourra, en aucun cas, être demandée après le dépôt du cahier des charges; en cas de concurrence, la poursuite appartiendra à l'avoué porteur du titre plus ancien, et, si les titres sont de la même date, à l'avoué le plus ancien. [C. pr. 611, 685, 667, 678, 680, Tar. 117.]

720. Si une seconde saisie, présentée à la transcription, est plus ample que la première, elle sera transcrite pour les objets non compris dans la première saisie, et le second saisissant sera tenu de dénoncer la saisie au premier saisissant, qui poursuivra sur les deux, si elles sont au même état; sinon, il surseoira à la première et suivra sur la deuxième jusqu'à ce qu'elle soit au même degré : elles seront alors réunies en une seule poursuite, qui sera portée devant le tribunal de la première saisie. [Tar. 1841, art. 7.]

721. Faute par le premier saisissant d'avoir poursuivi sur la seconde saisie à lui dénoncée, conformément à l'article ci-dessus, le second saisissant pourra, par un simple acte, demander la subrogation. [C. pr. 612, 719, 857.]

722. La subrogation pourra être également demandée s'il y a collusion, fraude ou négligence, sous la réserve, en cas de collusion ou fraude, des dommages-intérêts envers qui il appartiendra.

Il y a négligence lorsque le poursuivant n'a pas rempli une formalité ou n'a pas fait un acte de procédure dans les délais prescrits. [C. pr. 857.]

[illegible]

[719] — 1. [illegible]

[720] — 1. [illegible]

[721 et 722] — 1. [illegible]

---

719. [illegible]

720. [illegible]

721. [illegible]

722. [illegible]

723. La partie qui succombera sur la demande en subrogation sera condamnée personnellement aux dépens.

Le poursuivant contre lequel la subrogation aura été prononcée sera tenu de remettre les pièces de la poursuite au subrogé, sur son récépissé; il ne sera payé de ses frais de poursuite qu'après l'adjudication, soit sur le prix, soit par l'adjudicataire. [C. pr. 130, 714.]

724. Lorsqu'une saisie immobilière aura été rayée, le plus diligent des saisissants postérieurs pourra poursuivre sur sa saisie, encore qu'il ne se soit pas présenté le premier à la transcription.

725. La demande en distraction de tout ou partie de l'objet saisi sera formée, tant contre le saisissant que contre la partie saisie; elle sera formée aussi contre le créancier premier inscrit et au domicile élu dans l'inscription.

Si le saisi n'a pas constitué avoué durant la poursuite, le délai prescrit pour la comparution sera augmenté d'un jour par cinq myriamètres de distance entre son domicile et le lieu où siége le tribunal, sans que ce délai puisse être augmenté à l'égard de la partie qui serait domiciliée hors du territoire continental du royaume. [L. 11 brum. an 7, art. 26 et 27. — C. pr. 1033; Tar. 1841, art. 3.]

726. La demande en distraction contiendra l'énonciation des titres justificatifs qui seront déposés au greffe, et la copie de l'acte de dépôt. [L. 11 brum. an 7, art. 27. — Tar. 1841, art. 7.]

727. Si la distraction demandée n'est que d'une partie des objets saisis, il sera passé outre, nonobstant cette demande, à l'adjudication du surplus des objets saisis. Pourront néanmoins les juges, sur la demande des parties intéressées, ordonner le sursis pour le tout.

Si la distraction partielle est ordonnée, le poursuivant sera admis à changer la mise à prix portée au cahier des charges. [L. 11 brum. an 7, art. 29. — C. pr. 669.]

728. Les moyens de nullité, tant en la forme qu'au fond, contre la procédure qui précède la publication du cahier des charges, devront être proposés, à peine de déchéance, trois jours au plus tard avant cette publication.

S'ils sont admis, la poursuite pourra être reprise à partir du dernier acte valable, et les délais pour accomplir les actes suivants courront à dater du jugement ou arrêt qui aura définitivement prononcé sur la nullité.

S'ils sont rejetés, il sera donné acte, par le même jugement, de la lecture et publication du cahier des charges, conformément à l'art. 695.

729. Les moyens de nullité contre la procédure postérieure à la publication du cahier des charges seront proposés, sous la même peine de déchéance, au plus tard, trois jours avant l'adjudication.

Au jour fixé pour l'adjudication, et immédiatement avant l'ouverture des enchères, il sera statué sur les moyens de nullité.

S'ils sont admis, le tribunal annulera la poursuite, à partir du jugement de publication, en autorisera la reprise à partir de ce jugement, et fixera de nouveau le jour de l'adjudication.

S'ils sont rejetés, il sera passé outre aux enchères et à l'adjudication. [L. 11 brum. an 7, art. 23.]

---

lors même qu'il n'a pas fait opérer la mutation en sa faveur sur la matrice des rôles : c'est aux créanciers à s'informer du patrimoine de leur débiteur avant de faire saisir. — Persil fils, nº 338 ; Chauveau, nº 2413 *undecies*. — *Contrà*, Paignon, t. 1er, nº 164.

20. Dans ce cas, et lorsque le poursuivant s'est trompé de bonne foi, les frais de l'instance doivent être alloués aux parties comme privilégiés. — Chauveau, nº 2413 *undecies*. — Suivant Lachaize, t. 2, nº 459, les dépens doivent être supportés, 1º par le saisi, lorsqu'il y a bonne foi de la part du saisissant et de la part du revendiquant ; 2º par le saisissant, s'il a saisi sachant bien que l'immeuble n'appartenait pas à son débiteur, ou sans avoir pris des renseignements nécessaires ; 3º par le revendiquant, si c'est par son fait que le saisissant avait été induit en erreur.

[726] — 1. La demande en distraction peut être admise quoique le demandeur n'ait pas de titres ; par ex., s'il invoque la prescription. — Paignon, nº 157 ; Bioche, p. 176 ; Chauveau, q. 2420 ; Jacob, p. 43.

2. Du reste, la disposition de l'art. 726 n'est pas prescrite sous peine de nullité. — Chauveau, *Journ.* [illegible], t. 73, p. 14. — *Contrà*, Bioche, p. 177. — V. l'art. 729, nº 12.

[727] — 1. Le tribunal ne doit pas nécessairement ordonner le sursis à l'adjudication dans le cas prévu par l'art. 727. — Persil, nº 316 ; Chauveau, q. 2421 *ter* ; Bioche, p. 178. — *Contrà*, Jacob, p. 44.

2. Le tribunal qui rejette la demande en distraction ne peut passer de suite à l'adjudication. Il doit surseoir jusqu'à l'expiration du délai de l'appel, ou tout au moins jusqu'à l'expiration de la huitaine pendant laquelle l'appel est prohibé (C. pr. 449). [illegible]

3. Lorsque, sur l'appel du jugement qui rejette une demande en distraction et fixe le jour de l'adjudication, intervient avant ce jour un arrêt confirmatif, il peut être procédé à l'adjudication au jour fixé, sur la seule signification de l'arrêt à l'avoué d'appel ; il n'est pas nécessaire de signifier préalablement cet arrêt à la personne du saisi, aucune condamnation ne se trouvant prononcée dans ce cas contre lui. — 2 janv. 1844, Req. [S.V.44.1.149. — D.P.44.1.315. — P.44.2.209.]

[728 et 729] — 1. En matière de saisie immobilière, comme en toute autre matière, les nullités d'actes de procédure sont couvertes par des défenses au fond. [illegible]

[illegible]

---

726. Si le débiteur interjette appel du jugement en vertu duquel on procède à la saisie, il sera tenu d'intimer sur cet appel, et de dénoncer et faire viser l'intimation au greffier du tribunal devant lequel se poursuit la vente, et ce, trois jours au moins avant la mise du cahier des charges au greffe ; sinon l'appel ne sera pas reçu, et il sera passé outre à l'adjudication.

727. La demande en distraction de tout ou de partie de l'objet saisi sera formée par requête d'avoué, tant contre le saisissant que contre la partie saisie, le créancier premier inscrit et l'avoué adjudicataire provisoire. Cette action sera formée par exploit contre celle des parties qui n'aura pas avoué en cause, et, dans ce cas, contre le créancier au domicile élu par l'inscription.

728. La demande en distraction contiendra l'énonciation des titres justificatifs, qui seront déposés au greffe, et la copie de l'acte de ce dépôt.

729. Si la distraction demandée n'est que d'une partie des objets saisis, il sera passé outre, nonobstant cette demande, à la vente du surplus des objets saisis ; pourront néanmoins les juges, sur la demande des parties intéressées, ordonner le sursis pour le tout. L'adjudicataire provisoire pourra, dans ce cas, demander la décharge de son adjudication.

730. Ne pourront être attaqués par la voie de l'appel, 1° les jugements qui statueront sur la demande en subrogation contre le poursuivant, à moins qu'elle n'ait été intentée pour collusion ou fraude; 2° ceux qui, sans statuer sur des incidents, donneront acte de la publication du cahier des charges ou prononceront l'adjudication, soit avant, soit après surenchère; 3° ceux qui statueront sur des nullités postérieures à la publication du cahier des charges. [C. pr. 443, 838.]

731. L'appel de tous autres jugements sera considéré comme non avenu, s'il est interjeté après les dix jours à compter de la signification à avoué, ou, s'il n'y a point d'avoué, à compter de la signification à personne ou au domicile soit réel, soit élu.

Ce délai sera augmenté d'un jour par cinq myriamètres de distance, conformément à l'art. 725, dans le cas où le jugement aura été rendu sur une demande en distraction.

Dans les cas où il y aura lieu à l'appel, la Cour royale statuera dans la quinzaine. Les arrêts rendus par défaut ne seront pas susceptibles d'opposition. [C. pr. 443, 725, 838, 973, 1033.]

732. L'appel sera signifié au domicile de l'avoué, et, s'il n'y a pas d'avoué, au domicile réel ou élu de l'intimé ; il sera notifié en même temps au greffier du tribunal et visé par lui. La partie saisie ne pourra, sur l'appel, proposer des moyens autres que ceux qui auront été présentés en première instance. L'acte d'appel énoncera les griefs, le tout à peine de nullité. [C. pr. 456, 838, 1033 ; Tar. 1841, art. 3.]

[illegible]

733. Lorsque l'une des publications de l'enchère aura été retardée par un incident, il ne pourra y être procédé qu'après une nouvelle apposition de placards et insertion de nouvelles annonces en la forme ci-dessus prescrite.

733. Faute par l'adjudicataire d'exécuter les clauses de l'adjudication, l'immeuble sera vendu à sa folle enchère. [L. 11 brum. an 7, art. 24. — C. pr. [illegible]]

[illegible]

734. Si la folle enchère est poursuivie avant la délivrance du jugement d'adjudication, celui qui poursuivra la folle enchère se fera délivrer par le greffier un certificat constatant que l'adjudicataire n'a point justifié de l'acquit des conditions exigibles de l'adjudication.

S'il y a eu opposition à la délivrance du certificat, il sera statué, à la requête de la partie la plus diligente, par le président du tribunal, en état de référé. [C. pr. 713, 806, 878, 964, 988; Tar. 1841, art. 12.]

735. Sur ce certificat, et sans autre procédure ni jugement, ou si la folle enchère est poursuivie après la délivrance du jugement d'adjudication, trois jours après la signification du bordereau de collocation avec commandement, il sera apposé de nouveaux placards et inséré de nouvelles annonces dans la forme ci-dessus prescrite.

Ces placards et annonces indiqueront, en outre, les noms et demeure du fol enchérisseur, le montant de l'adjudication, une mise à prix par le poursuivant, et le jour auquel aura lieu, sur l'ancien cahier des charges, la nouvelle adjudication.

Le délai entre les nouvelles affiches et annonces et l'adjudication sera de quinze jours au moins, et de trente jours au plus. [C. pr. 690, 696 et s., 699, 964, 960; Tar. 1841, art. 5 et 4.]

736. Quinze jours au moins avant l'adjudication, signification sera faite des jour et heure de cette adjudication à l'avoué de l'adjudicataire, et à la partie saisie au domicile de son avoué, et, si elle n'en a pas, à son domicile. [C. pr. 964, 988; Tar. 1841, art. 5.]

757. L'adjudication pourra être remise, conformément à l'article 703, mais seulement sur la demande du poursuivant. [C. pr. 703, 964, 988.]

758. Si le fol enchérisseur justifiait de l'acquit des conditions de l'adjudication et de la consignation d'une somme réglée par le président du tribunal pour les frais de folle enchère, il ne serait pas procédé à l'adjudication. [C. c. 1257 et s.; C. pr. 697, 964, 988.]

739. Les formalités et délais prescrits par les articles 734, 735, 736, 737, seront observés à peine de nullité.

Les moyens de nullité seront proposés et jugés comme il est dit en l'article 729.

Aucune opposition ne sera reçue contre les jugements par défaut en matière de folle enchère, et les jugements qui statueront sur les nullités pourront seuls être attaqués par la voie de l'appel dans les délais et suivant les formes prescrits par les articles 731 et 732.

Seront observés, lors de l'adjudication sur folle enchère, les articles 705, 706, 707 et 711. [Tar. 1841, art. 12.]

740. Le fol enchérisseur est tenu, par corps, de la différence entre son prix et celui de la revente sur folle enchère, sans pouvoir réclamer l'excédant, s'il y en a : cet excédant sera payé aux créanciers, ou, si les créanciers sont désintéressés, à la partie saisie. [C. c. 2161 ; C. pr. 710, 964, 988 ; Tar. 1841, art. 12.]

[illegible]

---

757. [illegible]

758. [illegible]

739. [illegible]

740. [illegible]

741. Lorsque, à raison d'un incident ou pour tout autre motif légal, l'adjudication aura été retardée, il sera apposé de nouvelles affiches et fait de nouvelles annonces dans les délais fixés par l'article 704. [L. 11 brum. an 7, art. 30. — C. pr. 696, 699, 704, 964, 988; Tar. 1841, art. 5.]

742. Toute convention portant qu'à défaut d'exécution des engagements pris envers lui, le créancier aura le droit de faire vendre les immeubles de son débiteur sans remplir les formalités prescrites pour la saisie immobilière, est nulle et non avenue. [C. pr. 964, 988.]

743. Les immeubles appartenant à des majeurs maîtres de disposer de leurs droits ne pourront, à peine de nullité, être mis aux enchères en justice lorsqu'il ne s'agira que de ventes volontaires.

Néanmoins, lorsqu'un immeuble aura été saisi réellement, et lorsque la saisie aura été transcrite, il sera libre aux intéressés, s'ils sont tous majeurs et maîtres de leurs droits, de demander que l'adjudication soit faite aux enchères, devant notaire ou en justice, sans autres formalités et conditions que celles qui sont prescrites aux articles 958, 959, 960, 961, 962, 964 et 965, pour la vente des biens immeubles appartenant à des mineurs.

Seront regardés comme seuls intéressés, avant la sommation aux créanciers prescrite par l'article 692, le poursuivant et le saisi, et après cette sommation, ces derniers et tous les créanciers inscrits.

Si une partie seulement des biens dépendants d'une même exploitation avait été saisie, le débiteur pourra demander que le surplus soit compris dans la même adjudication. [Tar. 1841, art. 4 et 11.]

744. Pourront former les mêmes demandes ou s'y adjoindre,

Le tuteur du mineur ou interdit, spécialement autorisé par un avis de parents;

Le mineur émancipé, assisté de son curateur,

Et généralement tous les administrateurs légaux des biens d'autrui.

[illegible]

[741] — 1. Le nouveau jour de l'adjudication peut être fixé sur simple requête du poursuivant, sans appeler le saisi. — 27 mars 1833, Bordeaux. — [S.V.34.2.23. — D.P.33.2.194.]

[742] — [illegible]

[743 et 744] — [illegible]

---

741. L'adjudication préparatoire pourra être faite à la seconde publication, qui sera faite quinzaine après la première.

742. A la quinzaine suivante, ou au jour plus éloigné qui aura été fixé par le tribunal, il sera procédé à une troisième publication, lors de laquelle les objets saisis pourront être vendus définitivement; chacune desdites publications sera précédée de placards et annonces, ainsi qu'il est dit ci-dessus; et seront observées, lors de l'adjudication, les formalités prescrites par les art. 707, 708 et 709.

743. Si néanmoins l'adjudicataire justifiait de l'acquit des conditions de l'adjudication, et consignait la somme réglée par le tribunal pour le paiement des frais de folle enchère, il ne serait pas procédé à l'adjudication définitive, et l'adjudicataire provisoire serait déchargé.

744. Le fol enchérisseur est tenu par corps de la différence de son prix d'avec celui de la revente sur folle enchère, sans pouvoir réclamer l'excédant s'il y en a; cet excédant sera payé aux créanciers, ou, si les créanciers sont désintéressés, à la partie saisie.

745. Les demandes autorisées par les articles 743, paragraphe 2, et 744, seront formées par une simple requête présentée au tribunal saisi de la poursuite ; cette requête sera signée par les avoués de toutes les parties.

Elle contiendra une mise à prix qui servira d'estimation. [Tar. 1841, art. 7.]

746. Le jugement sera rendu sur le rapport d'un juge et sur les conclusions du ministère public.

Si la demande est admise, le tribunal fixera le jour de la vente et renverra, pour procéder à l'adjudication, soit devant un notaire, soit devant un juge du siége ou devant un juge de tout autre tribunal.

Le jugement ne sera pas signifié, et ne sera susceptible ni d'opposition, ni d'appel. [C. pr. 954. 969.]

747. Si, après le jugement, il survient un changement dans l'état des parties, soit par décès ou faillite, soit autrement, ou si les parties sont représentées par des mineurs, des héritiers bénéficiaires ou autres incapables, le jugement continuera à recevoir sa pleine et entière exécution. [C. pr. 342.]

748. Dans la huitaine du jugement de conversion, mention sommaire en sera faite, à la diligence du poursuivant, en marge de la transcription de la saisie.

Les fruits immobilisés en exécution des dispositions de l'art. 682 conserveront ce caractère, sans préjudice du droit qui appartient au poursuivant de se conformer, pour les loyers et fermages, à l'art. 685.

Sera également maintenue la prohibition d'aliéner faite par l'art. 686. [C. pr. 682, 685, 686, 715 ; Tar. 1841, art. 2 et 7.]

TITRE XIV.

De l'Ordre.

749. Dans le mois de la signification du jugement d'adjudication, s'il n'est pas attaqué ; en cas d'appel, dans le mois de la signification du jugement confirmatif, les créanciers et la partie saisie seront tenus de se régler entre eux sur la distribution du prix. [C. c. 2193 et s., 2218. — C. pr. 147, 656 et s., 991.]

750. Le mois expiré, faute par les créanciers et la partie saisie de s'être réglés entre eux, le saisissant, dans la huitaine, et à son défaut, après ce délai, le créancier le plus diligent ou l'adjudicataire, requerra la nomination d'un juge-commissaire, devant lequel il sera procédé à l'ordre. [L. 11 brum. an 7, art. 31. — Tar. 130.]

[illegible]

[745] — 1. [illegible]

[746] — 1. [illegible]

[747] . . . .

[748] — Une simple opposition suffit pour arrêter les loyers et fermages. — Chauveau, q. 2442.

[749] — 1. [illegible]

[750] — 1. [illegible]

---

745. [illegible]

746. [illegible]

747. [illegible]

749. [illegible]

751. Il sera tenu au greffe, à cet effet, un registre des adjudications, sur lequel le requérant l'ordre fera son réquisitoire, à la suite duquel le président du tribunal nommera un juge-commissaire. [L. 11 brum. an 7, art. 31. — C. pr. 658; Tar. 130, 131.]

752. Le poursuivant prendra l'ordonnance du juge commis, qui ouvrira le procès-verbal d'ordre, auquel sera annexé un extrait, délivré par le conservateur, de toutes les inscriptions existantes. [L. 11 brum. an 7, art. 31. — Tar. 131.]

753. En vertu de l'ordonnance du commissaire, les créanciers seront sommés de produire, par acte signifié aux domiciles élus par leurs inscriptions, ou à celui de leurs avoués, s'il y en a de constitués. [Tar. 29 et 134.]

[illegible]

754. Dans le mois de cette sommation, chaque créancier sera tenu de produire ses titres avec acte de produit, signé de son avoué, et contenant demande en collocation. Le commissaire fera mention de la remise sur son procès-verbal. [L. 11 brum. an 7, art. 32. — C. pr. 660 ; Tar. 133.]

755. Le mois expiré, et même auparavant, si les créanciers ont produit, le commissaire dressera, en suite de son procès-verbal, un état de collocation sur les pièces produites. Le poursuivant dénoncera, par acte d'avoué à avoué, aux créanciers produisants et à la partie saisie, la confection de l'état de collocation, avec sommation d'en prendre communication, et de contredire, s'il y échet, sur le procès-verbal du commissaire, dans le délai d'un mois. [L. 11 brum. an 7, art. 32. — C. pr. 663 ; Tar. 134, 135.]

[755] — § 1er. — *État de collocation provisoire. — Dénonciation. — Délai du contredit.*

§ 2. — *Formes du contredit. — Désistement.*

756. Faute par les créanciers produisants de prendre communication des productions ès-mains du commissaire dans ledit délai, ils demeureront forclos, sans nouvelle sommation ni jugement; il ne sera fait aucun dire, s'il n'y a contestation. [C. pr. 660, 661.]

[756] Indication alphabétique.

757. Les créanciers qui n'auront produit qu'après le délai fixé supporteront sans répétition, et sans pouvoir les employer dans aucun cas, les frais auxquels leur production tardive, et la déclaration d'icelle aux créanciers à l'effet d'en prendre communication, auront donné lieu. Ils seront garants des intérêts qui auront couru, à compter du jour où ils auraient cessé si la production eût été faite dans le délai fixé. [Tar. 136.]

758. En cas de contestation, le commissaire renverra les contestants à l'audience, et néanmoins arrêtera l'ordre pour les créances antérieures à celles contestées, et ordonnera la délivrance des bordereaux de collocation de ces créanciers, qui ne seront tenus à aucun rapport à l'égard de ceux qui produiraient postérieurement. [L. 11 brum. an 7, art. 31. — C. pr. 666.]

759. S'il ne s'élève aucune contestation, le juge-commissaire fera la clôture de l'ordre; il liquidera les frais de radiation et de poursuite d'ordre, qui seront colloqués par préférence à toutes autres créances; il prononcera la déchéance des créanciers non produisants, ordonnera la délivrance des bordereaux de collocation aux créanciers utilement colloqués, et la radiation des inscriptions de ceux non utilement colloqués. Il sera fait distraction en faveur de l'adjudicataire, sur le montant de chaque bordereau, des frais de radiation de l'inscription. [L. 11 brum. an 7, art. 31 et 33. — C. pr. 669; Tar. 137.]

[illegible]

760. Les créanciers postérieurs en ordre d'hypothèque aux collocations contestées seront tenus, dans la huitaine du mois accordé pour contredire, de s'accorder entre eux sur le choix d'un avoué ; sinon ils seront représentés par l'avoué du dernier créancier colloqué. Le créancier qui contestera individuellement supportera les frais auxquels sa contestation particulière aura donné lieu, sans pouvoir les répéter ni employer en aucun cas. L'avoué poursuivant ne pourra en cette qualité être appelé dans la contestation. [C. pr. 667.]

[illegible]

§ 2. — *Voies de recours contre l'ordonnance de clôture ou règlement définitif.*

20. Quelle est la voie de recours ouverte contre l'ordonnance de clôture du juge-commissaire portant règlement définitif de l'ordre : ce règlement a-t-il le caractère d'un véritable jugement ? — C'est là un point des plus controversés. — Les uns veulent que l'on se pourvoie par voie d'opposition ou action principale devant le tribunal. — D'autres n'admettent que la voie de l'appel. — Nous allons indiquer les arrêts à l'ap- [illegible]

[illegible]

[760] — 1. L'art. 760 est applicable en appel.

761. L'audience sera poursuivie par la partie la plus diligente, sur un simple acte d'avoué à avoué, sans autre procédure. [C. pr. 666.]

762. Le jugement sera rendu sur le rapport du juge-commissaire et les conclusions du ministère public; il contiendra liquidation des frais. [C. pr. 668.]

763. L'appel de ce jugement ne sera reçu, s'il n'est interjeté dans les dix jours de sa signification à avoué, outre un jour par trois myriamètres de distance du domicile réel de chaque partie; il contiendra assignation, et l'énonciation des griefs. [C. pr. 443, 456, 669, 1033.]

[illegible]

§ 2. — *Délai de l'appel.*

[illegible]

§ 3. — *Signification du jugement nécessaire pour faire courir le délai de l'appel.*

§ 4. — *Qui peut appeler. — Contre qui l'appel doit être dirigé.*

§ 5. — A quel domicile l'appel doit être signifié.

§ 6. — Énonciation des griefs.

§ 7. — Effets de l'appel. — Appel incident. — Demande nouvelle.

764. L'avoué du créancier dernier colloqué pourra être intimé s'il y a lieu. [C. pr. 667, 669.]

765. Il ne sera signifié sur l'appel que des conclusions motivées de la part des intimés; et l'audience sera poursuivie ainsi qu'il est dit en l'article 761.

766. L'arrêt contiendra liquidation des frais; les parties qui succomberont sur l'appel seront condamnées aux dépens, sans pouvoir les répéter. [C. pr. 130.]

767. Quinzaine après le jugement des contestations, et, en cas d'appel, quinzaine après la signification de l'arrêt qui y aura statué, le commissaire arrêtera définitivement l'ordre des créances contestées et de celles postérieures, et ce, conformément à ce qui est prescrit par l'article 759; les intérêts et arrérages des créanciers utilement colloqués cesseront. [C. pr. 670, 672.]

768. Les frais de l'avoué qui aura représenté les créanciers contestants seront colloqués, par préférence à toutes autres créances, sur ce qui restera de deniers à distribuer, déduction faite de ceux qui auront été employés à acquitter les créances antérieures à celles contestées.

769. L'arrêt qui autorisera l'emploi des frais prononcera la subrogation au profit du créancier sur lequel les fonds manqueront, ou de la partie saisie. L'exécutoire énoncera cette disposition, et indiquera la partie qui devra en profiter.

770. La partie saisie et le créancier sur lequel les fonds manqueront auront leur recours contre ceux qui auront succombé dans la contestation, pour les intérêts et arrérages qui auront couru pendant le cours desdites contestations.

771. Dans les dix jours après l'ordonnance du juge-commissaire, le greffier délivrera à chaque créancier utilement colloqué le bordereau de collocation, qui sera exécutoire contre l'acquéreur. [C. pr. 671.]

772. Le créancier colloqué, en donnant quittance du montant de sa collocation, consentira la radiation de son inscription. [C. c. 2157.]

773. Au fur et à mesure du paiement des collocations, le conservateur des hypothèques, sur la représentation du bordereau et de la quittance du créancier, déchargera d'office l'inscription, jusqu'à concurrence de la somme acquittée. [C. c. 2108, 2158.]

774. L'inscription d'office sera rayée définitivement, en justifiant, par l'adjudicataire, du paiement de la totalité de son prix, soit aux créanciers utilement colloqués, soit à la partie saisie, et de l'ordonnance du juge-commissaire qui prononce la radiation des inscriptions des créanciers non colloqués. [L. 11 brum. an 7, art. 55. — C. c. 2157 et s.; Tar. 137.]

775. En cas d'aliénation autre que celle par expropriation, l'ordre ne pourra être provoqué s'il n'y a plus de trois créanciers inscrits; et il le sera par le créancier le plus diligent ou l'acquéreur après l'expiration des trente jours qui suivront les délais prescrits par les articles 2185 et 2194 du Code civil. [C. c. 2218.]

776. L'ordre sera introduit et réglé dans les formes prescrites par le présent titre.

777. L'acquéreur sera employé par préférence pour le coût de l'extrait des inscriptions et dénonciations aux créanciers inscrits. [C. c. 2101, 2183.]

778. Tout créancier pourra prendre inscription pour conserver les droits de son débiteur; mais le montant de la collocation du débiteur sera distribué, comme chose mobilière, entre tous les créanciers inscrits ou opposants avant la clôture de l'ordre. [C. c. 1166, 2093 et s.; C. pr. 656 et s.]

779. En cas de retard ou de négligence dans la poursuite d'ordre, la subrogation pourra être demandée. La demande en sera formée par requête insérée au procès-verbal d'ordre, communiquée au poursuivant par acte d'avoué, jugée sommairement en la chambre du conseil, sur le rapport du juge-commissaire. [C. pr. 721 et s.; Tar. 138, 159.]

TITRE XV.

De l'Emprisonnement.

780. Aucune contrainte par corps ne pourra être mise à exécution qu'un jour après la signification, avec commandement, du jugement qui l'a prononcée (1).

Cette signification sera faite par un huissier commis par ledit jugement ou par le président du tribunal de première instance du lieu où se trouve le débiteur.

La signification contiendra aussi élection de domicile dans la commune où siège le tribunal qui a rendu ce jugement, si le créancier n'y demeure pas. [Ord. 1667, tit. 34, art. 11; L. 15 germ. an 6, tit. 3, art. 3. — C. c., 2059 à 2070; C. pr. 552, 583, 584, 626, 656, 675, 819, 1033; Tar. 31 et 76.]

[illegible]

[776] [illegible]

[777] [illegible]

[778] [illegible]

[779] [illegible]

[780] Indication alphabétique.

[illegible]

(1) [illegible]

781. Le débiteur ne pourra être arrêté,
1° avant le lever et après le coucher du soleil;
2° Les jours de fête légale;
3° Dans les édifices consacrés au culte, et pendant les exercices religieux seulement;
4° Dans le lieu et pendant la tenue des séances des autorités constituées;
5° Dans une maison quelconque, même dans son domicile, à moins qu'il n'eût été ainsi ordonné par le juge de paix du lieu, lequel juge de paix devra, dans ce cas, se transporter dans la maison avec l'officier ministériel. [L. 15 germ. an 6, tit. 3, art. 4.—C. pr. 63, 1037; C. comm. 154, 161; C. pén. 184; Tar. 6, 32.]

---

mandement a été lu.—17 juin 1818, Rouen. (S.19.2.156; C.N.5.–D.A.3.776.) — Sic, Carré et Chauveau, q. 2634; Berriat, p. 650; Pigeau, Comm., t. 2, p. 462; Favard, t. 1er, p. 684; Thomine, t. 2, p. 349; Souquet, v° Empris. 152e tab., 5e col., n° 1er; Coin-Delisle, art. 2069, n° 11; Chauveau, ubi sup.; Devilleneuve et Massé, v° Empris., n° 4.

36. Précédemment la même Cour avait rendu une décision qui présupposait le contraire, en jugeant que l'exploit de signification du commandement et le procès-verbal d'arrestation devaient, à peine de nullité, indiquer l'heure à laquelle ils avaient été faits, surtout si l'emprisonnement avait lieu le lendemain du commandement.— 27 juill. 1813, Rouen. (S.14.2.152; C.N.4.–D.A.3.721.)

37. Il n'est pas nécessaire que le commandement contienne élection de domicile dans la commune où siége le tribunal qui doit connaître de l'exécution, lorsque ce tribunal est situé dans un autre lieu que celui qui a rendu le jugement en vertu duquel la contrainte par corps est exercée; il suffit qu'il y ait élection dans la commune où siége ce dernier tribunal. — 23 août 1827, Montpellier. (S.28.2.40; C.N.8.–D.P.28.2.70.) — Id. 4 mai 1834, Nîmes. (C.N.7.–D.A.3.721.) — Sic, Thomine, t. 2, p. 356; Chauveau, q. 2635. — Contrà, Pigeau, Proc., t. 2, p. 284; Favard, t. 1er, p. 685; Carré, loc. cit.; Dalloz, t. 3, p. 792; Souquet, 152e tabl. — V. Coin-Delisle, p. 49, dont l'opinion est hésitante sur la question.

§ 3.—*Arrestation provisoire des étrangers.*

38. Un point qui a fait difficulté avant la loi du 17 avril 1832 sur la contrainte par corps, c'est celui de savoir si l'arrestation provisoire autorisée contre les étrangers par la loi du 10 sept. 1807, et qui l'est également par l'art. 15 de la loi précitée de 1832, était ou non assujettie aux formalités prescrites par le Code de procédure. Mais la difficulté se trouve maintenant tranchée par l'art. 34 de la loi nouvelle, portant que « les dispositions du Code de procédure sur l'emprisonnement, auxquelles il n'est pas dérogé par la présente loi, sont applicables à la contrainte par corps qui est exercée contre les étrangers. Néanmoins, ajoute l'article, pour les cas d'arrestation provisoire, le créancier ne sera pas tenu de se conformer à l'art. 780 du Code de procédure, qui prescrit une signification et un commandement préalable. »

39. En présence de ce texte, il est inutile de reproduire les décisions antérieures statuant sur des questions qui ne peuvent plus se représenter aujourd'hui. En voici seulement quelques-unes intervenues depuis la loi de 1832.

40. Un étranger peut être arrêté en vertu d'une ordonnance du président autorisant son arrestation provisoire, bien qu'au moment où cette ordonnance a été rendue, l'étranger ne se trouvât pas dans l'arrondissement du tribunal : il suffit, pour que l'ordonnance puisse être mise à exécution, que l'étranger, au moment de son arrestation, se soit trouvé dans l'arrondissement.—27 nov. 1839, Req. (S.V.40.1.246.–D.P.40.1.60.–P.40.1.156.)

41. Il suffit aussi, pour qu'un étranger puisse être provisoirement arrêté, que la dette soit exigible; il n'est pas nécessaire qu'elle soit liquide.—Même arrêt qui ci-dessus.

41 bis. Il n'est pas nécessaire, pour la validité de l'ordonnance autorisant l'arrestation d'un étranger en France, que le président soit assisté du greffier, ni que l'ordonnance soit signée de ce greffier.—27 mai 1850, Pau. (S.V.51.2.54.–D.P.50.2.260.) — V. ci-dessus, nos 35 et 51.

42. L'ordonnance du président qui permet l'arrestation provisoire ne peut être attaquée par voie d'action principale devant le tribunal; elle ne peut l'être que par voie d'appel devant la Cour.—27 mai 1850, Pau. (S.V.51.2.53; C.N.9.–D.P.50.2.266.) — Id. 6 déc. 1853, Bordeaux. (S.V.54.2.245.) — Sic, Troplong, Contr. par corps, n° 514.

43. Jugé au contraire que l'étranger doit, pour demander la nullité de son emprisonnement, agir par voie d'action principale devant le tribunal, et non par voie d'appel devant la Cour.—9 mai 1837, Cass. (S.V.37.1.510.–D.P.37.1.391.–P.37.1.299.)

44. Si l'appel était recevable, quel en serait le délai? Jugé qu'il est de trois mois, selon la règle générale, et non pas seulement de quinzaine : on ne s'applique pas l'art. 809, relatif à l'appel des ordonnances de référé. — 22 oct. 1818, Rej. (C.N.5.–D.A.9.472.) — Id. 12 janv. 1832, Caen. (S.V.32.2.202.–D.P.32.2.35.)

45. V. art. 356, n° 21. (Pouvoir spécial.)

[781]—1. Pour déterminer l'instant où l'arrestation peut ou non être exercée, il faut uniquement avoir égard à l'heure astronomique à laquelle le soleil se lève ou se couche, et non se référer à l'art. 1037 qui fixe les heures pendant lesquelles l'exécution en général des jugements est permise ou prohibée; il y a dérogation à cet article par l'art. 781. — Demiau, t. 3, p. 558; Thomine, t. 2, n° 903; Pigeau, Proc., t. 2, p. 271, et Comm. t. 2, p. 464; Pardessus, Dr. comm., t. 5, n° 1514; Favard, v° Contr. par corps, § 4, n° 5; Carré, q. 2653; Chauveau, ibid.; Devilleneuve et Massé, v° Emprisonn., n° 33; Dalloz, t. 3, p. 790; Souquet, Dict. des temps légaux, 156e tabl.; Rodière, p. 74.— Contrà, Berriat, p. 629; Lepage, Saisies, t. 2, p. 327; Demiau, p. 477; Ginouvier, p. 151. — Selon Coin-Delisle, p. 52, le débiteur ne peut, il est vrai, jamais être arrêté avant le lever ou après le coucher du soleil; mais néanmoins l'art. 1037 est applicable en ce sens que nulle arrestation ne saurait avoir lieu avant ou après les heures qu'il indique; de sorte que la disposition de l'art. 781 serait une défense, et non une règle. — Cette dernière opinion, plus plausible que la seconde, ne nous semble pas néanmoins devoir être suivie : nous nous rangeons à la première, conforme au texte de l'art. 781, qui seul doit être règle en matière de contrainte par corps.

2. Jugé, dans le premier sens, que l'arrestation est nulle par cela seul qu'elle a été faite un instant avant le lever ou après le coucher du soleil. — 16 therm. an 10, Colmar. (S.3.2.62; C.N.1.–D.A.3.780.) — Id. 31 août 1810, Colmar. (S.11.2.78; C.N.3.–D.A.3.800.) — Id. 1er mars 1813, Bruxelles. (S.14.2.185; C.N.4.–D.A.3.799.)

3. Toutefois, de ce que le procès-verbal d'emprisonnement porte que la contrainte par corps n'a été exercée qu'à onze heures de relevée, et conséquemment après le coucher du soleil, l'emprisonnement n'est pas nul, si, en fait, il a eu lieu le jour à onze heures du matin, et si l'énonciation du procès-verbal n'est qu'une erreur de copiste.—14 oct. 1808, Riom. (S.12.2.195; C.N.2.–D.A.3.786.)

4. Au reste, un débiteur arrêté avant le coucher du soleil peut être écroué après, lorsque la prison est tellement éloignée du lieu de l'arrestation qu'il ne peut y être conduit de jour.—Carré et Chauveau, q. 2657.

5. La disposition de l'art. 1037, qui permet de faire des exécutions les jours de fêtes légales, en vertu de permission du juge, dans le cas où il y aurait péril en la demeure, s'applique à l'emprisonnement.—Berriat, p. 114; Favard, v° Contr. par corps, § 4; Thomine, n° 906; Carré et Chauveau, q. 2659. — Contrà, Demiau, p. 477; Coin-Delisle, p. 53.

6. On peut arrêter dans les lieux consacrés au culte, dans tout le temps où les exercices religieux n'y sont pas célébrés.—Carré et Chauveau, q. 2612. — Mais on doit alors observer les formalités prescrites par le § 5 de l'art. 781 pour les arrestations à opérer dans une maison. — Carré, loc. cit.; Pigeau, t. 2, p. 271; Rodière, p. 74.

6. On peut aussi arrêter avant ou après les séances des autorités constituées, arrêter dans les lieux mêmes où elles se tiennent; [illegible] Pardessus, n° 1514; Carré et Chauveau, q. 2617 et 2644; Coin-Delisle, p. 56.

7. Un débiteur peut être arrêté dans une prison où il se trouve accidentellement; les bâtiments d'une prison ne sont pas une maison dans le sens de l'art. 781.— 30 août 1839, Grenoble. (S.V.41.2.5.–D.P.40.2.213.)

8. Jugé qu'un débiteur ne peut être arrêté dans une maison d'arrêt de la garde nationale où il se trouve détenu par suite d'infractions à son service de garde national.—3 avril 1845, Paris. (S.V.45.2.474.–P.45.1.452.)

9. L'arrestation d'un débiteur est annulable, si, pour y procéder, l'huissier a pénétré dans le domicile du débiteur arrêté, sans être accompagné du juge de paix, et sans en avoir préalablement obtenu la permission par une ordonnance, encore que le juge, sur la demande que l'huissier lui a faite, se soit transporté immédiatement dans la maison où l'arrestation a eu lieu. — 22 juin 1809, Paris. (S.10.2.375; C.N.3.–D.A.3.795.) — Sic, Carré et Chauveau, q. 2651; Coin-Delisle, p. 51. — V. Thomine, t. 2, p. 355.

10. Mais l'huissier qui, voulant procéder à l'arrestation d'un débiteur dans une maison, est obligé d'aller requérir à cet effet l'assistance du juge de paix, peut établir préalablement garnison à la porte de la maison, pour prévenir l'évasion du débiteur. — 20 août 1827, Toulouse. (S.28.2.361; C.N.8.–D.P.29.2.160.) — Sic, Coin-Delisle, p. 51.— Contrà, Chauveau, q. 2651 bis.

11. Un débiteur ne peut être arrêté, sans l'assistance du juge de paix, dans une cour close dépendant de son domicile : toutes les dépendances que l'art. 390 du Code pénal considère comme maison habitée doivent être réputées domicile du débiteur, dans le sens de l'art. 781, Cod. pr. — 10 juin 1824, Lyon. (S.25.2.54; C.N.7.)

12. L'arrestation d'un débiteur ne peut non plus avoir lieu, sans l'assistance du juge de paix, dans les magasins d'un établissement où le débiteur est employé, bien que l'entrée n'en soit point refusée à l'officier ministériel chargé d'opérer l'arrestation. —Peu importe que ce débiteur habite dans la maison même où sont situés ces magasins. — 26 nov. 1841, Paris. (S.V.43.2.592; P.41.2.570.)

13. Le n° 5 de l'art. 781 est également applicable au cas où toutes les formalités légales étant remplies, relativement à la maison du débiteur, celui-ci s'enfuit de chez lui et se sauve dans une maison voisine. En ce cas, l'huissier qui, avec son escorte, pénètre, sans le juge de paix, dans la cour de la maison voisine, cerne le débiteur et l'empêche de fuir, peut ne l'arrêter qu'à l'arrivée et avec l'autorisation du juge de paix, selon le précepte de la loi (§ 5), par suite, nullité de l'arrestation.—27 mars 1828, Limoges. (S.28.2.155; C.N.9.–D.P.28.2.131.)

14. L'huissier des mains duquel s'est échappé un débiteur arrêté ne peut non plus, sans l'assistance du juge de paix, s'introduire dans la maison où ce débiteur s'est réfugié, pour y opérer de nouveau son arrestation.—22 juin 1837, Riom. (S.V.38.2.113.–D.P.38.2.109.–P.38.2.536.) — Id. 15 juill. 1837, Riom. (S.V.38.2.113.) — Sic, Carré et Chauveau, q. 2652.

15. Mais l'arrestation d'un débiteur peut être effectuée sur un navire (vaisseau de voyage et cabine dans le port), sans l'assistance du juge de paix : le navire ne peut être assimilé à une maison dans le sens de l'art. 781, C. pr.—28 août 1826, Corse. (S.27.2.201; C.N.8.–D.P.27.2.73.)

16. Au reste, l'art. 781 ne défend pas de faire perquisition de la personne du débiteur. Ainsi, l'huissier ne viole pas l'asile de celui-ci, si, muni des pouvoirs du créancier, il y entre, sans assistance du juge de paix, à l'effet de procéder à une saisie-exécution, et s'il fait en même temps la perquisition de ce débiteur, en manifestant toutefois l'intention de ne l'arrêter qu'après avoir requis la présence du juge. — 27 sept. 1808, Rennes. (S.14.2.204; C.N.2.) — V. Carré, q. 2651.

17. L'huissier qui procède à un emprisonnement n'est pas tenu, à peine de nullité, d'exhiber l'ordonnance du juge de paix dont parle l'art. 781.—22 juin 1843, Nancy. (S.44.2.95; C.N.4.–D.A.3.481.)

18. Et même l'arrestation n'est pas nulle, par cela seul que le juge de paix qui l'a autorisée n'a pas rendu une ordonnance spéciale existante en minute au greffe; il suffit que, dans le fait, il ait donné l'ordre d'arrêter, et qu'il ait accompagné l'officier ministériel. — 10 déc. 1819, Colmar. (S.21.2.22; C.N.6.–D.A.3.793.) — Id. 3 mai 1823, Lyon. (S.25.2.350; C.N.8.–D.P.25.2.170.) — Sic, Carré et Chauveau, n° 2650; Coin-Delisle, p. 51; Pigeau, t. 2, p. 215; Curasson, Juridict. des juges de paix, n° 961.

782. Le débiteur ne pourra non plus être arrêté, lorsqu'appelé comme témoin devant un juge d'instruction(1), ou devant un tribunal de première instance, ou une Cour royale ou d'assises, il sera porteur d'un sauf-conduit.

Le sauf-conduit pourra être accordé par le juge d'instruction, par le président du tribunal ou de la cour où les témoins devront être entendus. Les conclusions du ministère public seront nécessaires.

Le sauf-conduit réglera la durée de son effet, à peine de nullité.

En vertu du sauf-conduit, le débiteur ne pourra être arrêté, ni le jour fixé pour sa comparution, ni pendant le temps nécessaire pour aller et pour revenir. [L. 15 germ. an 6, tit. 3, art. 6. — Tar. 77.]

783. Le procès-verbal d'emprisonnement contiendra, outre les formalités ordinaires des exploits, 1° itératif commandement ; 2° élection de domicile dans la commune où le débiteur sera détenu, si le créancier n'y demeure pas : l'huissier sera assisté de deux recors. [L. 15, germ. an 6, tit. 3, art. 19. — Tar. 53.]

784. S'il s'est écoulé une année entière depuis le commandement, il sera fait un nouveau commandement par un huissier commis à cet effet. [C. pr. 674.]

785. En cas de rébellion, l'huissier pourra établir garnison aux portes pour empêcher l'évasion et requérir la force armée ; et le débiteur sera poursuivi conformément aux dispositions du Code d'instruction criminelle. [C. pr. 553 ; C. inst. 554 ; C. pén. 209 et s.]

786. Si le débiteur requiert qu'il en soit référé, il sera conduit sur-le-champ devant le président du tribunal de première instance du lieu où l'arrestation aura été faite, lequel statuera en état de référé : si l'arrestation est faite hors des heures de l'audience, le débiteur sera conduit chez le président. [C. pr. 806 et s. ; Tar. 54.]

[illegible]

(1) Ces mots : *juge d'instruction*, ont remplacé, dans l'édition de 1842, ceux-ci : *directeur du jury*, qui se trouvaient dans les éditions de 1807 et de 1816.

787. L'ordonnance sur référé sera consignée sur le procès-verbal de l'huissier, et sera exécutée sur-le-champ. [C. pr. 811.]

788. Si le débiteur ne requiert pas qu'il en soit référé, ou si, en cas de référé, le président ordonne qu'il soit passé outre, le débiteur sera conduit dans la prison du lieu ; et s'il n'y en a pas, dans celle du lieu le plus voisin : l'huissier et tous autres qui conduiraient, recevraient ou retiendraient le débiteur dans un lieu de détention non légalement désigné comme tel, seront poursuivis comme coupables du crime de détention arbitraire. [D. inst. cr. 615 et s. ; C. pén. 341 et s.]

789. L'écrou du débiteur énoncera : 1° le jugement ; 2° les noms et domicile du créancier ; 3° l'élection de domicile, s'il ne demeure pas dans la commune ; 4° les noms, demeure et profession du débiteur ; 5° la consignation d'un mois d'aliments au moins ; 6° enfin, mention de la copie qui sera laissée au débiteur, parlant à sa personne, tant du procès-verbal d'emprisonnement que de l'écrou. Il sera signé de l'huissier. [Ord. 1670, tit. 13, art. 13. — Tar. 55, 55.]

790. Le gardien ou geôlier transcrira sur son registre le jugement qui autorise l'arrestation : faute par l'huissier de représenter ce jugement, le geôlier refusera de recevoir le débiteur et de l'écrouer. [Tar. 56.]

791. Le créancier sera tenu de consigner

[illegible]

les aliments d'avance. Les aliments ne pourront être retirés, lorsqu'il y aura recommandation, si ce n'est du consentement du recommandant. [L. 15 germ. an 6, tit. 3, art. 14.]

792. Le débiteur pourra être recommandé par ceux qui auraient le droit d'exercer contre lui la contrainte par corps. Celui qui est arrêté comme prévenu d'un délit peut aussi être recommandé; et il sera retenu par l'effet de la recommandation, encore que son élargissement ait été prononcé et qu'il ait été acquitté du délit. [L. 15 germ. an 6, tit. 3, art. 11. — C. c. 2059 et s.; C. pr. 126 552; Tar. 57.]

793. Seront observées, pour les recommandations, les formalités ci-dessus prescrites pour l'emprisonnement; néanmoins l'huissier ne sera pas assisté de recors, et le recommandant sera dispensé de consigner les aliments, s'ils ont été consignés.

Le créancier qui a fait emprisonner pourra se pourvoir contre le recommandant devant le tribunal du lieu où le débiteur est détenu, à l'effet de le faire contribuer au paiement des aliments par portion égale. [L. 15 germ. an 6, tit. 3, art. 11 et 15. — Tar. 57.]

794. A défaut d'observation des formalités ci-dessus prescrites, le débiteur pourra demander la nullité de l'emprisonnement, et la demande sera portée au tribunal du lieu où il est détenu; si la demande en nullité est fondée sur des moyens du fond, elle sera portée devant le tribunal de l'exécution du jugement. [L. 15 germ. an 6, tit. 3, art. 6 et 15. — C. pr. 472, 554.]

[illegible]

[792] — [illegible]

[793] — [illegible]

[794] — [illegible]

795. Dans tous les cas, la demande pourra être formée à bref délai, en vertu de permission de juge, et l'assignation donnée par huissier commis au domicile élu par l'écrou : la cause sera jugée sommairement, sur les conclusions du ministère public. [L. 15 germ. an 6, tit. 3, art. 15. — C. pr. 49, 55, 404 ; Tar. 77.]

796. La nullité de l'emprisonnement, pour quelque cause qu'elle soit prononcée, n'emporte point la nullité des recommandations. [L. 15 germ. an 6, tit. 3, art. 15. — C. pr. 1050 ; Tar. 58.]

797. Le débiteur dont l'emprisonnement est déclaré nul ne peut être arrêté pour la même dette qu'un jour au moins après sa sortie.

798. Le débiteur sera mis en liberté, en consignant entre les mains du geôlier de la prison les causes de son emprisonnement et les frais de la capture. [Ord. 1670, tit. 13, art. 22.]

799. Si l'emprisonnement est déclaré nul, le créancier pourra être condamné en des dommages-intérêts envers le débiteur. [L. 15 germ. an 6, tit. 3, art. 6. — C. pr. 126.]

800. Le débiteur légalement incarcéré obtiendra son élargissement,

1° Par le consentement du créancier qui l'a fait incarcérer, et des recommandants, s'il y en a ;

2° Par le paiement ou la consignation des sommes dues tant au créancier qui a fait emprisonner qu'au recommandant, des intérêts échus, des frais liquidés, de ceux d'emprisonnement, et de la restitution des aliments consignés(1) ;

3° Par le bénéfice de cession ;

4° A défaut par les créanciers d'avoir consigné d'avance les aliments ;

5° Et enfin, si le débiteur a commencé sa soixante et dixième année, et si, dans ce dernier cas, il n'est pas stellionataire. [Ord. 1670, tit. 13, art. 31, 32 ; L. 15 germ. an 6, art. 14 et 18. — C. c. 1265, 2059, 2066.]

---

11. [illegible] du point de savoir si les arbitres avaient pouvoir pour désigner l'huissier chargé de l'exécution de leur sentence. — Même arrêt.

12. Une demande en élargissement provisoire ne peut être portée par voie de référé devant le président du tribunal. — 27 juin 1807, Bruxelles. [S.7.2.170 ; C.n.2.—D.a.1.433.] — Sic, Favard, t. 1er, p. 689 ; Carré et Chauveau, q. 2714.

13. Les tribunaux sont incompétents pour statuer sur la validité de la recommandation faite par un créancier français d'un étranger dont l'extradition a été prononcée par un acte du pouvoir exécutif, un tel acte devant avoir pour effet d'arrêter l'extradition. — 2 juill. 1836, Cons. d'Etat. [S.V.36.2.443.—D.P.39.3.39.]

14. Lorsque la contrainte par corps est exercée en vertu d'un arrêt infirmatif d'un jugement qui ne l'avait pas prononcée, c'est à la Cour d'appel et non au tribunal qu'il appartient de connaître de la demande en nullité de l'emprisonnement fondée sur des moyens du fond. — Delaporte, t. 2, p. 366 ; Chauveau, q. 2708. — *Contrà*, Carré, *ibid.*

15. V. art. 171, no 24.

[795] — 1. La procédure d'une demande en nullité d'emprisonnement se règle par les lois existantes à l'époque où la demande est formée, non par celles qui existaient à l'époque où l'emprisonnement a eu lieu. — 27 juin 1807, Bruxelles. [S.7.2.170 ; C.n.2.—D.a.1.433.]

2. L'assignation en nullité de l'emprisonnement, donnée au domicile élu et à bref délai, ne comporte pas d'augmentation de délai à raison de la distance du domicile réel. — 20 mars 1810, Rej. [S.10.1.221 ; C.n.3.—D.a.3.807.] — *Id.* 29 fév. 1807, Paris. [S.7.2.645 ; C.n.2.—D.a.3.808.] — *Id.* 1er déc. 1831, Bordeaux. [S.V.32.2.550.—D.P.32.2.34.] — Sic, Pardessus, *Dr. comm.*, no 1524 ; Favard, t. 1er, p. 690 ; Coin-Delisle, p. 83 ; Carré et Chauveau, q. 2713.

3. Lorsque le créancier incarcérateur a négligé, lorsqu'il n'habitait pas dans la commune où le débiteur est détenu, d'y faire élection de domicile, aux termes des art. 783 et 789, le débiteur peut signifier, au domicile d'un fondé de pouvoir de son créancier, l'appel du jugement qui a statué sur le mérite de l'incarcération. Ici ne s'applique pas l'art. 456. — 1er déc. 1831, Bordeaux. [S.V.32.2.550.—D.P.32.2.34.] — Sic, Chauveau, no 2713 *bis*.

4. Le ministère public doit être entendu dans les causes où il s'agit de l'arrestation des étrangers, comme dans les causes où il s'agit de contrainte par corps à l'égard des régnicoles. — 22 mars 1809, Rej. [S.9.1.203 ; C.n.3.—D.a.6.476.]

5. Le jugement qui prononce la nullité d'un emprisonnement et ordonne la mise en liberté du détenu, n'est pas du nombre de ceux dont il est permis d'ordonner l'exécution provisoire. — 9 janv. 1809, Paris. [S.10.2.500 ; C.n.2.—D.a.3.798.] — *Id.* 14 sept. 1808, Paris. [S.8.2.283 ; C.n.2.—D.a.1.780.] — *Id.* 21 nov. 1821, Amiens. [Journ. de cette Cour, t. 1er, p. 366.] — *Id.* 21 nov. 1821, Nancy. [J. av.44.47.] — *Id.* 3 et 5 déc. 1845, Toulouse. [S.V.56.2.43 et 44.] — Sic, Carré, q. 2759 ; Pigeau, *Comm.*, t. 2, p. 482 ; Coin-Delisle, p. 83 ; Chauveau, q. 2759. — *Contrà*, Thomine, no 940 ; Boncenne, p. 486 (qui n'admet toutefois l'exécution provisoire qu'avec caution).

6. Décision en sens contraire, au cas d'annulation d'un emprisonnement pour violation des formes légales : la mise en liberté doit être ordonnée même sans caution. — 5 fév. 1808, Rennes. [C.n.3.—J. av.9.660.]

7. *Id.* au cas d'âge avancé du détenu et de faiblesse de sa santé. — 1er août 1838, Nîmes. [S.V.39.2.166.—D.P.39.2.3.—P.39.1.15.]

8. Sur le dernier ressort en matière de contrainte par corps ou d'emprisonnement. Voy. *suprà*, art. 453, nos 67 et s.

9. V. art. 449, no 16 (Appel avant l'expiration de la huitaine).

[796 et 797] — 1. La disposition de l'art. 796 est applicable en matière commerciale, de même qu'en matière civile. — 22 mars 1827, Paris. [S.28.2.158 ; C.n.8.] — *Id.* 20 nov. 1825, Trib. de la Seine. [S.26.2.285 ; C.n.8.] — Sic, Chauveau, no 2716 *ter*.

2. Mais cette disposition n'est pas applicable aux recommandations faites au nom du créancier qui a poursuivi l'emprisonnement. — 31 août 1810, Colmar. [S.11.2.78 ; C.n.3.—D.a.3.809.] — *Id.* 25 mai 1823, Limoges. [S.25.2.272 ; C.n.7.—D.a.3.780.] — Sic, Pigeau, *Comm.*, t. 2, p. 481 ; Favard, t. 1er, p. 690 ; Thomine, no 947 ; Carré et Chauveau, q. 2717.

3. Lorsqu'un créancier a, par des intrigues et des artifices, obtenu qu'un fonctionnaire public fît arrêter son débiteur, pour se procurer le moyen de le recommander, le débiteur, mis en liberté par l'autorité, ne peut être retenu en vertu de la recommandation ; dans ce cas, l'emprisonnement et la recommandation ayant eu lieu dans l'intérêt de la même personne, la nullité de l'un entraîne la nullité de l'autre. — 13 juin 1810, Rej. [S.20.1.125 ; C.n.3.—D.a.3.813.]

4. Le créancier qui a poursuivi un emprisonnement déclaré nul, peut, plus tard, recommander valablement son débiteur, lorsque celui-ci n'est plus retenu en état d'arrestation qu'à la recommandation d'un tiers, faite sur l'emprisonnement annulé. L'art. 797, qui ne permet d'arrêter de nouveau le débiteur dont l'emprisonnement a été déclaré nul, qu'un jour après sa sortie, est inapplicable à la recommandation. — 11 janv. 1825, Toulouse. [S.26.2.215 ; C.n.8.] — *Id.* 25 juin 1830, Colmar. [J. av.40.275.] — *Id.* 5 août 1837, Riom. [S.V.38.2.116.—D.P.38.2.101.—P.38.2.320.] — Sic, Carré, no 2716 ; Berriat, p. 743 ; Chauveau, *loc. cit.* ; Dalloz, p. 810. — *Contrà*, Coin-Delisle, p. 84, no 95 ; Demiau, p. 74. — Thomine, no 929, prenant un milieu entre ces deux systèmes, admet au profit du créancier le droit de recommandation ; mais il soutient qu'il faut observer l'intervalle d'un jour fixé par l'art. 797, opinion que repoussent Chauveau et Dalloz.

5. Les recommandations faites après une demande en élargissement formée par le débiteur, mais avant que le juge ait prononcé sur cette demande, sont valables, encore bien qu'elle ait été accueillie définitivement ; peu importe, au surplus, que la demande fût fondée sur le défaut de consignation d'aliments. — 24 janv. 1859, Pau. [S.V.59.2.346.—D.P.59.2.45.] — Sic, Carré et Chauveau, no 2718 ; Pigeau, t. 2, p. 282. — *Contrà*, Delaporte, t. 2, p. 367.

6. V. art. 800, no 1er ; — art. 804, nos 6 et 7.

[798] — 1. La disposition de cet article est modifiée par l'art. 24 de la loi du 17 avril 1832, ainsi conçu : « Le débiteur, si la contrainte par corps n'a pas été prononcée pour dette commerciale, obtiendra son élargissement en payant ou consignant le tiers du principal de la dette et de ses accessoires, et en donnant pour le surplus une caution acceptée par le créancier, ou reçue par le tribunal civil dans le ressort duquel le débiteur sera détenu. »

2. Suivant les art. 25 et 26, « La caution est tenue de s'obliger solidairement avec le débiteur à payer, dans un délai qui ne pourra excéder une année, les deux tiers qui resteront dus. — Et à l'expiration du délai prescrit par l'article précédent, le créancier, s'il n'est pas intégralement payé, peut exercer de nouveau la contrainte par corps contre le débiteur principal, sans préjudice de ses droits contre la caution. »

3. D'après l'art. 23 de la même loi, « Les frais liquidés que le débiteur doit consigner ou payer pour obtenir son élargissement, conformément à l'art. 798, C. pr., ne sont jamais que les frais de l'instance, ceux de l'expédition et de la signification du jugement et de l'arrêt, s'il y a lieu ; ceux enfin de l'exécution relative à la contrainte par corps seulement. »

4. Le tiers de la dette dont parle l'art. 24 ci-dessus doit s'entendre de la dette actuellement due, c'est-à-dire diminuée des à-compte qui ont pu être précédemment payés. — Troplong, *Contr. par corps*, no 493 ; Coin-Delisle, p. 106.

5. Des offres conditionnelles ne peuvent autoriser la mise en liberté du débiteur emprisonné. — 27 mai 1807, Cass. [S.8.1.275 ; C.n.2.—D.a.1.471.]

[799] — 1. Un débiteur ne peut demander des dommages-intérêts lorsque son emprisonnement n'est déclaré nul que pour vice de forme. — 12 août 1808, Florence. [S.12.2.379.—D.a.3.812.] — *Id.* 23 juill. 1813, Nancy. [S.16.2.107 ; C.n.4.—D.a.3.753.] — Sic, Pardessus, no 1522.

2. Décision en sens contraire : la nullité d'un emprisonnement, quoique prononcée seulement pour vice de forme, n'en donne pas moins lieu à des dommages-intérêts. — 19 juin 1807, Montpellier. [S.13.2.42 ; C.n.2.—D.a.3.814.] — *Id.* 24 mars 1813, Nîmes. [S.14.2.276 ; C.n.4.—D.a.3.778.] — *Id.* [illegible] 1838, Bordeaux. [J. av.39.195.] — Sic, Pigeau, *Comm.*, p. 484 ; Thomine, no 931. — Il nous paraît évident que c'est cette dernière qui doit être suivie ; mais on comprend qu'à cet égard, les juges ont recours à un pouvoir discrétionnaire d'appréciation. V. en ce sens, Carré et Chauveau, q. 2720 ; Coin-Delisle, p. 85.

3. De même, le créancier qui n'a point observé le délai prescrit par l'art. 780, entre l'exécution du jugement qui prononce la contrainte par corps et la signification de ce jugement, est passible de dommages-intérêts, sauf son recours contre l'huissier exploitant. — 30 août 1808, Colmar. [S.9.2.169 ; C.n.2.—D.a.3.779.]

4. Jugé aussi que, par l'exécution de la contrainte par corps peut, si le jugement qui l'a prononcée vient à être réformé en appel, donner lieu à des dommages-intérêts au profit du débiteur incarcéré. — 4 juill. 1846, Lyon. [S.V.47.2.121.—P.47.1.416.]

5. Mais celui qui, par erreur provenant de l'identité de nom, a été emprisonné, peut être privé de dommages-intérêts pour n'avoir pas réclamé à être conduit en référé. — 19 janv. 1809, Paris. [S.9.2.34 ; C.n.2.—D.a.3.845.]

[800] — *Consentement.* — 1. Le débiteur qui, emprisonné à la requête de son créancier, a été remis en liberté du consentement de ce créancier, ne peut être réincarcéré

---

(1) Cet article a été modifié par l'art. 24 de la loi du 17 avril 1832, sur la Contrainte par corps (voyez-en le texte au no 1er.)

801. Le consentement à la sortie du débiteur pourra être donné, soit devant notaire, soit sur le registre d'écrou. [Ord. 1670, tit. 13, art. 31.]

802. La consignation de la dette sera faite entre les mains du geôlier, sans qu'il soit besoin de la faire ordonner; si le geôlier refuse, il sera assigné à bref délai devant le tribunal du lieu, en vertu de permission : l'assignation sera donnée par huissier commis. [C. pr. 72, 334; Tar. 77.]

803. L'élargissement, faute de consignation d'aliments, sera ordonné sur le certificat de non-consignation, délivré par le geôlier, et annexé à

[illegible]

[801 et 802]. . . . .

[**803**] — 1. D'après l'art. 30 de la loi du 17 avril

la requête présentée au président du tribunal, sans sommation préalable.

Si cependant le créancier en retard de consigner les aliments fait la consignation avant que le débiteur ait formé sa demande en élargissement, cette demande ne sera plus recevable. [Ord. 1670, tit. 13, art. 24 ; L. 15 germ. an 6, art. 14. — Tar. 77.]

804. Lorsque l'élargissement aura été ordonné faute de consignation d'aliments, le créancier ne pourra de nouveau faire emprisonner le débiteur, qu'en lui remboursant les frais par lui faits pour obtenir son élargissement, ou les consignant, à son refus, ès mains du greffier, et en consignant aussi d'avance six mois d'aliments : on ne sera point tenu de recommencer les formalités préalables à l'emprisonnement, s'il a lieu dans l'année du commandement (1).

805. Les demandes en élargissement seront portées au tribunal dans le ressort duquel le débiteur est détenu. Elles seront formées à bref délai, au domicile élu par l'écrou, en vertu de permission du juge, sur requête présentée à cet effet : elles seront communiquées au ministère public, et jugées, sans instruction, à la première audience, préférablement à toutes autres causes, sans remise ni tour de rôle. [C. pr. 554.]

TITRE XVI.

Des Référés.

806. Dans tous les cas d'urgence, ou lorsqu'il s'agira de statuer provisoirement sur les difficultés relatives à l'exécution d'un titre exécutoire ou d'un jugement, il sera procédé ainsi qu'il va être réglé ci-après. [C. pr. 606, 607, 661, 681, 754, 786, 829, 843, 845, 852, 921, 922, 944, 948, 1040 ; Tar. 95.]

[illegible]

[804] [illegible]

[805] [illegible]

[806] Indication alphabétique

[illegible]

§ 1er. — *Dans quels cas il y a lieu ou non à référé. — Urgence. — Exécution de titres ou jugements, etc.*

[illegible]

(1) Cet article a été modifié par l'art. 31 de la loi du 17 avril 1832, sur la Contrainte par corps (voyez ce texte au n° 1er).

807. La demande sera portée à une audience tenue à cet effet par le président du tribunal de première instance, ou par le juge qui le remplace, aux jour et heure indiqués par le tribunal. [C. pr. 035 ; Tar. 29.]

808. Si néanmoins le cas requiert célérité, le président, ou celui qui le représentera, pourra permettre d'assigner soit à l'audience, soit à son hôtel, à heure indiquée, même les jours de fêtes ; et, dans ce cas, l'assignation ne pourra être donnée qu'en vertu de l'ordonnance du juge, qui commettra un huissier à cet effet. [C. pr. 63, 884, 828, 1037 ; Tar. 76.]

809. Les ordonnances sur référés ne feront aucun préjudice au principal ; elles seront exécutoires par provision, sans caution, si le juge n'a pas ordonné qu'il en serait fourni une.

Elles ne seront pas susceptibles d'opposition.

Dans les cas où la loi autorise l'appel, cet appel pourra être interjeté même avant le délai de huitaine, à dater du jugement ; et il ne sera point recevable s'il a été interjeté après la quinzaine, à dater du jour de la signification du jugement.

L'appel sera jugé sommairement et sans procédure. [C. pr. 17, 135, 404, 443, 449, 457 ; Tar. 29, 149.]

---

[807] — 1. Une demande ne peut être portée en référé par requête signée d'avoué à avoué : il faut que la partie elle-même soit assignée. — 7 juin 1809, Paris. [illegible] — Sic, Carré et Chauveau, n° 2766 ; Favard, t. 4, p. 777 ; Boitard, t. 3, p. 397 ; Bilhard, p. 358.

2. Et l'assignation doit être donnée à personne ou à domicile réel, non à domicile élu. — 25 janv. 1818, Rennes. [illegible] — Sic, de Belleyme, p. 29. — V. les notes de l'art. 68.

2 *bis*. La citation en référé n'est point, par elle-même, suspensive de l'exécution à laquelle elle a pour objet de s'opposer ; il peut donc être passé outre à l'exécution, sauf à supporter tous dommages-intérêts, s'il est reconnu en définitive que le référé était fondé. — 10 avril 1827, Caen. [S.28.2.205 ; C.N.8.–D.P.28.2.78.]

3. La demande en référé n'a pas besoin (sauf le cas prévu par l'art. 808), d'être précédée de la permission du juge. — 6 août 1814, Montpellier. [S.15.2.196 ; C.N.5.–D.A.11.548.] — Sic, Pigeau, *Proc.*, t. 1er, p. 112, et *Comm.*, t. 2, p. 493 ; Berriat, p. 378, note 7 ; Carré et Chauveau, q. 2768 ; Favard, v° *Référé*, n° 4 ; Thomine, n° 944 ; Boitard, t. 3, p. 397 ; Bilhard, p. 368 ; de Belleyme, t. 2, p. 27 ; Deslisseaux et Cartais, vol.3.2.82.

4. Jugé cependant (mais à tort) en sens contraire. — 7 juin 1809, Paris. [S.12.2.280 ; C.N.3.–D.A.11.548.] — Sic, le *Praticien fr.*, t. 5, p. 37.

5. On peut assigner à bref délai, sans permission du juge, pour comparaître à l'audience ordinaire des référés ; cette permission n'est exigée qu'au cas où l'on veut assigner à un jour autre que celui indiqué pour la tenue de l'audience ordinaire. Il n'est pas vrai qu'à défaut de permission, le délai de la comparution soit le délai de huitaine fixé en général pour les ajournements. — 21 mai 1852, Pau. [S.V.52.2.342.–D.P.55.2.65.]

6. *Id.* L'assignation peut être donnée à la première audience, alors même qu'il n'y aurait pas le délai ordinaire de huitaine prescrit par l'art. 72 ; il suffit qu'il y ait un délai suffisant pour que le défendeur puisse se présenter. — 31 août 1837, Pau. [S.V.38.2.488.–D.P.39.2.95.–P.38.1.518.] — *Id.* 23 oct. 1858, Paris. [S.V.59.2.142.–D.P.58.2.198.–P.58.2.471.]

7. *Id.* Le délai nécessaire entre l'assignation et l'audience de référé n'étant pas fixé par la loi, est laissé à l'arbitrage du juge. — 6 août 1814, Montpellier. [S.15.2.196 ; C.N.5.–D.A.11.548.] — Sic, Carré, n° 2767 ; Thomine, n° 944 ; Favard, v° *Référé*, n° 4 ; Chauveau, *loc. cit.* — V. cependant, Boitard, t. 3, p. 397 ; Bilhard, p. 394, et de Belleyme, p. 27, suivant lesquels le délai nécessaire est au moins d'un jour franc.

8. Jugé, contrairement aux décisions qui précèdent, que le délai pour comparaître est le délai ordinaire de huitaine fixé pour les ajournements, avec augmentation à raison des distances..., à moins que la partie n'ait obtenu une ordonnance pour assigner à bref délai. Il n'est pas laissé à l'arbitrage du juge du référé de décider si le délai qui s'est écoulé entre la citation et l'audience a été moralement suffisant. — 15 juill. 1850, Bourges. [S.V.51.2.72 ; C.N.9.–D.P.51.2.70.] — Sic, Demiau, p. 488.

9. Il ne peut être statué par défaut qu'au jour donné pour comparaître, ou au jour auquel la cause a été renvoyée contradictoirement. Il ne suffirait pas, pour que le défaut pût être prononcé, que l'ordonnance constatât que des remises ont été demandées et obtenues, sans faire connaître d'ailleurs le jour auquel l'affaire avait été remise. — 25 juin 1844, Douai. [S.V.44.2.[illegible]]

10. L'art. 153 sur le défaut profit-joint, n'est pas applicable en matière de référé. Si donc de plusieurs défendeurs en référé, l'un ne comparaît pas, il doit être statué définitivement et sans réassignation, tant à son égard qu'à l'égard des parties comparantes. — 24 juin 1833, Bordeaux. [S.V.33.2.531.–D.P.34.2.49.] — Sic, Bilhard, p. [illegible] ; de Belleyme, p. 34.

11. La règle est applicable même en appel. — 9 juin 1847, Orléans. [S.V.47.2.[illegible]]

12. Jugé au contraire que l'art. 153 sur le défaut profit-joint, est applicable sur l'appel d'une ordonnance de référé. — 16 février 1812, Limoges. [S.V.42.2.161.] — Sic, Chauveau, q. 2772. — La solution dépend du point de savoir si les arrêts par défaut en matière de référé sont ou non susceptibles d'opposition : voy. à ce sujet, les n°s 9 et 10 de l'art. 809.

12 *bis*. Les ordonnances de référé rendues par défaut, ne sont pas soumises à la péremption pour défaut d'exécution dans les six mois. [C. pr. 156.] — Bilhard, p. 705.

13. Le ministère des avoués n'est point de rigueur dans les contestations portées en référé. — 4 juin 1824, Toulouse. [S.25.2.103 ; C.N.7.–D.P.25.2.115.] — *Id.* 1er août 1842, Grenoble. [S.V.43.2.270.–D.P.44.1.173.] — Sic, Carré, q. 2768 ; Demiau, p. 488 ; Berriat, p. 424 ; Favard, v° *Référé*, n° 4 ; Thomine, n° 943 ; Bilhard, p. 360, 697 et 619 ; Chauveau, *loc. cit.*, et *Comm. du tarif*, t. 2, p. 285, n° 4 ; de Belleyme, t. 2, p. 33. — *Contrà*, Delaporte, t. 2, p. 376 ; Lepage, *Quest.*, p. 536 ; le *Prat. fr.*, t. 5, p. 36. — La première opinion ne fait plus question dans la pratique.

14. La partie peut donc se défendre elle-même. Mais bien entendu, il n'en est ainsi que quand le référé n'est pas porté à l'audience du tribunal lui-même. — Thomine, *loc. cit.*

15. Pourrait-elle aussi se faire défendre par un mandataire qui ne serait ni avocat, ni avoué ? Bilhard, *ubi suprà*, se prononce pour la négative. — L'auteur critique l'usage où l'on est à Paris d'admettre le concours des maîtres-clercs d'avoué. Il soutient que, sans mandat spécial, un maître-clerc ne peut représenter les parties, et qu'il ne pourrait même invoquer le pouvoir donné à son patron, par le motif que les fonctions d'avoué sont personnelles et ne peuvent être déléguées. — V. aussi sur ces points, de Belleyme, p. 33 et 35.

16. Le ministère public n'a pas besoin d'être entendu en référé, aucune loi n'exige sa présence. — 4 juin 1825, Orléans. [D.A.11.549.] — Sic, Carré et Chauveau, n° 2769 ; de Belleyme, p. 32 ; Bilhard, p. 700. — *Contrà*, Demiau, p. 489.

17. Mais l'assistance du greffier est indispensable. — De Belleyme, p. 32.

18. Le juge du référé peut renvoyer devant le tribunal les contestations qu'il croit ne pas devoir résoudre seul. — 12 janv. 1852, Caen. [S.V.32.2.202.–D.P.52.5.55.] — Sic, Pigeau, *Proc.*, t. 1er, p. 112 ; Thomine, n° 945, *in fine* ; Boitard, t. 3, p. 391 et 399 ; Chauveau, q. 2768 *ter* ; Rodière, t. 1er, p. 367 ; Bilhard, t. 1er, p. 407. — V. aussi l'art. 14 de l'arrêté du 8 flor. an 10 (S.2.2. [illegible]), portant règlement pour le service du tribunal de la Seine.

19. La règle s'applique même au cas d'incidents survenus dans le cours d'opérations d'apposition et de levée de scellés, ou d'inventaire. — 6 mars 1834, Req. [S.V.34.1.152.–D.P.34.1.137.]

20. Jugé en sens contraire, que le juge du référé ne peut en renvoyer la connaissance au tribunal, à peine de nullité de la décision à intervenir. — 18 janv. 1825, Poitiers. [S.26.2.15 ; C.N.8.–D.P.26.2.50.] — La pratique constante est en opposition avec cette décision et conforme à celles qui précèdent.

21. Le président du tribunal ne peut être suppléé, pour le jugement des référés, par un autre juge que le plus ancien, qu'autant que celui-ci est lui-même empêché ; et l'ordonnance de référé doit, à peine de nullité, faire mention de l'empêchement de ce juge, aussi bien que de celui du président. — 7 avril 1852, Bourges. [S.V.53.2.79.–D.P.52.2.163.]

22. De même, une ordonnance de référé, rendue par un juge *faisant les fonctions de président*, doit, à peine de nullité, énoncer les causes qui justifient le droit de ce juge à remplacer le président du tribunal. — 11 nov. 1851, Colmar. [S.V.52.2.525.–D.P.52.2.17.]

23. De même encore, une ordonnance de référé est nulle lorsque, rendue par le vice-président, elle ne contient pas la mention qu'elle l'a été en l'absence ou par empêchement du président. — 31 août 1849, Toulouse. [S.V.49.2.443.–D.P.48.2.2.] — *Id.* 20 juin 1844, Montpellier. [S.V.45.2.107.–P.45.2.[illegible]] — Sic, de Belleyme, p. 34. — V. Chauveau, q. 2768 *ter*.

24. L'ordonnance de référé est un véritable jugement, et doit dès lors être motivée, à peine de nullité. — 10 frim. an 11, Paris. [S.3.2.458 ; C.N.1.–D.A.11.549.] — Sic, Favard, v° *Référé*, t. 4, p. 778 ; Chauveau, q. 2771 ; Dalloz, t. 11, p. 549 ; de Belleyme, p. 32. — *Contrà*, Carré, n° 2771 ; Pigeau, t. 2, p. 167. — V. Thomine, n° 948, et Bilhard, p. 659.

[808] — 1. La permission d'assigner en référé à bref délai ne peut être accordée que sur requête. [Art. 76, § 14, du tarif.] — Boitard, t. 3, p. 398 ; Chauveau, q. 2770. — *Contrà*, Thomine, n° 945, suivant lequel la permission peut être donnée sur le récit verbal de la partie et sans ministère d'avoué.

2. Le cas d'assignation à l'hôtel et sur l'heure, l'assistance du greffier n'est pas nécessaire. — De Belleyme, p. 32. — V. cont., Toulouse, 12 juill. 1827. [C.N.8.–J.av.34.48.]

3. L'assignation en référé à bref délai donnée, dans les cas requérant célérité, en vertu de la permission du président, ne peut, à peine de nullité, être signifiée que par un huissier commis. — 7 avril 1858, Bourges. [S.V.55.2.79.–D.P.52.2.163.] — *Id.* 29 août 1858, Bourges. [S.V.59.2.104.–D.P.55.2.15.–P.59.1.420.] — *Id.* 27 janv. 1843, Montpellier. [S.V.43.2.[illegible]–D.P.44.2.151.] — Sic, Chauveau, n° 2770 *bis*. — V. cependant *suprà*, art. 72, n° 29.

[809] — EFFETS DE L'ORDONNANCE. — 1. Les ordonnances de référé n'ont d'effet que sur le provisoire, tant qu'on en rétablit aucun au fond ; les droits des parties restent toujours entiers pour faire statuer sur le principal. — 2 juill. 1825, Bourges. [S.26.2.157 ; C.N.8.–D.P.26.2.10.]

2. Ces ordonnances ne peuvent prescrire aucune opération qui serait de nature à préjuger le fond. — 7 avril 1832, Bourges. [S.V.33.2.79.–D.P.33.2.163.]

3. Des conclusions sur le principal ne peuvent être prises accidentellement dans une cause de référé renvoyée devant le tribunal entier ; elles doivent être l'objet d'une action particulière, intentée par ajournement dans les formes ordinaires. — 6 mars 1834, Req. [S.V.34.1.152.–D.P.34.1.137.]

4. Le juge des référés ne peut statuer sur les dépens ; il doit renvoyer à cet égard devant le juge du principal. — 20 août 1851, Bourges. [S.V.51.2.[illegible]–D.P.53.2.21.] — *Id.* 14 août 1845, Douai. [S.V.46.2.35.] — Sic, Bioche, v° *Référé*, n° 201.

5. Jugé en sens contraire. — 18 juin 1818, Douai. [S.V.46.2.35.]

6. Le tiers saisi qui, en exécution d'une ordonnance du juge du référé, a fait la délivrance des objets arrêtés en ses mains, est valablement libéré, encore que cette ordonnance soit ensuite annulée pour cause d'incompétence par la Cour d'appel. — 15 juill. 1809, Turin. [S.10.2.279 ; C.N.3.]

7. La caisse des dépôts et consignations, dépositaire d'une somme frappée d'opposition par plusieurs créanciers, n'est pas tenue de payer tout ou partie de cette somme à l'un des créanciers qui se présente porteur d'une ordonnance de référé rendue contradictoirement avec le débiteur, reconnaissant l'existence d'un privi-

810. Les minutes des ordonnances sur référés seront déposées au greffe. [C. pr. 797, 924, 944.]

811. Dans les cas d'absolue nécessité, le juge pourra ordonner l'exécution de son ordonnance sur la minute.

IIe PARTIE.

PROCÉDURES DIVERSES

LIVRE Ier.

(Décrété le [illegible] avril 1806. Promulgué le [illegible] mai suivant.)

TITRE Ier.

Des Offres de paiement et de la Consignation (a).

812. Tout procès-verbal d'offres désignera l'objet offert, de manière qu'on ne puisse y en substituer un autre ; et si ce sont des espèces, il en contiendra l'énumération et la qualité. [C. c. 1257 et s. ; C. pr. 352.]

813. Le procès-verbal fera mention de la réponse, du refus ou de l'acceptation du créancier, et s'il a signé, refusé ou déclaré ne pouvoir signer. [Tar. 59.]

814. Si le créancier refuse les offres, le débiteur peut, pour se libérer, consigner la somme ou la chose offerte, en observant les formalités prescrites par l'article 1259 du Code civil. [C. c. 1259 ; C. pr. 657.]

815. La demande qui pourra être intentée, soit en validité, soit en nullité des offres ou de la [illegible]

[illegible]

Opposition. — 8. L'opposition n'est pas plus admissible contre les jugements par défaut rendus en état de référé par le tribunal entier, que contre les ordonnances du juge des référés. [illegible]

[illegible]

[810] . . . .

[811] — V. art. 135, n° 36 ; — art. 795, n°s 4, 6 et 7.

[812 et 813] . . . .

[814] — 1. La sommation indicative du jour, de l'heure et du lieu de la consignation des offres réelles, est valablement signifiée au domicile élu par le créancier pour l'exécution du contrat ; il n'est pas nécessaire qu'elle soit signifiée à son domicile réel. [illegible]

[illegible]

[815] — 1. [illegible]

[illegible]

(a) Sous les art. 1257 et s. de notre *Code civil annoté*, se trouvent résumées les nombreuses solutions de jurisprudence et de doctrine concernant les offres de paiement et la consignation. [illegible]

consignation, sera formée d'après les règles établies pour les demandes principales ; si elle est incidente, elle le sera par requête. [C. pr. 49, 50, 337 ; Tar. 75.]

816. Le jugement qui déclarera les offres valables ordonnera, dans le cas où la consignation n'aurait pas encore eu lieu, que, faute par le créancier d'avoir reçu la somme ou la chose offerte, elle sera consignée ; il prononcera la cessation des intérêts, du jour de la réalisation. [C. c. 1259.]

817. La consignation volontaire ou ordonnée sera toujours à la charge des oppositions, s'il en existe, et en les dénonçant au créancier.

818. Le surplus est réglé par les dispositions du Code civil relatives aux offres de paiement et à la consignation. [C. c. 1257 et s.]

TITRE II.

Du Droit des propriétaires sur les meubles, effets et fruits de leurs locataires et fermiers, ou de la Saisie-gagerie et de la Saisie-arrêt sur débiteurs forains.

819. Les propriétaires et principaux locataires de maisons ou biens ruraux, soit qu'il y ait bail, soit qu'il n'y en ait pas, peuvent, un jour après le commandement, et sans permission du juge, faire saisir-gager, pour loyers et fermages échus, les effets et fruits étant dans lesdites maisons ou bâtiments ruraux, et sur les terres.

Ils peuvent même faire saisir-gager à l'instant, en vertu de la permission qu'ils en auront obtenue, sur requête, du président du tribunal de première instance.

Ils peuvent aussi saisir les meubles qui garnissaient la maison ou la ferme, lorsqu'ils ont été déplacés sans leur consentement ; et ils conservent sur eux leur privilège, pourvu qu'ils en aient fait la revendication, conformément à l'article 2102 du Code civil. [C. c. 1728, 2102 ; C. pr. 585, 609, 621, 780 ; Tar. 29, 61, 76.]

820. Peuvent les effets des sous-fermiers et sous-locataires, garnissant les lieux par eux occupés, et les fruits des terres qu'ils sous-louent, être saisis-gagés pour les loyers et fermages dus par le locataire ou fermier de qui ils tiennent; mais ils obtiendront mainlevée en justifiant qu'ils ont payé sans fraude, et sans qu'ils puissent opposer des paiements faits par anticipation. [C. c. 1753, 2102.]

821. La saisie-gagerie sera faite en la même forme que la saisie-exécution; le saisi pourra être constitué gardien; et s'il y a des fruits, elle sera faite dans la forme établie par le titre IX du livre précédent. [C. pr. 583 et s., 593 et s., 626 et s., 830.]

822. Tout créancier, même sans titre, peut, sans commandement préalable, mais avec permission du président du tribunal de première instance, et même du juge de paix, faire saisir les effets trouvés en la commune qu'il habite, appartenant à son débiteur forain. [Tar. 61, 65 et 70.]

823. Le saisissant sera gardien des effets, s'ils sont en ses mains; sinon il sera établi un gardien. [C. pr. 596 et s.]

824. Il ne pourra être procédé à la vente sur les saisies énoncées au présent titre, qu'après qu'elles auront été déclarées valables: le saisi, dans le cas de l'article 821, le saisissant, dans le cas de l'article 823, ou le gardien, s'il en a été établi, seront condamnés par corps à la représentation des effets. [C. c. 2060, 2080; C. pr. 126, 603, 831.]

825. Seront, au surplus, observées les règles ci-devant prescrites pour la saisie-exécution, la vente et la distribution des deniers. [C. pr. 656 et s.; Tar. 61.]

TITRE III.

De la Saisie-Revendication.

826. Il ne pourra être procédé à aucune saisie-revendication qu'en vertu d'ordonnance du président du tribunal de première instance, rendue sur requête; et ce, à peine de dommages-intérêts tant contre la partie que contre l'huissier qui aura procédé à la saisie. [C. c. 1926, 2102, 2279; C. pr. 608, 739; C. comm. 574 et s.; Tar. 77.]

827. Toute requête à fin de saisie-revendication désignera sommairement les effets. [C. pr. 739; Tar. 77.]

828. Le juge pourra permettre la saisie-revendication, même les jours de fête légale. [C. pr. 63, 808, 1037.]

829. Si celui chez lequel sont les effets qu'on veut revendiquer refuse les portes ou s'oppose à la saisie, il en sera référé au juge; et cependant il sera sursis à la saisie, sauf au requérant à établir garnison aux portes. [C. pr. 806 et s.; Tar. 62.]

830. La saisie-revendication sera faite en la même forme que la saisie-exécution, si ce n'est que celui chez qui elle est faite pourra être constitué gardien. [C. pr. 583 et s., 596 et s., 829.]

831. La demande en validité de la saisie sera portée devant le tribunal du domicile de celui sur qui elle est faite; et si elle est connexe à une instance déjà pendante, elle le sera au tribunal saisi de cette instance. [C. pr. 171, 563, 824.]

TITRE IV.

De la Surenchère sur aliénation volontaire.

832. (*Loi du 2 juin 1841.*) Les notifications et réquisitions prescrites par les articles 2183 et 2185 du Code civil seront faites par un huissier commis à cet effet, sur simple requête, par le président du tribunal de première instance de l'arrondissement où elles auront lieu; elles contiendront constitution d'avoué près le tribunal où la surenchère et l'ordre devront être portés.

L'acte de réquisition de mise aux enchères contiendra, avec l'offre et l'indication de la caution, assignation à trois jours devant le tribunal, pour la réception de cette caution, à laquelle il sera procédé comme en matière sommaire. Cette assignation sera notifiée au domicile de l'avoué constitué; il sera donné copie, en même temps, de l'acte de soumission de la caution et du dépôt au greffe des titres qui constatent sa solvabilité.

Dans le cas où le surenchérisseur donnerait un nantissement en argent ou en rentes sur l'État, à défaut de caution, conformément à l'article 2041 du Code civil, il fera notifier avec son assignation copie de l'acte constatant la réalisation de ce nantissement.

Si la caution est rejetée, la surenchère sera déclarée nulle et l'acquéreur maintenu, à moins qu'il n'ait été fait d'autres surenchères par d'autres créanciers (1). [C. c. 2183, 2185 et s.; C. pr. 517, 726; Tar. 1841, art. 4 et 8.]

---

[820] — 1. Le propriétaire bailleur, porteur d'un titre exécutoire, peut procéder par voie de saisie-exécution du mobilier garnissant les lieux loués [illegible] — 10 mai 1842, Paris. [illegible]

2. V. les notes de l'art. 1753, Cod. civ.; voy. aussi la note 1re de l'art. 1694.

[821] — 1. L'art. 626, portant que la saisie-brandon ne pourra être faite que dans les six semaines qui précéderont l'époque ordinaire de la maturité des fruits, n'est pas applicable à la saisie-gagerie de fruits. [illegible]

2. Est nulle la saisie-gagerie lors de laquelle le saisi a été établi gardien. [illegible]

3. Il n'est pas nécessaire, comme au cas de saisie-exécution (art. 585), d'indiquer le jour de la vente. [illegible]

[822] — 1. [illegible]

2. [illegible]

3. Mais la résidence prolongée d'un étranger en France [illegible] — 25 août 1842, Paris. [illegible]

4. On peut, du reste, saisir en vertu de l'art. 822 [illegible] — 7 juill. 1819, Bruxelles. [illegible]

[823] — 1. Lorsque le saisissant n'a pas les effets en ses mains, l'huissier ne peut lui en confier la garde. — Carré et Chauveau, n° 2810. — V. Delaporte, t. 2, p. 384.

2. [illegible]

[824] — 1. Le tribunal compétent pour connaître de la saisie est celui du lieu de cette saisie. [illegible]

2. D'après l'art. 3 de la loi du 25 mai 1838, les juges de paix connaissent [illegible]

3. [illegible]

4. Un jugement de validité de la saisie est nécessaire, même alors que cette saisie a été faite en vertu d'un titre exécutoire. [illegible]

[825] . . . .

[826] — 1. L'autorisation pour procéder à la saisie-revendication doit être donnée par le juge du lieu où est ordonnée la saisie [illegible]

2. Celui qui a une quote-part de propriété indivise dans une chose mobilière [illegible] — 30 déc. 1834, Cass. [illegible]

3. Sur la revendication par le bailleur des meubles enlevés du locataire ou fermier, voy. les notes 36 et s. de l'art. 2102, Cod. civ., et les notes 13 et s. de l'art. 819 ci-dessus.

[827 à 831] . . . .

[832] — 1. L'ensemble des règles concernant la surenchère en matière d'aliénation volontaire [illegible]

2. [illegible]

3. [illegible]

(1) *Ancien texte* : — 832. Les notifications et réquisitions prescrites par les articles 2183 et 2185 du Code civil seront faites par un huissier commis à cet effet, sur simple requête, par le président du tribunal de première instance de l'arrondissement où elles auront lieu; elles contiendront constitution d'avoué près le tribunal où la surenchère et l'ordre devront être portés.

L'acte de réquisition de mise aux enchères contiendra, à peine de nullité de la surenchère, l'offre de la caution, avec assignation à trois jours devant le même tribunal pour la réception de ladite caution, à laquelle il sera procédé sommairement.

833. (*Loi du 2 juin 1841.*) Lorsqu'une surenchère aura été notifiée avec assignation dans les termes de l'article 832 ci-dessus, chacun des créanciers inscrits aura le droit de se faire subroger à la poursuite, si le surenchérisseur ou le nouveau propriétaire ne donne pas suite à l'action dans le mois de la surenchère.

La subrogation sera demandée par simple requête en intervention, et signifiée par acte d'avoué à avoué.

Le même droit de subrogation reste ouvert au profit des créanciers inscrits, lorsque, dans le cours de la poursuite, il y a collusion, fraude ou négligence de la part du poursuivant.

Dans tous les cas ci-dessus, la subrogation aura lieu aux risques et périls du surenchérisseur, sa caution continuant à être obligée (1). [C.pr. 721 et s.]

834. Les créanciers qui, ayant une hypothèque aux termes des articles 2123, 2127 et 2128 du Code civil, n'auront pas fait inscrire leurs titres antérieurement aux aliénations qui seront faites à l'avenir des immeubles hypothéqués, ne seront reçus à requérir la mise aux enchères, conformément aux dispositions du chapitre VIII, titre XVIII du livre III du Code civil, qu'en justifiant de l'inscription qu'ils auront prise depuis l'acte translatif de propriété, et au plus tard dans la quinzaine de la transcription de cet acte.

Il en sera de même à l'égard des créanciers ayant privilége sur des immeubles, sans préjudice des autres droits résultant au vendeur et aux héritiers, des articles 2108 et 2109 du Code civil. [C.c. 2108, 2109, 2123, 2127, 2128, 2146 et 2166.]

835. Dans le cas de l'article précédent, le nouveau propriétaire n'est pas tenu de faire aux créanciers dont l'inscription n'est pas antérieure à la transcription de l'acte, les significations prescrites par les articles 2183 et 2184 du Code civil; et dans tous les cas, faute par les créanciers d'avoir requis la mise aux enchères dans le délai et les formes prescrits, le nouveau propriétaire n'est tenu que du paiement du prix, conformément à l'article 2186 du Code civil.

836. (*Loi du 2 juin 1841.*) Pour parvenir à la revente sur enchère prévue par l'article 2187 du Code civil, le poursuivant fera imprimer des placards qui contiendront,

1° La date et la nature de l'acte d'aliénation sur lequel la surenchère a été faite, le nom du notaire qui l'aura reçu ou de toute autorité appelée à sa confection;

[illegible] — 30 mai 1820, Cass. (S.20.1.382; C.n.6.-D.a.11.772.)

4. La surenchère ne peut être valablement signifiée qu'au domicile de l'avoué qui a été constitué dans la notification du contrat d'acquisition [illegible] aux créanciers inscrits : [illegible] — 30 déc. 1814, Caen. (S.V.15.2.334.)

5. La caution ne peut être reçue par le président du tribunal comme juge des référés, encore que la réquisition de surenchère soit faite pendant le temps des vacations. — 16 déc. 1808, Riom. [illegible] — Sic, Carré et Chauveau, q. 2472; Pigeau, Comm., t. 2, p. 523; Berriat, p. 622, note 5.

6. Mais elle peut l'être par la chambre des vacations. — 23 mars 1850, Paris. (D.p.50.2.262.) — Sic, Chauveau, q. 2473.

7. Le nantissement fourni par le surenchérisseur doit, par analogie des dispositions de l'ordonnance du 3 juill. 1816, être réalisé à la Caisse des dépôts et consignations. — Chauveau, q. 2475.

8. [illegible] — 25 juin 1845, Riom. (S.V.47.2.217.)

9. [illegible] — 14 mai 1853, Rennes. (D.p.56.2.188.)

10. [illegible] — 25 mars 1850, Paris. (D.p.50.2.262.) — V. à cet égard, art. 2185, nos 84 et 111.

11. La surenchère est une action réelle, qui toujours doit être portée au tribunal de la situation des biens. [illegible] — 27 mai 1846, Paris. (S.47.2.81; C.n.3.-D.a.11.767.) [illegible]

12. V. art. 518, nos 2 et s. (Solvabilité de caution), et art. 1037, n° 10 (Jour férié).

[833] — 1. Voy. les décisions rappelées sous les art. 721 et 722 relatifs à la subrogation en matière de saisie immobilière, et dont plusieurs sont applicables à la subrogation autorisée par l'art. 833.

2. Le surenchérisseur ne peut se désister au détriment des autres créanciers : c'est ce qui résulte formellement des explications données par M. le rapporteur Pascalis à la Chambre des députés, et des paroles de M. Persil à la Chambre des pairs. — V. Chauveau, n° 2494; Paignon, t. 2, p. 12; Persil fils, p. 378.

[834] — 1. Une question qui a fait difficulté, [illegible] — V. à ce sujet, dans la *Collect. nouv.*, Devilleneuve et Carette, vol. 4.1.482, Cass. 15 mai 1815, et la note qui accompagne cet arrêt.

2. [illegible]

3. [illegible] — 23 avr. 1825, Metz. [illegible]

4. [illegible]

5. [illegible]

6. [illegible]

7. [illegible]

8. [illegible]

9. [illegible]

10. [illegible]

11. [illegible]

12. [illegible]

13. [illegible]

[835] — 1. [illegible]

2. [illegible]

[836] . . . .

---

(1) *Ancien texte* : — 833. Si la caution est rejetée, la surenchère sera déclarée nulle et l'acquéreur maintenu, à moins qu'il n'ait été fait d'autres surenchères par d'autres créanciers.

2° Le prix énoncé dans l'acte, s'il s'agit d'une vente, ou l'évaluation donnée aux immeubles dans la notification aux créanciers inscrits, s'il s'agit d'un échange ou d'une donation ;

3° Le montant de la surenchère ;

4° Les noms, professions, domiciles du précédent propriétaire, de l'acquéreur ou donataire, du surenchérisseur, ainsi que du créancier qui lui est subrogé dans le cas de l'article 833 ;

5° L'indication sommaire de la nature et de la situation des biens aliénés ;

6° Le nom et la demeure de l'avoué constitué pour le poursuivant ;

7° L'indication du tribunal où la surenchère se poursuit, ainsi que des jour, lieu et heure de l'adjudication.

Ces placards seront apposés, quinze jours au moins et trente jours au plus avant l'adjudication, à la porte du domicile de l'ancien propriétaire et aux lieux désignés dans l'article 699 du présent Code.

Dans le même délai, l'insertion des énonciations qui précèdent sera faite dans le journal désigné en exécution de l'article 696, et le tout sera constaté comme il est dit dans les articles 698 et 699 (1). [C. pr. 696, 699, 858, 982 ; Tar. 1841, art. 1.]

837. (*Loi du 2 juin 1841.*) Quinze jours au moins et trente jours au plus avant l'adjudication, sommation sera faite à l'ancien et au nouveau propriétaire d'assister à cette adjudication, aux lieu, jour et heure indiqués. Pareille sommation sera faite au créancier surenchérisseur, si c'est le nouveau propriétaire ou un autre créancier subrogé qui poursuit.

Dans le même délai, l'acte d'aliénation sera déposé au greffe et tiendra lieu de minute d'enchère.

Le prix porté dans l'acte ou la valeur déclarée et le montant de la surenchère tiendront lieu d'enchère (2). [C. pr. 690 et s. ; Tar. 1841, art. 5.]

838. (*Loi du 2 juin 1841.*) Le surenchérisseur, même au cas de subrogation à la poursuite, sera déclaré adjudicataire si, au jour fixé pour l'adjudication, il ne se présente pas d'autre enchérisseur.

Sont applicables au cas de surenchère les articles 701, 702, 705, 706, 707, 711, 712, 713, 717, 731, 732, 733 du présent Code, ainsi que les articles 734 et suivants relatifs à la folle enchère.

Les formalités prescrites par les articles 705 et 706, 832, 836 et 837, seront observées à peine de nullité.

Les nullités devront être proposées, à peine de déchéance, savoir : celles qui concerneront la déclaration de surenchère et l'assignation, avant le jugement qui doit statuer sur la réception de la caution ; celles qui seront relatives aux formalités de la mise en vente, trois jours au moins avant l'adjudication ; il sera statué sur les premières par le jugement de réception de la caution, et sur les autres avant l'adjudication et, autant que possible, par le jugement même de cette adjudication.

Aucun jugement ou arrêt par défaut en matière de surenchère, sur aliénation volontaire, ne sera susceptible d'opposition.

Les jugements qui statueront sur les nullités antérieures à la réception de la caution, ou sur la réception même de cette caution, et ceux qui prononceront sur la demande en subrogation intentée pour collusion ou fraude, seront seuls susceptibles d'être attaqués par la voie de l'appel.

L'adjudication par suite de surenchère sur aliénation volontaire ne pourra être frappée d'aucune autre surenchère.

Les effets de l'adjudication à la suite de surenchère sur aliénation volontaire seront réglés, à l'égard du vendeur et de l'adjudicataire, par les dispositions de l'article 717 ci-dessus (3).

TITRE V.

Des voies à prendre pour avoir expédition ou copie d'un acte, ou pour le faire réformer.

839. Le notaire ou autre dépositaire qui refusera de délivrer expédition ou copie d'un acte aux parties intéressées en nom direct, héritiers ou ayants droit, y sera condamné, et par corps, sur assignation à bref délai, donnée en vertu de permission du président du tribunal de première instance, sans préliminaire de conciliation. [C. c. 2060 ; C. pr. 49 ; Tar. 29, 78.]

840. L'affaire sera jugée sommairement, et le jugement exécuté nonobstant opposition ou appel. [C. pr. 135 et s., 404 et s.]

841. La partie qui voudra obtenir copie d'un acte non enregistré ou même resté imparfait présentera sa requête au président du tribunal de première instance, sauf l'exécution des lois et règlements relatifs à l'enregistrement. [Tar. 29, 78.]

842. La délivrance sera faite, s'il y a lieu, en exécution de l'ordonnance mise en suite de la requête ; et il en sera fait mention au bas de la copie délivrée.

---

[837] — 1. C'est l'acquéreur, et non le surenchérisseur, qui est tenu de déposer au greffe, pour tenir lieu de minute d'enchère, le contrat d'aliénation qui a donné lieu à la surenchère. La responsabilité du défaut de dépôt pèse donc exclusivement sur l'acquéreur. — 30 janv. 1844, Trib. de Cognac. (S.V.45.2.256.)

2. Lorsque des biens immeubles ont été vendus en masse, on ne peut faire procéder à l'adjudication par lots. Cette irrégularité emporte nullité, encore que la nullité ne soit pas expressément prononcée par la loi. — 13 août 1807, Rouen. (S.7.2.171 ; C.n.2.-D.A.11.793.) — V. Berriat, p. 652, note 13 ; Pigeau, *Comm.*, t. 2, p. 539 ; Chauveau, n° 2499 ; Paignon, t. 2, p. 12 ; Persil fils, n° 481. — *Contrà*, Demiau, p. 515 ; Carré, *loc. cit.* ; Troplong, n° 961 *ter*. — En présence du nouvel art. 837, d'après lequel l'acte d'aliénation tient lieu d'enchère, on ne peut, ce semble, hésiter à adopter aujourd'hui la première opinion.

[838] — 1. Le renvoi que fait cet article à l'art. 711, porte sur l'article entier. Or, le projet de loi, adopté par les Chambres, limitait le renvoi au second paragraphe de cet art. 711, en sorte que l'incapacité de se rendre adjudicataire prononcée par le premier paragraphe contre les membres [illegible] sur aliénation volontaire dont s'occupe l'art. 838 [illegible] présentée aux chambres en 1846 par M. Hipp. Durand.

2. Si l'acquéreur prétend avoir des répétitions à exercer en raison de la plus-value par lui donnée à l'immeuble, il faut, avant l'adjudication définitive, déterminer le montant de cette plus-value. — 10 mars 1808, Paris. (S.13.2.290 ; C.n.2.-D.A.11.795.) — V. Carré et Chauveau, n° 2498 *quater* ; Paignon, t. 2, p. 11.

3. Les jugements qui statuent sur des questions intéressant le fond du droit (telles notamment celles qui ont pour objet de régler les conditions de la surenchère, et de déterminer à qui doivent appartenir les fruits de l'immeuble surenchéri), sont susceptibles d'appel. Le nouvel art. 838, qui restreint la faculté d'appel à certains jugements qu'il énonce, n'est applicable qu'au cas de jugements statuant sur des moyens de nullité. — 11 juil. 1842, Bordeaux. (S.V.42.2.490.-D.P.43.2.42.-P.43.1.41.)

4. Celui qui a demandé, en première instance, la nullité de la surenchère pour insuffisance de la caution, peut soutenir, en cause d'appel, que la surenchère doit être déclarée non admissible, à raison de la nature de la vente : ce n'est pas former une demande nouvelle, c'est proposer un moyen nouveau. — 26 janv. 1822, Bourges. (S.22.2.230 ; C.n.7.-D.A.1.533.)

[839] — 1. Les notaires ne sont pas tenus de délivrer expédition d'un acte à d'autres qu'aux parties intéressées, et à leurs héritiers ou ayants-droit, lorsqu'il n'y a pas d'instance engagée entre les tiers qui demandent l'expédition et les parties signataires de l'acte. — 8 fév. 1815, Paris. (S.15.2.200 ; C.n.5.) — *Sic*, Thomine, n° 997.

2. Cependant, pour que des tiers puissent exiger du notaire l'expédition d'un acte auquel ils n'ont pas été parties, il n'est pas nécessaire qu'ils demandent un compulsoire : il suffit qu'ils soient porteurs d'une ordonnance du président du tribunal civil, autorisant la délivrance de l'expédition. — Le notaire ne peut se refuser à fournir l'expédition, sous prétexte que l'art. 839 ne permet qu'aux *parties intéressées en nom direct* ou à leurs ayants droit, d'exiger expédition notariée : ce n'est pas l'art. 839 qu'il faut appliquer dans ce cas, mais bien l'art. 23 de la loi du 25 ventôse an 11. — 12 mars 1826, Rouen. (S.26.2.295 ; C.n.8.-D.P.26.2.194.)

3. Le cessionnaire d'une rente constituée dans un contrat de mariage peut, comme ayant-droit du cédant, exiger expédition entière de ce contrat : le notaire ne peut s'y refuser et prétendre qu'il ne doit délivrer au cessionnaire qu'un extrait *partie in quâ*. — 21 janv. 1847, Dijon. (S.V.48.2.283.)

4. Au contraire, celui au nom de qui une délégation a été acceptée, mais sans mandat de sa part et sans qu'on se soit porté fort pour lui, ne peut, surtout après que la délégation a été révoquée par le délégant, être considéré comme partie à l'acte, ayant droit d'exiger du notaire une expédition ; il ne peut obtenir cette expédition qu'en vertu d'une ordonnance du président. — 12 mars 1858, Toulouse. (D.P.58.2.81.)

5. De même, celui auquel est dû une rente sur un immeuble, doit être considéré comme un tiers, lorsqu'il demande expédition en ce qui le concerne d'un acte de vente de ce même immeuble. — 15 mars 1820, Rouen. (D.A.11.311.)

6. Le notaire, devant qui a été passé un acte de mandat, ne peut refuser la délivrance d'une seconde expédition au mandataire, si le mandant ne s'y est point formellement opposé entre ses mains. — 2 mai 1808, Paris. (S.7.2.977 ; C.n.2.-D.A.10.183.)

7. Encore que les notaires ne puissent faire que des copies collationnées des actes dont ils ne sont pas dépositaires, il y a exception à cette règle par l'art. 22 de la loi du 25 ventôse an 11, pour les actes faisant partie des dépôts de minutes connues sous les noms de *chambre de contrats*, *bureau de tabellionage et autres*, et qui restent à la garde de leurs possesseurs actuels. En ce cas, les notaires peuvent délivrer des grosses et même de simples expéditions, sans être astreints à l'enregistrement et sans les inscrire sur leur répertoire. Ils ne sont assujettis à cette double formalité que lorsqu'ils délivrent des copies collationnées. — 18 avril 1808, Décision du min. des fin. (S.8.2.215.)

8. Avant d'assigner un notaire ou dépositaire pour avoir l'expédition d'un acte, il n'est pas nécessaire de le constituer en demeure par une sommation. — Carré et Chauveau, n° 2864. — *Contrà*, Demiau, p. 520.

9. V. art. 843, n°s 1er et 2. (Faux incident.)

[840] . . . .

[841] — 1. Les notaires ne sont pas tenus de délivrer expédition d'un acte resté incomplet, et qui depuis a été annulé comme frauduleux. — 15 mars 1838, Req. (S.V.38.1.315.-D.P.38.1.136.)

2. V. les art. 41 et s. de la loi du 22 frim. an 7.

[842] . . . .

---

(1) *Ancien texte* : — 836. Pour parvenir à la revente sur enchère, prévue par l'article 2187 du Code civil, le poursuivant fera apposer des placards indicatifs de la première publication, laquelle sera faite quinzaine après cette apposition.

(2) *Ancien texte* : — 837. Le procès-verbal d'apposition de placards sera notifié au nouveau propriétaire, si c'est le créancier qui poursuit ; et au créancier surenchérisseur, si c'est l'acquéreur.

(3) *Ancien texte* : — 838. L'acte d'aliénation tiendra lieu de minute d'enchère. — Le prix porté dans l'acte, et la somme de la surenchère, tiendront lieu d'enchère.

843. En cas de refus de la part du notaire ou dépositaire, il en sera référé au président du tribunal de première instance. [C. pr. 806 et s.]

844. La partie qui voudra se faire délivrer une seconde grosse, soit d'une minute d'acte, soit par forme d'ampliation sur une grosse déposée, présentera, à cet effet, requête au président du tribunal de première instance : en vertu de l'ordonnance qui interviendra, elle fera sommation au notaire pour faire la délivrance à jour et heure indiqués, et aux parties intéressées pour y être présentes ; mention sera faite de cette ordonnance au bas de la seconde grosse, ainsi que de la somme pour laquelle on pourra exécuter, si la créance est acquittée ou cédée en partie. [L. 25 vent. an 11, art. 26. — Tar. 29 et 78.]

845. En cas de contestation, les parties se pourvoiront en référé. [C. pr. 806 et s.]

846. Celui qui, dans le cours d'une instance, voudra se faire délivrer expédition ou extrait d'un acte dans lequel il n'aura pas été partie, se pourvoira ainsi qu'il va être réglé. [L. 25 vent. an 11, art. 23.]

847. La demande à fin de compulsoire sera formée par requête d'avoué à avoué ; elle sera portée à l'audience sur un simple acte, et jugée sommairement sans aucune procédure. [Ord. 1667, tit. 12, art. 1er et 4 ; L. 25 vent. an 11, art. 23. — C. pr. 404 et s. ; Tar. 71.]

848. Le jugement sera exécutoire, nonobstant appel ou opposition. [C. pr. 135 et s.]

849. Les procès-verbaux de compulsoire ou collation seront dressés et l'expédition ou copie délivrée par le notaire ou dépositaire, à moins que le tribunal qui l'aura ordonné n'ait commis un de ses membres, ou tout autre juge de tribunal de première instance, ou un autre notaire. [L. 25 vent. an 11, art. 24. — C. pr. 1035 ; Tar. 168.]

850. Dans tous les cas, les parties pourront assister au procès-verbal, et y insérer tels dires qu'elles aviseront. [Tar. 92.]

851. Si les frais et déboursés de la minute de l'acte sont dus au dépositaire, il pourra refuser expédition tant qu'il ne sera pas payé desdits frais, outre ceux d'expédition.

852. Les parties pourront collationner l'expédition ou copie à la minute, dont lecture sera faite par le dépositaire : si elles prétendent qu'elles ne sont pas conformes, il en sera référé à jour indiqué par le procès-verbal, au président du tribunal, lequel fera la collation ; à cet effet, le dépositaire sera tenu d'apporter la minute.

Les frais du procès-verbal, ainsi que ceux du transport du dépositaire, seront avancés par le requérant. [C. pr. 391 ; Tar. 168.]

853. Les greffiers et dépositaires des registres publics en délivreront, sans ordonnance de justice, expédition, copie ou extrait à tous requérants, à la charge de leurs droits, à peine de dépens, dommages et intérêts. [Ord. 1667, tit. 20, art. 18 ; L. 20 sept. 1792, tit. 2, art. 18.]

854. Une seconde expédition exécutoire d'un jugement ne sera délivrée à la même partie qu'en vertu d'ordonnance du président du tribunal où il aura été rendu.

Seront observées les formalités prescrites pour la délivrance des secondes grosses des actes devant notaires. [C. pr. 844, 845 ; Tar. 78.]

---

[843]. . . . .

[844 — 845] — 1. La seconde expédition d'une obligation [illegible]

2. Une seconde grosse délivrée en vertu du simple [illegible]

3. L'héritier qui veut obtenir une seconde grosse d'un acte dans lequel son auteur a été partie contractante [illegible]

4. Lorsque la première grosse d'un acte notarié n'a pas été revêtue de la formule exécutoire [illegible]

5. Mais l'addition, par le successeur d'un notaire, de la formule exécutoire à une expédition [illegible]

6. La délivrance d'une nouvelle grosse d'un acte notarié [illegible]

7. On ne peut, du reste, refuser expédition d'une seconde grosse d'un acte authentique [illegible]

8. La demande en délivrance d'une seconde grosse [illegible]

9. Le juge de référé est compétent pour statuer sur une contestation relative à la délivrance d'une seconde grosse d'une obligation [illegible]

[illegible]

[846 — 847] — 1. La demande à fin de compulsoire [illegible]

2. On ne peut demander en compulsoire des livres et registres des particuliers [illegible]

3. Des légataires ne sont pas recevables à demander le compulsoire d'un acte [illegible]

4. Celui qui se prétend héritier [illegible]

5. Cependant, pour obtenir un compulsoire [illegible]

6. Les juges sont investis d'un pouvoir discrétionnaire pour ordonner ou refuser [illegible]

7. Mais ils sont sans pouvoir pour ordonner un compulsoire [illegible]

[848]. . . . .

[849] — Si le tribunal a commis un juge [illegible]

[850]. . . . .

[851] — 1. La disposition qui autorise les notaires à refuser expédition [illegible]

2. Le notaire non payé des frais d'actes [illegible]

[852]. . . . .

[853] — 1. La voie du compulsoire n'est pas celle à prendre pour obtenir expédition d'actes [illegible]

2. Toutefois, les greffiers des justices de paix [illegible]

3. Toutes les premières expéditions des décisions [illegible]

[854] — 1. Le tribunal de commerce est incompétent pour connaître de la demande en délivrance [illegible]

855. Celui qui voudra faire ordonner la rectification d'un acte de l'état civil présentera requête au président du tribunal de première instance. [C. c. 99 et 100; Tar. 78.]

856. Il y sera statué sur rapport, et sur les conclusions du ministère public. Les juges ordonneront, s'ils l'estiment convenable, que les parties intéressées seront appelées, et que le conseil de famille sera préalablement convoqué.

S'il y a lieu d'appeler les parties intéressées, la demande sera formée par exploit, sans préliminaire de conciliation.

Elle le sera par acte d'avoué, si les parties sont en instance. [C. pr. 49, 882 et s.; Tar. 29, 71.]

857. Aucune rectification, aucun changement, ne pourront être faits sur l'acte; mais les jugements de rectification seront inscrits sur les registres par l'officier de l'état civil, aussitôt qu'ils lui auront été remis: mention en sera faite en marge de l'acte réformé, et l'acte ne sera plus délivré qu'avec les rectifications ordonnées, à peine de tous dommages-intérêts contre l'officier qui l'aurait délivré. [C. c. 49, 99, 101.]

858. Dans le cas où il n'y aurait d'autre partie que le demandeur en rectification, et où il croirait avoir à se plaindre du jugement, il pourra, dans les trois mois depuis la date de ce jugement, se pourvoir à la Cour royale, en présentant au président une requête, sur laquelle sera indiqué un jour auquel il sera statué à l'audience sur les conclusions du ministère public. [C. pr. 443 et s.; Tar. 139.]

TITRE VI.

De quelques dispositions relatives à l'Envoi en possession des biens d'un Absent.

859. Dans le cas prévu par l'article 112 du Code civil, et pour y faire statuer, il sera présenté requête au président du tribunal. Sur cette requête, à laquelle seront joints les pièces et documents, le président commettra un juge pour faire le rapport au jour indiqué; et le jugement sera prononcé après avoir entendu le procureur du roi. [C. c. 114; Tar. 78.]

860. Il sera procédé de même dans le cas où il s'agirait de l'envoi en possession provisoire autorisé par l'article 120 du Code civil. [Tar. 78.]

TITRE VII.

Autorisation de la femme mariée.

861. La femme qui voudra se faire autoriser à la poursuite de ses droits, après avoir fait une sommation à son mari, et sur le refus par lui fait, présentera requête au président, qui rendra ordonnance portant permission de citer le mari, à jour indiqué, à la chambre du conseil, pour déduire les causes de son refus. [C. c. 215, 218; Tar. 29, 78.]

862. Le mari entendu, ou faute par lui de se présenter, il sera rendu, sur les conclusions du ministère public, jugement qui statuera sur la demande de la femme. [C. pr. 83.]

863. Dans le cas de l'absence présumée du mari, ou lorsqu'elle aura été déclarée, la femme qui voudra se faire autoriser à la poursuite de ses droits présentera également requête au président du tribunal, qui ordonnera la communication au ministère public, et commettra un juge pour faire son rapport à jour indiqué. [C. c. 115, 124, 222; C. pr. 83; Tar. 78.]

864. La femme de l'interdit se fera autoriser

[illegible]

[855 à 858] [illegible]

[859-860] [illegible]

[861-862] [illegible]

[863] [illegible]

[864] [illegible]

en la forme prescrite par l'article précédent; elle joindra à sa requête le jugement d'interdiction. [C. c. 222, 224; C. pr. 85; Tar. 78.]

TITRE VIII.

Des Séparations de biens.

865. Aucune demande en séparation de biens ne pourra être formée sans une autorisation préalable, que le président du tribunal devra donner sur la requête qui lui sera présentée à cet effet. Pourra néanmoins le président, avant de donner l'autorisation, faire les observations qui lui paraîtront convenables. [C. c. 311, 1443 et s.; C. pr. 49, 878; C. comm. 65; Tar. 78.]

866. Le greffier du tribunal inscrira, sans délai, dans un tableau placé à cet effet dans l'auditoire, un extrait de la demande en séparation, lequel contiendra,

1° La date de la demande;

2° Les noms, prénoms, profession et demeure des époux;

3° Les noms et demeure de l'avoué constitué, qui sera tenu de remettre, à cet effet, ledit extrait au greffier, dans les trois jours de la demande.

867. Pareil extrait sera inséré dans des tableaux placés, à cet effet, dans l'auditoire du tribunal de commerce, dans les chambres d'avoués de première instance et dans celles de notaires, le tout dans les lieux où il y en a : lesdites insertions seront certifiées par les greffiers et par les secrétaires des chambres. [C. comm. 65; Tar. 92.]

868. Le même extrait sera inséré, à la poursuite de la femme, dans l'un des journaux qui s'impriment dans le lieu où siége le tribunal; et s'il n'y en a pas, dans l'un de ceux établis dans le département, s'il y en a.

Ladite insertion sera justifiée ainsi qu'il est dit au titre *de la Saisie immobilière*, article 696. [Tar. 92.]

869. Il ne pourra être, sauf les actes conservatoires, prononcé, sur la demande en séparation, aucun jugement qu'un mois après l'observation des formalités ci-dessus prescrites, et qui seront observées à peine de nullité, laquelle pourra être opposée par le mari ou par ses créanciers. [C. pr. 1029.]

870. L'aveu du mari ne fera pas preuve, lors même qu'il n'y aurait pas de créanciers. [C. c. 1443; C. comm. 65.]

871. *Les créanciers* du mari pourront, jusqu'au jugement définitif, sommer l'avoué de la femme, par acte d'avoué à avoué, de leur communiquer la demande en séparation et les pièces justificatives, même intervenir pour la conservation de leurs droits, sans préliminaire de conciliation. [C. c. 1447; C. pr. 49, 339; Tar. 70 et 75.]

872. *Le* jugement de séparation sera lu publiquement, l'audience tenante, au tribunal de

---

[865] — 1. Sur le fond du droit en matière de séparation de biens, voy. les notes des art. 1443 et s. de notre *Code civil annoté*.

2. Le président du tribunal ne peut refuser l'autorisation nécessaire à la femme pour former sa demande en séparation de biens.—22 mars 1836, Lyon. (S.V.36.2.368.-D.P.36.2.104.)— *Sic*, Pigeau, t. 2, p. 521; Carré, q. 2950; Thomine, n° 1015; Demiau, p. 543; Delaporte, t. 2, p. 404; *Le Praticien*, t. 5, p. 134; Toullier, t. 13, n°s 40 et s.; Favard, v° *Sép. entre époux*, sect. 1re, § 2, n° 3; Chauveau, n° 2950 *quater*; Pont et Rodière, *Contr. de mar.*, t. 2, n° 817; Bioche, v° *Sép. de biens*, n° 16.

3. Cette autorisation, nécessaire à la femme pour porter sa demande devant le tribunal, ne l'est plus pour qu'elle puisse se pourvoir en appel contre le jugement qui l'aurait rejetée.—Carré et Chauveau, q. 2951; Favard, t. 5, p. 102, n° 3; Pont et Rodière, n° 855.

4. Bien que la femme soit mineure, l'autorisation du président suffit pour l'autoriser à demander sa séparation; elle n'a pas besoin d'être assistée d'un curateur; cette assistance ne sera nécessaire que lorsqu'après séparation prononcée, elle voudra toucher le montant de ses reprises. — Merlin, *Rép.*, v° *Séparation de biens*, sect. 2, § 3, art. 20; Favard, t. 5, p. 102, n° 3; Toullier, t. 13, n° 43; Berriat, p. 746; Chauveau, q. 2952; Rodière, p. 369; Pont et Rodière, n° 819; Boucher d'Argis, *Dict. de la taxe*, p. 352. — *Secùs*, Pigeau, *Proc.*, t. 2, p. 495; Carré, *loc. cit.* — V. anal. en matière de séparation de corps, art. 306, Cod. cit., n° 3.

5. L'annulation d'une instance en séparation de biens entraîne l'annulation de l'autorisation dont la femme demanderesse avait dû se pourvoir auprès du président pour commencer cette instance. Dès lors, la femme ne peut former une nouvelle demande en séparation qu'après avoir obtenu une autorisation nouvelle.—21 mars 1848, Nîmes. (S.V.49.2.150.)

5 *bis*. Décision en sens contraire. — 9 mars 1850, Montpellier. (J. av. 75.182.)

6. La femme est tenue de présenter en personne la requête au président. — Toullier, t. 13, n° 41; Rodière, p. 368; Pont et Rodière, n° 818; Bioche, n° 17, qui dit que, cependant, l'usage est contraire à Paris, et la requête simplement présentée par l'avoué.

6 *bis*. Jugé en sens contraire. — 7 mars 1853, Bruxelles. (P. 24.338.)—*Sic*, Chauveau, q. 2928 *ter*.

7. La demande en séparation de biens doit être portée exclusivement devant le tribunal du domicile du mari.—18 nov. 1852, Cass. (S.V.53.1.118.-D.P.53.1.444.)—*Sic*, Carré et Chauveau, q. 2937; Thomine, n° 1015.—V. *infrà*, art. 871, n° 3.

8. Les tribunaux français sont compétents pour connaître d'une demande en séparation de biens entre étrangers; de même, entre une française et son mari étranger, mais marié et établi en France. — 30 mai 1826, Paris. (S.27.2.40; C.N.8.-D.P.27.2.39.)

9. Il y a lieu à communication au ministère public en cette matière. — Berriat, t. 2, p. 746, 6° *édit.* (qui l'on cite à tort pour l'opinion contraire); Chauveau, q. 2928 *bis*, et *Comm. du tarif*, t. 2, p. 356; Rodière, p. 338; N. Carré, *Lois en mat. civ.*, n° 643; de Villeneuve, *Encycl. du droit*, v° *Arbitrage*, n° 132; Pont et Rodière, n° 834; Bioche, v° *Sép. de biens*, n° 28. — *Contrà*, Carré, q. 3262; Mongalvy, *Arbitrage*, n° 285.

[866 à 868] — 1. Le délai de trois jours dans lequel doit être déposé l'extrait de la demande en séparation de biens, est prescrit à peine de nullité. (V. art. 869.)— Pigeau, *Comm.*, t. 2, p. 565; Carré et Chauveau, q. 2952 *quinq.*; Pont et Rodière, n° 850 (ce dernier auteur avait précédemment émis une opinion contraire dans son *Cours de proc.*, t. 3, p. 370); Odier, *Contr. de mar.*, t. 1er, n° 371.

2. Les insertions prescrites par l'art. 867, doivent régulièrement avoir lieu dans les trois jours de la demande, comme celle prescrite par l'art. 866, à moins que le tribunal de commerce ne siége dans un autre lieu, auquel cas il conviendrait d'ajouter les délais des distances.—Pont et Rodière, n° 822; Bioche, n° 24.

3. Le mari qui a exécuté un jugement interlocutoire obtenu par sa femme, ou qui a défendu au fond, ne peut, en cause d'appel, se prévaloir de ce que les insertions n'ont pas eu lieu. — 9 juin 1809, Rennes. (S.12.2.343; C.N.3.-D.A.10.234.)— *Sic*, Pigeau, *Comm.*, t. 2, p. 564; Chauveau, q. 2952 *nonies*.

4. Les extraits de la demande en séparation de biens ne sont point soumis à la formalité de l'enregistrement.—8 déc. 1832, Rej. (S.V.33.1.198.-D.P.33.1.101.)

5. Le secrétaire de la chambre des notaires ne peut réclamer aucun droit de rédaction ou d'expédition pour la délivrance du certificat constatant l'insertion prescrite par cet article. — 16 fév. 1853, Décis. du min. de la justice. (D.P.53.3.126.)

[869] — 1. Le mois dont parle l'art. 869, se compte de quantième à quantième; mais il doit être franc. — Il n'est susceptible d'aucune augmentation à raison de la distance plus ou moins éloignée des domiciles des créanciers du mari. — Toullier, t. 13, n°s 52 et s.; Carré et Chauveau, q. 2957 et 2958; Rodière, p. 371; Bioche, v° *Sép. de biens*, n°s 35 et s.; Pont et Rodière, n° 823.

2. Quels sont les *actes conservatoires* que la femme est autorisée à faire? Les auteurs placent en première ligne, l'apposition des scellés et la saisie-arrêt ou la saisie-gagerie. — V., en effet, Merlin, *Rép.*, v° *Sép. de biens*, sect. 2, § 5, art. 2, n° 3; Favard, v° *Sép. entre époux*, sect. 1re, § 2, n° 5; Toullier, t. 13, n°s 58 et s.; Duranton, t. 14, n° 415; Benoît, *Dot*, t. 1er, n° 289; Bellot des Minières, *Contrat de mariage*, t. 2, p. 111; Pont et Rodière, *ibid.* t. 2, n° 826; Odier, *ibid.* t. 1er, n° 386; Pigeau, *Proc. civ.*, t. 2, p. 530; Carré et Chauveau, q. 2959; Thomine, n° 1016; Roger, *Saisie-arrêt*, n° 261; Cubain, *Droit des femmes*, n° 494; Bioche, v° *Sép. de biens*, n° 28; Chardon, *Puiss. marit.*, n°s 334 et 335.

3. La jurisprudence est prononcée dans le même sens que la doctrine. — Ainsi, décidé : Par la Cour de Rennes, le 22 juill. 1814 (C.N.4), que la femme peut, avec l'autorisation du juge, faire apposer les scellés et s'opposer à ce que le mari recoive le paiement des sommes dues à la communauté.

4. Par les Cours de Bourges, le 23 mess. an 10 (C.N.1), et de Limoges, le 7 mars 1825 (S.25.2.195), qu'elle peut former une saisie-gagerie sur les meubles et effets garnissant la maison maritale.

5. Par la Cour de Caen, le 16 mars 1825 (S.27.2.47; C.N.8.-D.P.27.2.1), qu'elle peut former une saisie-arrêt sur les revenus de ses biens personnels tombant dans la communauté.—*Contrà* (même après séparation prononcée), si le résultat de la liquidation est suffisamment garanti par les immeubles du mari; Paris, 29 mai 1813. (C.N.4.)

6. V. aussi, par analogie, les décisions rappelées sous l'art. 270, Cod. cit.

7. Il est à remarquer que plusieurs des auteurs ci-dessus exigent, comme préalable nécessaire aux mesures conservatoires, une autorisation du juge sur la provocation de la femme et après appel du mari. (V. notamment Merlin, Toullier, Pont et Rodière, Odier.) —Mais d'autres auteurs contestent la nécessité de cette autorisation, et il existe, dans le sens de cette dernière opinion, un arrêt de Rennes du 22 juill. 1818. (J. av. 21.167.)

[870] — V. art. 1443, n° 8, Cod. cit.

[871] — 1. Celui qui n'est pas créancier actuel du mari, mais à qui, à raison de droits éventuels, la demande en séparation tend à préjudicier, peut intervenir pour la contester. — Favard, v° *Appel*, sect. 1re, § 4, n° 8; Pigeau, *Comm.*, t. 1er, p. 599; Carré et Chauveau, q. 2962; Rodière, p. 371; Benoît, *Dot*, t. 1er, n° 301.

2. Ainsi, l'acquéreur d'un immeuble dotal peut intervenir dans l'instance en séparation de biens dont l'effet serait de donner à la femme le droit de révoquer l'aliénation de sa dot, comme il pourrait attaquer par la voie de tierce opposition le jugement de séparation, lors duquel il n'aurait pas été appelé.—27 juin 1810, Rej. (S.11.1.23; C.N.3.-D.A.8.203.)

3. Les créanciers du mari qui interviennent dans une instance en séparation de biens portée devant un tribunal autre que celui du domicile du mari (voy. ci-dessus, art. 865, n° 7), peuvent proposer l'exception d'incompétence, lors même que le mari ne la proposerait pas.—18 nov. 1852, Cass. (S.V.53.1.118.-D.P.53.1.444.)

[872] — 1. L'inobservation des formalités prescrites par l'art. 872 pour la publication et l'affiche du jugement de séparation, emporte nullité : en se référant aux dispositions de l'art. 1445, Cod. cit., l'art. 872 s'est approprié la peine de nullité qui y est écrite. — 21 déc. 1825, Amiens. (S.26.2.317; C.N.8.-D.P.26.2.107.)—*Id.* 15 juill. 1828, Caen. (S.30.2.184; C.N.9.-D.P.30.2.166.)—*Id.* 16 août 1839, Angers. (S.V.40.2.150.) — Cela résulte aussi implicitement de la plupart des décisions ci-après. — *Sic*, Thomine, n° 1019; Chauveau, q. 2966 *bis*; Pont et Rodière, n° 837; Odier, n° 381; Troplong, n° 1377; Marcadé, t. 5, p. 595.—*Contrà*, Berriat, p. 674.

2. Lorsqu'il n'y a pas de tribunal de commerce dans le lieu du domicile du mari, il n'est pas nécessaire que lecture du jugement de séparation soit faite à l'audience du tribunal de commerce du chef-lieu d'arrondissement. — 11 juill. 1826, Montpellier. (S.27.2.91; C.N.8.-D.P.27.2.132.)

3. Jugé en sens contraire. —13 juin 1835, Toulouse. (S.V.36.2.121.-D.P.36.2.90.) — *Id.* 17 avr. 1856, Bruxelles. (J. de cette Cour, 1856.2.491.)—*Sic*, Chau-

commerce du lieu, s'il y en a ; extrait de ce jugement, contenant la date, la désignation du tribunal où il a été rendu, les noms, prénoms, profession et demeure des époux, sera inséré sur un tableau à ce destiné et exposé pendant un an, dans l'auditoire des tribunaux de première instance et de commerce du domicile du mari, même lorsqu'il ne sera pas négociant ; et s'il n'y a pas de tribunal de commerce, dans la principale salle de la maison commune du domicile du mari. Pareil extrait sera inséré au tableau exposé en la chambre des avoués et notaires, s'il y en a. La femme ne pourra commencer l'exécution du jugement que du jour où les formalités ci-dessus auront été remplies, sans que néanmoins il soit nécessaire d'attendre l'expiration du susdit délai d'un an.

Le tout sans préjudice des dispositions portées en l'article 1445 du Code civil. [C. c. 1444-1445 ; C. pr. 880 ; C. comm. 66 et 67 ; Tar. 92.]

873. Si les formalités prescrites au présent titre ont été observées, les créanciers du mari ne seront plus reçus, après l'expiration du délai dont il s'agit dans l'article précédent, à se pourvoir par tierce opposition contre le jugement de séparation. [C. c. 1446 ; C. pr. 474, 1029.]

[illegible]

[873] [illegible]

874. La renonciation de la femme à la communauté sera faite au greffe du tribunal saisi de la demande en séparation. [C. c. 1453, 1457; C. pr. 997; Tar. 91.]

TITRE IX.

De la Séparation de corps et du Divorce (1).

875. L'époux qui voudra se pourvoir en séparation de corps sera tenu de présenter au président du tribunal de son domicile, requête contenant sommairement les faits; il y joindra les pièces à l'appui, s'il y en a. [C. c. 306 et s., 311; C. pr. 88; Tar. 79.]

876. La requête sera répondue d'une ordonnance portant que les parties comparaîtront devant le président au jour qui sera indiqué par ladite ordonnance. [Tar. 29.]

877. Les parties seront tenues de comparaître en personne, sans pouvoir se faire assister d'avoués ni de conseils.

878. Le président fera aux deux époux les représentations qu'il croira propres à opérer un rapprochement; s'il ne peut y parvenir, il rendra, ensuite de la première ordonnance, une seconde portant qu'attendu qu'il n'a pu concilier les parties, il les renvoie à se pourvoir, sans citation préalable au bureau de conciliation; il autorisera par la même ordonnance la femme à procéder sur la demande, et à se retirer provisoirement dans telle maison dont les parties seront convenues, ou qu'il indiquera d'office; il ordonnera que les effets à l'usage journalier de la femme lui seront remis. Les demandes en provision seront portées à l'audience. [C. c. 268; C. pr. 49, 861.]

[illegible]

[874] — 1. La renonciation à la communauté, faite depuis la demande en séparation, mais antérieurement au jugement de séparation, [illegible]

[illegible]

[875] — 1. [illegible]

[illegible]

[876] [illegible]

[877] — 1. Lorsque, [illegible]

[illegible]

[878] — 1. Le président [illegible]

[illegible]

(1) Loi du 8 mai 1816, art. 1er, « Le divorce est aboli. »

879. La cause sera instruite dans les formes établies pour les autres demandes, et jugée sur les conclusions du ministère public. [C. c. 307 ; C. pr. 83.]

880. Extrait du jugement qui prononcera la séparation sera inséré aux tableaux exposés tant dans l'auditoire des tribunaux que dans les chambres d'avoués et notaires, ainsi qu'il est dit article 872. [Tar. 92.]

881. A l'égard du divorce, il sera procédé comme il est prescrit au Code civil. [C. c. 229.]

TITRE X.

Des Avis de parents.

882. Lorsque la nomination d'un tuteur n'aura pas été faite en sa présence, elle lui sera notifiée, à la diligence du membre de l'assemblée qui aura été désigné par elle : ladite notification sera faite dans les trois jours de la délibération, outre un jour par trois myriamètres de distance entre le lieu où s'est tenue l'assemblée et le domicile du tuteur. [C. c. 406, 438 et s. ; C. pr. 968, 1037.]

883. Toutes les fois que les délibérations du conseil de famille ne seront pas unanimes, l'avis de chacun des membres qui le composent sera mentionné dans le procès-verbal.

Les tuteur, subrogé tuteur ou curateur, même les membres de l'assemblée, pourront se pourvoir contre la délibération ; ils formeront leur demande contre les membres qui auront été d'avis de la délibération, sans qu'il soit nécessaire d'appeler en conciliation. [C. c. 406, 416 ; C. pr. 49 ; Tar. 29.]

884. La cause sera jugée sommairement. [C. pr. 404 et s.]

885. Dans tous les cas où il s'agit d'une délibération sujette à homologation, une expédition de la délibération sera présentée au président, lequel, par ordonnance au bas de ladite délibération, ordonnera la communication au ministère public, et commettra un juge pour en faire le rapport à jour indiqué. [C. c. 458, 467 ; C. pr. 891 ; Tar. 78.]

886. Le procureur du roi donnera ses conclusions au bas de ladite ordonnance ; la minute du jugement d'homologation sera mise à la suite desdites conclusions, sur le même cahier.

[illegible]

887. Si le tuteur, ou autre chargé de poursuivre l'homologation, ne le fait dans le délai fixé par la délibération, ou, à défaut de fixation, dans le délai de quinzaine, un des membres de l'assemblée pourra poursuivre l'homologation contre le tuteur, et aux frais de celui-ci, sans répétition.

888. Ceux des membres de l'assemblée qui croiront devoir s'opposer à l'homologation, le déclareront, par acte extrajudiciaire, à celui qui est chargé de la poursuivre; et s'ils n'ont pas été appelés, ils pourront former opposition au jugement. [Tar. 29.]

889. Les jugements rendus sur délibération du conseil de famille seront sujets à l'appel.

TITRE XI.

De l'Interdiction.

890. Dans toute poursuite d'interdiction, les faits d'imbécillité, de démence ou de fureur, seront énoncés en la requête présentée au président du tribunal; on y joindra les pièces justificatives, et l'on indiquera les témoins. [C. c. 489 et s.; Tar. 79; T. c. pr. 117 et s.]

891. Le président du tribunal ordonnera la communication de la requête au ministère public, et commettra un juge pour faire rapport à jour indiqué. [C. pr. 83, 885.]

892. Sur le rapport du juge et les conclusions du procureur du roi, le tribunal ordonnera que le conseil de famille, formé selon le mode déterminé par le Code civil, section IV du chapitre II, au titre de la *Minorité, de la Tutelle et de l'Émancipation*, donnera son avis sur l'état de la personne dont l'interdiction est demandée. [C. c. 494, 495; Tar. 92.]

893. La requête et l'avis du conseil de famille seront signifiés au défendeur avant qu'il soit procédé à son interrogatoire.

Si l'interrogatoire et les pièces produites sont insuffisants, et si les faits peuvent être justifiés par témoins, le tribunal ordonnera, s'il y a lieu, l'enquête, qui se fera en la forme ordinaire.

Il pourra ordonner, si les circonstances l'exigent, que l'enquête sera faite hors de la présence du défendeur; mais, dans ce cas, son conseil pourra le représenter. [C. c. 496; C. pr. 252 et s.]

894. L'appel interjeté par celui dont l'interdiction aura été prononcée sera dirigé contre le provoquant.

L'appel interjeté par le provoquant, ou par un des membres de l'assemblée, le sera contre celui dont l'interdiction aura été provoquée.

En cas de nomination de conseil, l'appel de celui auquel il aura été donné sera dirigé contre le provoquant. [C. c. 500; C. pr. 443.]

895. S'il n'y a pas d'appel du jugement d'interdiction, ou s'il est confirmé sur l'appel, il sera pourvu à la nomination d'un tuteur et d'un subrogé tuteur à l'interdit, suivant les règles prescrites au titre des *Avis de parents*.

L'administrateur provisoire nommé en exécution de l'article 497 du Code civil cessera ses fonctions, et rendra compte au tuteur, s'il ne l'est pas lui-même. [C. c. 505 et s., 420, 427 et s., 505; C. pr. 527 et s., 882 et s.]

896. La demande en mainlevée d'interdiction sera instruite et jugée dans la même forme que l'interdiction. [C. c. 512.]

897. Le jugement qui prononcera défenses de plaider, transiger, emprunter, recevoir un capital mobilier, en donner décharge, aliéner ou hypothéquer sans assistance de conseil, sera affiché dans la forme prescrite par l'article 501 du Code civil. [C. c. 499, 501, 514.]

TITRE XII.

Du Bénéfice de cession.

898. Les débiteurs qui seront dans le cas de réclamer la cession judiciaire accordée par l'article 1268 du Code civil seront tenus, à cet effet, de déposer au greffe du tribunal où la demande sera portée, leur bilan, leurs livres, s'ils en ont, et leurs titres actifs. [C. c. 1265 et s., 1945; C. comm. 459, 541; Tar. 92.]

899. Le débiteur se pourvoira devant le tribunal de son domicile.

900. La demande sera communiquée au ministère public ; elle ne suspendra l'effet d'aucune poursuite, sauf aux juges à ordonner, parties appelées, qu'il sera sursis provisoirement. [C. pr. 83.]

901. Le débiteur admis au bénéfice de cession sera tenu de réitérer sa cession en personne, et non par procureur, ses créanciers appelés, à l'audience du tribunal de commerce de son domicile, et, s'il n'y en a pas, à la maison commune, un jour de séance : la déclaration du débiteur sera constatée, dans ce dernier cas, par procès-verbal de l'huissier, qui sera signé par le maire. [C. pr. 1039 ; Tar. 64.]

902. Si le débiteur est détenu, le jugement qui l'admettra au bénéfice de cession ordonnera son extraction, avec les précautions en tel cas requises et accoutumées, à l'effet de faire sa déclaration conformément à l'article précédent. [Tar. 65.]

903. Les nom, prénoms, profession et demeure du débiteur, seront insérés dans un tableau public à ce destiné, placé dans l'auditoire du tribunal de commerce de son domicile, ou du tribunal de première instance qui en fait les fonctions, et dans le lieu des séances de la maison commune. [C. pr. 867, 872 ; Tar. 92.]

904. Le jugement qui admettra au bénéfice de cession vaudra pouvoir aux créanciers, à l'effet de faire vendre les biens meubles et immeubles du débiteur ; et il sera procédé à cette vente dans les formes prescrites pour les héritiers sous bénéfice d'inventaire. [C. c. 1269 ; C. pr. 917 et s., 953 et s., 987 et s.]

905. Ne pourront être admis au bénéfice de cession, les étrangers, les stellionataires, les banqueroutiers frauduleux, les personnes condamnées pour cause de vol ou d'escroquerie, ni les personnes comptables, tuteurs, administrateurs et dépositaires. [C. c. 1945, 2059, 2136 ; C. comm. 541, 591 et s., 591 et s., 612 ; C. pén. 379, 40, 402 et s., 405.]

906. Il n'est au surplus rien préjugé, par les dispositions du présent titre, à l'égard du commerce, aux usages duquel il n'est, quant à présent, rien innové (1).

LIVRE II.

PROCÉDURES RELATIVES À L'OUVERTURE D'UNE SUCCESSION.

TITRE Ier.

De l'Apposition des Scellés après décès.

907. Lorsqu'il y aura lieu à l'apposition des scellés après décès, elle sera faite par les juges de paix, et, à leur défaut, par leurs suppléants. [L. 16 août 1790, tit. 3, art. 11. — C. c. 114, 270, 451, 591, 769, 773, 810, 819 et s., 1036 et s., 1031, 1034 ; C. pr. 591 ; C. comm. 455 et s. ; C. pén. 249.]

908. Les juges de paix et leurs suppléants se serviront d'un sceau particulier, qui restera entre leurs mains, et dont l'empreinte sera déposée au greffe du tribunal de première instance.

909. L'apposition des scellés pourra être requise :

1° Par tous ceux qui prétendront droit dans la succession ou dans la communauté ;

2° Par tous créanciers fondés en titre exécutoire, ou autorisés par une permission soit du président du tribunal de première instance, soit du juge de paix du canton où le scellé doit être apposé ;

3° Et en cas d'absence, soit du conjoint, soit des héritiers ou de l'un d'eux, par les personnes qui demeuraient avec le défunt, et par ses serviteurs et domestiques. [C. c. 819 et 820 ; C. pr. 930 ; Tar. 1, 16, 78.]

910. Les prétendants droit et les créanciers mineurs émancipés pourront requérir l'apposition des scellés sans l'assistance de leur curateur.

S'ils sont mineurs non émancipés, et s'ils n'ont pas de tuteur, ou s'il est absent, elle pourra être requise par un de leurs parents. [C. c. 388, 476 et s., 481, 490, 882, 1166.]

911. Le scellé sera apposé, soit à la diligence du ministère public, soit sur la déclaration du maire ou adjoint de la commune, et même d'office par le juge de paix,

1° Si le mineur est sans tuteur, et que le scellé ne soit pas requis par un parent ;

2° Si le conjoint, ou si les héritiers ou l'un d'eux sont absents ;

3° Si le défunt était dépositaire public ; auquel cas le scellé ne sera apposé que pour raison de ce dépôt et sur les objets qui le composent. [L. 6 mars 1791, art. 7. — C. c. 819 ; Tar. 94.]

912. Le scellé ne pourra être apposé que par le juge de paix des lieux ou par ses suppléants. [L. 6 mars 1791, art. 7.]

913. Si le scellé n'a pas été apposé avant l'inhumation, le juge constatera, par son procès-verbal, le moment où il a été requis de l'apposer, et les causes qui ont retardé soit la réquisition, soit l'apposition.

914. Le procès-verbal d'apposition contiendra,

[illegible]

[908]. . . . .

[909] — 1. [illegible]

[illegible]

[910]. . . . .

[911] — 1. [illegible]

[illegible]

[912] — V. les n°s 9 et 10 de l'art. 907.

[913]. . . . .

[914] — 1. [illegible]

1° La date des an, mois, jour et heure;

2° Les motifs de l'apposition;

3° Les noms, profession et demeure du requérant, s'il y en a, et son élection de domicile dans la commune où le scellé est apposé, s'il n'y demeure;

4° S'il n'y a pas de partie requérante, le procès-verbal énoncera que le scellé a été apposé d'office ou sur le réquisitoire ou sur la déclaration de l'un des fonctionnaires dénommés dans l'article 911;

5° L'ordonnance qui permet le scellé, s'il en a été rendu;

6° Les comparutions et dires des parties;

7° La désignation des lieux, bureaux, coffres, armoires, sur les ouvertures desquels le scellé a été apposé;

8° Une description sommaire des effets qui ne sont pas mis sous les scellés;

9° Le serment, lors de la clôture de l'apposition, par ceux qui demeurent dans le lieu, qu'ils n'ont rien détourné, vu ni su qu'il ait été rien détourné directement ou indirectement;

10° L'établissement du gardien présenté, s'il a les qualités requises; sauf, s'il ne les a pas, ou s'il n'en est pas présenté, à en établir un d'office par le juge de paix. [C. pr. 936, 945.]

915. Les clefs des serrures sur lesquelles le scellé a été apposé resteront, jusqu'à sa levée, entre les mains du greffier de la justice de paix, lequel fera mention, sur le procès-verbal, de la remise qui lui en aura été faite; et ne pourront le juge et le greffier aller, jusqu'à la levée, dans la maison où est le scellé, à peine d'interdiction, à moins qu'ils n'en soient requis, ou que leur transport n'ait été précédé d'une ordonnance motivée.

916. Si, lors de l'apposition, il est trouvé un testament ou autres papiers cachetés, le juge de paix en constatera la forme extérieure, le sceau et la suscription s'il y en a, paraphera l'enveloppe avec les parties présentes, si elles le savent ou le peuvent, et indiquera les jour et heure où le paquet sera par lui présenté au président du tribunal de première instance; il fera mention du tout sur son procès-verbal, lequel sera signé des parties, sinon mention sera faite de leur refus. [C. c. 979, 916, 1007; Tar. 2, 3, 16 et 94.]

917. Sur la réquisition de toute partie intéressée, le juge de paix fera, avant l'apposition du scellé, la perquisition du testament dont l'existence sera annoncée; et, s'il le trouve, il procédera ainsi qu'il est dit ci-dessus. [C. pr. 936.]

918. Aux jour et heure indiqués, sans qu'il soit besoin d'aucune assignation, les paquets trouvés cachetés seront présentés par le juge de paix au président du tribunal de première instance, lequel en fera l'ouverture, en constatera l'état, et en ordonnera le dépôt si le contenu concerne la succession. [C. c. 1007; Tar. 94.]

919. Si les paquets cachetés paraissent, par leur suscription, ou par quelque autre preuve écrite, appartenir à des tiers, le président du tribunal ordonnera que ces tiers seront appelés dans un délai qu'il fixera, pour qu'ils puissent assister à l'ouverture; il la fera au jour indiqué, en leur présence ou à leur défaut; et si les papiers sont étrangers à la succession, il les leur remettra sans en faire connaître le contenu, ou les cachètera de nouveau pour leur être remis à leur première réquisition. [C. pr. 939.]

920. Si un testament est trouvé ouvert, le juge de paix en constatera l'état, et observera ce qui est prescrit en l'article 916. [Tar. 94.]

921. Si les portes sont fermées, s'il se rencontre des obstacles à l'apposition des scellés, s'il s'élève, soit avant, soit pendant le scellé, des difficultés, il y sera statué en référé par le président du tribunal. A cet effet, il sera sursis, et établi par le juge de paix garnison extérieure, même intérieure, si le cas y échet; et il en référera sur-le-champ au président du tribunal.

Pourra néanmoins le juge de paix, s'il y a péril dans le retard, statuer par provision, sauf à en référer ensuite au président du tribunal. [C. pr. 587, 806 et s.; Tar. 2, 16, 94.]

922. Dans tous les cas où il sera référé par le juge de paix au président du tribunal, soit en matière de scellé, soit en autre matière, ce qui sera fait et ordonné sera constaté sur le procès-verbal dressé par le juge de paix; le président signera ses ordonnances sur ledit procès-verbal. [Tar. 94.]

923. Lorsque l'inventaire sera parachevé, les scellés ne pourront être apposés, à moins que l'inventaire ne soit attaqué, et qu'il ne soit ainsi ordonné par le président du tribunal.

Si l'apposition des scellés est requise pendant le cours de l'inventaire, les scellés ne seront apposés que sur les objets non inventoriés.

924. S'il n'y a aucun effet mobilier, le juge de paix dressera un procès-verbal de carence.

S'il y a des effets mobiliers qui soient nécessaires à l'usage des personnes qui restent dans la maison, ou sur lesquels le scellé ne puisse être mis, le juge de paix fera un procès-verbal contenant description sommaire desdits effets. [L. 6 mars 1791, art. 10.]

925. Dans les communes où la population est de vingt mille âmes et au-dessus, il sera tenu, au greffe du tribunal de première instance, un registre d'ordre pour les scellés, sur lequel seront inscrits, d'après la déclaration que les juges de paix de l'arrondissement seront tenus d'y faire parvenir dans les vingt-quatre heures de l'apposition, 1° les noms et demeures des personnes sur les effets desquelles le scellé aura été apposé; 2° le nom et la demeure du juge qui a fait l'apposition; 3° le jour où elle a été faite. [Tar. 17.]

TITRE II.

Des Oppositions aux Scellés.

926. Les oppositions aux scellés pourront être faites, soit par une déclaration sur le procès-verbal de scellé, soit par exploit signifié au greffier du juge de paix. [C. c. 821; C. pr. 931 et s., 1039; Tar. 19, 20, 21.]

927. Toutes oppositions à scellé contiendront, à peine de nullité, outre les formalités communes à tout exploit,

1° Élection de domicile dans la commune ou dans l'arrondissement de la justice de paix où le scellé est apposé, si l'opposant n'y demeure pas;

2° L'énonciation précise de la cause de l'opposition.

---

2. Il n'est pas indispensable d'être [illegible] pour [illegible] comme gardien des scellés. [illegible] Thomine, n° 1080; Chauveau, q. 3078 [illegible]

3. [illegible]

4. [illegible]

5. [illegible]

6. Le procès-verbal d'apposition des scellés doit mentionner à chaque séance l'heure du commencement et celle de la fin. [illegible]

7. [illegible]

8. [illegible]

[915]. . . . .

[916 à 918] — 1. Par parties intéressées, il faut entendre toutes les personnes [illegible]

2. [illegible]

3. [illegible]

[919 et 920]. . . . .

[921] — L'art. 921, d'après lequel, s'il s'élève des difficultés, soit avant, soit pendant le scellé, le juge de paix doit surseoir et en référer sur-le-champ au président du tribunal, ne s'applique pas aux [illegible]

[illegible]

[922]. . . . .

[923] — L'art. 923 qui ne permet pas l'apposition des scellés, lorsqu'il a été fait inventaire, n'est pas applicable [illegible]

[924] — 1. Le juge de paix, en dressant un procès-verbal de carence, [illegible]

2. [illegible]

[925]. . . . .

[926] — L'opposition aux scellés ne doit pas être [illegible] — Carré et Chauveau, n° 3096; Pigeau, t. 2, p. 573.

[927]. . . . .

TITRE III.

De la Levée du Scellé.

928. Le scellé ne pourra être levé et l'inventaire fait que trois jours après l'inhumation, s'il a été apposé auparavant, et trois jours après l'apposition, si elle a été faite depuis l'inhumation, à peine de nullité des procès-verbaux de levée de scellés et inventaire, et des dommages et intérêts contre ceux qui les auront faits et requis : le tout, à moins que, pour des causes urgentes et dont il sera fait mention dans son ordonnance, il n'en soit autrement ordonné par le président du tribunal de première instance. Dans ce cas, si les parties qui ont droit d'assister à la levée ne sont pas présentes, il sera appelé pour elles, tant à la levée qu'à l'inventaire, un notaire nommé d'office par le président. [C. comm. 479 ; Tar. 77.]

929. Si les héritiers ou quelques-uns d'eux sont mineurs non émancipés, il ne sera pas procédé à la levée des scellés, qu'ils n'aient été, ou préalablement pourvus de tuteurs, ou émancipés. [C. c. 405 et s. ; C. pr. 911 ; Tar. 95.]

930. Tous ceux qui ont droit de faire apposer les scellés pourront en requérir la levée, excepté ceux qui ne les ont fait apposer qu'en exécution de l'article 909, n° 3 ci-dessus.

931. Les formalités pour parvenir à la levée des scellés seront,

1° Une réquisition à cet effet consignée sur le procès-verbal du juge de paix ;

2° Une ordonnance du juge, indicative des jour et heure où la levée sera faite ;

3° Une sommation d'assister à cette levée, faite au conjoint survivant, aux présomptifs héritiers, à l'exécuteur testamentaire, aux légataires universels et à titre universel, s'ils sont connus, et aux opposants.

Il ne sera pas besoin d'appeler les intéressés demeurant hors de la distance de cinq myriamètres ; mais on appellera pour eux, à la levée et à l'inventaire, un notaire nommé d'office par le président du tribunal de première instance.

Les opposants seront appelés aux domiciles par eux élus. [C. pr. 927, 942 ; Tar. 78 et 94.]

932. Le conjoint, l'exécuteur testamentaire, les héritiers, les légataires universels et ceux à titre universel, pourront assister à toutes les vacations de la levée du scellé et de l'inventaire, en personne ou par un mandataire.

Les opposants ne pourront assister, soit en personne, soit par un mandataire, qu'à la première vacation : ils seront tenus de se faire représenter, aux vacations suivantes, par un seul mandataire pour tous, dont ils conviendront ; sinon il sera nommé d'office par le juge.

Si parmi ces mandataires se trouvent des avoués près le tribunal de première instance du ressort, ils justifieront de leurs pouvoirs par la représentation du titre de leur partie ; et l'avoué le plus ancien, suivant l'ordre du tableau, des créanciers fondés en titre authentique, assistera de droit pour tous les opposants ; si aucun des créanciers n'est fondé en titre authentique, l'avoué le plus ancien des opposants fondés en titre privé assistera. L'ancienneté sera définitivement réglée à la première vacation. [C. pr. 329, 930, 760 ; Tar. 1, 16 et 94.]

933. Si l'un des opposants avait des intérêts différents de ceux des autres, ou des intérêts contraires, il pourra assister en personne, ou par un mandataire particulier, à ses frais. [Tar. 94.]

934. Les opposants pour la conservation des droits de leur débiteur ne pourront assister à la première vacation, ni concourir au choix d'un mandataire commun pour les autres vacations. [C. c. 1166 ; C. pr. 778 ; Tar. 1, 16, 94.]

935. Le conjoint commun en biens, les héritiers, l'exécuteur testamentaire, et les légataires universels ou à titre universel, pourront convenir du choix d'un ou deux notaires, et d'un ou deux commissaires-priseurs ou experts ; s'ils n'en conviennent pas, il sera procédé, suivant la nature des objets, par un ou deux notaires, commissaires-priseurs ou experts, nommés d'office par le président du tribunal de première instance. Les experts prêteront serment devant le juge de paix. [C. pr. 305 ; Tar. 2, 3, 16.]

---

[928] — 1. Le délai de trois jours prescrit par l'art. 928 pour la levée des scellés, est franc. — Carré, *Lois de la proc.*; Levasseur, *Rev. des juges de paix*, t. 2, p. 228 ; Gallaud, *Journ. des just. de paix*, 1830, p. 245. [illegible]

[929]. . . . .

[930-932] — [illegible]

[933] . . . .

[934] — [illegible]

[935] — [illegible]

936. Le procès-verbal de levée contiendra, 1° la date; 2° les noms, profession, demeure et élection de domicile du requérant; 3° l'énonciation de l'ordonnance délivrée pour la levée; 4° l'énonciation de la sommation prescrite par l'article 931 ci-dessus; 5° les comparutions et dires des parties; 6° la nomination des notaires, commissaires-priseurs et experts qui doivent opérer; 7° la reconnaissance des scellés, s'ils sont sains et entiers; s'ils ne le sont pas, l'état des altérations, sauf à se pourvoir ainsi qu'il appartiendra pour raison desdites altérations; 8° les réquisitions à fin de perquisitions, le résultat desdites perquisitions, et toutes autres demandes sur lesquelles il y aura lieu de statuer. [C. pr. 914, 917, 944; C. inst. 249 et s.]

937. Les scellés seront levés successivement, et au fur et à mesure de la confection de l'inventaire; ils seront réapposés à la fin de chaque vacation. [Tar. 16, 94.]

938. On pourra réunir les objets de même nature, pour être inventoriés successivement suivant leur ordre; ils seront, dans ce cas, replacés sous les scellés.

939. S'il est trouvé des objets et papiers étrangers à la succession et réclamés par des tiers, ils seront remis à qui il appartiendra; s'ils ne peuvent être remis à l'instant, et qu'il soit nécessaire d'en faire la description, elle sera faite sur le procès-verbal des scellés, et non sur l'inventaire. [C. pr. 919.]

940. Si la cause de l'apposition des scellés cesse avant qu'ils soient levés, ou pendant le cours de leur levée, ils seront levés sans description. [C. pr. 907 et s.; Tar. 94.]

TITRE IV.
De l'Inventaire.

941. L'inventaire peut être requis par ceux qui ont droit de requérir la levée du scellé. [C. pr. 909 et s. 930 et s.; Tar. 168.]

942. Il doit être fait en présence, 1° du conjoint survivant; 2° des héritiers présomptifs; 3° de l'exécuteur testamentaire si le testament est connu; 4° des donataires et légataires universels ou à titre universel, soit en propriété, soit en usufruit, ou eux dûment appelés, s'ils demeurent dans la distance de cinq myriamètres; s'ils demeurent au delà, il sera appelé, pour tous les absents, un seul notaire, nommé par le président du tribunal de première instance, pour représenter les parties appelées et défaillantes. [C. pr. 931; C. comm. 479 et s.]

943. Outre les formalités communes à tous les actes devant notaires, l'inventaire contiendra,

1° Les noms, professions et demeures des requérants, des comparants, des défaillants et des absents, s'ils sont connus, du notaire appelé pour les représenter, des commissaires-priseurs et experts; et la mention de l'ordonnance qui commet le notaire pour les absents et défaillants;

2° L'indication des lieux où l'inventaire est fait;

3° La description et estimation des effets, laquelle sera faite à juste valeur et sans crue;

4° La désignation des qualités, poids et titre de l'argenterie;

5° La désignation des espèces en numéraire;

6° Les papiers seront cotés par première et dernière; ils seront paraphés de la main d'un des notaires; s'il y a des livres et registres de commerce, l'état en sera constaté, les feuillets en seront pareillement cotés et paraphés s'ils ne le sont; s'il y a des blancs dans les pages écrites, ils seront bâtonnés;

7° La déclaration des titres actifs et passifs;

8° La mention du serment prêté, lors de la clôture de l'inventaire, par ceux qui ont été en possession des objets avant l'inventaire ou qui ont habité la maison dans laquelle sont lesdits objets, qu'ils n'en ont détourné, vu détourner ni su qu'il en ait été détourné aucun;

9° La remise des effets et papiers, s'il y a lieu, entre les mains de la personne dont on conviendra, ou qui à défaut sera nommée par le président du tribunal. [C. c. 826; C. pr. 914, 936.]

---

déc. 1858, Bq. (S.V.59.1.173.-D.P.59.1.65.-P.59.1.[illegible])

5. Un notaire a le droit de procéder à la prisée des objets mobiliers en même temps qu'il en fait l'inventaire. — 5 déc. 1859, Grenoble. (S.V.60.2.273.-D.P.60.2.150.) — Sic, Rolland de Villargues, v° Prisée, n° 17.

6. Décidé aussi, qu'un notaire peut, comme expert, procéder, hors de la circonscription de son ressort, à l'estimation et à la prisée d'objets mobiliers lors d'un inventaire après décès dressé par un notaire du lieu où se fait cet inventaire. — 26 août 1857, Douai. (S.V.58.2.343.)

7. Les greffiers de la justice de paix peuvent, en même temps qu'ils rédigent le procès-verbal de la levée des scellés, procéder, comme experts-priseurs, à l'estimation des objets inventoriés. — 6 avril 1838, Décis. du garde des sceaux. (Journ. des just. de paix, t. 10, p. 317.)

8. Mais, dans ce cas, le greffier n'a pas droit à deux vacations; il ne peut prétendre qu'à celle qui est taxée par le tarif au taux le plus élevé. — Bioche, même journal, t. 17, p. 291.

[936] — Le droit d'enregistrement du procès-verbal de levée des scellés, fixé d'abord à 2 francs par chaque vacation, qui ne peut excéder quatre heures (L. 22 frim. an 7, art. 68, § 2, n° 3, et décr. 10 brum. an 14), a été porté à 3 francs par l'art. 5 de la loi du 18 juin 1845.

[937] — Sur les difficultés qui peuvent s'élever durant la levée des scellés, voy. la note de l'art. 921.

[938] . . . .

[939] — Tant que des papiers étrangers à une succession n'ont pas été réclamés par des tiers, il suffit que ces papiers restent en dépôt sous le scellé particulier qui y a été apposé; ce n'est pas le cas pour le juge d'ordonner que ce scellé sera levé avec description des papiers: ici ne s'applique pas l'art. 939. — 4 sept. 1825, Paris. (S.26.2.44; C.N.8.-D.P.26.2.57.) — Sic, Chauveau, n° 3157 ter.

[940] — 1. Les scellés doivent être levés sans description, quoiqu'il existe un mineur intéressé, si son tuteur le requiert, d'accord avec les autres intéressés. — 29 juill. 1850, Aix. (S.50.2.[illegible]; C.N.[illegible]-D.P.51.2.84.) — Sic, de Fréminville, Minorité, t. 1er, n° 199; Chauveau, q. 3149.

2. Lorsque les scellés ont été apposés à la requête d'un individu prétendant avoir des droits dans la succession, et en vertu d'un titre contesté par l'héritier, celui-ci ne peut faire lever les scellés sans description, quelque informe que soit le titre contesté. — 1er déc. 1809, Paris. (S.9.2.133; C.N.3.-D.A.11.878.)

[941-943] Indication alphabétique.

Absent, 5, 6, 22, 21.	[illegible]	[illegible], 30.
[illegible], 2.	[illegible]	Procès-verbal de [illegible], 21.
Choix du notaire, 7 et s.	[illegible]	[illegible]
Communauté, 10.	[illegible]	[illegible]
[illegible]	[illegible]	[illegible]
[illegible]	[illegible]	[illegible]
Époux survivant, 9, 10.	[illegible]	Tiers, 4.
[illegible]	[illegible]	Titre, 25, 26.
Exécuteur testam., 11, 14.	Notaire, 5 et s., 21.	Tuteur, 2.
[illegible]	Notaire, 12 et s.	[illegible], 24.

1. Sur le point de savoir quelles personnes peuvent requérir l'apposition et la levée des scellés, et par suite requérir l'inventaire, voy. les notes des art. 909 et 930.

1 bis. L'inventaire est obligatoire dans les cas prévus par les art. 126, Cod. civ. (Absence, continuation de communauté); — 451 (Tutelle); — 601 (Usufruitier); — 626 (Usage); — 769 et 773 (Successions irrégulières, conjoint survivant, enfant naturel); — 819 et s. (Succession, héritiers mineurs); — 794 (Héritier bénéficiaire); — 813 (Curateur à succession vacante); — 1031 (Exécuteur testamentaire); — 1059 (Substitutions); — 1442, 1456, 1504 et 1532 (Successions échues aux époux); — 1442, 1456 et 1483 (Dissolution de communauté); — 479, Cod. comm. (Faillite).

2. L'usufruitier, dispensé par le testament de faire un inventaire, peut-il empêcher les héritiers d'en faire un à leurs frais? La négative est généralement admise. Voy. la note 2 de l'art. 600 Cod. civ.; aux autorités y indiquées, adde Chauveau, q. 3151 bis.

3. Le légataire universel qui a accepté la succession sous bénéfice d'inventaire n'est pas tenu, sous peine de déchéance, d'appeler à l'inventaire de la succession et à la vente du mobilier les héritiers présomptifs du défunt, alors qu'ils n'ont droit à aucune réserve. — 18 avril 1859, Cass. (S.V.59.1.361.-D.P.59.1.167.-P.59.1.[illegible])

4. Jugé en sens contraire. — 3 janv. 1820, Limoges. (S.21.2.21; C.N.6.-D.P.[illegible])

5. Le notaire nommé pour représenter dans un inventaire une personne non présente a qualité pour la représenter en justice quant aux difficultés relatives à cette opération. — 13 nov. 1851, Colmar. (S.V.52.2.332.-D.P.52.2.17.)

6. Ce notaire est responsable des suites que peut avoir sa négligence, par exemple, s'il n'a pas veillé à ce que des titres de créances (des inscriptions de rente) fussent cotés et paraphés par le notaire instrumentaire, et que, par suite, ces créances aient été aliénées au préjudice de l'absent. — 7 nov. 1839, Paris. (S.V.40.2.64.-D.P.40.2.30.-P.39.2.486.)

7. A défaut d'administrateur provisoire, le président, à la requête de la partie la plus diligente, doit commettre un notaire pour représenter les personnes des interdits placés dans les établissements d'aliénés, dans les inventaires, comptes, partages et liquidations intéressant ces personnes. (L. du 30 juin 1838, art. 36.)

8. L'héritier bénéficiaire, comme l'héritier pur et simple, a le droit de choisir un notaire pour faire l'inventaire: le tribunal ne doit pas en nommer un d'office. — 14 août 1809, Turin. (S.10.2.239; C.N.3.)

9. Le conjoint survivant commun en biens n'a pas, par préférence aux héritiers, le droit de choisir le notaire pour la confection de l'inventaire; en cas de désaccord entre les parties, c'est au juge seul qu'il appartient de désigner le notaire qui demeurera chargé de l'opération. — 11 nov. 1851, Colmar. (S.V.52.2.535.-D.P.52.2.17.)

10. Jugé au contraire que c'est à la veuve commune et non à l'héritier du mari qu'appartient le droit de choisir le notaire pour la confection de l'inventaire. — 28 oct. 1808, Paris. (S.9.2.38.)

11. Sur le choix du notaire dans le cas de désaccord à cet égard entre l'exécuteur testamentaire et les héritiers, voy. les not. 4 et s. de l'art. 1031, C. civ. — V. du reste sur les questions qui précèdent, [illegible], t. 2, n° 24; Vazeille, Succ., art. 794, n° 7; Berriat, p. 700; Thomine, n° 1105; Carré et Chauveau, q. 3150 et s.; Pigeau, Comm., t. 2, p. 611.

12. La minute d'un inventaire dressé par deux notaires choisis par des parties différentes doit, en général, rester au plus ancien des deux. — 21 août 1835, Nancy. (S.V.36.2.144.-D.P.36.2.39.)

13. Id.... Et cela, bien que l'autre notaire ait reçu le testament du défunt, et qu'il représente les parties ayant le plus fort intérêt dans la succession. — 30 juill. 1843, Colmar. (S.20.2.16; C.N.6.-D.P.26.2.[illegible])

14. Id.... Ou qu'il ait été choisi par un plus grand nombre d'héritiers et par l'exécuteur testamentaire, ou que sa résidence soit plus rapprochée que celle de son collègue de la demeure de cet exécuteur testamentaire. — 28 août 1851, Paris. (S.V.51.2.511.-D.P.51.2.[illegible])

15. Id.... Ou encore que le plus jeune ait toujours été le notaire de la famille. — 13 juin 1834, Paris. (S.V.35.2.358.-D.P.35.2.94.)

16. Jugé toutefois que la minute de l'inventaire dressé par deux notaires, dont un seul a sa résidence dans l'arrondissement de l'ouverture de la succession, doit rester en la possession de ce notaire, plutôt que dans celle de l'autre notaire, quoique celui-ci soit le plus ancien. — 17 janv. 1845, Paris. (S.V.45.2.94.-P.45.1.105.)

944. Si, lors de l'inventaire, il s'élève des difficultés, ou s'il est formé des réquisitions pour l'administration de la communauté ou de la succession, ou pour autres objets, et qu'il n'y soit déféré par les autres parties, les notaires délaisseront les parties à se pourvoir en référé devant le président du tribunal de première instance; ils pourront en référer eux-mêmes, s'ils résident dans le canton où siège le tribunal : dans ce cas, le président mettra son ordonnance sur la minute du procès-verbal. [C. pr. 806 et s.; Tar. 168.]

TITRE V

De la Vente du Mobilier.

945. Lorsque la vente des meubles dépendants d'une succession aura lieu en exécution de l'article 826 du Code civil, cette vente sera faite dans les formes prescrites au titre des *Saisies-exécutions*. [C. c. 452, 796 et s., 826; C. pr. 617 et s.]

946. Il y sera procédé sur la réquisition de l'une des parties intéressées, en vertu de l'ordonnance du président du tribunal de première instance et par un officier public. [Tar. 77.]

947. On appellera les parties ayant droit d'assister à l'inventaire, et qui demeureront ou auront élu domicile dans la distance de cinq myriamètres : l'acte sera signifié au domicile élu. [C. pr. 941, 942, 1033; Tar. 29.]

948. S'il s'élève des difficultés, il pourra être statué provisoirement en référé par le président du tribunal de première instance. [C. pr. 806 et suiv.]

949. La vente se fera dans le lieu où sont les effets, s'il n'en est autrement ordonné. [C. pr. 617.]

950. La vente sera faite tant en absence que présence, sans appeler personne pour les non-comparants.

951. Le procès-verbal fera mention de la présence ou de l'absence du requérant. [C. pr. 624.]

952. Si toutes les parties sont majeures, présentes et d'accord, et qu'il n'y ait aucun tiers intéressé, elles ne seront obligées à aucune des formalités ci-dessus. [C. pr. 985.]

TITRE VI

De la Vente des Biens immeubles appartenant à des mineurs.

(Loi 2 juin 1841.) (1)

953. La vente des immeubles appartenant à des mineurs ne pourra être ordonnée que d'après un avis de parents énonçant la nature des biens et leur valeur approximative.

Cet avis ne sera pas nécessaire si les biens appartiennent en même temps à des majeurs, et si la vente est poursuivie par eux. Il sera procédé alors conformément au titre des *Partages et Licitations*. [C. c. 457 et s., 839. C. pr. 966 et s., 997.]

954. Lorsque le tribunal homologuera cet avis, il déclarera, par le même jugement, que la vente aura lieu, soit devant l'un des juges du tribunal, à l'audience des criées, soit devant un notaire à cet effet commis.

Si les immeubles sont situés dans plusieurs arrondissements, le tribunal pourra commettre un notaire dans chacun de ces arrondissements, et même donner commission rogatoire à chacun des tribunaux de la situation de ces biens. [C. c. 459 et s.; C. pr. 746, 881; Tar. 1841, art. 9 et 14.]

955. Le jugement qui ordonnera la vente déterminera la mise à prix de chacun des immeubles à vendre et les conditions de la vente. Cette mise à prix sera réglée, soit d'après l'avis des parents, soit d'après les titres de propriété, soit d'après les baux authentiques ou sous seing privé ayant date certaine, et, à défaut de baux, d'après le rôle de la contribution foncière.

Néanmoins le tribunal pourra, suivant les circonstances, faire procéder à l'estimation totale ou partielle des immeubles.

Cette estimation aura lieu, selon l'importance et la nature des biens, par un ou trois experts que le tribunal commettra à cet effet. [C. pr. 303. Tar. 1841, art. 9 et 15.]

956. Si l'estimation a été ordonnée, l'expert ou les experts, après avoir prêté serment, soit devant le président du tribunal, soit devant un juge de paix commis par lui, rédigeront leur rapport, qui indiquera sommairement les bases de l'estimation, sans entrer dans le détail descriptif des biens à vendre.

La minute du rapport sera déposée au greffe du tribunal. Il n'en sera pas délivré d'expédition. [C. pr. 302, 305, 318, 319 et s.; Tar. 1841, art. 9 et 15.]

957. Les enchères seront ouvertes sur un cahier des charges déposé par l'avoué au greffe du tribunal, ou dressé par le notaire commis, et déposé dans son étude, si la vente doit avoir lieu devant notaire.

Ce cahier contiendra :

1° L'énonciation du jugement qui a autorisé la vente ;

2° Celle des titres qui établissent la propriété ;

3° L'indication de la nature ainsi que de la situation des biens à vendre, celle des corps d'héritage, de leur contenance approximative, et de deux des tenants et aboutissants ;

4° L'énonciation du prix auquel les enchères seront ouvertes, et les conditions de la vente. [C. pr. 690. Tar. 1841, art. 1er.]

958. Après le dépôt du cahier des charges, il sera rédigé et imprimé des placards qui contiendront :

1° L'énonciation du jugement qui aura autorisé la vente ;

2° Les noms, professions et domiciles du mineur, de son tuteur et de son subrogé tuteur ;

3° La désignation des biens, telle qu'elle a été insérée dans le cahier des charges ;

4° Le prix auquel seront ouvertes les enchères sur chacun des biens à vendre ;

5° Les jour, lieu et heure de l'adjudication, ainsi que l'indication, soit du notaire et de sa demeure, soit du tribunal devant lequel l'adjudication aura lieu, et, dans tous les cas, de l'avoué du vendeur. [C. c. 459, C. pr. 699, 742, 836.]

---

[948] [illegible]

[949 à 952] . . . .

[953] — 1. [illegible]

[954] — 1. [illegible]

[955] — 1. [illegible]

[956 et 957] . . . .

[958] — 1. [illegible]

---

(1) Ancien texte.

TITRE VI.

De la vente des Biens immeubles.

953. [illegible]

954. [illegible]

955. [illegible]

956. [illegible]

957. [illegible]

958. [illegible]

959. Les placards seront affichés quinze jours au moins, trente jours au plus avant l'adjudication aux lieux désignés dans l'article 699, et, en outre, à la porte du notaire qui procédera à la vente ; ce dont il sera justifié conformément au même article. [C. pr. 743, 836 ; Tar. 1841, art. 4.]

960. Copie de ces placards sera insérée, dans le même délai, au journal indiqué par l'article 696, et dans celui qui aura été désigné pour l'arrondissement où se poursuit la vente, si ce n'est pas l'arrondissement de la situation des biens.

Il en sera justifié conformément à l'article 698.

961. Selon la nature et l'importance des biens, il pourra être donné à la vente une plus grande publicité, conformément aux articles 697 et 700. [Tar. 1841, art. 4.]

962. Le subrogé tuteur du mineur sera appelé à la vente, ainsi que le prescrit l'article 459 du Code civil ; à cet effet, le jour, le lieu et l'heure de l'adjudication lui seront notifiés un mois d'avance, avec avertissement qu'il y sera procédé, tant en son absence qu'en sa présence. [C. pr. 742 ; Tar. 1841, art. 3.]

963. Si, au jour indiqué pour l'adjudication, les enchères ne s'élèvent pas à la mise à prix, le tribunal pourra ordonner, sur simple requête en la chambre du conseil, que les biens seront adjugés au-dessous de l'estimation ; l'adjudication sera remise à un délai fixé par le jugement, et qui ne pourra être moindre de quinzaine.

Cette adjudication sera encore indiquée par des placards et des insertions dans les journaux, comme il est dit ci-dessus, huit jours au moins avant l'adjudication. [Tar. 1841, art. 9.]

964. Sont déclarés communs au présent titre les articles 701, 703, 706, 707, 711 (a), 712, 713, 733, 734, 735, 736, 737, 738, 739, 740, 741 et 742 (b).

[illegible]

[960] — Lorsque, dans les placards et l'insertion aux journaux annonçant une adjudication sur publications volontaires, une erreur a été commise quant à l'indication du jour où l'adjudication doit avoir lieu, cette erreur peut être réparée [illegible]

[961] . . . .

[962] — 1. La vente sur licitation des biens indivis entre majeurs et mineurs n'est pas nulle par cela seul qu'elle a été faite en l'absence du subrogé tuteur des mineurs [illegible]

[963] — 1. Une adjudication de biens de mineurs par suite de revente sur folle enchère est nulle, si elle a été faite au-dessous du prix de l'estimation [illegible]

[964] — 1. [illegible]

[959] — 1. Le délai de quinze jours au moins avant l'adjudication, dans lequel doivent être affichés les placards annonçant la vente judiciaire de biens immeubles [illegible]

[illegible]

(a-b) Même observation sur le renvoi à l'art. 711 que celle faite au n° 1er de l'art. 858. [illegible]

---

959. Ce cahier sera lu à l'audience, si la vente se fait en justice. Lors de sa lecture, le jour auquel il sera procédé à la première adjudication, ou adjudication préparatoire, sera annoncé. Ce jour sera éloigné de six semaines au moins.

960. L'adjudication préparatoire, soit devant le tribunal, soit devant le notaire, sera indiquée par des affiches. Ces affiches ou placards ne contiendront que la désignation sommaire des biens, les noms, professions et domiciles du mineur, de son tuteur et de son subrogé tuteur, et la demeure du notaire, si c'est devant un notaire que la vente doit être faite.

961. Les placards seront apposés par trois dimanches consécutifs,

1° A la principale porte de chacun des bâtiments dont la vente sera poursuivie ;

2° A la principale porte des communes de la situation des biens ; et à Paris, à la principale porte seulement de la municipalité dans l'arrondissement de laquelle les biens sont situés ;

3° A la porte extérieure du tribunal qui aura permis la vente et à celle du notaire, si c'est un notaire qui doit y procéder.

Les maires des communes où ces placards auront été apposés les viseront et certifieront sans frais, sur un exemplaire qui restera joint au dossier.

962. Copie desdits placards sera insérée dans un journal, conformément à l'article 683 ci-dessus. Cette insertion sera constatée ainsi qu'il est dit au titre de la saisie immobilière ; elle sera faite huit jours au moins avant le jour indiqué pour l'adjudication préparatoire.

963. L'apposition des placards et l'insertion aux journaux seront réitérées huit jours au moins avant l'adjudication définitive.

964. Au jour indiqué pour l'adjudication définitive, si les enchères ne s'élèvent pas au prix de l'estimation, le

Néanmoins, si les enchères sont reçues par un notaire, elles pourront être faites par toutes personnes sans ministère d'avoué.

Dans le cas de vente devant notaire, s'il y a lieu à folle enchère, la poursuite sera portée devant le tribunal. Le certificat constatant que l'adjudicataire n'a pas justifié de l'acquit des conditions sera délivré par le notaire. Le procès-verbal d'adjudication sera déposé au greffe, pour servir d'enchère. [C. pr. 705, 713, 733; Tar. 1841, art. 12.]

965. Dans les huit jours qui suivront l'adjudication, toute personne pourra faire une surenchère du sixième, en se conformant aux formalités et délais réglés par les articles 708, 709 et 710 ci-dessus.

Lorsqu'une seconde adjudication aura eu lieu après la surenchère ci-dessus, aucune autre surenchère des mêmes biens ne pourra être reçue. [C. pr. 708, 709, 710, 838; Tar. 1841, art. 12.]

TITRE VII.

Des Partages et Licitations.

966. Dans les cas des articles 823 et 838 du Code civil, lorsque le partage doit être fait en justice, la partie la plus diligente se pourvoira. [C. c. 466, 815 et s.]

967. Entre deux demandeurs, la poursuite appartiendra à celui qui aura fait viser le premier l'original de son exploit par le greffier du tribunal; ce visa sera daté du jour et de l'heure. [C. pr. 1039; Tar. 90.]

968. Le tuteur spécial et particulier qui doit être donné à chaque mineur ayant des intérêts opposés sera nommé suivant les règles contenues au titre des *Avis de Parents*. [C. c. 838. C. pr. 882 et s.]

969. (1) *Loi du 2 juin 1841.* Le jugement qui prononcera sur la demande en partage commettra, s'il y a lieu, un juge, conformément à l'article 823 du Code civil, et en même temps un notaire.

Si, dans le cours des opérations, le juge ou le notaire est empêché, le président du tribunal pourvoira au remplacement par une ordonnance sur requête, laquelle ne sera susceptible ni d'opposition ni d'appel. [Tar. 1841, art. 3 et 10.]

[illegible]

[965] — 1. [illegible]

[966] — 1. [illegible]

[967] — 1. [illegible]

[968] — 1. [illegible]

[969] — 1. [illegible]

[illegible]

963. [illegible]

(1) Ancien texte : [illegible]

969. Le même jugement qui prononcera sur la demande en partage commettra, s'il y a lieu, un juge, conformément à l'article 823 du Code civil, et ordonnera que les immeubles, s'il y en a, seront estimés par experts, de la manière prescrite en l'article 824 du même code.

970. (*Loi du 2 juin 1841.*) En prononçant sur cette demande, le tribunal ordonnera par le même jugement le partage, s'il peut avoir lieu, ou la vente par licitation, qui sera faite devant un membre du tribunal ou devant un notaire, conformément à l'article 955.

Le tribunal pourra, soit qu'il ordonne le partage, soit qu'il ordonne la licitation, déclarer qu'il y sera immédiatement procédé sans expertise préalable, même lorsqu'il y aura des mineurs en cause ; dans le cas de licitation, le tribunal déterminera la mise à prix, conformément à l'article 955. [C. c. 827 ; Tar. 1841, art. 3, 10 et 14.]

971. (*Loi du 2 juin 1841.*) Lorsque le tribunal ordonnera l'expertise, il pourra commettre un ou trois experts, qui prêteront serment comme il est dit en l'article 956.

Les nominations et rapports d'experts seront faits suivant les formalités prescrites au titre des *Rapports d'experts*.

Les rapports d'experts présenteront sommairement les bases de l'estimation, sans entrer dans le détail descriptif des biens à partager ou à liciter.

Le poursuivant demandera l'entérinement du rapport par un simple acte de conclusions d'avoué à avoué. [C. pr. 302 et s. ; Tar. 1841, art. 4 et 10.]

972. (*Loi du 2 juin 1841.*) On se conformera, pour la vente, aux formalités prescrites dans le titre de la *Vente des biens immeubles appartenant à des mineurs*, en ajoutant dans le cahier des charges,

Les noms, demeure et profession du poursuivant, les noms et demeure de son avoué ;

Les noms, demeures et professions des colicitants et de leurs avoués. [Tar. 1841, art. 4.]

973. (*Loi du 2 juin 1841.*) Dans la huitaine du dépôt du cahier des charges au greffe ou chez le notaire, sommation sera faite, par un simple acte, aux colicitants, en l'étude de leurs avoués, d'en prendre communication.

S'il s'élève des difficultés sur le cahier des charges, elles seront vidées à l'audience, sans aucune requête, et sur un simple acte d'avoué à avoué.

Le jugement qui interviendra ne pourra être attaqué que par la voie de l'appel, dans les formes et délais prescrits par les articles 731 et 732 du présent Code.

Tout autre jugement sur les difficultés relatives aux formalités postérieures à la sommation de prendre communication du cahier des charges ne pourra être attaqué ni par opposition, ni par appel.

Si, au jour indiqué pour l'adjudication, les enchères ne couvrent pas la mise à prix, il sera procédé comme il est dit en l'article 963.

Dans les huit jours de l'adjudication, toute personne pourra surenchérir d'un sixième du prix principal, en se conformant aux conditions et aux formalités prescrites par les articles 708, 709 et 710. Cette surenchère produira le même effet que dans les ventes de biens de mineurs. [Tar. 1841, art. 10 et 11.]

974. Lorsque la situation des immeubles a exigé plusieurs expertises distinctes, et que chaque immeuble aura été déclaré impartageable, il n'y aura cependant pas lieu à licitation, s'il résulte du rapprochement des rapports que la totalité des immeubles peut se partager commodément.

975. (*Loi du 2 juin 1841.*) Si la demande en partage n'a pour objet que la division d'un ou plusieurs immeubles sur lesquels les droits des intéressés soient déjà liquidés, les experts, en procédant à l'estimation, composeront les lots ainsi qu'il est prescrit par l'article 466 du Code civil, et, après que leur rapport aura été entériné, les lots seront tirés au sort, soit devant le juge-commissaire, soit devant le notaire déjà commis par le tribunal, aux termes de l'article 969. [Tar. 1841, art. 4.]

976. (*Loi du 2 juin 1841.*) Dans les autres cas, et notamment lorsque le tribunal aura ordonné le partage sans faire procéder à un rapport d'experts, le poursuivant fera sommer les copartageants de comparaître, au jour indiqué, devant le notaire commis, à l'effet de procéder aux compte, rapport, formation de masse, prélèvements, composition de lots et fournissements, ainsi qu'il est ordonné par le Code civil, article 828.

Il en sera de même après qu'il aura été procédé à la licitation, si le prix de l'adjudication doit être confondu avec d'autres objets dans une masse commune de partage pour former la balance entre les divers lots. [C. c. 828 ; Tar. 29, 92.]

977. Le notaire commis procédera seul et sans l'assistance d'un second notaire ou de témoins ; si les parties se font assister auprès de lui d'un conseil, les honoraires de ce conseil n'entreront point dans les frais de partage, et seront à leur charge.

Au cas de l'article 837 du Code civil, le notaire rédigera en un procès-verbal séparé les difficultés et dires des parties ; ce procès-verbal sera, par lui, remis au greffe, et y sera retenu.

Si le juge-commissaire renvoie les parties à l'audience, l'indication du jour où elles devront comparaître leur tiendra lieu d'ajournement.

Il ne sera fait aucune sommation pour comparaître soit devant le juge, soit à l'audience. [Tar. 92, 168.]

978. Lorsque la masse du partage, les rapports et prélèvements à faire par chacune des parties intéressées, auront été établis par le notaire, suivant les articles 829, 830 et 831 du Code civil, les lots seront faits par l'un des cohéritiers, s'ils sont tous majeurs, s'ils s'accordent sur le choix, et si celui qu'ils auront choisi accepte la commission ; dans le cas contraire, le notaire, sans qu'il soit besoin d'aucune autre procédure, renverra les parties devant le juge-commissaire, et celui-ci nommera un expert. [C. c. 834 ; Tar. 168.]

979. Le cohéritier choisi par les parties, ou l'expert nommé pour la formation des lots, en établira la composition par un rapport qui sera reçu et rédigé par le notaire à la suite des opérations précédentes.

980. Lorsque les lots auront été fixés, et que les contestations sur leur formation, s'il y en a eu, auront été jugées, le poursuivant fera sommer les copartageants à l'effet de se trouver, à

---

denis. — 7 mars 1845, Rej. (S.V.45.1.454. — D.P.45.1.231. — P.45.1.569.)

[970] — V. les notes de l'art. 827, C. civ.

[971] — 1. Le copartageant qui, en première instance, a conclu à l'homologation d'une expertise, dont il ne critiquait que quelques parties, est recevable à interjeter appel incident du jugement qui a prononcé cette homologation, et à critiquer sur cet appel tous chefs de l'expertise contre lesquels il n'avait élevé aucun grief. — 24 nov. 1841, Rej. (S.V.42.1.158.)

2. V. art. 304, n° 1er (Choix d'experts).

[972] — 1. Il n'est pas nécessaire que les placards soient apposés au domicile de chacun des colicitants. — Duvergier, *Collect. des lois*, t. 41, p. 284 ; Bioche, v° *Ventes jud. d'imm.*, n° 77 et 194, qui cite en ce sens un jugement du trib. de Versailles, du 24 juin 1842 (*Le Droit* du 1er juill.), et un article du journal *Le Droit* du 18 nov. 1841. — *Contra*, Chauveau, q. 2505 *ter*. — La première opinion nous semble plus en harmonie avec l'esprit de la loi de 1841, qui s'est principalement occupée de simplifier les formes et d'économiser les frais ; c'est aussi celle qui, dans la pratique, est suivie à Paris. Toutefois, on ne peut s'empêcher de reconnaître que le texte littéral de la loi prête appui au système contraire.

2. V. art. 942, n° 1er (Droits du subrogé).

[973] — 1. Les modifications au cahier des charges peuvent être valablement demandées au jour de l'adjudication. — Chauveau, *J. av.*, t. 73, p. 228.

2. V. les notes des art. 708 et s. et de l'art. 965 (Surenchère).

[974] — Lorsque dans une succession se trouvent un domaine divisible et une maison qui ne l'est pas, si celle-ci peut, avec les terres du domaine, former un lot sans troubler l'égalité des parts, on ne doit point en ordonner la licitation. — 13 fév. 1833, Nîmes (D.P.33.2.239.) — V. les notes de l'art. 827, Cod. civ.

[975] . . . .

[976] — V. les notes de l'art. 828, Cod. civ.

[977] — L'avoué constitué sur une demande en liquidation et partage ne peut, sans mandat spécial, représenter son client devant le notaire liquidateur commis par le tribunal. — 16 janv. 1846, Tours (J. av. 73.313.) — *Sic*, Chauveau, *ibid.*

[978] — Dans le cas de partage où des mineurs sont intéressés, il y a nécessité pour le juge commissaire de nommer un expert pour la formation des lots, alors même que le tribunal ordonnerait ou aurait ordonné le partage sans expertise préalable. — 29 janv. 1833, Caen. (S.V.33.2.587.) — *Id.* 20 avril 1844, Caen. (S.V.44.2.637.) — V. Carré et Chauveau, q. 2507 ; Thomine, n° 1170 ; Boitard, t. 2, p. 117, n° 238.

[979 et 980] . . . .

---

970. En prononçant sur cette demande, le tribunal ordonnera par le même jugement le partage, s'il peut avoir lieu, ou la vente par licitation, qui sera faite soit devant un membre du tribunal, soit devant un notaire.

971. Il sera procédé aux nominations, prestations de serment et rapports d'experts, suivant les formalités prescrites au titre des *Rapports d'experts* : néanmoins, lorsque toutes les parties seront majeures, il pourra n'être nommé qu'un expert, si elles y consentent.

972. Le poursuivant demandera l'entérinement du rapport, par requête de simples conclusions d'avoué à avoué. On se conformera pour la vente aux formalités prescrites dans le titre de la *Vente des biens immeubles*, en ajoutant dans le cahier des charges,

Les noms, demeure et profession du poursuivant, les noms et demeure de son avoué ;

Les noms, demeures et professions des colicitants.

Copie du cahier des charges sera signifiée aux avoués des colicitants par un simple acte, dans la huitaine du dépôt au greffe ou chez le notaire.

973. S'il s'élève des difficultés sur le cahier des charges, elles seront vidées à l'audience, sans aucune requête, et sur un simple acte d'avoué à avoué.

975. Si la demande en partage n'a pour objet que la division d'un ou de plusieurs immeubles sur lesquels les droits des intéressés soient déjà liquidés, les experts, en procédant à l'estimation, composeront les lots ainsi qu'il est prescrit par l'article 466 du Code civil ; et après que leur rapport aura été entériné, les lots seront tirés au sort, soit devant le juge-commissaire, soit devant un notaire commis par le tribunal.

976. Dans les autres cas, le poursuivant fera sommer les copartageants de comparaître, au jour indiqué, devant le juge-commissaire, qui renverra les parties devant un notaire dont elles conviendront, si elles peuvent et veulent en convenir, ou qui, à défaut, sera nommé d'office par le tribunal, à l'effet de procéder aux comptes, rapports, formation de masse, prélèvements, composition de lots, et fournissements, ainsi qu'il est ordonné par le Code civil, article 828.

Il en sera de même après qu'il aura été procédé à la licitation, si le prix de l'adjudication doit être confondu avec d'autres objets dans une masse commune de partage pour former la balance entre les divers lots.

jour indiqué, en l'étude du notaire, pour assister à la lecture de son procès-verbal, en entendre lecture, et le signer avec lui, s'ils le peuvent et le veulent. [C. c. 838; Tar. 29.]

981. Le notaire remettra l'expédition du procès-verbal de partage à la partie la plus diligente pour en poursuivre l'homologation par le tribunal : sur le rapport du juge-commissaire, le tribunal homologuera le partage, s'il y a lieu, les parties présentes, ou appelées, si toutes n'ont pas comparu à la clôture du procès-verbal, et sur les conclusions du procureur du roi, dans le cas où la qualité des parties requerra son ministère. [C. pr. 83.]

982. Le jugement d'homologation ordonnera le tirage des lots, soit devant le juge-commissaire, soit devant le notaire, lequel en fera la délivrance aussitôt après le tirage. [C. c. 834; Tar. 93.]

983. Soit le greffier, soit le notaire, seront tenus de délivrer tels extraits, en tout ou en partie, du procès-verbal de partage que les parties intéressées requerront.

984. Les formalités ci-dessus seront suivies dans les licitations et partages tendant à faire cesser l'indivision, lorsque des mineurs ou autres personnes non jouissant de leurs droits civils y auront intérêt. [C. c. 838, 839.]

985. Au surplus, lorsque tous les copropriétaires ou cohéritiers seront majeurs, jouissant de leurs droits civils, présents ou dûment représentés, ils pourront s'abstenir des voies judiciaires, ou les abandonner en tout état de cause, et s'accorder pour procéder de telle manière qu'ils aviseront. [C. c. 819; C. pr. 952.]

TITRE VIII.

Du Bénéfice d'inventaire.

986. Si l'héritier veut, avant de prendre qualité, et conformément au Code civil, se faire autoriser à procéder à la vente d'effets mobiliers dépendant de la succession, il présentera, à cet effet, requête au président du tribunal de première instance dans le ressort duquel la succession est ouverte.

La vente en sera faite par un officier public, après les affiches et publications ci-dessus prescrites pour la vente du mobilier. [C. c. 461, 774, 796 et suiv.; C. pr. 617 et s.; Tar. 77.]

987. (1) [*Loi du 2 juin 1841.*] S'il y a lieu à vendre des immeubles dépendants de la succession, l'héritier bénéficiaire présentera au président du tribunal de première instance du lieu de l'ouverture de la succession une requête dans laquelle ces immeubles seront désignés sommairement. Cette requête sera communiquée au ministère public; sur ses conclusions et le rapport du juge nommé à cet effet, il sera rendu jugement qui autorisera la vente et fixera la mise à prix, ou qui ordonnera préalablement que les immeubles seront vus et estimés par un expert nommé d'office.

Dans ce dernier cas, le rapport de l'expert sera entériné sur requête par le tribunal, et, sur les conclusions du ministère public, le tribunal ordonnera la vente. [C. c. 806; C. pr. 745; Tar. 79; Tar. 1841, art. 9.]

988. [*Loi du 2 juin 1841.*] Il sera procédé à la vente, dans chacun des cas ci-dessus prévus, suivant les formalités prescrites au titre de la *Vente des biens immeubles appartenant à des mineurs*.

Sont déclarés communs au présent titre, les articles 701, 702, 705, 706, 707, 711 (a), 712, 713, 733, 734, 735, 736, 737, 738, 739, 740, 741, 742, les deux derniers paragraphes de l'article 964 et l'article 965 du présent Code.

L'héritier bénéficiaire sera réputé héritier pur et simple, s'il a vendu des immeubles sans se conformer aux règles prescrites par le présent titre. [C. c. 796, 801, 996; Tar. 78, 128; Tar. 1841, art. 4.]

[981] — 1. L'expédition du procès-verbal de partage dressé par un notaire commis, délivrée à la partie la plus diligente [illegible] l'homologation, [illegible] au greffe. — [illegible] 1824, Paris. [illegible] — [illegible] 1825, Rouen. [illegible]

2. On doit appeler à l'homologation les parties qui ont signé le procès-verbal, aussi bien que celles qui n'ont pas comparu. — Lepage, p. 658; Carré, q. 2507 [illegible]; Pigeau, Comm., t. 2, p. 690; Thomine, n° 1172; Favard, t. 2, p. 185, n° 257; Chauveau, loc. cit. — Contrà, Delaporte, t. 2, p. 470.

3. Les jugements homologatifs de la liquidation d'une succession sont susceptibles d'appel, alors même qu'aucune contestation [illegible] — 24 juill. 1840, Paris. [illegible]

4. *Id.* Mais ils ne sont pas susceptibles d'opposition. — [illegible] juin 1837, Paris. [illegible] — *Id.* [illegible] 1838, Paris. [illegible] — *Id.* 23 juill. 1840, Paris. [illegible]

[982 à 985]. . . . .

[986] — 1. La faculté de vendre, avec l'autorisation du président, les effets mobiliers dépendant d'une succession bénéficiaire [illegible] — Pigeau, [illegible]; Lepage, p. 664; Carré, q. 2508; Thomine, [illegible]; Chauveau, loc. cit. [illegible]

2. V. la note de l'art. 796, Code civ.

[987]. . . . .

[988] — 1. Quoique les héritiers d'une succession bénéficiaire aient provoqué la vente [illegible] — 29 mars 1827. [illegible] — Merlin, Carré et Chauveau, q. 2509; [illegible] *Bénéf. d'inv.*, n° 135. — V. sur le droit d'expropriation des [illegible]

[illegible]

2. Les ventes de biens immeubles dépendant de successions bénéficiaires doivent, à moins de circonstances particulières, être renvoyées devant notaires, plutôt que l'audience des criées, lorsque les parties intéressées le requièrent. — 13 sept. 1835, Bordeaux. [illegible] — V. aussi supra, art. 954, n° 1 et 2.

3. *Id.* [illegible] — 29 mars 1816, Paris. [illegible]

4. Nous avons rappelé, dans notre *Code civil annoté*, [illegible]

5. L'héritier bénéficiaire est déchu du bénéfice d'inventaire et réputé héritier pur et simple, s'il a vendu des immeubles sans se conformer aux règles prescrites par l'art. 988, même alors que les biens vendus sont des biens dotaux [illegible] — 28 juill. 1823, Rej. [illegible]

6. Jugé au contraire que la vente des immeubles dotaux, faite sans les formalités exigées par l'héritier bénéficiaire de la femme, n'a pas pour effet de le faire réputer héritier pur et simple, au moins à l'égard des créanciers postérieurs au mariage de cette dernière. — 24 déc. 1839, Caen. [illegible]

7. Quoique déclarée nulle la vente volontaire d'un immeuble, consentie par l'héritier bénéficiaire, n'a pas moins pour effet de le faire réputer héritier pur et simple. — 18 juill. 1834, Caen. [illegible]

8. La constitution de dot que se fait une femme d'un objet dépendant d'une succession par elle acceptée bénéficiairement, [illegible] — 15 nov. 1844, Montpellier. [illegible]

9. Ne fait pas perdre sa qualité à l'héritier bénéficiaire la vente d'immeubles de la succession par lui faite, si elle n'a été consentie qu'à la condition qu'elle ne préjudicierait pas à cette qualité, et que le tribunal pourrait la rendre sans effet en remboursant purement et [illegible]

[illegible] — 26 juin 1825, Rej. [illegible]

10. Il en est de même du partage de biens indivis entre la succession et l'héritier, auquel l'héritier bénéficiaire procède amiablement et sans formalités de justice. [illegible] — 10 déc. 1828, Rennes. [illegible] — 20 juillet 1827, Rej. [illegible]

11. L'héritier bénéficiaire qui a employé des moyens frauduleux pour rendre illusoire la vente des immeubles de la succession n'est pas pour cela déchu du bénéfice d'inventaire. — 29 août 1842, Rej. [illegible]

12. De même, l'héritier bénéficiaire qui, après avoir, au Code de procédure, a vendu les immeubles de la succession sans suivre les formalités prescrites par le Code civil, ne peut être frappé de la déchéance prononcée par l'art. 988. [illegible] — 5 août 1819, Metz. [illegible]

13. La question de savoir si l'héritier bénéficiaire est déchu de son bénéfice par l'aliénation d'immeubles de la succession sans formalités de justice doit être décidée uniquement par la loi de la situation des biens vendus, sans avoir égard à la loi du lieu de l'ouverture de la succession. — 25 janv. 1818, Rej. [illegible]

14. Notons, au surplus, que la vente faite par l'héritier bénéficiaire des immeubles de la succession sans formalités de justice n'est point nulle en elle-même; [illegible] — 20 févr. 1834, Paris. [illegible] — Sic, Dalloz, Succ., art. 306, n° 2; Toullier, t. 4, n° 373; Delvincourt, t. 2, p. 97; Duranton, t. 7, n° 34; Malpel, Succ., n° 235, 236; Vazeille, [illegible]; Belost-Jolimont, [illegible]; Carré et Chauveau, q. 2511.

(a) Même observation, sur ce renvoi aux art. 711 et 741, que celle qui se trouve sous l'art. 964.

(1) *Ancien texte.*

987. S'il y a lieu à vendre des immeubles dépendants de la succession, l'héritier bénéficiaire présentera au président du tribunal de première instance une requête [illegible] ministère public, sur ses conclusions et le rapport d'un juge nommé à cet effet, il sera rendu jugement qui ordonnera préalablement que les immeubles seront vus et estimés par un expert nommé d'office.

988. Si le rapport est régulier, il sera entériné sur requête par le même tribunal; et, sur les conclusions du ministère public, le jugement ordonnera la vente.

Il sera procédé à ladite vente suivant les formalités prescrites au titre des *Partages et Licitations*.

L'héritier bénéficiaire sera réputé héritier pur et simple, s'il a vendu des immeubles sans se conformer aux règles prescrites dans le présent titre.

989. S'il y a lieu à faire procéder à la vente du mobilier et des rentes dépendants de la succession, la vente sera faite suivant les formes prescrites pour la vente de ces sortes de biens, à peine contre l'héritier bénéficiaire d'être réputé héritier pur et simple. [C. c. 796, 805; C. pr. 617 et s.; 953 et s.]

990. Le prix de la vente du mobilier sera distribué par contribution entre les créanciers opposants, suivant les formalités indiquées au titre *de la Distribution par contribution*. [C. c. 808; C. pr. 656 et s.]

991. Le prix de la vente des immeubles sera distribué suivant l'ordre des priviléges et hypothèques. [C. c. 2093, 2094, 2166; C. pr. 749 et s.]

992. Le créancier ou autre partie intéressée qui voudra obliger l'héritier bénéficiaire à donner caution, lui fera faire sommation, à cet effet, par acte extrajudiciaire signifié à personne ou domicile. [C. c. 807; Tar. 29.]

993. Dans les trois jours de cette sommation, outre un jour par trois myriamètres de distance entre le domicile de l'héritier et la commune où siége le tribunal, il sera tenu de présenter caution au greffe du tribunal de l'ouverture de la succession, dans la forme prescrite pour les réceptions de caution. [C. c. 807; C. pr. 517 et suiv., 1033.]

994. S'il s'élève des difficultés relativement à la réception de la caution, les créanciers provoquants seront représentés par l'avoué le plus ancien. [C. pr. 520 et s., 655, 667.]

995. Seront observées, pour la reddition du compte du bénéfice d'inventaire, les formes prescrites au titre *des Redditions de comptes*. [C. c. 803 et 809; C. pr. 527 et s.]

996. Les actions à intenter par l'héritier bénéficiaire contre la succession seront intentées contre les autres héritiers; et s'il n'y en a pas, ou qu'elles soient intentées par tous, elles le seront contre un curateur au bénéfice d'inventaire, nommé en la même forme que le curateur à la succession vacante. [C. c. 802, 812, 2258; C. pr. 998, 999; Tar. 77.]

TITRE IX.

De la Renonciation à la communauté, de la Vente des immeubles dotaux et de la Renonciation à la succession.

(Loi du 2 juin 1841.) (1)

997. Les renonciations à communauté ou à succession seront faites au greffe du tribunal dans l'arrondissement duquel la dissolution de la communauté ou l'ouverture de la succession se sera opérée, sur le registre prescrit par l'article 784 du Code civil, et en conformité de l'article 1457 du même code, sans qu'il soit besoin d'autre formalité.

Lorsqu'il y aura lieu de vendre des immeubles dotaux dans les cas prévus par l'article 1558 du Code civil, la vente sera préalablement autorisée sur requête, par jugement rendu à l'audience publique.

Seront, au surplus, applicables les articles 955, 956 et suivants (a) du titre *de la Vente des biens immeubles appartenant à des mineurs*. [C. c. 784, 846, 1453, 1457, 1461; C. pr. 874, 954, 956 et s.; Tar. 1841, art. 1 et 14.]

TITRE X.

Du Curateur à une Succession vacante.

998. Lorsqu'après l'expiration des délais pour faire inventaire et pour délibérer, il ne se présente personne qui réclame une succession, qu'il n'y a pas d'héritier connu, ou que les héritiers connus y ont renoncé, cette succession est réputée vacante; elle est pourvue d'un curateur, conformément à l'article 812 du Code civil. [C. c. 811 et 812; Tar. 77.]

999. En cas de concurrence entre deux ou plusieurs curateurs, le premier nommé sera préféré sans qu'il soit besoin de jugement.

1000. Le curateur est tenu, avant tout, de faire constater l'état de la succession par un inventaire, si fait n'a été, et de faire vendre les meubles suivant les formalités prescrites aux titres *de l'Inventaire et de la Vente du mobilier*. [C. c. 813; C. pr. 941 et s., 945 et s.]

1001. Il ne pourra être procédé à la vente des immeubles et rentes que suivant les formes qui ont été prescrites au titre *du Bénéfice d'inventaire*. [C. pr. 988 et s.; Tar. 128.]

1002. Les formalités prescrites pour l'héritier bénéficiaire s'appliqueront également au mode d'administration et au compte à rendre par le curateur à la succession vacante. [C. c. 814.]

---

[989] — 1. Il n'y a pas déchéance du bénéfice d'inventaire, par cela seul que l'héritier bénéficiaire, en vendant des meubles, [illegible] les formalités prescrites par l'art. [illegible] — 20 août 1843, Req. [illegible]

2. L'héritier bénéficiaire qui a fait procéder à la vente du mobilier de la succession [illegible] — 4 juin 1844, Rej. [illegible]

3. [illegible] — V. l'art. 805, Cod. civ., n° 4.

[990 et 991]. . . . .

[992] — V. les notes de l'art. 807, Cod. civ.

[993 et 994]. . . . .

[995] — 1. Les créanciers, même ceux porteurs de titres exécutoires, peuvent agir contre l'héritier bénéficiaire par voie d'action en reddition du compte de son administration; [illegible] — 27 fév. 1847, Orléans. [illegible]

2. C'est le tribunal du lieu de l'ouverture de la succession qui doit connaître du compte du bénéfice d'inventaire. — Pigeau, *Comm.*, t. 2, p. 757; Thomine, n° 1136; Paignon, t. 2, n° 359; Pujol [illegible]; Carré et Chauveau, q. 2527 *quat.*

[996] — 1. L'héritier bénéficiaire peut agir contre la succession, sans faire nommer un curateur au bénéfice d'inventaire, lorsqu'il a pour contradicteurs tous les créanciers ayant des intérêts opposés. [illegible] — 10 déc. 1839, Req. [illegible]

2. L'héritier bénéficiaire d'un failli [illegible] — 14 mars 1820, Amiens. [illegible] — *Sic*, Thomine, n° 1191.

3. Les créanciers de la succession ne peuvent attaquer par tierce opposition le jugement rendu avec le curateur au profit de l'héritier bénéficiaire. — Thomine, n° 1191; Carré et Chauveau, q. 2528; [illegible]

[997] — 1. La partie doit, pour faire sa renonciation au greffe, être assistée d'un avoué. (V. l'art. 91 du tarif.) — Carré et Chauveau, q. 2529; Chauveau, *Comm. du tarif*, t. 2, p. 108; [illegible]

2. La femme qui renonce à la communauté ne doit pas faire serment qu'elle n'a rien détourné [illegible] — Carré et Chauveau, q. 2529 *bis*.

3. V. sur les formalités des renonciations, les n°s 9 et s. de l'art. 784, Cod. civ.

4. C'est au tribunal du domicile des époux, et non à celui de la situation de l'immeuble dotal, qu'il faut s'adresser pour obtenir l'autorisation d'aliéner cet immeuble. — [illegible] Toullier, t. 14, p. [illegible]; Pont et Rodière, *Contr. de mar.*, t. 2, n° 536.

[998 à 1000] — V. les notes des art. 811 et 813, Cod. civ.

[1001] — Les poursuites pour parvenir à la vente des biens des successions vacantes [illegible] — 20 oct. 1837, Douai. [illegible]

[1002] — L'administration des domaines [illegible] — 28 [illegible] 1837, Rej. [illegible] — V. les notes de l'art. 813, Cod. civ.

(a) On a signalé une erreur dans ce renvoi. Cette erreur consiste dans ce que l'art. 955 du projet de loi ayant été supprimé, l'art. 955 de ce projet est devenu l'art. 954; en sorte qu'à l'art. 955 indiqué ici, il faudrait substituer l'art. 954, et dire 954, 955 et suivants.

---

(1) *Ancien texte*:

TITRE IX.

De la Renonciation à la communauté ou à la succession.

997. Les renonciations à communauté ou à succession seront faites au greffe du tribunal dans l'arrondissement duquel la dissolution de la communauté ou l'ouverture de la succession se sera opérée, sur le registre prescrit par l'article 784 du Code civil, et en conformité de l'article 1457 du même code, sans qu'il soit besoin d'autres formalités.

LIVRE III.

[illegible]

TITRE UNIQUE.

Des Arbitrages (a).

1003. Toutes personnes peuvent compromettre sur les droits dont elles ont la libre disposition. [L. 16-24 août 1790, tit. 1er, art. 1 et 2, tit. 10, art. 12 et 13. — C. c. 128, 217 et s., 457 et s., 499, 502, 513, 1125 et s., 1989; C. comm. 51 à 63.]

1004. On ne peut compromettre sur les dons et legs d'aliments, logement et vêtements; sur les séparations d'entre mari et femme, divorces, questions d'état, ni sur aucune des contestations qui seraient sujettes à communication au ministère public. [Loi 16 août 1790, tit. 1er, art. 2. — C. c. 467, C. pr. 83, 381, 582.]

[1003 — 1004] — 1. [illegible]

§ 1er. — *Quelles personnes peuvent compromettre, et sur quelles choses on peut compromettre.*

[illegible]

(a) [illegible]

1005. Le compromis pourra être fait par procès-verbal devant les arbitres choisis, ou par acte devant notaires, ou sous signature privée. [C. comm. 55.]

1006. Le compromis désignera les objets en litige et les noms des arbitres, à peine de nullité.

[1006] — § 1er. *Désignation de l'objet en litige et du nom des arbitres.*

1007. Le compromis sera valable, encore qu'il ne fixe pas le délai; et, en ce cas, la mission des arbitres ne durera que trois mois, du jour du compromis. [L. 16 août 1790, tit. 1er, art. 3. — C. comm. 54.]

[illegible]

§ 2. — *Quelles personnes peuvent être arbitres.*

[illegible]

§ 3. — *Honoraires des arbitres.*

V. les nos 28 et s. de l'art. 1016.

[1007] — 1. [illegible]

1008. Pendant le délai de l'arbitrage, les arbitres ne pourront être révoqués que du consentement unanime des parties.

1009. Les parties et les arbitres suivront, dans la procédure, les délais et les formes établis pour les tribunaux, si les parties n'en sont autrement convenues.

1010. Les parties pourront, lors et depuis le compromis, renoncer à l'appel.

Lorsque l'arbitrage sera sur appel ou sur requête civile, le jugement arbitral sera définitif et sans appel. [L. 16 août 1790, tit. 1er, art. 4, tit. 10, art. 14. — C. pr. 480; C. comm. 52 et 63.]

1011. Les actes de l'instruction, et les procès-verbaux du ministère des arbitres, seront faits par tous les arbitres, si le compromis ne les autorise à commettre l'un d'eux.

1012. Le compromis finit, 1° par le décès, refus, déport ou empêchement d'un des arbitres, s'il n'y a clause qu'il sera passé outre, ou que le remplacement sera au choix des parties ou au choix de l'arbitre ou des arbitres restants; 2° par l'expiration du délai stipulé, ou de celui de trois mois s'il n'en a pas été réglé; 3° par le partage, si les arbitres n'ont pas le pouvoir de prendre un tiers arbitre. [C. pr. 118, 380; C. comm. 51, 60.]

[illegible]

1013. Le décès, lorsque tous les héritiers sont majeurs, ne mettra pas fin au compromis ; le délai pour instruire et juger sera suspendu pendant celui pour faire inventaire et délibérer. [C. c. 795 et s., 1122, 1456 et s., C. pr. 174.]

1014. Les arbitres ne pourront se déporter si leurs opérations sont commencées ; ils ne pourront être récusés si ce n'est pour cause survenue depuis le compromis. [C. pr. 44 et s., 378 et s.]

1015. S'il est formé inscription de faux, même purement civile, ou s'il s'élève quelque incident criminel, les arbitres délaisseront les parties à se pourvoir, et les délais de l'arbitrage continueront à courir du jour du jugement de l'incident. [C. pr. 214 et s., 427.]

1016. Chacune des parties sera tenue de produire ses défenses et pièces, quinzaine au moins avant l'expiration du délai du compromis; et seront tenus les arbitres de juger sur ce qui aura été produit.

Le jugement sera signé par chacun des arbitres; et dans le cas où il y aurait plus de deux arbitres, si la minorité refusait de le signer, les autres arbitres en feraient mention, et le jugement aura le même effet que s'il avait été signé par chacun des arbitres.

Un jugement arbitral ne sera, dans aucun cas, sujet à l'opposition. [C. comm. 56 et s.]

[1015] [illegible]

[1016] Indication alphabétique.

[illegible]

§ 1er. — *Compétence des arbitres. — Instruction.*

[illegible]

§ 2. — *Sentence arbitrale. — Formes..., Signature, etc.*

[illegible]

1017. En cas de partage, les arbitres autorisés à nommer un tiers seront tenus de le faire par la décision qui prononce le partage ; s'ils ne peuvent en convenir, ils le déclareront sur le procès-verbal, et le tiers sera nommé par le président du tribunal qui doit ordonner l'exécution de la décision arbitrale.

Il sera, à cet effet, présenté requête par la partie la plus diligente.

Dans les deux cas, les arbitres divisés seront tenus de rédiger leur avis distinct et motivé, soit dans le même procès-verbal, soit dans des procès-verbaux séparés. [C. pr. 118 et s. ; C. comm., 60 ; Tar. 77.]

---

27 *bis*. La disposition de l'art. 1016 relative au refus de signer de l'un des arbitres s'applique aux arbitrages forcés en matière commerciale, comme aux arbitrages volontaires. — 23 janv. 1835, Toulouse. [D. P. 35. 2. 155.]

28. Lorsque les jugements arbitraux ont été délibérés, arrêtés et lus aux parties, il y a chose jugée, encore qu'il n'y ait pas la signature des arbitres. — 8 vendém. an 8, Cass. [S. 2. 1. 326 ; C. N. 1. — D. A. 1. 751.] — V. nos observations sur cet arrêt dans la *Collect. nouv.*, Devilleneuve et Carette, C. N. 1. 250.

29. Un jugement arbitral peut être valablement rendu un dimanche ou autre jour férié, même par des arbitres forcés : à cet égard, les arbitres ne sont pas assimilés aux tribunaux. — 24 oct. 1827, Req. [S. 28. 1. 194 ; C. N. 8. — D. P. 28. 1. 30.] — *Sic*, Bourbeau, p. 628.

30. La décision des arbitres peut, au reste, être rendue dans un lieu autre que celui où le tribunal arbitral a été constitué ; la juridiction dont ils sont investis est attachée à leur personne ; elle n'est pas circonscrite au territoire. — 2 janv. 1834, Paris. [S. V. 34. 2. 302.]

§ 3. — *Foi due à la sentence et aux déclarations des arbitres.*

31. Les jugements arbitraux font foi de leur date contre les parties entre lesquelles ils ont été rendus. — 1er niv. an 9, Cass. [S. 2. 1. 105 ; C. N. 1. — D. A. 1. 755.] — *Id.* 15 therm. an 11, Req. [S. 3. 1. 20 ; C. N. 1. — D. A. 1. 756.] — *Id.* 4 frim. an 14, Cass. [S. 6. 1. 108 ; C. N. 2. — D. A. 1. 311.] — *Id.* 31 mai 1809, Req. [S. 9. 1. 355 ; C. N. 3. — D. A. 1. 756.] — *Id.* 11 juill. 1809, Paris. [S. 12. 2. 174 ; C. N. 3. — D. A. 1. 763.] — *Id.* 13 janv. 1812, Req. [S. 12. 1. 149 ; C. N. 4. — D. A. 1. 763.] — *Id.* 30 déc. 1814, Besançon. [C. N. 4.] — *Id.* 7 déc. 1824, Grenoble. [S. 25. 2. 289 ; C. N. 7. — D. P. 25. 2. 161.] — *Id.* 15 juill. 1830, Bordeaux. [S. 30. 2. 363 ; C. N. 9. — D. P. 30. 2. 281.] — *Id.* 15 août 1838, Bourges. [D. P. 38. 2. 222. — P. 38. 2. 530.]

32. De même, les sentences et les procès-verbaux des arbitres font foi, jusqu'à inscription de faux, des énonciations qu'ils renferment. — 17 juin 1836, Paris. [S. V. 36. 2. 417. — D. P. 36. 2. 155.] — *Id.* 20 mars 1839, Nîmes. [S. V. 39. 2. 390. — D. P. 39. 2. 186.] — *Id.* 6 juill. 1840, Req. [S. V. 40. 1. 882. — D. P. 40. 1. 242. — P. 40. 2. 312.] — *Sic*, Toullier, t. 8, n° 158. — Selon Bourbeau, p. 654, la foi due aux énonciations dont il s'agit est une foi *probante*, et non une foi jusqu'à inscription de faux. — V. Chauveau, q. 3337 *bis*.

33. Ainsi, la déclaration, dans le jugement arbitral, de l'époque où la remise des pièces a été faite aux arbitres, fait foi de la date de cette remise. — 9 mars 1811, Turin. [S. 11. 2. 408 ; C. N. 3. — D. A. 1. 714.]

34. *Id.* de la déclaration des arbitres, dans leur sentence, qu'ils ont lu les mémoires, pièces et actes produits par les parties. En conséquence, l'une d'elles n'est pas recevable à prétendre que la sentence a été rendue sans qu'elle ait été entendue. — 18 déc. 1811, Besançon. [D. A. 1. 748.]

34 *bis*. *Id.* de l'énonciation que l'un des arbitres n'a pu signer par suite d'une infirmité, mais qu'il n'en a pas moins concouru à la décision ; cette déclaration ne peut être détruite [surtout devant la Cour de cassation] par un procès-verbal dressé par deux notaires, portant déclaration contraire de l'arbitre. — 5 juill. 1852, Req. [S. V. 53. 1. 322. — D. P. 53. 1. 351.]

35. Pareillement, la déclaration des arbitres suivant laquelle les parties ont transigé fait preuve de la transaction, encore que les parties n'aient pas signé. — 12 déc. 1829, Bruxelles. [S. 10. 2. 216 ; C. N. 3. — D. A. 1. 765.] — *Sic*, Pardessus, n° 1404. — *Contra*, Bourbeau, p. 656.

36. Mais le dire des arbitres qui déclarent avoir vu les pouvoirs en vertu desquels ils ont été nommés, ne fait pas foi par lui-même de l'existence de ces pouvoirs. — 8 frim. an 13, Cass. [S. 4. 2. 662 ; C. N. 1. — D. A. 1. 675.] — V. ci-dessus les notes de l'art. 1005.

37. Et même, on peut être reçu à prouver, sans prendre la voie de l'inscription de faux, que telles choses que le jugement arbitral énonce avoir été demandées, ne l'ont pas été effectivement. — 30 germ. an 13, Nîmes. [S. 4. 2. 597 ; C. N. 2. — D. A. 1. 814.]

§ 4. — *Honoraires des arbitres.*

38. Les arbitres volontaires peuvent stipuler et recevoir des honoraires. — 14 janv. 1826, Bordeaux. [S. 26. 2. 217 ; C. N. 8. — D. P. 26. 2. 96.] — *Id.* 21 juin 1848, Req. [S. V. 48. 1. 571.] — Cela est certain. V. cependant Bellot, t. 3, n° 90. — Quant aux arbitres forcés, voy. les notes des art. 51 et s., Cod. comm.

39. Mais ils n'ont pas le droit d'en taxer eux-mêmes le montant, alors même que le compromis leur donnerait le pouvoir de statuer sur les frais ; ces frais ne doivent s'entendre que de ceux de procédure. — 9 juin 1837, Caen. [S. V. 37. 2. 400. — D. P. 37. 2. 138.] — *Sic*, Bourbeau, p. 619.

40. Par suite, ils ne peuvent agir par voie de commandement en vertu de la sentence qu'ils ont rendue, pour obtenir le paiement de leurs honoraires, taxés et liquidés par cette sentence : il y a nécessité de recourir aux tribunaux. — 14 janv. 1826, Bordeaux. [S. 26. 2. 217 ; C. N. 8. — D. P. 26. 2. 96.]

41. Ils n'ont pas non plus le droit de retenir, jusqu'au paiement de leurs honoraires, les pièces et titres qui leur ont été confiés. — 27 mai 1845, Agen. [S. V. 49. 2. 173.] — *Sic*, Vatimesnil, n° 277 ; Chauveau, q. 3361 *bis*.

42. ... Ni celui de retenir la sentence. — Devilleneuve et Massé, v° *Arbitrage*, n° 231.

43. Ils ont d'ailleurs une action solidaire contre chacune des parties. — 2 mars 1814, Bourges. [C. N. 4.] — *Id.* 10 mars 1824, Grenoble. [C. N. 7.] — *Id.* 14 janv. 1826, Bordeaux. [S. 26. 2. 217 ; C. N. 8. — D. P. 26. 2. 96.] — *Id.* 17 nov. 1830, Cass. [S. V. 31. 1. 28. — D. P. 30. 1. 389.] — *Sic*, Duranton, t. 11, n° 265, et t. 18, n° 271 ; Chauveau, *Comm. du tarif*, t. 2, p. 511, n° 57 ; Fons, *Tarifs annotés*, p. 287.

44. Dans le cas de rétention des pièces, les arbitres sont passibles de dommages-intérêts à raison du préjudice qui peut en résulter pour les parties. — Et, pour agir contre eux, il n'y a pas lieu de prendre la voie de la prise à partie, mais seulement celle d'action ordinaire en justice. — Même arrêt qu'au n° 41.

[1017] — 1. Les arbitres, avant de déclarer partage, doivent, comme les juges ordinaires, se réduire à deux opinions. — Berriat, p. 14 ; Lepage, *Quest.*, p. 645 ; Boucher, n° 1052 ; Carré et Chauveau, q. 3345 ; Bellot, t. 3, n° 122 ; Vatimesnil, n° 267 ; Devilleneuve et Massé, v° *Arbitre* (tiers), n°s 4 et 5. — *Contra*, Mongalvy, n°s 324 et 333.

2. Il n'y a point partage dans le sens de l'art. 1017, lorsque trois arbitres se trouvent divisés, deux contre un ; ou quatre arbitres, trois contre un, encore que les deux ou les trois arbitres qui adoptent la même opinion aient été nommés par des parties ayant un intérêt commun. — 22 nov. 1824, Req. [S. 25. 1. 179 ; C. N. 7. — D. A. 1. 759.] — *Id.* 9 août 1833, Toulouse. [S. V. 34. 2. 272. — D. P. 34. 2. 134.] — *Sic*, Mongalvy, n° 337 ; Chauveau, q. 3345 *bis*.

3. ... Ni lorsque des arbitres ayant déclaré, d'une manière générale, qu'ils sont d'avis différents, l'un d'eux émet son avis, et que l'autre se borne à dire qu'il ne peut en avoir aucun sur l'affaire : pour qu'il y ait partage dans le sens de la loi, il faut que les deux arbitres aient chacun émis leur avis, de manière que le tiers arbitre puisse adopter l'un ou l'autre. — 15 mai 1818, Poitiers. [S. 18. 2. 301 ; C. N. 5. — D. A. 1. 653.]

4. Jugé encore que pour qu'il y ait partage dans le sens de la loi, il faut que chacun des deux arbitres ait rédigé son avis. Si donc un seul arbitre a dressé procès-verbal de son avis, et que l'autre arbitre se soit borné à déclarer, devant le tiers arbitre, que, dans l'état des choses, son opinion était que les parties devaient proroger l'arbitrage pour en venir à un arrangement, en un tel cas, il n'y a pas partage autorisant le tiers arbitre à prononcer. — 2 mars 1829, Toulouse. [S. 30. 2. 107 ; C. N. 9. — D. P. 30. 2. 137.]

5. Il en est ainsi, alors même que les arbitres auraient été constitués amiables compositeurs et dispensés de suivre les formalités tracées par le Code de procédure. [*Rés. impl.*] — Même arrêt.

6. *Id.* Lorsque, de deux arbitres, un seul a dressé procès-verbal de son avis, et que l'autre s'est borné à rédiger une simple note, en déclarant qu'il n'avait pas encore fixé son opinion, il n'y a pas, en un tel cas, partage autorisant le tiers arbitre à prononcer. — 21 nov. 1837, Bourges. [S. V. 38. 2. 302. — D. P. 38. 2. 127. — P. 40. 2. 315.] — Sur cette question et les précédentes, voy. Vatimesnil, n° 292 ; Devilleneuve et Massé, v° *Arbitre (tiers)*, n° 5 ; Mongalvy, n° 336.

7. Toutefois, pour qu'il y ait partage donnant lieu à décision par le tiers arbitre, il n'est pas nécessaire que ce partage se soit distinctement manifesté sur tous les points du litige ; il suffit qu'il ait eu lieu sur un point auquel tous les autres étaient subordonnés. [*Rés. impl.*] — 10 fév. 1835, Req. [S. V. 35. 1. 389. — D. P. 35. 1. 159.]

8. De même, lorsque des arbitres ont à prononcer sur une question complexe qui embrasse à la fois l'instruction et le fond ; par exemple, lorsqu'ils ont à juger s'il y a instruction suffisante, et, au cas d'affirmative, à statuer sur le fond, si l'un des arbitres déclare qu'il n'y a pas instruction suffisante et si l'autre décide le contraire, et par suite se prononce sur le fond, il y a partage, nécessitant l'appel d'un tiers arbitre ; et dans ce cas, le tiers arbitre peut lui-même juger le fond, en adoptant l'avis de l'arbitre qui s'est prononcé à cet égard. Vainement on dirait que l'autre arbitre s'étant abstenu, il n'y a pas partage sur le fond du litige. — 25 mai 1837, Req. [S. V. 37. 1. 577. — D. P. 37. 1. 428. — P. 37. 1. 428.]

9. Quand il y a eu partage d'opinions entre arbitres et que, depuis la déclaration, un d'eux a cessé de l'être, il n'est plus possible de recourir à un tiers arbitre pour vider le partage. — Carré, q. 3342 ; Mongalvy, n° 358 ; Goubeau, t. 1er, p. 387 ; Vatimesnil, n° 294 et 297 ; Rodière, t. 3, p. 23. — *Contra*, Chauveau, q. 3342. — V. Bellot, t. 3, n° 125.

10. Jugé en ce sens, que lorsqu'il y a eu partage d'opinions entre plusieurs arbitres de commerce, mais que depuis le partage, l'un d'eux s'est déporté, et qu'un arbitre nouveau a été nommé à sa place, il n'y a pas lieu à la nomination d'un tiers arbitre, avant que l'arbitre nouveau ait émis son opinion. — 14 janv. 1809, Paris. [S. 8. 2. 71 ; C. N. 2. — D. A. 1. 727.]

11. Le tiers arbitre que les arbitres sont autorisés à nommer doit être nommé par l'un et l'autre arbitre, d'accord sur cette nomination. Si les arbitres ne peuvent s'accorder à cet égard, il ne leur est pas permis de s'en remettre au sort : c'est le président du tribunal qui doit nommer le tiers arbitre. — 8 août 1826, Aix. [S. 27. 2. 253 ; C. N. 8. — D. P. 27. 2. 145.] — *Sic*, Mongalvy, n° 332 ; Vatimesnil, n° 190 ; Chauveau, q. 3343 *bis*.

12. Jugé en sens contraire sur ce dernier point. ... En tous cas, si ce mode de procéder était irrégulier, l'irrégularité serait couverte par les parties qui ont accepté le tiers arbitre pour juge de leur différend. — 28 août 1845, Caen. [S. V. 45. 2. 617.]

13. Au cas de deux arbitrages successifs, plus ou moins parfaits, établis en divers actes, il suffit que les parties aient comparu devant leurs arbitres nouvellement nommés, et que ceux-ci soient légalement saisis, ou en plein exercice, pour que la nomination du tiers arbitre, en cas de partage, doive être déférée au tribunal du domicile des arbitres. Peu importe qu'il y ait eu des jugements ou arrêts disposant sur le point de l'arbitrage. — 11 fév. 1826, Cass. [S. 26. 1. 360 ; C. N. 8. — D. P. 26. 1. 169.]

14. Les avis des arbitres partagés doivent, à peine de nullité de la sentence arbitrale rendue par le tiers arbitre, être datés, cette date étant nécessaire pour établir que les avis ont été émis avant l'expiration des pouvoirs des arbitres ; elle doit, d'ailleurs, résulter de l'acte lui-même, et ne peut être prouvée par des présomptions. — 16 août 1832, Paris. [S. V. 32. 2. 515. — D. P. 33. 2. 53.] — *Sic*, Chauveau, q. 3349. — V. aussi Vatimesnil, n° 331, et *suprà*, art. 1016, n° 19.

15. Jugé au contraire qu'une déclaration de partage émanée de deux arbitres, qui ont en même temps nommé un tiers arbitre, n'est pas nulle faute de date, s'il résulte d'ailleurs des faits constatés par le jugement arbitral que ce partage et cette nomination ont réellement eu lieu avant l'expiration du délai dans lequel les

1018. Le tiers arbitre sera tenu de juger dans le mois du jour de son acceptation, à moins que ce délai n'ait été prolongé par l'acte de la nomination ; il ne pourra prononcer qu'après avoir conféré avec les arbitres divisés, qui seront sommés de se réunir à cet effet.

Si tous les arbitres ne se réunissent pas, le tiers arbitre prononcera seul ; et néanmoins il sera tenu de se conformer à l'un des avis des autres arbitres. [Tar. 29.]

1019. Les arbitres et tiers arbitre décideront d'après les règles du droit, à moins que le compromis ne leur donne pouvoir de prononcer comme amiables compositeurs.

1020. Le jugement arbitral sera rendu exécutoire par une ordonnance du président du tribunal de première instance dans le ressort duquel il a été rendu; à cet effet, la minute du jugement sera déposée dans les trois jours, par l'un des arbitres, au greffe du tribunal.

S'il avait été compromis sur l'appel d'un jugement, la décision arbitrale sera déposée au greffe du tribunal d'appel, et l'ordonnance rendue par le président de ce tribunal.

Les poursuites pour les frais du dépôt et les droits d'enregistrement ne pourront être faites que contre les parties. [C. c. 2123. C. pr. 543; C. comm. 61; Tar. 91.]

1021. Les jugements arbitraux, même ceux préparatoires, ne pourront être exécutés qu'après l'ordonnance qui sera accordée, à cet effet, par le président du tribunal, au bas ou en marge de la minute, sans qu'il soit besoin d'en communiquer au ministère public; et sera ladite ordonnance expédiée en suite de l'expédition de la décision.

La connaissance de l'exécution du jugement appartient au tribunal qui a rendu l'ordonnance. [L. 16 août 1790, tit. 1er, art. 6. — C. pr. 442, 452, 472, 528, 545.]

[illegible]

18. *Id.* [illegible]

19. [illegible]

20. [illegible]

21. [illegible]

22. [illegible]

23-24. [illegible]

25. [illegible]

26. [illegible]

27. [illegible]

28. [illegible]

29. V. art. 484, n° 5. [illegible]

[1019] — 1. [illegible]

2. [illegible]

3. [illegible]

4. [illegible]

5. [illegible]

6. [illegible]

7. [illegible]

[1020-1021] Indication alphabétique.

[illegible]

§ 1er. — *Dépôt de la sentence.*

1. [illegible]

2. [illegible]

3. [illegible]

4. [illegible]

5. [illegible]

6. [illegible]

7. [illegible]

8. [illegible]

9. [illegible]

10. [illegible]

§ 2. — *Ordonnance d'exequatur.* — *Compétence.*

11. [illegible]

§ 3. — *Formalités de l'ordonnance d'exequatur.*

§ 4. — *Recours contre l'ordonnance d'exequatur. — Connaissance de l'exécution du jugement.*

1022. Les jugements arbitraux ne pourront, en aucun cas, être opposés à des tiers. [C. c. 1165, 1351; C. pr. 474.]

1023. L'appel des jugements arbitraux sera porté, savoir : devant les tribunaux de première instance, pour les matières qui, s'il n'y eût point eu d'arbitrage, eussent été, soit en premier, soit en dernier ressort, de la compétence des juges de paix ; et devant les cours royales, pour les matières qui eussent été, soit en premier, soit en dernier ressort, de la compétence des tribunaux de première instance. [L. 16 août 1790, tit. 1er, art. 5. — C. pr. 454 et s.]

1024. Les règles sur l'exécution provisoire des jugements des tribunaux sont applicables aux jugements arbitraux. [C. pr. 135 et s., 155, 450, 457 et s., 844.]

1025. Si l'appel est rejeté, l'appelant sera condamné à la même amende que s'il s'agissait d'un jugement des tribunaux ordinaires. [C. pr. 471.]

1026. La requête civile pourra être prise contre les jugements arbitraux, dans les délais, formes et cas ci-devant désignés pour les jugements des tribunaux ordinaires.

Elle sera portée devant le tribunal qui eût été compétent pour connaître de l'appel. [C. pr. 480 et s.]

1027. Ne pourront cependant être proposés pour ouvertures,

1° L'inobservation des formes ordinaires, si les parties n'en étaient autrement convenues, ainsi qu'il est dit en l'article 1009 ;

2° Le moyen résultant de ce qu'il aura été prononcé sur choses non demandées, sauf à se pourvoir en nullité, suivant l'article ci-après. [C. pr. 480, nos 2 et 3.]

1028. Il ne sera besoin de se pourvoir par appel ni requête civile dans les cas suivants :

1° Si le jugement a été rendu sans compromis, ou hors des termes du compromis ;

2° S'il l'a été sur compromis nul ou expiré ;

3° S'il n'a été rendu que par quelques arbitres non autorisés à juger en l'absence des autres ;

4° S'il l'a été par un tiers sans en avoir conféré avec les arbitres partagés ;

5° Enfin s'il a été prononcé sur choses non demandées.

Dans tous ces cas, les parties se pourvoiront par opposition à l'ordonnance d'exécution, devant le tribunal qui l'aura rendue, et demanderont la nullité de l'acte qualifié *jugement arbitral*.

Il ne pourra y avoir recours en cassation que contre les jugements des tribunaux, rendus soit sur requête civile, soit sur appel d'un jugement arbitral. [C. pr. 480, C. comm. 52.]

[illegible], no 282 ; Thomine, no 1247 ; Chauveau, q. 3361. — *Contrà*, Bourbeau, p. 707.

12. L'exception d'incompétence prise de ce que les difficultés relatives à l'exécution d'une sentence arbitrale ont été portées devant un tribunal autre que celui qui a rendu l'ordonnance d'*exequatur* n'est pas absolue ; elle doit être proposée *in limine litis*. — 3 mars 1830, Req. [illegible] — *Id.* 22 juill. 1836, Montpellier. [illegible]

[1022] — 1. Le partage opéré par un jugement arbitral ne peut être opposé par l'un des copartageants auquel un immeuble indivis a été attribué, à l'effet d'obtenir contre un créancier de son copartageant la radiation d'une hypothèque inscrite sur l'immeuble, et cela sous le prétexte qu'un acte de partage n'est pas attributif, mais déclaratif de propriété. — 25 mars 1835, [illegible]

2. Les jugements arbitraux ne pouvant, en aucun cas, être opposés aux tiers, ceux-ci ne sont pas obligés et ne seraient même pas recevables à les attaquer par voie de tierce opposition. — Thomine, no 1248 ; Carré, q. 3367 ; Mongalvy, no 492 ; Bellot, t. 3, p. 376 ; Vatimesnil, no 281 ; Devilleneuve et Massé, vo *Arbitrage*, nos 128 et 221, et vo *Arbitrage forcé*, no 81 ; [illegible] — Jugé en sens contraire avant le Code de procédure, voy. art. 474, no 10. — [illegible]

3. Les tiers ne sont pas non plus recevables à se pourvoir par opposition à l'ordonnance d'*exequatur* du jugement. — 3 fév. 1817, Aix. [illegible]

4. V. art. 1347, Cod. civ., no 15 *bis* [illegible]

[1023] — 1. Lorsque, indépendamment du reproche adressé aux arbitres d'avoir prononcé sur choses non demandées (ce qui donnerait seulement lieu à se pourvoir par opposition à l'ordonnance d'*exequatur*), leur sentence est, en outre, arguée d'erreur sur les points soumis à l'arbitrage, en ce cas, la voie d'appel est ouverte à la partie condamnée. — 5 mars 1823, Toulouse. [illegible]

2. La sentence rendue par les arbitres est susceptible d'appel, alors même que la valeur du litige n'excéderait pas les limites de la compétence en dernier ressort des tribunaux ordinaires. — 22 fév. 1844, Bordeaux. [S.V.44.2.659.] — *Sic*, Pigeau, *Comm.*, art. 1010 ; Favard, vo *Arbitrage*, sect. 1re, § 4, no 3 ; Boitard, t. 2, p. 528 (2e édit.) ; Vatimesnil, no 286 ; Chauveau, q. 3370 *ter* ; Devilleneuve et Massé, vo *Arbitrage*, no 208 ; Rodière, no 58. — *Contrà*, Thomine, nos 1242 et 1249 ; Mongalvy, no 512.

3. Les parties peuvent, dans le compromis, désigner la cour devant laquelle devra être porté l'appel de la sentence, sauf le cas où il s'agit des principes de compétence à raison de la matière. — Carré, q. 3370 *ter* ; Thomine, no 1249 ; Boitard, t. 3, p. 474. — *Contrà*, Mongalvy, no 530 ; Vatimesnil, no 294. — V. aussi Chauveau, *loc. cit.*

4. Décidé que les parties ont la faculté d'attribuer par une clause expresse du compromis, à une cour autre que celle qui serait légalement compétente en l'absence de toute convention, la connaissance de l'appel de la sentence arbitrale à intervenir. — 17 mai 1833, Lyon. [illegible]

5. Mais une pareille clause, si elle est valable en ce sens que les parties soient non recevables à décliner la juridiction de la Cour d'appel désignée, serait sans aussi l'effet d'obliger la Cour à prononcer ? [illegible] — Même arrêt.

6. Jugé encore que de ce que les parties pourraient désigner pour juges d'appel du jugement arbitral à intervenir les juges de tel ou tel lieu, il ne s'ensuit pas qu'elles puissent également désigner pour juges d'appel un tribunal qui, par son institution, ne serait pas juge d'appel de la cause litigieuse. Ainsi, dans un compromis sur une matière de valeur excédant 1,000 fr., les parties ne peuvent convenir que l'appel en sera déféré à des juges d'arrondissement. — 9 juill. 1808, Turin. [illegible]

7. Les jugements arbitraux peuvent être frappés d'appel avant d'avoir été revêtus de l'ordonnance d'*exequatur*. — 22 mai 1828, Aix. [illegible] — *Sic*, Bourbeau, p. 721. — *Contrà*, Bellot, t. 3, no 293 ; Chauveau, q. 3370 *quat.*

8. En interjetant appel d'une sentence arbitrale, on ne se rend pas non recevable à en demander la nullité par voie d'opposition à l'ordonnance d'*exequatur*. — 4 janv. 1843, Amiens. [S.V.45.2.766.]

9. V. art. 443, no 12 (Appel avant la signature de l'ordonnance d'*exequatur*) ; — art. 454, no 4 (Appel pour incompétence) ; — art. 1010, nos 1er et s. (Renonciation à l'appel) ; — art. 1028, no 40 *bis* (Arbitres amiables compositeurs).

[1024] — V. ci-dessus les notes des art. 135 et s., et de l'art. 459.

[1025].

[1026 — 1027] — 1. Un jugement arbitral ne peut être attaqué par voie de requête civile, lorsque, dans le compromis, les parties ont déclaré que le jugement à intervenir aurait force de transaction en [illegible] — 15 therm. an 11, Req. [illegible] — *Sic*, Vatimesnil, no 293 ; Chauveau, q. 3372. — *Contrà*, Carré, *ibid.*

2. Les parties peuvent, par le compromis, renoncer à la voie de la requête civile. — 15 juin 1816, Req. [illegible] — *Contrà*, Mongalvy, no 550 ; Thomine, no 1251 ; Carré, q. 3374 ; Devilleneuve et Carette, *Collect. nouv.* 5.1.205. — V. à l'appui de l'opinion de ces auteurs, qui, selon nous, doit être suivie, plusieurs arrêts mentionnés au no 12 de l'art. 1028, décidant qu'on ne peut renoncer d'avance à l'action en nullité ouverte par cet article.

3. Jugé contrairement à l'arrêt qui précède qu'on peut se pourvoir par requête civile contre un jugement arbitral, pour cause de dol et de fraude, lors même qu'on aurait renoncé d'avance à toutes voies de recours, même à la requête civile ; une telle renonciation serait nulle quant aux moyens pris du dol et de la fraude. — 30 mai 1833, Colmar. [S.V.34.2.35. — D.P.34.2.55.]

4. Dans les cas où il a été accordé plus qu'il n'avait été demandé, on ne peut agir que par voie de requête civile, et non par voie d'action en nullité. — Chauveau, q. 3373 *bis*. — *Contrà*, Godrets, t. 1er, p. 505 ; Bellot, t. 3, no 333.

5. Les jugements rendus avec les contraintes par des arbitres forcés, en vertu des lois des 16 juin et 2 oct. 1793, et dont il n'a pas été interjeté appel en temps utile, ne peuvent être attaqués par voie de requête civile, principale ou incidente, devant les juges qui auraient dû connaître de l'appel : ici ne s'applique pas la règle de l'art. 1026. — 18 juill. 1835, Paris. [S.V.35.2.403. — D.P.35.2.161.]

6. L'art. 1027, qui restreint les moyens de recours par voie de requête civile, ne s'applique qu'à l'arbitrage volontaire. Il en est tout autrement de l'arbitrage forcé : les arbitres étant réputés juges, les cas de requête civile sont réglés par l'art. 480. Ainsi, en cas d'arbitrage forcé, les vices de forme et l'*ultra petita* peuvent donner ouverture à requête civile. — 31 août 1825, Lyon. [S.26.2.198 ; C.n.8. — D.P.26.2.28.]

7. V. encore quant à la requête civile en matière d'arbitrage forcé, la note 10 de l'art. 480 et la note 2 de l'art. 500.

8. Et au surplus sur les ouvertures de requête civile, V. les art. 480 et s. avec les annotations, et les nos 30 et 32 de l'art. 1028.

[1028] **Indication alphabétique.**

[illegible]

§ 1er. — *Qui peut se pourvoir par voie d'action en nullité. — Renonciation. — Devant et contre quels jugements l'action est recevable.*

1. La partie qui a interjeté appel d'une sentence arbitrale peut, nonobstant son appel et quoique l'instance d'appel ne soit pas encore vidée, demander la nullité de la sentence par voie d'opposition à l'ordonnance d'*exequatur*. — 4 janv. 1843, Amiens. [S.V.45.2.565.]

2. L'action en nullité est également recevable après que l'appel a été rejeté. — 27 mai 1818, Req. [S.19.1.121 ; C.n.5. — D.A.1.796.] — *Sic*, Mongalvy, no 302.

3. Mais la partie qui a pris le fait et cause d'un arbitrage, même comme contraint et forcé, et sous réserve de se pourvoir, se rend non recevable à former opposition à l'ordonnance d'*exequatur*, dès qu'il ne suffisait de former cette opposition pour ne pouvoir être contraint à payer les frais. — 19 août 1842, Nîmes. [S.V.43.2.95. — D.P.43.2.401.] — V. les nos 212 et s. de l'art. 1351, Cod. civ.

4. Un tiers qui n'a pas été partie dans l'instance portée devant les arbitres est non recevable à se pourvoir par voie d'opposition à l'ordonnance d'*exequatur* du jugement arbitral (Art. 1022). — 3 fév. 1817,

Dispositions générales.

1029. Aucune des nullités, amendes et déchéances prononcées dans le présent Code, n'est comminatoire. [C. pr. 15, 38, 61, 66, 67, 70, 147, 156, 166, 173, 191, 213, 244, 245, 246 et s., 257, 260 et s., 269, 271 et s., 278, 280, 292, 344, 357, 360, 366, 374, 396, 397, 414, 456, 471, 479, 480, 500, 503, 512 et s., 543, 606, 669, 685, 681, 704, 707, 709, 714, 715, 728, 739, 745, 756, 838, 869, 875, 1006.]

[illegible]

1030. Aucun exploit ou acte de procédure ne pourra être déclaré nul, si la nullité n'en est pas formellement prononcée par la loi.

Dans les cas où la loi n'aurait pas prononcé la nullité, l'officier ministériel pourra, soit pour omission, soit pour contravention, être condamné à une amende, qui ne sera pas moindre de cinq francs et n'excédera pas cent francs.

1031. Les procédures et les actes nuls ou frustratoires, et les actes qui auront donné lieu à une condamnation d'amende, seront à la charge des officiers ministériels qui les auront faits, lesquels, suivant l'exigence des cas, seront en outre passibles des dommages et intérêts de la partie, et pourront même être suspendus de leurs fonctions. [C. pr. 67, 71, 81, [illegible], 191, [illegible]; C. i. cr. [illegible].]

[1030] — 1. [illegible]

[1031] — 1. [illegible]

1032. Les communes et les établissements publics seront tenus, pour former une demande en justice, de se conformer aux lois administratives. [C. pr. 49, 69, 356.]

1033. Le jour de la signification ni celui de l'échéance ne sont jamais comptés pour le délai général fixé pour les ajournements, les citations, sommations et autres actes faits à personne ou domicile ; ce délai sera augmenté d'un jour à raison de trois myriamètres de distance ; et quand il y aura lieu à voyage ou envoi et retour, l'augmentation sera du double (1). [Ord. 1667, tit. 3, art. 6.]

[illegible]

[1032] — 1. [illegible]

[illegible]

[1033] — 1. C'est un point qui a été la source de grandes controverses [illegible]

[illegible]

14. Décidé négativement, c'est-à-dire qu'il n'y a

(1) Cet article a été modifié par l'article 7 de la loi du 2 juin 1841, sur les ventes judiciaires, ainsi conçu : « Lorsqu'il y aura lieu, dans l'un des cas prévus par « les dispositions relatives aux différentes ventes judi- « ciaires de biens immeubles, d'augmenter un délai à « raison des distances, l'augmentation sera d'un jour « par cinq myriamètres de distance. »

1034. Les sommations pour être présent aux rapports d'experts, ainsi que les assignations données en vertu de jugement de jonction, indiqueront seulement le lieu, le jour et l'heure de la première vacation ou de la première audience; elles n'auront pas besoin d'être réitérées, quoique la vacation ou l'audience ait été continuée à un autre jour. [C. pr. 153, 315.]

1035. Quand il s'agira de recevoir un serment, une caution, de procéder à une enquête, à un interrogatoire sur faits et articles, de nommer des experts, et généralement de faire une opération quelconque en vertu d'un jugement, et que les parties, ou les lieux contentieux, seront trop éloignés, les juges pourront commettre un tribunal voisin, un juge, ou même un juge de paix, suivant l'exigence des cas; ils pourront même autoriser un tribunal à nommer, soit un de ses membres, soit un juge de paix, pour procéder aux opérations ordonnées. [C. pr. 121, 255, 266, 296, 305, 326, 412, 428, 517, 550; C. comm. 16; C. i. cr. 90.]

1036. Les tribunaux, suivant la gravité des circonstances, pourront, dans les causes dont ils seront saisis, prononcer, même d'office, des injonctions, supprimer des écrits, les déclarer calomnieux, et ordonner l'impression et l'affiche de leurs jugements. [C. pr. 88 et s. 312; C. instr. cr. 504 et s.]

[illegible]

1037. Aucune signification ni exécution ne pourra être faite, depuis le 1er octobre jusqu'au 31 mars, avant six heures du matin et après six heures du soir; et depuis le 1er avril jusqu'au 30 septembre, avant quatre heures du matin et après neuf heures du soir; non plus que les jours de fête légale, si ce n'est en vertu de permission du juge, dans le cas où il y aurait péril en la demeure. [C. pr. 8, 63, 781, 808, 828; C. comm. 151, 162; C. pén. 25.]

1038. Les avoués qui ont occupé dans les causes où il est intervenu des jugements définitifs seront tenus d'occuper sur l'exécution de ces jugements, sans nouveaux pouvoirs, pourvu qu'elle ait lieu dans l'année de la prononciation des jugements. [C. pr. 75, 148, 162, 342 et s., 496.]

1039. Toutes significations faites à des per-

[illegible]

[1037] — § 1er. — *Heures des significations.*

[illegible]

§ 2. — *Jours fériés.*

[illegible]

[1038] [illegible]

[1039] — 1. Le défaut de visa des significations

sonnes publiques préposées pour les recevoir seront visées par elles sans frais sur l'original.

En cas de refus, l'original sera visé par le procureur du roi près le tribunal de première instance de leur domicile. Les refusants pourront être condamnés, sur les conclusions du ministère public, à une amende, qui ne pourra être moindre de cinq francs. [C. pr. 4, 68, 69, 561, 601, 629, 673, 676, 877, 898, 899, 901, 987; Tar. 19.]

1040. Tous actes et procès-verbaux du ministère du juge seront faits au lieu où siége le tribunal; le juge y sera toujours assisté du greffier, qui gardera les minutes et délivrera les expéditions: en cas d'urgence, le juge pourra répondre en sa demeure les requêtes qui lui seront présentées; le tout, sauf l'exécution des dispositions portées au titre des *Référés*. [C. pr. 8, 806 et s.]

1041. Le présent Code sera exécuté à dater du 1er janvier 1807: en conséquence, tous procès qui seront intentés depuis cette époque seront instruits conformément à ses dispositions. Toutes lois, coutumes, usages et règlements relatifs à la procédure civile, seront abrogés.

1042. Avant cette époque, il sera fait, tant pour la taxe des frais que pour la police et discipline des tribunaux, des règlements d'administration publique.

Dans trois ans au plus tard, les dispositions de ces règlements qui contiendraient des mesures législatives seront présentées au corps législatif en forme de loi.

---

ne contenant pas ajournement n'emporte pas nullité, comme le défaut de visa des exploits d'ajournement, cette peine n'étant pas prononcée par l'art. 1039 spécial aux significations. — 23 juill. 1812, Colmar. [C.n. 4.] — *Id.* 29 août 1816, Rej. [S.16.1.318; C.n.5.-D. a.7.621.] — *Id.* 11-29 avril 1826, Nancy. [S.26.2. 203; C.n.8.-D.p.30.2.233.] — *Id.* 28 avril 1833, Rej. [S.V.33.1.397.-D.p.33.1.96.] — *Id.* 23 déc. 1845, Cons. d'Etat. [S.V.46.2.273.] — Sic, Favard, t. 1er, p. 144; Thomine, n° 1177; Dalloz, t. 7, p. 830; Boitard, t. 1er, p. 504; Chauveau, q. 370 *decies* et 3430 *ter*.

2. Remarquons que la formalité du visa, prescrite par l'art. 1039, doit être observée dans les significations en matière administrative, comme dans les significations judiciaires. — Chauveau, *Cod. d'instr. adm.*, n° 207. — V. notamment, comme application du principe, deux arrêts du cons. d'Etat, des 13 juill. 1825 [S.26.2.342; C.n.8.-D.p.26.3.52] et 23 déc. 1845. [S.V.46.2.273.]

3. La disposition pénale de l'art. 1039 ne s'applique qu'au cas où l'exploit est adressé directement à la personne publique qui refuse le visa, et non au cas du visa que les fonctionnaires doivent donner dans le cas prévu par l'art. 68 et autres semblables. — Carré, q. 3430.

[1040] — 1. L'inobservation de la disposition de l'art. 1040, relative à l'assistance du greffier (disposition qui, dit Chauveau, q. 3431 *bis*, suppose la nécessité pour ce fonctionnaire d'apposer sa signature), emporte-t-il nullité? — V. pour l'affirmative, les arrêts rapportés aux nos 2 de l'art. 129 (Clôture d'ordre); 33 de l'art. 780 (Emprisonnement); 37 de l'art. 1021 (Ordonn. d'*exequatur*). — Et pour la négative, les nos 3 de l'art. 759 (Clôture d'ordre); 33 *bis*, 34 et 41 *bis* (Emprisonnement); 38 de l'art. 1021 (Ordonn. d'*exequatur*). *Adde* Grenoble, 30 août 1838. [S.V.39.2.413.-D. p.39.2.126.-P.39.1.425], en ce qui touche le défaut de signature du greffier au bas de l'ordonnance du juge, taxative de dépens. V. aussi Chauveau, q. 3431 *bis*.

2. Il est, du reste, certains actes pour lesquels la présence du greffier n'est pas indispensable; tels sont la présentation au président du tribunal d'un testament trouvé lors de l'apposition des scellés, l'assistance à l'ouverture des portes en cas de saisie-exécution, etc. [Augier, *Encycl. des jug. de paix*, v° *Greffier*, § 2, n° 6.] — Il en est de même dans certains cas à l'égard d'ordonnances sur référés (Thomine, n° 945). — V. aussi le n° 6 de l'art. 878 (Séparation de corps).

3. L'ordonnance qui serait rendue par le président en sa demeure, quoiqu'il n'y eût pas urgence, ne serait point nulle pour cela. — Thomine, n° 1278; Chauveau, q. 3431 *ter*.

[1041] — 1. Sur ce que l'on devait entendre par procès intentés depuis le Code de procédure, V. un avis du conseil d'Etat des 6 janv.-16 fév. 1807. [S.7. 2.34; C.n.10.]

2. Une instance engagée avant la publication du Code de procédure, mais reprise après cette publication, devait continuer d'être instruite suivant les anciennes lois. — 10 juin 1807, Bruxelles. [S.7.2.319; C.n.2.-D.a.9.871.]

3. V. au surplus, en ce qui touche l'application des dispositions du Code de procédure à des procès commencés antérieurement, notamment en matière d'enquête, d'expertise, de péremption d'instance, d'appel, les articles relatifs à ces matières. V. aussi le n° 106 de l'art. 2 de notre *Code civil annoté*.

4. L'abrogation prononcée par l'art. 1041 ne s'applique point aux lois et règlements concernant la forme de procéder relativement à certaines matières spéciales, telles que les affaires de la régie des domaines et de l'enregistrement. — 12 mai-1er juin 1807, Av. du cons. d'Etat. [S.7.2.111; C.n.10.]

5. Néanmoins, les formes de procéder établies par le Code de procédure sont le complément naturel et nécessaire des formes spéciales établies par les lois en matière d'enregistrement, pour tous les cas non prévus par ces lois. — 17 juill. 1837, Rej. [S.38.1.73; C.n.8.-D.p.37.1.516.]

6. L'application du Code de procédure n'a été retardée jusqu'au 1er janv. 1807 que relativement aux formes de procéder; toutes ses autres dispositions ont été exécutoires immédiatement après leur promulgation. — 12 août 1807, Rej. [S.7.2.135; C.n.2.-D.a. 10.620.]

7. Le Code de procédure est le complément du Code civil pour tout ce qui est de forme, en sorte que lorsqu'une loi ultérieure renvoie, pour certaines formalités, au Code civil, il faut entendre qu'il y a aussi renvoi aux dispositions du Code de procédure sur la même matière. — 15 oct. 1812, Douai. [S.13.2.14; C.n.4.-D.a.9.102.] — *Id.* 21 nov. 1827, Cass. [S.28.1.10; C.n.8.-D.p.28.1.27.]

8. Les dispositions du Code de procédure sont applicables aux tribunaux de commerce, dans tous les cas où leur application n'est pas contraire aux règles spéciales qui régissent ces tribunaux. — 22 avr. 1822, Cass. [S.23.1.224; C.n.7.-D.a.1.731.] — *Id.* 8 mai 1827, Cass. [S.27.1.390; C.n.8.-D.p.27.1.224.] — *Id.* 18 mars 1828, Rouen. [S.28.2.175; C.n.9.-D.p.28. 2.96.]

[1042] — 1. Sur la taxe des frais et dépens: — V. Décr. du 16 fév. 1807, contenant le tarif civil pour le ressort de la Cour d'appel de Paris. — Décr. du même jour, rendant ce tarif commun à plusieurs Cours d'appel et tribunaux, et en fixant la réduction pour les autres. — Décr. du même jour, relatif à la liquidation des dépens. — Décr. 14 mars 1808, art. 20 et 21, sur les droits alloués aux gardes du commerce. — Décr. 2 janv. 1814, portant fixation des droits que le greffier du tribunal de commerce de Paris peut percevoir à son profit. — Ordonn. 9 oct. 1825, fixant les droits à percevoir par les greffiers des trib. de commerce. — Ordonn. 18 janv. 1826, contenant tarif des dépens devant le conseil d'Etat. — Arr. du trib. de comm. de la Seine des 28 juin 1839 et 26 juin 1845, sur les droits dus aux agréés. — Ordonn. 10 oct. 1841, contenant tarif des frais et dépens relatifs aux ventes judiciaires de biens immeubles. — Loi 18 juin 1843, sur le tarif des commissaires-priseurs. — Ordonn. 6 fév. 1845, fixant l'indemnité de transport due aux juges de paix.

2. Quant à la police et discipline des tribunaux, V. notamment le Décret du 30 mars 1808; Loi 20 avr. 1810; Décr. 6 juill. 1810; Décr. 18 juill. 1810; Décr. 18 août 1810; Décr. 14 déc. 1810; Décr. 14 juin 1813; Ord. 20 nov. 1822; Ord. 27 août 1830.

FIN DU CODE DE PROCEDURE CIVILE

TABLE DES LIVRES ET TITRES DU CODE DE PROCÉDURE.

(V. à la page 1re, la loi du 25 mai 1838 sur les **JUSTICES DE PAIX**, et les nombreuses annotations dont elle est accompagnée.)

TABLE ALPHABÉTIQUE DES MATIÈRES.

A

FIN DE LA TABLE DU CODE DE PROCÉDURE.

www.ingramcontent.com/pod-product-compliance
Lightning Source LLC
LaVergne TN
LVHW011936180726
843502LV00003B/810

* 9 7 8 2 3 2 9 2 4 6 7 7 2 *